# ANATOMIA DA HISTÓRIA
## 22 passos para dominar a arte de criar histórias

um livro de
## JOHN TRUBY

traduzido por
## ISADORA PROSPERO

publicado por
## SEIVA

TÍTULO ORIGINAL        The Anatomy of Story: 22 Steps to
Becoming a Master Storyteller

**Direção**
Daniel Lameira
Adriano Fromer
**Coordenação editorial**
Luise Fialho
Débora Dutra Vieira
**Tradução**
Isadora Prospero
**Preparação**
Bárbara Prince
**Revisão técnica**
Ricardo Tiezzi
**Revisão**
Renato Ritto
Luciane H. Gomide
Hebe Ester Lucas
Isabela Talarico
Natália Mori
**Capa**
Giovanna Cianelli
**Projeto gráfico**
Sonhorama
Victoria Servilhano
**Diagramação**
Desenho Editorial
**Comunicação**
Gabi de Vicq
**Comunicação visual**
Arthur Magalhães

Cheguem mais perto, leitoras e leitores...

Aproximem-se do mundo encantado das histórias: um mundo repleto de caminhos, surpresas e mistérios. Contamos histórias desde o alvorecer da humanidade. Ao redor de uma fogueira ou diante de uma tela, elas nunca pararam de nos maravilhar.

Sabe aquele filme que você assistiu e, no final, parecia que alguma coisa vibrava dentro de você? Para esse efeito acontecer, o filme mostrou personagens cativantes vivendo uma trama envolvente. Fazer isso não é fácil: quem constrói a narrativa precisa dominar sua arte.

O autor deste livro, John Truby, é mestre em ensinar a criar histórias. Vários roteiristas excelentes beberam desta fonte e escreveram grandes filmes. Agora, essa fonte mágica também é sua, com a publicação de *Anatomia da história* pela Seiva, uma editora e escola que acredita no poder de criação que todos nós temos.

Contar histórias é uma espécie de revelação, é como sugerir a alguém para ver a vida com olhos diferentes. Neste livro, você vai descobrir como transbordar sua imaginação no papel, organizar ideias, dar forma e verdade ao seu roteiro. Assim, um dia, você poderá transformar a vida de outra pessoa, assim como você se transformou.

Fica o convite para que você compartilhe sobre seus insights e sua experiência com o livro na comunidade da Seiva no aplicativo Discord. Por lá, você pode interagir com outros leitores e conversar sobre diferentes tópicos relacionados às artes.

Divirta-se.
Ricardo Tiezzi

*Para Jack e Amy*

# SUMÁRIO

# 1

# ESPAÇO DA HISTÓRIA, TEMPO DA HISTÓRIA

Todo mundo consegue contar uma história. Fazemos isso todos os dias: "Você não vai acreditar no que aconteceu no trabalho hoje" ou "Sabe o que eu acabei de fazer?" ou "Um cara entra num bar...". Assistimos, ouvimos, lemos e contamos milhares de histórias ao longo da vida.

O problema surge quando tentamos contar uma ótima história. Se você quer se tornar um grande contador de histórias, e talvez até ser pago por isso, vai enfrentar uma série de obstáculos. Para começo de conversa, mostrar os comos e os porquês da vida humana é um trabalho monumental. A pessoa deve ter um entendimento profundo e preciso do maior e mais complexo assunto existente. Depois, ainda precisa ser capaz de traduzir seu entendimento em uma história. Para a maioria dos escritores, esse pode ser o maior de todos os desafios.

Quero tratar dos obstáculos específicos apresentados pelas técnicas de escrita, pois é o único modo de um escritor tentar superá-los. O primeiro obstáculo é a terminologia comum que a maioria dos escritores usa para pensar em histórias. Termos como "ação ascendente", "clímax", "complicações progressivas" e "desfecho", que remontam a Aristóteles, são tão amplos e teóricos que quase não têm sentido. Sejamos honestos: eles não têm nenhum valor prático para contadores de histórias. Imagine que você esteja escrevendo uma cena na qual seu herói está pendurado e se segura na ponta dos dedos, a segundos de despencar para a morte. Isso é uma complicação progressiva, uma ação ascendente, um desfecho ou a cena de abertura da história? Pode não ser nenhuma delas ou todas elas; de qualquer modo, esses termos não explicam como escrever a cena – ou sequer se ela deve ser escrita.

Os termos clássicos para analisar histórias sugerem um obstáculo ainda maior a uma boa técnica: a própria ideia do que é uma história e de como ela funciona. Como um contador de histórias em treinamento, provavelmente a primeira coisa que você fez foi ler a *Poética* de Aristóteles. Acredito que Aristóteles foi o maior filósofo de todos os tempos. Mas seu pensamento sobre histórias, embora potente, surpreende por ser muito estreito, focado em uma quantidade limitada de tramas e gêneros. Também é teórico ao extremo e difícil de pôr em prática, motivo pelo qual a maioria dos contadores de histórias que tentam aprender com Aristóteles as técnicas de sua arte sai de mãos vazias.

Se você é roteirista, já deve ter passado de Aristóteles para um entendimento muito mais simples chamado "estrutura de três atos". Essa estrutura também é problemática porque, embora seja mais fácil de entender do que a de Aristóteles, é terrivelmente simplista e simplesmente errada em muitos sentidos.

Essa teoria diz que toda história feita para a tela contém três "atos": o primeiro é o começo, o segundo é o meio e o terceiro é o fim. O primeiro ato tem cerca de trinta páginas, o terceiro também, e o segundo tem cerca de sessenta páginas. Essa história de três atos supostamente deve ter dois ou três "pontos de virada" (seja lá o que for isso). Entendeu? Ótimo. Agora escreva um roteiro profissional.

Estou simplificando essa teoria, mas não muito. Parece óbvio que uma abordagem tão elementar tenha um valor ainda menos prático do que a de Aristóteles, mas o pior de tudo é que promove uma visão mecânica das histórias. A ideia de uma divisão indicada por atos deriva das convenções do teatro tradicional, no qual a cortina baixa para sinalizar o final de um ato. Não precisamos fazer isso em filmes, romances e contos – nem, por sinal, em peças de ato único.

Em suma, quebras de ato são *externas* à história. A estrutura de três atos é um recurso mecânico sobreposto à história e não tem nada a ver com sua lógica *interna* – aonde a história deveria ou não deveria ir.

Uma visão mecânica, como a da estrutura de três atos, inevitavelmente resulta em histórias episódicas, que são como uma coleção de peças, como partes guardadas em uma caixa. Os eventos na história se destacam como distintos e não se conectam, nem progridem de modo constante do início ao fim. O resultado é uma história que envolve o público esporadicamente – se é que consegue envolvê-lo.

Outro obstáculo ao domínio da contação de histórias está relacionado ao processo de escrita. Como muitos escritores têm uma visão mecânica do que é uma história, usam um processo mecânico para criá-las. Isso acontece, em especial, com roteiristas cujas noções equivocadas do que torna um roteiro vendável os leva a escrever algo que não é nem popular, nem bom. Roteiristas costumam ter uma ideia para uma história que é uma leve variação de um filme a que assistiram seis meses antes. Depois aplicam um gênero a ela, como "policial"[1], "romance" ou "ação", e completam com os personagens e *beats*[2] da trama (eventos da história) que acompanham esse formato. O resultado: uma história terrivelmente genérica, formulaica e sem originalidade.

Neste livro, quero mostrar um jeito melhor de fazer isso. Minha meta é explicar como uma ótima história funciona, assim como as técnicas necessárias para criá-la, a fim de que você tenha a maior chance possível de escrevê-la. Alguns alegariam que é impossível ensinar alguém a contar uma ótima história. Eu acredito que é possível, mas exige que pensemos e falemos sobre histórias de um modo diverso do que fizemos até agora.

Nos termos mais simples, vou apresentar uma poética prática para contadores de histórias que funciona tanto para quem

---

1 No original, Truby aqui se utiliza do gênero *detective* em inglês, que não tem uma correspondência exata no português. Histórias de detetive são comumente chamadas de "policial" em português, por vezes também sendo chamadas de "suspense". Optamos por utilizar "policial" durante o livro sempre que o original mencionar *detective*. [N. T.]

2 A definição de *beat* para Truby (eventos da história) é bem diferente da definição do mesmo termo para Robert McKee, que o usa para definir mudanças de comportamento dentro de uma cena. Também difere de *beat* em roteiro, o qual indica uma pausa, segundo o próprio McKee. Mais tarde, neste mesmo livro, quando Truby cita roteiros, alguns contêm indicação de *beat* e de pausa. [N. E.]

está escrevendo um roteiro como para quem está escrevendo um romance, uma peça, um drama televisivo ou um conto. Vou:

> • Mostrar que uma ótima história é orgânica – não uma máquina, mas um corpo vivente que se desenvolve.
> • Tratar a contação de histórias como uma arte precisa, com técnicas detalhadas que levarão você ao sucesso, independentemente do meio ou gênero que escolher.
> • Analisar um processo de escrita que também é orgânico, o que significa que vamos desenvolver personagens e tramas que crescerão naturalmente a partir de sua ideia original.

O maior desafio enfrentado por qualquer contador de histórias é superar a contradição entre a primeira e a segunda dessas tarefas. Histórias são construídas a partir de centenas – até milhares – de elementos usando uma vasta gama de técnicas. No entanto, a história deve parecer orgânica para o público, uma coisa única que nasce e cresce até um clímax. Se você quiser se tornar um grande contador de histórias, precisa alcançar um nível tão alto nessa técnica que seus personagens pareçam agir por vontade própria, de modo *inevitável*, embora seja você que comande as ações deles.

Nesse sentido, nós, contadores de histórias, somos parecidos com atletas. Um grande atleta faz seus movimentos parecerem fáceis, como se seu corpo se movesse daquele jeito de forma natural, mas a verdade é que ele simplesmente tem tanto domínio das técnicas de seu esporte que a técnica não é mais vista: o público enxerga apenas a beleza.

## O CONTADOR E O OUVINTE

Vamos começar o processo de modo simples, definindo história com uma frase:

> Um falante conta a um ouvinte o que alguém fez para conseguir o que queria e por quê.

Note que temos três elementos distintos: o contador, o ouvinte e a história que é contada.

O contador de histórias é, antes de tudo, alguém que *brinca*. Histórias são jogos verbais que o autor estabelece com seu público (e esse jogo não tem um placar – os estúdios, redes de televisão e editoras é que têm). O contador de histórias inventa personagens e ações. Ele conta o que aconteceu apresentando uma sequência de ações que foram realizadas de certo modo. Mesmo que conte a história no tempo presente (como em roteiros para teatro ou para as telas), está resumindo todos os eventos, de modo que o ouvinte sente que formam uma unidade, uma história completa.

Mas contar uma história não é só inventar ou recordar eventos passados. Eventos são meramente descritivos. Na verdade, o contador de histórias está selecionando, conectando e construindo uma série de momentos intensos. Esses momentos são tão carregados que o ouvinte sente que ele próprio os está vivendo. Uma boa forma de contar histórias não fala para o público só o que aconteceu em uma vida, mas o faz viver aquela vida. É a vida *essencial*, apenas os pensamentos e eventos cruciais, mas transmitida com tanto frescor e novidade que parece parte da vida essencial do público também.

Boas histórias permitem que o público reviva eventos no presente de modo que possa entender as forças, escolhas e emoções que levaram o personagem a fazer o que fez. Histórias geralmente oferecem ao público uma forma de conhecimento – o conhecimento emocional – ou o que costumava ser chamado de *sabedoria*, mas de um modo divertido e lúdico.

Como um criador de jogos verbais que permitem ao público reviver uma vida, o contador de histórias constrói um tipo de quebra-cabeça sobre pessoas e pede ao ouvinte que o monte. O autor cria esse quebra-cabeça de dois modos principais: contando ao público determinadas informações sobre um personagem inventado e *retendo* outras informações. Reter – ou esconder – informações é crucial para o faz de conta. Isso força o público a desvendar quem é o personagem e o que ele está fazendo, e o envolve na história. Quando o público não precisa mais desvendar a história, deixa de ser um público e a história cessa.

A audiência ama ambas as partes de uma história: o sentimento (reviver a vida) e o pensamento (montar um quebra-cabeça).

Toda boa história tem ambos, mas algumas formas de história tendem para um extremo ou outro, do melodrama sentimental à história policial mais intrincada.

## A HISTÓRIA

Existem milhares, se não milhões, de histórias. E o que torna cada uma delas uma história? O que todas as histórias fazem? O que o contador de histórias revela e esconde do público?

*

*PONTO-CHAVE:* Todas as histórias são uma forma de comunicação que expressa o código dramático.

*

O código dramático, incorporado profundamente na psique humana, é uma descrição artística de como uma pessoa pode crescer ou evoluir. Esse código é também um processo que acontece por trás de toda história. O contador de histórias o esconde por trás de personagens e ações específicas, mas o código de crescimento é o que o público capta de uma boa história.

Vamos olhar para o código dramático em sua forma mais simples.

Nele, a mudança é impelida pelo desejo. O "mundo ficcional" não se resume a "Penso, logo existo", mas sim a "Quero, logo existo". O desejo, em todas as suas facetas, é o que faz o mundo girar. É isso que propele todas as coisas vivas e conscientes e lhes dá direção. Uma história acompanha o que uma pessoa quer, o que fará para conseguir isso e quais preços terá que pagar ao longo do caminho.

Uma vez que um personagem tem um desejo, a história "caminha" sobre duas "pernas": ação e aprendizado. Quando persegue um desejo, o personagem realiza ações para conseguir o que quer e aprende novas informações sobre jeitos melhores de fazer isso. Sempre que aprende uma nova informação, toma uma decisão e muda sua estratégia.

Todas as histórias se movem dessa maneira, mas algumas formas ficcionais enfatizam uma dessas atividades mais que a outra. Os gêneros que enfatizam mais a tomada de ação são o mito e sua versão posterior, o formato de ação. Os gêneros que enfatizam mais o aprendizado são a história policial e o drama de múltiplas perspectivas.

Qualquer personagem que vá atrás de um desejo e seja impedido de consegui-lo é obrigado a lutar (caso contrário, a história acaba). E essa luta o faz mudar. Então a meta do código dramático e do contador de histórias é apresentar uma mudança em um personagem ou ilustrar por que essa mudança não aconteceu.

As diferentes formas de contação de histórias enquadram a mudança humana de modos diversos:

- Os mitos tendem a mostrar o arco de personagem mais amplo possível, do nascimento à morte e do animal ao divino.
- Peças teatrais focam tipicamente o momento de decisão do personagem principal.
- Os filmes (em especial os americanos) mostram uma pequena mudança pela qual um personagem pode passar ao perseguir, com grande intensidade, uma meta limitada.
- Contos clássicos geralmente retratam alguns eventos que levam um personagem a atingir uma única percepção importante.
- Romances sérios costumam descrever como uma pessoa interage e muda em uma sociedade ou mostram os processos mentais e emocionais precisos que levaram a sua mudança.
- Séries televisivas mostram uma série de personagens em uma minissociedade lutando para mudar simultaneamente.

O drama é um código de maturidade. O ponto focal é o momento da mudança, o *impacto*, quando alguém se liberta de hábitos, fraquezas e fantasmas do passado e se transforma em uma pessoa mais profunda e realizada. O código dramático expressa a ideia de que seres humanos podem se tornar versões melhores de si mesmos, psicológica e moralmente. E é por isso que as pessoas o amam.

*PONTO-CHAVE:* Histórias não mostram ao público o "mundo real", mostram o mundo ficcional. O mundo ficcional não é uma cópia idêntica da vida, mas a vida como os seres humanos imaginam que pode ser. É a vida humana condensada e elevada de um modo que o público possa ganhar um entendimento melhor de como a própria vida funciona.

## O CORPO DA HISTÓRIA

Uma ótima história descreve seres humanos passando por um tipo de processo orgânico, mas a história em si também é um organismo vivo. Mesmo a história infantil mais simples é composta de muitas partes, ou subsistemas, que se conectam e se alimentam entre si. Assim como o corpo humano é composto pelo sistema nervoso, o circulatório, o esqueleto e por aí em diante, uma história é composta por subsistemas, como os personagens, a trama, a sequência de revelações, o mundo ficcional, o argumento moral, a rede de símbolos, o trançado das cenas e os diálogos sinfônicos (todos os quais serão explicados nos próximos capítulos).

Podemos dizer que o tema, ou o que chamo de argumento moral, é o cérebro; os personagens, o coração e o sistema circulatório. As revelações são o sistema nervoso. A estrutura é o esqueleto. As cenas são a pele.

*PONTO-CHAVE:* Todo subsistema de uma história consiste em uma rede de elementos que ajudam a definir e diferenciar os outros elementos.

Nenhum elemento individual em sua história, incluindo o herói ou heroína, vai funcionar se primeiramente não for criado e definido em relação com todos os outros elementos.

## O MOVIMENTO DA HISTÓRIA

Para entender como uma história orgânica acontece, vamos olhar para a natureza. Assim como o contador de histórias, a natureza conecta frequentemente elementos em um tipo de sequência. O diagrama a seguir mostra uma série de elementos que deverão ser conectados no devido tempo.

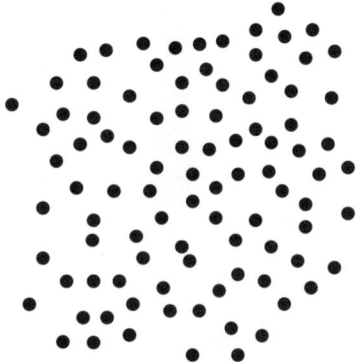

A natureza usa alguns padrões básicos (e uma série de variações) para conectar elementos em uma sequência, tais como o linear, sinuoso, em espiral, ramificado e explosivo.[3] Os contadores de histórias usam esses mesmos padrões, individualmente e combinados, para conectar eventos na história ao longo do tempo. Os padrões linear e explosivo estão em extremos opostos. No padrão linear, uma coisa acontece após a outra em uma linha reta. No explosivo, tudo está acontecendo simultaneamente. Os padrões sinuoso, em espiral e ramificado são combinações do linear e do explosivo. Vamos ver, a seguir, como todos eles funcionam em histórias.

---

3 STEVENS, Peter S. *Patterns in nature.* Boston: Little, Brown and Company, 1974, pp. 38-48.

## História linear

A história linear acompanha um único personagem principal do início ao fim e implica uma explicação histórica ou biológica para os acontecimentos. A maioria dos filmes de Hollywood é linear. Eles focam um único herói que persegue um desejo específico com grande intensidade. O público testemunha a história de como o herói persegue seu desejo e é mudado em decorrência disso. Esse padrão pode ser representado pela figura abaixo:

## História sinuosa

A história sinuosa faz um trajeto serpenteante sem direção aparente. Na natureza, o formato sinuoso é encontrado em rios, cobras e no cérebro.

Mitos como a *Odisseia*; histórias de jornada cômica como *Dom Quixote*, *Tom Jones*, *As aventuras de Huckleberry Finn*, *Peque-*

*no grande homem* e *Procurando encrenca*, e muitas das histórias de Dickens, como *David Copperfield,* assumem a forma sinuosa. O herói tem um desejo, mas não é intenso; percorre uma boa porção de território de um modo desordenado; e conhece uma série de personagens de diferentes níveis da sociedade.

## História em espiral

Uma espiral é um caminho circular e que vai para dentro, terminando no centro. Na natureza, espirais ocorrem em ciclones, chifres e conchas.

Thrillers como *Um corpo que cai, Blow-up: depois daquele beijo, A conversação* e *Amnésia* costumam favorecer a espiral, na qual um personagem retorna continuamente a um único evento ou lembrança e o explora em níveis cada vez mais profundos.

## História ramificada

A ramificação é um sistema de caminhos que se estende a partir de alguns pontos centrais, separando-se e originando partes cada vez menores. Na natureza, a ramificação ocorre em árvores, folhas e bacias fluviais, como vemos a seguir:

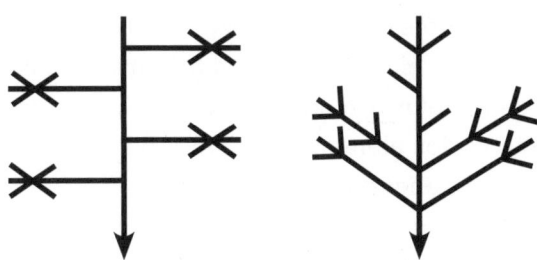

Na contação de histórias, cada ramo geralmente representa uma sociedade completa em detalhes ou num estágio detalhado da mesma sociedade explorada pelo herói. A forma ramificada é encontrada em ficções mais avançadas, como as fantasias sociais *As viagens de Gulliver* ou *A felicidade não se compra*, ou em histórias com múltiplos heróis, como *Nashville*, *Loucuras de verão* e *Traffic: ninguém sai limpo*.

## História explosiva

Uma explosão apresenta múltiplos caminhos que se estendem simultaneamente; na natureza, o padrão explosivo é encontrado em vulcões e em dentes-de-leão.

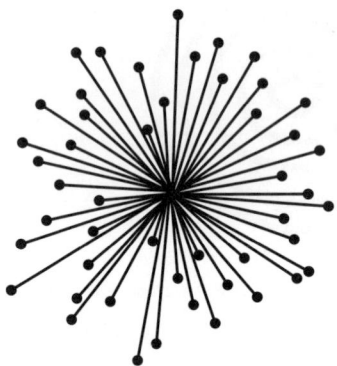

Em uma história, não se pode mostrar uma série de elementos de uma vez, nem mesmo em uma única cena, porque é necessário contar uma coisa depois da outra; então, estritamente falando, não existem histórias explosivas. Mas você pode criar a *ilusão* de simultaneidade. Em filmes, isso é feito com a técnica de cenas alternadas.

Histórias que mostram (a ilusão de) ações simultâneas implicam uma explicação comparativa para os acontecimentos. Vendo uma série de elementos de uma só vez, o público capta a ideia-chave embutida em cada elemento. Essas histórias também têm uma ênfase maior em explorar o mundo ficcional, mostrando as conexões entre seus vários elementos e como todos os personagens se encaixam, ou não se encaixam, nesse todo.

Algumas histórias que enfatizam ações simultâneas tendem a usar uma estrutura ramificada e incluem: *Loucuras de verão*, *Pulp*

*Fiction: tempo de violência, Traffic: ninguém sai limpo, Syriana: a indústria do petróleo, Crash: no limite, Nashville, Tristram Shandy, Ulysses, O ano passado em Marienbad, Na época do Ragtime, Os contos da Cantuária, Los Angeles: cidade proibida* e *Hannah e suas irmãs*. Cada uma delas apresenta uma combinação diferente de contação de histórias linear e simultânea, mas também acentua personagens que existem juntos no mundo ficcional, em vez de um único personagem desenvolvendo-se do início ao fim.


## ESCREVENDO SUA HISTÓRIA

Então sejamos práticos: que processo de escrita dará a você a melhor chance de criar uma ótima história?

A maioria dos escritores não usa o melhor processo para criar uma história, mas o mais fácil. Podemos descrevê-lo em quatro palavras: externo, mecânico, fragmentado e genérico. É claro, há muitas variações nesse processo, mas todas funcionam mais ou menos da seguinte forma:

O escritor inventa uma premissa genérica, ou ideia central, que é uma cópia vaga de outra que já existe. Ou então, é uma combinação de duas histórias que ele (acha que) juntou criativamente. Sabendo a importância de um protagonista forte, nosso escritor foca quase toda a sua atenção no herói. Ele "desenvolve" esse personagem mecanicamente, atribuindo-lhe o maior número possível de características, e decide fazer o herói mudar na última cena. Pensa no oponente e nos personagens secundários de forma separada e como menos importantes do que o herói, de modo que são quase sempre personagens pobres e mal definidos.

Quanto ao tema, nosso escritor o evita inteiramente para que ninguém possa acusá-lo de tentar "passar uma mensagem" – ou o expressa apenas nos diálogos. Situa a história em qualquer mundo que pareça normal para aquele personagem, provavelmente uma grande cidade, já que é onde a maior parte de seu público mora. Ele não se dá ao trabalho de usar símbolos porque isso seria óbvio e pretensioso.

Então inventa uma trama e uma sequência de cenas com base em uma pergunta: o que acontece depois? Muitas vezes, manda o herói para uma jornada no sentido físico da palavra. Organiza a trama usando a estrutura de três atos, um molde externo que divide a história em três partes, mas não conecta os eventos para além da superfície. Como resultado, a trama é episódica, e cada evento, ou cena, existe sozinho. Ele reclama que tem "problemas de segundo ato" e não consegue entender por que a história não evolui até um clímax que impacte o público profundamente. Por fim, escreve diálogos que só empurram a trama para a frente, com todo o conflito focado nos acontecimentos. Se for ambicioso, fará o herói manifestar o tema diretamente no diálogo perto do fim da história.

Se a maioria dos escritores usa uma abordagem externa, mecânica, fragmentada e genérica, o processo de escrita que vamos desenvolver aqui pode ser descrito como interno, orgânico, interconectado e original. Devo avisar logo de início: o processo que irei descrever não é fácil, mas acredito que tal abordagem, ou uma das variantes dela, é a única que funciona de verdade, e acredito que pode ser aprendida.

O processo de escrita que usaremos neste livro é o seguinte: analisaremos as técnicas para criar uma ótima história da mesma forma que você deve construir a sua. O mais importante é que você a construirá *de dentro para fora*. Isso significa duas coisas: (1) a história deve se tornar pessoal e única para você e (2) deve encontrar e desenvolver o que é original dentro da sua ideia central. A cada capítulo, sua história vai crescer e se tornar mais detalhada à medida que as partes se conectarem entre si.

> • PREMISSA: começaremos com a premissa, que é sua história inteira condensada em uma única sentença. A premissa vai sugerir a essência da história, e vamos descobrir como desenvolvê-la a fim de extrair o máximo da ideia.
>
> • OS SETE PASSOS-CHAVE DA ESTRUTURA DA HISTÓRIA: esses passos são os principais estágios do desenvolvimento de sua história e do código dramático escondido sob a superfície dela. Pense neles como o DNA da história. Determinar os sete passos-chave dará uma fundação sólida e estável a ela.

• PERSONAGENS: em seguida, vamos criar os personagens, não do nada, mas desenhando-os a partir de sua ideia original. Vamos conectar e comparar cada um deles aos outros personagens para que todos sejam fortes e bem definidos. Depois, vamos descobrir qual a função de cada um para ajudar o herói a se desenvolver.

• TEMA (ARGUMENTO MORAL): o tema é a sua visão moral de como as pessoas devem agir no mundo. Mas, em vez de transformar os personagens em porta-vozes para a mensagem, vamos expressar o tema inerente à ideia central. Esse tema será expresso por meio da estrutura, de modo que surpreenda e emocione o público.

• MUNDO FICCIONAL: em seguida, criaremos o mundo da história como um elemento derivado do seu herói. O mundo ficcional vai ajudar você a definir seu herói e a mostrar ao público uma expressão física do crescimento dele.

• REDE DE SÍMBOLOS: símbolos são pacotes de significado altamente comprimidos. Vamos desenvolver uma rede de símbolos que enfatizem e comuniquem diferentes aspectos dos personagens, do mundo ficcional e da trama.

• TRAMA: a partir dos personagens, vamos descobrir a forma correta da história – a trama vai nascer da singularidade de seus personagens. Usando os 22 passos da estrutura (os sete passos-chave e mais outros quinze), vamos desenhar uma trama na qual todos os eventos estejam conectados sob a superfície e cresçam até um final que surpreenda, mas que seja logicamente necessário.

• TRANÇADO DE CENAS: no último passo antes de escrever as cenas, vamos montar uma lista de todas elas, com todas as linhas de trama e temas trançados em uma tapeçaria.

• CONSTRUÇÃO DE CENA E DIÁLOGOS SINFÔNICOS: por fim, vamos escrever a história, construindo cada cena de modo que contribua para o desenvolvimento do seu herói. Escreveremos diálogos que não só impelirão a trama, mas que tenham uma qualidade sinfônica, mesclando muitos "instrumentos" e níveis de uma só vez.

Conforme assiste à história crescer diante de seus olhos, posso prometer uma coisa: você vai gostar da criação. Então vamos começar.

# 2

# PREMISSA

Michael Crichton não tem os personagens profundos e humanos de um Tchekhov ou as tramas brilhantes de um Dickens – só é o melhor escritor de premissas de Hollywood. Pegue *Jurassic Park: o parque dos dinossauros* como exemplo. Pode ser que a história de Crichton tenha se originado deste princípio narrativo: "E se você colocasse os dois pesos pesados da evolução – dinossauros e humanos – em um mesmo ringue e os obrigasse a lutar até a morte?". Essa é uma história que eu quero ver.

Há muitos modos de começar o processo de escrita. Alguns autores preferem quebrar a história em sete passos primários, o que vamos explorar no Capítulo 3. Mas a maioria começa com a expressão mais curta da história como um todo – a premissa.

## O QUE É A PREMISSA?

A premissa é sua história declarada em uma sentença. É a combinação mais simples de personagem e trama, e geralmente consiste em um *evento que dá início à ação,* uma breve noção sobre o *personagem principal* e uma breve noção sobre o *final* da história.

Alguns exemplos:

- *O poderoso chefão:* o filho mais jovem de uma família mafiosa se vinga dos homens que mataram seu pai e se torna o novo chefão.
- *Feitiço da lua:* uma mulher se apaixona pelo irmão de seu noivo enquanto ele visita a mãe na Itália.

• *Casablanca:* um exilado estadunidense durão reencontra um antigo amor, mas precisa abrir mão dele para lutar contra os nazistas.

• *Um bonde chamado desejo:* uma beldade em decadência tenta convencer um homem a se casar com ela enquanto sofre ataques constantes do marido bruto da irmã.

• *Star Wars:* quando uma princesa corre perigo mortal, um jovem usa suas habilidades como guerreiro para salvá-la e derrotar as forças malignas de um império galáctico.

Há vários motivos práticos para que uma boa premissa seja crucial para o sucesso da sua história. Em primeiro lugar, Hollywood vende filmes para o mundo todo, com uma boa parcela do faturamento entrando no fim de semana de estreia. Por isso, os produtores procuram por premissas *high concept*[1], o que quer dizer que o filme pode ser resumido em uma frase apelativa que as pessoas entenderão instantaneamente e correrão para o cinema para assistir.

Em segundo lugar, a sua premissa é sua inspiração. É o momento "Eureca!" em que você tem uma ideia e diz "Isso daria uma ótima história!", e essa empolgação lhe dá a perseverança para prosseguir durante meses, e até anos, de escrita difícil.

O que nos leva a outra questão importante: para o bem ou para o mal, a premissa é também a sua prisão. Assim que você decide desenvolver uma ideia, há milhares de outras em potencial que não vão ser escritas – então é melhor estar satisfeito com a sua escolha.

\*

PONTO-CHAVE: O que você escolhe escrever é muito mais importante do que qualquer decisão que tome sobre como escrever.

\*

---

1 *High concept* é um conceito também utilizado no audiovisual brasileiro, indicando que uma premissa carrega uma alta potência tanto narrativa quanto de mercado. [N. E.]

Um último motivo para se ter uma boa premissa é que essa decisão vai basear todas as outras que você tomará durante o processo de escrita. Personagem, trama, tema, símbolos – tudo se origina dessa ideia central. Se você falhar na premissa, nada mais importa. Se os alicerces de um prédio são malfeitos, nenhum trabalho nos andares superiores tornará o prédio estável. Você pode ser incrível com personagens, um mestre da trama ou um gênio do diálogo: se sua premissa for fraca, não há nada que possa fazer para salvar a história.

*

PONTO-CHAVE: Nove em cada dez escritores fracassam na premissa.

*

O grande motivo para tantos fracassarem aqui é que não sabem como desenvolver a ideia, como desenterrar o ouro enterrado nela. Não percebem que o grande valor da premissa é permitir ao escritor que explore a história completa e as muitas formas que ela pode assumir *antes* de escrevê-la de fato.

A premissa é um exemplo clássico de um assunto no qual pouco conhecimento é uma coisa perigosa. A maioria dos roteiristas sabe da importância que Hollywood atribui a uma premissa *high concept*. O que não sabem é que uma frase de marketing jamais lhes dirá o que a história orgânica exige.

Também não conhecem a fraqueza estrutural inerente a qualquer premissa *high concept*: ela só lhe dá duas ou três cenas. Essas cenas são as que ocorrem logo antes e logo depois de uma reviravolta e que tornam a sua premissa única. O longa-metragem médio tem de 40 a 70 cenas. Um romance pode ter o dobro ou o triplo desse número. Só conhecendo bem o ofício de contação de histórias é que você pode superar as limitações do *high concept* e contar a história toda com sucesso.

A primeira técnica para encontrar o ouro em uma ideia é tempo. Reserve bastante tempo para o começo do processo de escrita. Não estou falando de horas nem dias, mas de semanas. Não cometa o erro amador de pensar em uma premissa instigante e sair correndo imediatamente para escrever cenas. Você só vai conseguir escrever vinte ou trinta páginas e vai topar com um beco sem saída.

No processo de escrita, a etapa da premissa é o momento em que você explora a grande estratégia da sua história: envolve ver o panorama de forma mais ampla, distanciada, e encontrar a forma e o desenvolvimento geral da história. Você começa quase sem nada com que trabalhar. É por isso que o trabalho com a premissa é o mais incerto de todo o processo: você está tateando no escuro, explorando possibilidades para entender o que funciona e o que não funciona, o que se solidifica em um todo orgânico e o que não se sustenta.

Isso significa que você precisa permanecer flexível, aberto a todas as possibilidades. Pelo mesmo motivo, neste momento, o mais importante é usar como guia um método criativo orgânico.

## DESENVOLVENDO SUA PREMISSA

Nas semanas em que explorar sua premissa, use os seguintes passos para pensar em uma única sentença que possa ser transformada em uma grande história.

### Passo 1: Escreva algo que possa mudar sua vida

Esse é um padrão bem alto, mas pode ser o conselho mais valioso que você receberá como escritor. Nunca vi um que tenha falhado quando o seguiu. Por quê? Porque se uma história é importante para você, pode ser que seja importante para muitas outras pessoas do público. E quando terminar de escrever a história, não importa o que mais aconteça, você terá mudado sua vida.

Você pode dizer: "Eu adoraria escrever uma história assim, mas como vou saber se ela vai mudar a minha vida antes de eu a escrever?". Para isso você vai precisar de um pouco de autoexploração, algo que a maioria dos escritores, acredite se quiser, nunca fazem. A maioria dos escritores se contenta em pensar em uma premissa que seja uma cópia fajuta do filme, livro ou peça de outra pessoa, que parece ter um apelo comercial, mas não tem qualquer conexão pessoal com o escritor. Essa história jamais será mais que genérica e estará fadada ao fracasso.

Para explorar a si mesmo e ter a chance de escrever algo que possa mudar sua vida, você deve reunir dados sobre *quem* você é. E precisa colocá-los para fora e olhar para eles para que possa estudá-los objetivamente.

Há dois exercícios que podem ajudá-lo nisso. Primeiro, escreva sua lista de desejos. Sua lista de desejos é uma lista de tudo o que você gostaria de ver na tela, em um livro ou no teatro. É aquilo pelo qual você é apaixonado e que o *entretém*. Você pode anotar personagens que imaginou, reviravoltas legais de trama ou diálogos incríveis que surgiram em sua mente. Pode listar temas com os quais se importe ou certos gêneros que sempre o atraem.

Escreva todos eles usando quantas folhas precisar. Essa é a sua lista de desejos pessoal, então não rejeite nada. Ignore pensamentos como "Isso seria caro demais". E não organize as coisas enquanto escreve. Deixe uma ideia levar a outra.

O segundo exercício é uma lista de premissas. É uma lista de *todas* as premissas em que você já pensou. Podem ser cinco, vinte, cinquenta ou mais. De novo, use quantas folhas precisar. A principal exigência desse exercício é que você expresse cada premissa em uma frase. Isso o força a ser muito claro sobre cada ideia e permite que veja todas as suas premissas juntas em um único lugar.

Depois de completar tanto a lista de desejos como a de premissas, coloque-as a sua frente e as estude. Procure por elementos centrais que se repetem em ambas. Certos personagens e tipos de personagens podem ser recorrentes, uma qualidade de voz pode se insinuar através dos diálogos, um ou dois tipos de história (gêneros) podem se repetir, ou pode haver um tema, assunto ou período histórico ao qual você sempre retorna.

Enquanto estuda as listas, padrões-chave sobre o que você ama vão começar a emergir. Isso, na forma mais crua possível, é a sua visão. É quem você é como escritor e ser humano, registrado no papel à sua frente. Volte a ele com frequência.

Note que esses dois exercícios se destinam tanto a ampliar suas possibilidades como a integrar o que já existe profundamente em você. Não garantem que escreverá uma história que mude sua vida – nada garante. Mas, depois dessa etapa essencial de autoexploração, qualquer premissa na qual pensar terá mais chances de ser pessoal e original.

## Passo 2: Procure o que é possível

Um dos principais motivos para os escritores fracassarem na etapa da premissa é não saberem como identificar o verdadeiro potencial da história deles. Isso exige experiência e também técnica. O que você está procurando é aonde a ideia pode chegar, o modo como pode desabrochar. Não pule direto para uma única possibilidade, mesmo que pareça muito boa.

*

PONTO-CHAVE: Explore suas opções. A intenção aqui
é explorar muitos lugares possíveis aonde levar a ideia,
e só então escolher o melhor.

*

Uma técnica para explorar possibilidades é ver se a ideia faz alguma *promessa*. Algumas ideias geram certas expectativas, coisas que *devem* acontecer para satisfazer o público se a ideia for desenvolvida em uma história completa. Essas "promessas" podem conduzi-lo até a melhor opção para desenvolver a ideia.

Uma técnica muito valiosa para entender o que sua ideia possibilita é fazer a seguinte pergunta: e se? O "e se" o levará para dois lugares: sua ideia central e sua própria mente. Tal indagação o ajudará a definir o que é permitido na nova história e o que não é. Também o ajudará a explorar sua mente, que está brincando nessa paisagem ficcional. Quanto mais você se perguntar "e se?", mais poderá habitar essa paisagem integralmente, detalhá-la e torná-la envolvente para um público.

A questão aqui é deixar que sua mente seja livre. Não se censure nem se julgue. Jamais diga a si mesmo que uma de suas ideias é idiota. Ideias "idiotas" muitas vezes conduzem a grandes sacadas criativas.

Para entender melhor esse processo, vamos examinar histórias que já foram escritas e brincar com o que os autores podem ter pensado enquanto exploravam as possibilidades mais profundas de suas premissas.

• *A testemunha*
(Earl W. Wallace e William Kelley, história de William Kelley, 1985)

Um menino que testemunha um crime é um começo clássico para um thriller. Promete perigos de roer as unhas, ação intensa e violência. Mas e se você levar a história para muito além e explorar a violência nos Estados Unidos? E se mostrar os dois extremos do uso da força – violência e pacifismo – fazendo o menino viajar de uma pacata comunidade amish até uma cidade violenta? E se, então, obrigar um homem que usa a violência para o bem, o herói policial, a entrar no mundo amish e se apaixonar? E se então você levar a violência para o coração do pacifismo?

• *Tootsie*
(Larry Gelbart e Murray Schisgal, história de Don McGuire e Larry Gelbart, 1982)

A promessa que imediatamente ocorre ao público diante dessa ideia é a diversão de ver um homem vestido de mulher. E você sabe que vão querer esse personagem no maior número de situações difíceis possível. Mas e se você for além dessas expectativas úteis, mas óbvias? E se destacar a estratégia do herói para mostrar de perto como os homens jogam o jogo do amor? E se você transformar o herói em um machista que é *obrigado* a usar o disfarce que menos quer – o de mulher –, mas que mais precisa para crescer? E se intensificar o ritmo e a trama empurrando a história em direção à farsa: mostrando muitos homens e mulheres perseguindo uns aos outros ao mesmo tempo?

• *Chinatown*
(Robert Towne, 1974)

A ideia de um homem investigando um assassinato em Los Angeles na década de 1930 promete todas as revelações, reviravoltas e surpresas de uma boa história policial. Mas e se o crime só aumentar? E se o detetive começar investigando o menor "crime" possível, adultério, e acabar descobrindo que a cidade inteira foi construída por meio de assassinatos? Depois disso você pode tornar as revelações cada vez maiores até mostrar ao público os segredos mais profundos e sombrios da vida nos Estados Unidos.

• *O poderoso chefão*
(romance de Mario Puzo, roteiro de Mario Puzo e Francis Ford Coppola, 1972)

Uma história sobre uma família mafiosa promete assassinos implacáveis e crimes violentos. Mas e se você tornar o chefe da família muito maior, um tipo de rei dos Estados Unidos? E se ele for o chefe do lado sombrio do país, tão poderoso no submundo quanto o presidente é oficialmente? Como esse homem é um rei, é possível criar uma grande tragédia, uma queda e ascensão shakespeariana em que um rei morre e outro toma seu lugar. E se você transformar uma simples história de crime em um épico estadunidense?

• *Assassinato no Expresso Oriente*
(romance de Agatha Christie, roteiro de Paul Dehn, 1974)

Um homem assassinado num compartimento de trem bem ao lado de onde um detetive brilhante está dormindo promete ser uma história policial engenhosa. Mas e se você levar a ideia de justiça para além da captura típica do assassino? E se quiser mostrar a justiça *poética* por excelência? E se o homem assassinado merecer morrer, e um júri espontâneo de doze homens e mulheres se tornar tanto seu juiz como seu algoz?

• *Quero ser grande*
(Gary Ross e Anne Spielberg, 1988)

A história de um menino que acorda e de repente descobre que é um homem adulto promete ser uma comédia fantástica e divertida. Mas e se você escrever uma fantasia situada não em um mundo distante e bizarro, mas em um mundo que uma criança comum reconheceria? E se você o mandasse para a utopia real de um menino – uma loja de brinquedos – e o fizesse sair com uma mulher bonita e sexy? E se a história não fosse só sobre o menino crescendo fisicamente, mas mostrasse a mistura ideal de um homem e um garoto para uma vida adulta feliz?

## Passo 3: Identifique os desafios e problemas da história

Há regras de construção que se aplicam a todas as histórias, mas cada história tem, também, o seu próprio conjunto de regras – ou desafios. Esses são os problemas específicos profundamente enraizados na ideia e você *não pode escapar deles*. Nem deve querer. Esses problemas são a sinalização que o levará a encontrar sua verdadeira história. Você deve confrontá-los e resolvê-los se pretende desenvolver bem sua história. A maioria dos escritores só descobre esses obstáculos, se é que descobre, depois de escrever a história inteira – e aí é tarde demais.

O truque é aprender a reconhecer os problemas inerentes já na premissa. É claro, mesmo os melhores escritores não conseguem identificar todos eles tão cedo no processo. Mas, à medida que você domina as técnicas-chave de personagem, trama, tema, mundo ficcional, símbolo e diálogo, terá uma boa surpresa ao ver como será capaz de desenterrar as dificuldades de qualquer ideia. A seguir, veja alguns desafios e problemas inerentes a algumas ideias:

• *Star Wars*
(George Lucas, 1977)
Em qualquer épico, mas especialmente em um épico espacial como *Star Wars*, é preciso introduzir depressa uma vasta gama de personagens e depois mantê-los interagindo ao longo de espaços e tempos extensos. Você precisa tornar a história futurística plausível e reconhecível no presente. E precisa de um modo de criar mudanças de caráter[2] em um herói que é moralmente bom desde o começo.

---

2 No original, *character change*. Embora a tradução óbvia desse termo seja "mudança de personagem", preferimos enfatizar o sentido da mudança proposta pelo autor e reduzir a redundância que propõe quando em português, optando por traduzir o termo *character* como caráter. [N. T.]

• *Forrest Gump: o contador de histórias*
(romance de Winston Groom, roteiro de Eric Roth, 1994)

Como transformar quarenta anos de momentos históricos em uma história coesa, orgânica e pessoal? Os problemas incluem criar um herói com deficiência intelectual que seja capaz de conduzir a trama, ter percepções profundas e passar por uma mudança de caráter, ao mesmo tempo que equilibra uma qualidade fantasiosa com sentimentos genuínos.

• *Amada*
(romance de Toni Morrison, 1988)

O principal desafio de Toni Morrison é escrever uma história de escravidão em que a heroína não seja retratada como uma vítima. Uma história ambiciosa como essa apresenta inúmeros problemas que devem ser resolvidos: manter o impulso narrativo apesar dos constantes pulos entre passado e presente, fazer com que eventos de um passado distante sejam significativos para um público atual, conduzir a trama com personagens reativos, mostrar os efeitos da escravidão na mente daqueles que a viveram e como esses efeitos continuam a punir as pessoas anos após o fim da escravidão.

• *Tubarão*
(romance de Peter Benchley, roteiro de Peter Benchley e Carl Gottlieb, 1975)

Escrever uma história de terror "realista" – na qual os personagens lutam com um dos predadores naturais do ser humano – apresenta muitos problemas: criar uma briga justa contra um oponente de inteligência limitada, criar uma situação na qual o tubarão possa atacar com frequência e terminar a história com o herói lutando corpo a corpo com o tubarão.

• *As aventuras de Huckleberry Finn*
(romance de Mark Twain, 1884)

O principal desafio que Mark Twain enfrentou foi enorme: como mostrar, em termos fictícios, o tecido moral, ou mais precisamente imoral, de uma nação inteira? Essa ideia brilhante contém alguns grandes problemas: usar um garoto para impelir a ação, manter o ímpeto e uma oposição forte em uma estrutura episódica de viagem e mostrar de forma plausível um menino simples e não muito admirável tendo enormes percepções morais.

• *O grande Gatsby*
(romance de F. Scott Fitzgerald, 1925)
O desafio de Fitzgerald é mostrar o sonho americano corrompido e reduzido à competição por fama e dinheiro. Os problemas dele são igualmente intimidadores. Ele precisa criar um impulso narrativo em um contexto no qual o herói é o ajudante de outra pessoa, fazer o público se importar com pessoas superficiais e, de algum modo, transformar uma pequena história de amor em uma metáfora para os Estados Unidos.

• *A morte de um caixeiro-viajante*
(Arthur Miller, 1949)
O desafio central de Arthur Miller é como mostrar a tragédia de um homem pequeno. Os problemas que o autor deve resolver incluem misturar eventos passados e presentes sem confundir o público, manter o impulso narrativo e fornecer esperança em uma conclusão desesperada e violenta.

## Passo 4: Encontre o princípio narrativo

Dados os problemas e as promessas inerentes à sua ideia, você deve agora pensar em uma estratégia geral para contar a história. Essa estratégia, declarada em uma frase, é o *princípio narrativo* de sua história. O princípio narrativo ajuda você a estender a premissa para transformá-la em uma estrutura profunda.

\*

PONTO-CHAVE: O princípio narrativo é aquilo que organiza a história em um todo. É a lógica interna da história, o que conecta as partes organicamente, de modo que a história seja maior que a soma de suas partes. É o que torna a história original.

\*

Em resumo, o princípio narrativo é a semente da história – e é o fator mais importante para torná-la original e eficaz. Às vezes, esse princípio é um símbolo ou uma metáfora (conhecido como símbolo central, grande metáfora ou metáfora raiz). Mas muitas vezes é maior que isso. O princípio narrativo acompanha o *processo* fundamental que vai se desdobrar ao longo da história.

Ele é difícil de enxergar. E, na verdade, a maioria das histórias não tem um. São histórias padrão, contadas genericamente. Esta é a diferença entre uma premissa – que todas as histórias têm – e um princípio narrativo – que só boas histórias têm: a premissa é concreta, o que acontece de fato, enquanto o princípio narrativo é abstrato. É o processo mais profundo que ocorre em uma história contada de um jeito original. Resumindo:

Princípio narrativo = processo da história + execução original

Digamos que você queira mostrar o funcionamento interno da máfia nos Estados Unidos, como literalmente centenas de roteiristas e romancistas já fizeram. Se você fosse realmente bom, poderia pensar neste princípio narrativo (de *O poderoso chefão*):

Usar a estratégia clássica de contos de fadas para mostrar como o mais novo de três filhos se torna o novo "rei".

O importante é que o princípio narrativo seja a "ideia sintetizadora", a "causa formativa"[3] da história; é o que lhe dá unidade interna, assim como a torna diferente de todas as outras histórias.

\*

*PONTO-CHAVE:* Encontre o princípio, mantenha o princípio. Seja diligente em descobri-lo e nunca o perca de vista durante o longo processo de escrita.

\*

---

3 CRANE, Ronald S. *The language of criticism and the structure of poetry*. Toronto: University of Toronto Press, 1953, p. 2.

Vamos dar uma olhada em *Tootsie* para entender como a diferença entre a premissa e o princípio narrativo se apresenta em uma história real.

PREMISSA: quando um ator não consegue trabalho, se disfarça de mulher, consegue um papel em uma série de TV e se apaixona por uma das atrizes do elenco.

PRINCÍPIO NARRATIVO: obrigar um machista a viver como uma mulher.

Como encontrar o princípio narrativo em sua premissa? Não cometa o erro que a maioria dos escritores comete a essa altura. Em vez de pensar em um princípio narrativo único, escolhem um gênero e o impõem à premissa, para depois forçarem a história a cumprir os *beats* (eventos) típicos daquele gênero. O resultado é uma ficção mecânica, genérica e sem originalidade.

Você encontra o princípio narrativo ao extraí-lo da frase simples à sua frente. Como um detetive, "induz" a forma da história a partir da premissa.

Isso não significa que só haja um princípio narrativo por ideia, nem que seja fixo ou predeterminado. Há muitos princípios ou formas possíveis que você pode captar da premissa e por meio dos quais pode desenvolver a história. Cada um lhe dará possibilidades diferentes do que dizer e cada um trará problemas inerentes que você deverá resolver. Novamente, deixe que sua técnica o ajude.

Um modo de pensar em um princípio narrativo é usar uma jornada ou metáfora de viagem semelhante. O trajeto de balsa de Huckleberry e Jim pelo rio Mississippi, a jornada de barco de Marlow rio acima até o "coração das trevas", as viagens de Leopold Bloom por Dublin em *Ulysses,* a queda de Alice na toca do coelho até o mundo invertido do País das Maravilhas – todas são metáforas de viagem para organizar o processo mais profundo da história.

Note como o uso de uma jornada em *Coração das trevas* fornece o princípio narrativo para um trabalho de ficção muito complexo:

A viagem de um narrador rio acima até o interior da selva é uma linha que conduz simultaneamente a três localidades: à verdade sobre um homem misterioso e aparentemente imoral, à verdade sobre o próprio contador da história e a um caminho que recua na civilização até a barbárie e o coração moral das trevas em todos os seres humanos.

Às vezes, um único símbolo pode servir como o princípio narrativo, como o "A" vermelho em *A letra escarlate*, a ilha em *A tempestade,* a baleia em *Moby Dick* ou a montanha em *A montanha mágica*. Ou você pode conectar dois grandes símbolos para formar uma frase, por exemplo, em *Como era verde o meu vale*. Outros princípios narrativos incluem unidades de tempo (dia, noite, quatro estações), o uso característico de um narrador ou um jeito especial como a história se desdobra.

Aqui vão alguns princípios narrativos de livros, filmes e peças, desde a Bíblia até a série Harry Potter, e como eles diferem da premissa.

• Moisés, no livro do *Êxodo*
PREMISSA: quando um príncipe egípcio descobre que é hebreu, liberta seu povo da escravidão.

PRINCÍPIO NARRATIVO: um homem que não sabe quem é luta para libertar seu povo e recebe as novas leis morais que definirão ele e seu povo.

• *Ulysses*
PREMISSA: um dia na vida de um homem em Dublin.

PRINCÍPIO NARRATIVO: em uma odisseia moderna através da cidade, no decorrer de um único dia, um homem encontra um pai e outro homem encontra um filho.

• *Quatro casamentos e um funeral*
PREMISSA: um homem se apaixona por uma mulher, mas ambos ficam noivos de outras pessoas, começando por ela.

PRINCÍPIO NARRATIVO: um grupo de amigos experimenta quatro utopias (casamentos) e um momento no inferno (funeral) enquanto cada um deles procura pelo parceiro ideal no casamento.

• Série Harry Potter

PREMISSA: um garoto descobre que tem poderes mágicos e vai estudar em uma escola para bruxos.

PRINCÍPIO NARRATIVO: um príncipe mago aprende a ser um homem e um rei ao estudar em um internato para feiticeiros ao longo de sete anos.

• *Golpe de mestre*

PREMISSA: dois vigaristas enganam um homem rico que matou um de seus amigos.

PRINCÍPIO NARRATIVO: contar a história de um golpe na forma de um golpe, enganando tanto o oponente como o público.

• *Longa jornada noite adentro*

PREMISSA: uma família lida com o vício da mãe.

PRINCÍPIO NARRATIVO: à medida que o dia se torna noite, uma família é confrontada com os pecados e fantasmas do passado.

• *Agora seremos felizes*

PREMISSA: uma jovem se apaixona pelo vizinho.

PRINCÍPIO NARRATIVO: o crescimento de uma família ao longo de um ano, mostrado por eventos em cada uma das quatro estações.

• *Copenhagen*

PREMISSA: três pessoas contam versões conflitantes de uma reunião que mudou o resultado da Segunda Guerra Mundial.

PRINCÍPIO NARRATIVO: usar o Princípio da Incerteza de Heisenberg, da Física, para explorar a moralidade ambígua do homem que descobriu esse princípio.

• *Um conto de Natal*

PREMISSA: quando três fantasmas visitam um velho sovina, ele recupera o espírito natalino.

PRINCÍPIO NARRATIVO: traçar o renascimento de um homem forçando-o a ver seu passado, presente e futuro ao longo de uma véspera de Natal.

• *A felicidade não se compra*

PREMISSA: quando um homem se prepara para cometer suicídio, um anjo lhe mostra como seria o mundo se ele nunca tivesse nascido.

PRINCÍPIO NARRATIVO: expressar o poder do indivíduo mostrando como seria uma cidade, e depois uma nação, se um homem nunca tivesse vivido.

• *Cidadão Kane*

PREMISSA: conta a história de vida de um rico barão do jornalismo.

PRINCÍPIO NARRATIVO: usar diversos narradores para mostrar como a vida de um homem jamais pode ser conhecida.

## Passo 5: Determine o melhor personagem em sua ideia

Uma vez que tenha definido o princípio narrativo de sua história, é hora de focar o seu herói.

*

*PONTO-CHAVE*: Sempre conte a história de seu melhor personagem.

*

Com "melhor" eu não quero dizer a pessoa mais legal. Estou falando da mais fascinante, desafiadora e complexa, mesmo que não seja muito simpática. O motivo para contar a história de seu melhor personagem é que o seu interesse – e o interesse do público – inevitavelmente vai focar ele. Você sempre vai querer que esse personagem conduza a ação.

Para determinar o melhor personagem inserido em sua ideia, o método é se fazer esta pergunta crucial: qual deles eu amo? Você pode encontrar a resposta fazendo as seguintes perguntas: eu quero ver esse personagem agir? Eu amo o modo como ele pensa? Eu me importo com os desafios que ele tem que superar?

Se não conseguir encontrar um personagem que ama inserido na ideia central, passe para outra ideia. Se *conseguir* encontrá-lo, mas ele não for o personagem principal, mude a premissa agora mesmo para que passe a ser.

Se você está desenvolvendo uma ideia que parece ter múltiplos personagens principais, vai ter tantas tramas quanto personagens principais, e deve encontrar o melhor personagem para cada uma.

## Passo 6: Tenha noção do conflito central

Depois que tiver uma ideia de quem vai conduzir a história, o passo seguinte é descobrir sobre o que sua história *trata* no nível mais essencial. Isso significa determinar o *conflito central* da história. Para descobri-lo, pergunte-se: "Quem enfrenta quem pelo quê?" e responda à questão em uma frase curta.

A resposta vai revelar do que sua história trata de verdade, porque todo o conflito nela se resume essencialmente a essa questão. Nos próximos dois capítulos, sobre os sete passos e personagens, vamos explorar esse conflito, às vezes de modos complexos. Mas você precisa manter essa declaração sucinta do conflito, junto com o princípio narrativo, na sua frente o tempo todo.

## Passo 7: Tenha noção da linha única de causa e efeito

Toda história boa e orgânica tem uma linha única de causa e efeito: A leva a B, que leva a C... até a Z. Essa é a espinha da história, e se você não tiver uma espinha ou se tiver espinhas demais, sua história vai desmoronar (em breve vamos falar sobre histórias com múltiplos heróis).

Digamos que você pense nesta premissa:

> Um homem se apaixona e enfrenta o irmão pelo controle de uma vinícola.

Note que essa é uma premissa dividida em duas trajetórias de causa e efeito. Uma das grandes vantagens de usar essas técnicas para desenvolver sua premissa é que é muito mais fácil identificar problemas e encontrar soluções quando você escreveu apenas uma frase. Uma vez que se escreve uma história ou um roteiro inteiro, os problemas da história parecem estar cimentados. Mas quando se escreve apenas uma frase, pode-se fazer uma simples mudança e transformar uma premissa dividida em uma linha única, tal como:

> Por meio do amor de uma mulher bondosa, um homem derrota o irmão pelo controle de uma vinícola.

O truque para encontrar a linha única de causa e efeito é se perguntar: qual é a ação básica do meu herói? Ele vai realizar muitas ações ao longo da história, mas deve haver uma que seja a mais importante, que unifique todas as outras ações dele. Essa ação é a linha de causa e efeito.

Por exemplo, vamos voltar à premissa de uma frase de *Star Wars*:

> Quando uma princesa corre perigo mortal, um jovem usa suas habilidades como guerreiro para salvá-la e derrotar as forças malignas de um império galáctico.

Ao nos obrigar a descrever *Star Wars* em uma única sentença, vemos que a ação que une a miríade de ações desse filme é "usa suas habilidades como guerreiro".

Considere *O poderoso chefão*. É um livro e um filme épicos, mas neles também, se analisarmos o processo e reduzirmos a história a uma premissa de uma sentença, podemos enxergar a ação básica claramente:

> O filho mais jovem de uma família mafiosa se vinga dos homens que mataram seu pai e se torna o novo chefão.

De todas as ações que Michael realiza na história, aquela que conecta as demais, a ação básica, é se vingar.

*

PONTO-CHAVE: Se estiver desenvolvendo uma premissa com muitos personagens principais, cada trama
deve ter uma linha única de causa e efeito. E todas as
tramas devem se unir para formar uma espinha maior
e universal.

*

Por exemplo, em *Os contos da Cantuária*, cada viajante conta uma história com uma espinha única. Mas todas as histórias
pertencem a um grupo – um microcosmo da sociedade inglesa –
que está viajando para a Cantuária.

## Passo 8: Determine a possível mudança de caráter de seu herói

Depois do princípio narrativo, a coisa mais importante a extrair
da sua premissa é a mudança de caráter fundamental de seu herói. É
isso que dá ao público a satisfação mais profunda, não importa a forma que a história assuma, mesmo quando a mudança de caráter for
negativa (como em *O poderoso chefão*).

A mudança de caráter é o que seu herói experimenta ao lutar
por algo. No nível mais simples, essa mudança pode ser representada por uma equação de três partes (não a confunda com a estrutura de três atos):

$$F \times A = M$$

Onde:
F significa as fraquezas, tanto psicológicas como morais.
A representa a luta para realizar a ação básica no meio da
história.
M indica a mudança.

Na maioria das histórias, um personagem com fraquezas se
esforça para realizar algo e, como resultado, acaba mudando (positiva ou negativamente). A simples lógica de uma história funciona da seguinte maneira: como o ato de esforçar-se para realizar a

ação básica (A) leva o personagem a passar de F para M? Note que A, a ação básica, é o fulcro. Um personagem com certas fraquezas, quando passa por uma série de dificuldades, é forjado e temperado, transformando-se em outra pessoa.

*

> PONTO-CHAVE: A ação básica deve ser aquela *mais propícia* para forçar o personagem a lidar com suas fraquezas e mudar.

*

Essa é a simples geometria de qualquer história porque é a sequência do crescimento humano. O crescimento humano é muito elusivo, mas é real e é o que você deve expressar acima de tudo (ou então mostrar por que ele não aconteceu).

A chave para fazer isso é começar com a ação básica, depois considerar os *opostos* da ação básica. Isso vai mostrar quem é seu herói no começo da história – as fraquezas dele – e quem ele é no fim – como mudou.

Os passos funcionam assim:

1. Escreva sua premissa simples. (Esteja aberto a modificar essa premissa uma vez que descobrir a mudança de caráter.)
2. Determine a ação básica de seu herói ao longo da história.
3. Pense nos opostos de A (ação básica) tanto para F (as fraquezas psicológicas e morais do herói) como para M (mudança).

Considerar os opostos da ação básica é crucial, pois é o único jeito de a mudança ocorrer. Se as fraquezas de seu herói são similares à ação básica que ele vai realizar durante a história, ele vai simplesmente aprofundar aquelas fraquezas e permanecer quem era.

*

> PONTO-CHAVE: Escreva uma série de opções *possíveis* para as fraquezas e mudanças do herói.

*

Assim como há uma série de possibilidades para desenvolver sua premissa, há muitas opções tanto para as fraquezas como para a pessoa diferente que seu herói se tornará. Por exemplo, digamos que a ação básica de seu herói é se tornar um fora da lei durante a história.

Começando com essa ação básica, podemos pensar nos seguintes opostos para possíveis fraquezas e mudanças (note que cada fraqueza e mudança é um oposto possível da ação básica):

• Um homem certinho e dominado pela esposa envolve-se com uma gangue de indivíduos fora da lei e se divorcia.

F – FRAQUEZAS NO COMEÇO: certinho, dominado pela esposa.

A – AÇÃO BÁSICA: envolve-se com uma gangue de indivíduos fora da lei.

M – MUDANÇA: se divorcia.

• Um banqueiro certinho e arrogante envolve-se com uma gangue de indivíduos fora da lei e passa a ajudar os pobres.

F – FRAQUEZAS NO COMEÇO: certinho, arrogante.

A – AÇÃO BÁSICA: envolve-se com uma gangue de indivíduos fora da lei.

M – MUDANÇA: passa a ajudar os pobres.

• Um homem tímido e cauteloso envolve-se com uma gangue de indivíduos fora da lei e fica inebriado com a fama.

F – FRAQUEZAS NO COMEÇO: tímido, cauteloso.

A – AÇÃO BÁSICA: envolve-se com uma gangue de indivíduos fora da lei.

M – MUDANÇA: fica inebriado com a fama.

Qualquer uma das mudanças dos tópicos anteriores pode ser uma mudança de caráter extraída da premissa de uma frase sobre um homem tornando-se um fora da lei. Vamos analisar essa técnica em duas histórias conhecidas.

• *Star Wars*

PREMISSA: quando uma princesa corre perigo mortal, um jovem usa suas habilidades como guerreiro para salvá-la e derrotar as forças malignas de um império galáctico.

> F – FRAQUEZAS NO COMEÇO: ingênuo, impetuoso, paralisado, sem foco, sem confiança.
> A – AÇÃO BÁSICA: usa suas habilidades de guerreiro.
> M – MUDANÇA: autoestima, um lugar em um grupo seleto e um guerreiro de verdade.

As fraquezas de Luke no início decididamente *não são* as qualidades de um guerreiro. Mas, ao ser forçado repetidas vezes a usar tais habilidades, ele é fortalecido e se torna um guerreiro confiante para o lado do bem.

• *O poderoso chefão*

PREMISSA: o filho mais jovem de uma família mafiosa se vinga dos homens que mataram seu pai e se torna o novo chefão.

> F – FRAQUEZAS NO COMEÇO: descomprometido, temeroso, convencional, legítimo, isolado da família.
> A – AÇÃO BÁSICA: se vinga.
> M – MUDANÇA: governante tirânico e absoluto da família.

*O poderoso chefão* é um exemplo perfeito de por que você deve ir até os opostos da ação básica para determinar as fraquezas e a mudança de seu herói. Se Michael começasse a história como um homem vingativo, vingar-se dos homens que atiraram em seu pai só o tornaria mais do mesmo. Não haveria mudança de caráter. Mas e se ele começasse como o oposto de vingativo? Um homem descomprometido, temeroso, convencional, legítimo, isolado de sua família mafiosa, que então se vinga e se torna o governante tirânico e absoluto da família. É uma mudança radical, sem dúvida. Mas completamente plausível.

Note que o que você obtém ao usar essa técnica é só a possível mudança de caráter para a sua história. O trabalho com a premissa, especialmente em relação à mudança de caráter, é extremamente incerto. Esteja aberto a pensar em uma mudança diferente à medida que desenvolve o processo de escrita. Nos próximos dois capítulos, vamos explorar em mais detalhes esse elemento crucial da história.

## Passo 9: Descubra uma possível escolha moral do herói

O tema central de uma história é cristalizado com frequência por uma escolha moral que o herói deve fazer, geralmente no fim. O tema é a visão do roteirista do jeito correto de agir no mundo – sua visão moral e um dos motivos principais pelos quais você está escrevendo sua história.

O tema é mais bem expressado por meio da estrutura da história e do que eu chamo de "argumento moral". É aqui que você, o autor, vai defender seu ponto de vista sobre como viver, não usando um argumento filosófico, mas por meio das ações de personagens que perseguem uma meta (para mais detalhes, veja o Capítulo 5). Provavelmente o passo mais importante nesse argumento é a última escolha moral que você dá ao herói.

Muitos escritores cometem o erro de dar ao herói uma escolha falsa – isto é, entre algo positivo e algo negativo. Por exemplo, você pode forçar o herói a escolher entre ir para a prisão ou ficar com a garota dos sonhos. O resultado é óbvio.

\*

PONTO-CHAVE: Para ser uma escolha verdadeira, seu herói deve escolher entre duas opções positivas ou, raramente, entre evitar duas negativas (como em *A escolha de Sofia*).

\*

Dê o máximo de equilíbrio possível às opções, com uma apresentando um jeito de viver apenas um pouco melhor que a outra. Um clássico exemplo de escolha entre duas opções positivas é entre amor e honra. Em *Adeus às armas,* o herói escolhe o amor. Em *Relíquia macabra* (e em quase todas as histórias policiais), o herói escolhe a honra.

Mais uma vez, note que essa técnica trata de encontrar a *possível* escolha moral. Isso porque a escolha que você imagina agora pode mudar completamente quando começar a escrever a história de fato. Essa técnica apenas o obriga a começar a pensar sobre seu tema, em termos práticos, desde o início do processo de escrita.

## Passo 10: Avalie o apelo junto ao público

Quando terminar o trabalho com a premissa, faça uma última pergunta: essa linha única é especial o suficiente para gerar interesse em muitas pessoas além de mim?

Essa é uma questão de popularidade, de apelo comercial. Você deve ser implacável ao respondê-la. Se olhar para a sua premissa e perceber que as únicas pessoas que vão querer ler sua história são você e sua família próxima, eu o aconselharia fortemente a não usar essa premissa como a base para uma história inteira.

Você sempre deve escrever primeiro para si, sobre aquilo que importa para você, mas não deve escrever *apenas* para si. Um dos maiores erros que os escritores cometem é cair na armadilha de pensar em termos de ou/ou: *ou* eu escrevo sobre o que importa para mim *ou* eu escrevo o que vai vender. Essa é uma distinção falsa, nascida da antiga noção romântica de escrever em um sótão e sofrer pela sua arte.

Às vezes, você tem uma ideia de que simplesmente *precisa* escrever, ou, às vezes, uma ótima ideia para a qual não sabe se há um público. Mas lembre-se: você terá mais ideias na vida do que conseguirá transformar em histórias completas. Tente sempre escrever algo com que se importe e que ache que vai agradar a um público. Sua escrita deve significar muito para você em um nível pessoal, mas escrever para um público permite, de forma mais fácil, que você faça o que ama.

# CRIANDO SUA PREMISSA
## *Exercício de escrita 1*

• PREMISSA: escreva sua premissa em uma sentença. Pergunte-se se essa premissa tem o potencial de se tornar uma história que pode mudar sua vida.

• LISTA DE DESEJOS E LISTA DE PREMISSAS: escreva sua lista de desejos e sua lista de premissas. Estude-as em conjunto para identificar os elementos centrais do que importa para você e do que você gosta.

• POSSIBILIDADES: procure o que é possível na premissa. Anote opções.

• DESAFIOS E PROBLEMAS DA HISTÓRIA: descreva a maior quantidade possível de desafios e problemas únicos à sua ideia.

• PRINCÍPIO NARRATIVO: pense no princípio narrativo de sua ideia. Lembre-se de que esse princípio deve descrever um processo, ou forma, mais profundo representado pela história, e também um modo único de contá-la.

• MELHOR PERSONAGEM: determine qual é o melhor personagem na ideia e transforme-o no herói de sua premissa.

• CONFLITO: pergunte-se quem seu herói está enfrentando e pelo quê.

• AÇÃO BÁSICA: encontre uma linha única de causa e efeito, identificando a ação básica que seu herói vai realizar na história.

• MUDANÇA DE CARÁTER: pense na possível mudança de caráter de seu herói, começando com a ação básica e depois explorando os opostos dela para entender suas fraquezas (F) no início e sua mudança (M) no final.

• ESCOLHA MORAL: pense em uma decisão moral que seu herói possa ser forçado a tomar perto do fim da história, certificando-se de que seja uma escolha difícil, mas plausível.

• INTERESSE DO PÚBLICO: questione se sua premissa tem o potencial de agradar a um público maior. Caso não tenha, volte à estaca zero.

Vamos examinar *Tootsie* com mais calma para que você entenda como pode desenvolver esse processo de premissa.

• *Tootsie*

(Larry Gelbart e Murray Schisgal, história de Don McGuire e Larry Gelbart, 1982)

PREMISSA: quando um ator não consegue trabalho, se disfarça de mulher, consegue um papel em uma série de TV e se apaixona por uma das atrizes do elenco.

POSSIBILIDADES: um exame bem-humorado do jogo da sedução moderno, mas também uma dissecação da imoralidade profunda que subjaz ao modo como homens e mulheres agem uns em relação aos outros na esfera mais íntima de suas vidas.

DESAFIOS DA HISTÓRIA: como mostrar o efeito das ações imorais dos homens contra as mulheres sem parecer atacar um gênero inteiro e retratar o outro como inocente?

PROBLEMAS: como fazer um homem parecer crível como mulher, entrelaçar várias tramas de homens/mulheres e unificá-las, concluir com sucesso cada trama e fazer com que uma história de amor se torne emocionalmente satisfatória usando uma série de técnicas da farsa que colocam o público em uma posição superior?

PRINCÍPIO NARRATIVO: obrigar um machista a viver como mulher. Situar a história no mundo do entretenimento para tornar o disfarce mais plausível.

MELHOR PERSONAGEM: a divisão de Michael entre vestir-se tanto como homem ou mulher pode ser uma expressão física e cômica da contradição extrema em seu próprio caráter.

CONFLITO: Michael enfrenta Julie, Ron, Les e Sandy em questões de amor e honestidade.

AÇÃO BÁSICA: o herói finge ser mulher.

MUDANÇA DE CARÁTER:

F: Michael é arrogante, mentiroso e mulherengo.

M: ao fingir ser uma mulher, Michael aprende a ser um homem melhor e torna-se capaz de amar de verdade.

ESCOLHA MORAL: Michael sacrifica seu emprego lucrativo e pede desculpas a Julie por mentir para ela.

# 3

# OS SETE PASSOS-CHAVE DA ESTRUTURA DA HISTÓRIA

*O poderoso chefão* é um romance e um filme longo e complexo. *Tootsie* é um redemoinho altamente coreografado de amor não correspondido, identidade trocada e enganos cômicos. *Chinatown* traz um desdobramento complexo de surpresas e revelações. Essas histórias tão diferentes são todas bem-sucedidas graças à cadeia orgânica inquebrável dos sete passos-chave de estrutura que existe embaixo da superfície de cada uma delas.

Quando tratamos da estrutura de uma história, estamos falando sobre como ela se desenvolve ao longo do tempo. Por exemplo, todas as coisas vivas parecem crescer em um fluxo contínuo, mas, se olharmos de perto, conseguiremos enxergar certos passos, ou estágios, nesse crescimento. O mesmo vale para as histórias.

Do começo ao fim, uma história tem um crescimento de, no mínimo, sete passos.

1. Fraqueza e necessidade.
2. Desejo.
3. Oponente.
4. Plano.
5. Batalha.
6. Autorrevelação.
7. Novo equilíbrio.

Os sete passos não são impostos arbitrariamente por questões externas, do jeito que ocorre em uma estrutura mecânica, como a dos três atos. Eles existem *na* história. Esses passos são o núcleo – o DNA – de sua história e os alicerces de seu sucesso como escritor, pois são baseados na *ação humana*. São os passos pelos quais toda pessoa deve passar para resolver um problema de vida. E como são orgânicos – e estão implícitos em sua premissa –, devem ser conectados de modo que a história tenha o maior impacto possível no público.

Vamos ver o que cada um desses passos significa, como estão conectados uns aos outros debaixo da superfície e como, de fato, funcionam nas histórias.

## 1. FRAQUEZA E NECESSIDADE

Desde o começo da história, seu herói tem uma ou mais fraquezas grandes que o limitam. Falta algo dentro dele, algo tão profundo que está arruinando sua vida.

A necessidade é o que o herói *precisa* satisfazer dentro de si para ter uma vida melhor. Geralmente envolve superar suas fraquezas e mudar, ou crescer, de alguma forma.

• *Tootsie*
FRAQUEZAS: Michael é arrogante, egoísta e mentiroso.
NECESSIDADE: Michael precisa superar sua arrogância em relação às mulheres e parar de mentir e usá-las para conseguir o quê quer.

• *O silêncio dos inocentes*
FRAQUEZAS: Clarice é inexperiente e sofre com lembranças traumáticas de infância, uma mulher em um mundo dominado por homens.
NECESSIDADE: Clarice deve superar os fantasmas do passado e conquistar o respeito profissional em um mundo dominado por homens.

Não consigo nem enfatizar direito quanto a necessidade é importante para o seu sucesso. É a fonte da história e a base de todos os outros passos, então tenha em mente dois pontos fundamentais ao criar a necessidade do seu herói:

*

*PONTO-CHAVE:* Seu herói *não pode* ter consciência
da necessidade que tem no início da história.

*

Se ele já estiver ciente do que precisa, a história acabou. O herói deve descobrir sua necessidade no momento da autorrevelação, perto do final, só depois de ter passado por uma boa dose de dor (em um drama) ou esforço (em uma comédia).

*

*PONTO-CHAVE:* Dê ao seu herói uma necessidade
moral e também uma psicológica.

*

Em histórias medianas, o herói só tem uma necessidade *psicológica.* Isso exige que ele supere um defeito sério que não fere ninguém exceto ele próprio.

Em histórias melhores, o herói tem uma necessidade moral além de uma necessidade psicológica. Ele deve superar um defeito moral e aprender a agir corretamente em relação às outras pessoas. No começo da história, um personagem com uma necessidade moral está sempre ferindo os outros de alguma forma (devido à sua fraqueza moral).

• *O veredicto*
A necessidade psicológica de Frank é derrotar seu alcoolismo e recuperar o autorrespeito. Sua necessidade moral é parar de usar outras pessoas por dinheiro e aprender a agir com justiça. Sabemos que Frank tem uma necessidade moral quando o vemos mentir para entrar no funeral de desconhecidos e conseguir um caso. Ele não se importa em perturbar a família, só quer lucrar à custa dela.

Um motivo pelo qual é tão importante dar ao herói uma necessidade moral, além de uma psicológica, é que isso aumenta o escopo do personagem; suas ações afetam outras pessoas. Isso toca o público de um jeito mais potente.

O outro motivo é que isso evita que o herói seja perfeito ou uma vítima – ambos são o beijo da morte em uma história. Um personagem perfeito não parece real ou crível. Quando um personagem não tem defeitos morais, o oponente, que os tem, geralmente domina o herói, e a história se torna reativa e previsível.

Também presente desde a primeira página de sua história, mas muito menos importante que a fraqueza e a necessidade, é o problema. Todas as boas histórias começam chutando a porta: o herói já está em apuros. O problema é a *crise* na qual o herói se encontra desde a primeira página. Ele está muito ciente da crise, mas não sabe como resolvê-la.

O problema não é um dos sete passos, mas um aspecto da fraqueza e da necessidade, e é valioso. Crises definem um personagem muito rapidamente e deveriam ser uma manifestação exterior da fraqueza do herói. Elas enfatizam essa fraqueza para o público e dão à história um começo veloz.

*

*PONTO-CHAVE*: Faça com que o problema seja simples e específico.

*

• *Crepúsculo dos deuses*
FRAQUEZA: Joe Gillis tem uma predileção por dinheiro e pelas coisas boas da vida. Ele está disposto a sacrificar as próprias integridades artística e moral pelo conforto pessoal.
PROBLEMA: Joe está falido. Os funcionários de uma financeira vão ao apartamento dele para tomar seu carro e ele foge.

• *Tootsie*
FRAQUEZAS: Michael é arrogante, egoísta e mentiroso.
PROBLEMA: Michael é um excelente ator, mas é tão autoritário que ninguém o contrata, portanto está desesperado.

## A técnica dos sete passos: criando a necessidade moral

Muitas vezes, os escritores pensam que deram ao herói uma necessidade moral quando, na verdade, ela é só psicológica. Lembre-se da regra básica: para ter uma necessidade moral, o personagem deve estar ferindo pelo menos mais uma pessoa no começo da história.

Dois modos bons de criar a necessidade moral certa para seu herói são conectá-la à necessidade psicológica e transformar uma força em fraqueza.

Em boas histórias, a necessidade moral costuma emergir da psicológica. O personagem tem uma fraqueza psicológica que o leva a descontar nos outros.

Para dar ao personagem uma necessidade moral e uma necessidade psicológica certeiras:

1. Comece pela fraqueza psicológica.
2. Pense em qual tipo de ação imoral pode resultar naturalmente dela.
3. Identifique a fraqueza moral arraigada no personagem e a necessidade que são a fonte dessa ação.

Outra técnica para criar uma boa necessidade moral é levar uma qualidade tão longe que ela se torne uma fraqueza. A técnica funciona da seguinte forma:

1. Identifique uma virtude em seu personagem e depois torne-o tão entusiasmado por ela que se tornará algo opressivo.
2. Pense em um princípio em que o personagem acredita e encontre a versão negativa dele.

## 2. DESEJO

Quando tiver decidido a fraqueza e a necessidade, você deve atribuir ao herói seu desejo. O desejo é o que seu herói quer na história, sua *meta* particular. Uma história não gera interesse no público até que o desejo seja especificado. Pense nele como o trilho em que o público "viaja". Todos embarcam no "trem" com o herói, e todos seguem juntos atrás da meta. O desejo é a principal força que impele a história e a linha da qual todo o resto depende.

O desejo está intimamente conectado à necessidade. Na maioria das histórias, quando o herói cumpre sua meta, também satisfaz sua necessidade. Vamos examinar um exemplo simples da natureza: um leão está faminto e precisa de comida (uma necessidade física). Em uma manada de antílopes, avista um indivíduo mais jovem que ele quer caçar (desejo). Se conseguir capturar o pequeno antílope, não estará mais faminto. Fim da história.

Um dos maiores erros que um escritor pode cometer é confundir necessidade e desejo ou pensar que são um único passo. Na verdade, são dois passos diferentes que formam o começo de sua história, então é necessário entender com clareza a função de cada um.

A necessidade está relacionada a superar uma fraqueza *interior* do personagem. Um herói com uma necessidade está sempre paralisado, de alguma forma, no começo da história, devido a essa fraqueza. O desejo é uma meta *externa* ao personagem. Uma vez que o personagem determina seu desejo, move-se em uma direção específica e age para alcançá-lo.

A necessidade e o desejo também têm funções diferentes em relação ao público. A necessidade permite que o público veja como o herói deve mudar para ter uma vida melhor. É a chave para toda a história, mas fica escondida debaixo da superfície. O desejo dá ao público algo para se desejar com o herói, uma direção na qual todos podem se mover por várias reviravoltas – e até digressões – da história. O desejo está na superfície e o público *pensa* que a história trata dele. Podemos ilustrar isso com o seguinte esquema:

Desejo ·················································▸

Superfície _____

Necessidade ━━━━━━━━━━━━━━━━━━━▸ Autorrevelação

Vamos examinar alguns exemplos para entender a diferença crucial entre necessidade e desejo.

• *O resgate do soldado Ryan*

NECESSIDADE: o herói John Miller deve cumprir seu dever apesar do medo (psicológica e moral).

DESEJO: ele quer encontrar o soldado Ryan e trazê-lo de volta vivo (note que a linha do desejo é encontrada logo no título).

• *Ou tudo ou nada*

NECESSIDADE: cada homem no grupo precisa recuperar o autor-respeito (psicológica).

DESEJO: eles querem ganhar muito dinheiro apresentando-se nus diante de uma sala cheia de mulheres.

• *O veredicto*

NECESSIDADE: o herói deve recuperar o autorrespeito (psicológica) e aprender a agir com justiça em relação aos outros (moral).

DESEJO: como em todos os dramas de tribunal, ele quer vencer o caso.

• *Chinatown*

NECESSIDADE: Jack deve superar sua arrogância e aprender a confiar nos outros (psicológica). Também tem que parar de usar pessoas por dinheiro e entregar um assassino à justiça porque é a coisa certa a se fazer (moral).

DESEJO: como em todas as histórias policiais, o desejo de Jake é solucionar um mistério – nesse caso, descobrir quem matou Hollis e por quê.

\*

*PONTO-CHAVE:* O verdadeiro desejo de seu herói é o que ele quer nessa história, não o que quer na vida.

\*

Por exemplo, o herói em *O resgate do soldado Ryan* quer parar de lutar, voltar para casa e ficar com a família. Mas não é isso que impele essa história em particular. A meta dele *nessa* história, que exige que ele realize uma série de ações muito específicas, é resgatar o soldado Ryan.

## Técnica de sete passos: começando com a linha do desejo

Às vezes, escritores que sabem que a história não arrebata o público até que o desejo do herói apareça ficam espertinhos demais. Pensam: "Vou pular a fraqueza e a necessidade e começar com o desejo" – e assim acabam fazendo um pacto com o diabo.

Abrir com o desejo de fato dá à história um começo veloz – mas também mata a recompensa, o final da história. A fraqueza e a necessidade são a base de qualquer história. São elas que tornam possível que seu herói mude no final. São elas que tornam a história pessoal e significativa. E são elas que fazem o público se importar com ela.

Não pule essa etapa inicial. Nunca.

## 3. OPONENTE

Com frequência, escritores cometem o erro de pensar no oponente, também conhecido como antagonista, como o personagem que parece mau, soa mau ou faz coisas más. Esse modo de encarar o oponente os impede de escrever uma boa história.

Em vez disso, você deve ver o oponente do ponto de vista estrutural, em termos de sua *função* na história. Um verdadeiro oponente não quer só impedir o herói de realizar seu desejo, mas também *compete com o herói pela mesma meta.*

Note como esse modo de definir o oponente cria uma conexão orgânica entre esse passo e o desejo de seu herói. É só competindo pela mesma meta que o herói e o oponente são forçados a entrar em conflito direto, o que fazem repetidas vezes ao longo da história. Se você der a seu herói e ao oponente duas metas separadas, cada um pode conseguir o que quer sem entrar em conflito direto – e então você não tem uma história.

Se olhar para uma série de boas histórias, à primeira vista pode parecer que o herói e o oponente não estão competindo pela mesma meta. Mas olhe de novo e veja se consegue identificar pelo que eles estão *realmente* brigando. Por exemplo, em uma história policial parece que o herói quer capturar o assassino e o oponente quer escapar impune – mas, na verdade, eles estão brigando pela versão da realidade na qual todos vão acreditar.

O truque para criar um oponente que deseja a mesma meta que o herói é encontrar o nível *mais profundo* de conflito entre eles. Questione-se: qual é a coisa mais importante pela qual eles estão brigando? Esse deve ser o foco da sua história.

\*

*PONTO-CHAVE*: Para encontrar o oponente certo, comece pela meta específica do seu herói; quem quer que o impeça de atingi-la é um oponente.

\*

Note que os escritores, muitas vezes, falam sobre ter um herói que também é o próprio oponente. Esse é um erro que vai causar todo tipo de problemas estruturais. Quando falamos sobre um herói em conflito contra si mesmo, estamos na verdade nos referindo a uma fraqueza interior do herói.

Vejamos alguns oponentes:

### • *O poderoso chefão*
O primeiro oponente de Michael é Sollozzo. No entanto, o principal é o mais poderoso Barzini, que é o poder oculto por trás de Sollozzo e deseja derrubar toda a família Corleone. Michael e Barzini competem pela sobrevivência da família Corleone e pelo controle do crime em Nova York.

• *Star Wars*

O oponente de Luke é o implacável Darth Vader, e eles competem pelo controle do universo. Vader representa as forças do mal do Império tirânico. Luke representa as forças do bem, compostas pelos Cavaleiros Jedi e pela República democrática.

• *Chinatown*

Como toda boa história policial, *Chinatown* nos apresenta um oponente único e complicado que permanece oculto até os últimos momentos da história. O oponente de Jake é o rico e poderoso Noah Cross, que quer controlar o futuro de Los Angeles com seu esquema de água, mas não está competindo com Jake por isso. Como *Chinatown* é uma história policial, ele e Jake estão, na verdade, competindo por qual verdade será aceita. Cross quer que todos acreditem que Hollis se afogou acidentalmente e que a filha de Evelyn é sua neta. Jake quer que todos acreditem que Cross matou Hollis e estuprou a própria filha.

## 4. PLANO

A ação não é possível sem um plano, tanto na vida como nas histórias. O plano é o conjunto de diretrizes ou estratégias que o herói usará para superar o oponente e atingir sua meta.

Mais uma vez, note como o plano tem uma conexão orgânica tanto com desejo como com o oponente. O plano deve sempre ser especificamente focado em derrotar o oponente e atingir a meta. Um herói pode ter um plano vago ou, em certas histórias de gênero como filmes de assalto e filmes de guerra, ter um plano tão complexo que os personagens o escrevem para que o público consiga ver.

• *Chinatown*

O plano de Jake é questionar aqueles que conheciam Hollis e investigar as evidências físicas conectadas ao assassinato dela.

• *Hamlet*

O plano de Hamlet é encenar uma peça que imita o assassinato do pai pelo atual rei a fim de comprovar a culpa do rei com base na reação dele à apresentação.

• *O poderoso chefão*

O primeiro plano de Michael é matar Sollozzo e seu protetor, o chefe de polícia. O segundo plano, perto do fim da história, é matar os chefes das outras famílias em um único golpe.

## 5. BATALHA

No meio da história, o herói e o oponente vão se engajar em ataques e contra-ataques à medida que cada um tenta atingir a meta. O conflito se intensifica. A batalha é o conflito final entre herói e oponente e determina qual dos dois vencerá. A batalha final pode ser um conflito de violência ou de palavras.

• *Odisseia*

Odisseu mata os pretendentes que atormentaram sua esposa e destruíram sua propriedade.

• *Chinatown*

Um policial mata Evelyn, e Noah escapa com a filha dela enquanto Jake se afasta em desespero.

• *O veredicto*

Frank derrota o outro advogado no tribunal, usando suas incríveis habilidades legais e palavras persuasivas.

## 6. AUTORREVELAÇÃO

A batalha é uma experiência intensa e dolorosa para o herói. O calvário da batalha leva o herói a ter uma enorme revelação sobre quem realmente é. Grande parte da qualidade da sua história depende da qualidade dessa autorrevelação. Para uma boa autorrevelação, primeiro você deve estar ciente de que esse passo, como a necessidade, existe em duas formas: psicológica e moral.

Em uma autorrevelação psicológica, o herói se despoja da fachada atrás da qual viveu e se enxerga de forma honesta pela primeira vez. Esse despojamento não é passivo nem fácil. Na verdade, é o ato mais ativo, mais difícil e mais corajoso que o herói executa em toda a história.

Não faça seu herói dizer abertamente o que aprendeu. Isso é óbvio e moralizante e desestimula o público. Em vez disso, *sugira* a revelação do herói por meio das ações que ele realiza *logo antes da autorrevelação.*

• *Quero ser grande*
Josh percebe que precisa deixar a namorada e a vida na loja de brinquedos e voltar a ser criança para ter uma vida boa e amorosa como adulto.

• *Casablanca*
Rick abandona o cinismo, recupera seu idealismo e sacrifica o amor que sente por Ilsa para se tornar um membro da resistência.

• *Chinatown*
A autorrevelação de Jake é negativa. Depois da morte de Evelyn, ele murmura: "O menos possível". Ele parece acreditar que sua vida não é só inútil como também destrutiva. Mais uma vez, feriu alguém que ama.

• *Dança com lobos*
Dunbar encontra um novo motivo para viver e um novo modo de ser homem graças à nova esposa e sua família estendida do povo sioux lakota. Ironicamente, o modo de vida lakota está chegando ao fim, então a autorrevelação de Dunbar é tanto positiva como negativa.

Se você deu ao seu herói uma necessidade moral, a autorrevelação também deve ser moral. O herói não só se vê de um novo jeito, mas chega a uma conclusão sobre o jeito correto de agir em relação aos outros. Na verdade, percebe como esteve errado, ferindo os outros, e que deve mudar. Depois ele prova que mudou ao realizar uma nova ação moral.

• *Tootsie*
Michael percebe o que significa ser homem – "Eu fui um homem melhor com você como mulher do que já fui com uma mulher como homem. Só preciso aprender a fazer isso sem o vestido." – e se desculpa por ferir a mulher que ama. Note que, embora o herói diga abertamente o que aprendeu, faz isso de um jeito tão perspicaz e engraçado que evita soar moralizante.

• *As aventuras de Huckleberry Finn*
Huckleberry percebe que estava errado em pensar em Jim como menos do que humano e declara que preferiria ir ao inferno a revelar o paradeiro de Jim ao senhor de escravos.

Em termos de estrutura, o passo mais intimamente relacionado à autorrevelação é a necessidade. Esses dois passos ilustram a *mudança de caráter* do seu herói (vamos explorar isso em mais detalhes no Capítulo 4). A necessidade é o início da mudança de caráter do herói. A autorrevelação é o ponto sem volta dessa mudança. A necessidade é a marca da imaturidade do herói no começo da história. É o que está faltando, o que o limita. A autorrevelação é o momento em que o herói cresce como ser humano (a não ser que o conhecimento seja tão doloroso que o destrua). É o que ele aprende, o que ganha, o que lhe permitirá viver uma vida melhor no futuro.

## 7. NOVO EQUILÍBRIO

No novo equilíbrio, tudo retorna ao normal e não há mais desejo. Exceto por uma grande diferença: o herói passou para um nível mais alto ou mais baixo como resultado de enfrentar seu calvário. O herói passou por uma mudança fundamental e permanente. Se a autorrevelação for positiva – o herói percebe quem realmente é e aprende a viver no mundo do modo correto –, ele passa para um nível mais alto. Se o herói tiver uma revelação negativa – descobrir que cometeu um crime terrível expressando um defeito pessoal imoral – ou for incapaz de ter uma autorrevelação, cai ou é destruído. Vejamos alguns exemplos nos quais o herói ascende.

• *Duro de matar*
John derrota os criminosos, salva a esposa e confirma o amor deles.

• *Uma linda mulher*
Vivian deixa o mundo da prostituição e fica com o homem que ama (que, para a sorte dela, é um bilionário).

• *O silêncio dos inocentes*
Clarice leva Buffalo Bill à justiça, torna-se uma excelente agente do FBI e aparentemente domina seus pesadelos terríveis.

Já os exemplos a seguir ilustram a queda do herói.

• *Édipo rei*
Édipo fura os olhos ao descobrir que matou o pai e dormiu com a mãe.

• *A conversação*
O herói descobre que colaborou com o assassinato de uma pessoa e fica traumatizado, destruindo desesperadamente seu apartamento para procurar por um grampo.

• *Um corpo que cai*
O herói arrasta a mulher que ama até o topo de uma torre para obrigá-la a confessar um assassinato e depois observa horrorizado quando a mulher, tomada pela culpa, acidentalmente cai e morre.

# COMO USAR OS SETE PASSOS
## *Exercício de escrita 2*

Agora que vimos o que os sete principais passos da estrutura significam, vamos ver como usá-los em sua história.

- EVENTOS DA HISTÓRIA: escreva alguns eventos da história, descrevendo cada um em uma única frase. Os sete passos não são impostos de fora; estão embutidos na própria ideia central. É por isso que a primeira coisa que você precisa fazer para determiná-los é listar alguns dos eventos que *podem* ocorrer em sua história. Geralmente, quando você tem uma ideia para uma história, alguns eventos lhe ocorrem de imediato: "Pode acontecer isso e isso e mais isso". Eventos da história costumam ser ações tomadas por seu herói ou pelo oponente. Essas ideias iniciais sobre os eventos são extremamente valiosas, *mesmo se nenhuma delas aparecer na história final.* Escreva cada uma em uma frase. O importante aqui não é ser detalhista, mas resumir a ideia básica do que acontece em cada evento. Escreva um mínimo de cinco eventos, mas preferencialmente entre dez e quinze. Quanto mais listar, mais fácil será "ver" a história e encontrar os sete passos.
- ORDEM DOS EVENTOS: coloque os eventos mais ou menos em ordem, do primeiro ao último. No entanto, saiba que essa provavelmente não será a ordem final. O importante é ter uma noção de como a história pode se desenvolver do início ao fim.
- SETE PASSOS: estude os eventos da história e identifique os sete passos da estrutura.

\*

*PONTO-CHAVE:* Comece determinando a autorrevelação, no final da história, e depois volte ao começo e encontre a necessidade e o desejo do herói.

\*

Essa técnica de começar pelo fim e voltar ao começo será algo que usaremos muitas vezes conforme desvendarmos personagem, trama e tema. É uma das melhores técnicas na escrita de ficção, pois garante que seu herói e sua história sempre sigam na direção do verdadeiro ponto sem volta da jornada estrutural, que é a autorrevelação.

• AUTORREVELAÇÃO PSICOLÓGICA E MORAL: ao pensar na autorrevelação, tente dar ao herói tanto uma revelação psicológica como uma moral. Seja específico sobre o que o herói aprende – e seja, também, flexível e disposto a mudar o que escreveu conforme desenvolver os outros seis passos e continuar o processo de escrita. Entender os sete passos, assim como muitas outras partes da sua história, é como completar uma cruzadinha. Algumas partes virão facilmente, outras com grande dificuldade. Use as partes mais fáceis para encontrar as mais difíceis e esteja disposto a voltar e a mudar o que escreveu quando o material posterior lhe fornecer uma nova visão de sua história.

• FRAQUEZA/NECESSIDADE PSICOLÓGICA E MORAL: depois de decidir a autorrevelação, volte ao começo de sua história e tente dar ao herói uma fraqueza e uma necessidade tanto psicológica como moral. Lembre-se da diferença-chave: uma fraqueza ou necessidade psicológica afeta só o herói; uma fraqueza ou necessidade moral afeta outras pessoas. Liste não só uma, mas muitas fraquezas do herói. Esses defeitos devem ser sérios, tão profundos e perigosos que arruínam a vida dele ou têm o potencial de arruinar.

• PROBLEMA: qual é o problema, ou crise, que o herói enfrenta no começo da história? Tente torná-lo uma consequência da fraqueza dele.

• DESEJO: seja muito específico ao dar um desejo ao herói. Certifique-se de que a meta irá conduzi-lo ao final da história e obrigá-lo a realizar uma série de ações.

• OPONENTE: crie um oponente que almeje a mesma meta que o herói e que seja excepcionalmente bom em atacar a maior fraqueza dele. Você pode criar centenas de oponentes.

A questão é: qual é o melhor? Comece voltando àquela pergunta crucial: qual é o conflito mais profundo entre o herói e seu oponente? Você deve querer que o principal oponente seja tão obcecado por essa meta quanto o herói. Deve querer dar a ele a habilidade especial de atacar a maior fraqueza do herói incessantemente enquanto tenta atingir essa meta.

• PLANO: crie um plano que exija que o herói realize uma série de ações, mas ajuste-o, também, quando a ideia inicial não funcionar. O plano costuma moldar o resto da história, então precisa envolver *muitos* passos. Caso contrário, você terá uma história curta demais. O plano deve ser único e complexo o suficiente para que o herói tenha que ajustá-lo quando fracassar.

• BATALHA: pense na batalha e no novo equilíbrio. A batalha deve envolver o herói e seu principal oponente, determinando de uma vez por todas quem atingirá a meta. Decida se será uma batalha de ação e violência ou de palavras. Qualquer que seja sua escolha, certifique-se de que seja uma experiência intensa, que teste seu herói ao máximo.

Vamos analisar os sete passos da história de *O poderoso chefão* para que você entenda como eles podem funcionar na sua história.

• *O poderoso chefão*
(romance de Mario Puzo, roteiro de Mario Puzo e Francis Ford Coppola, 1972)
HERÓI: Michael Corleone.

FRAQUEZAS: Michael é jovem, inexperiente e superconfiante.

NECESSIDADE PSICOLÓGICA: Michael deve superar seu senso de superioridade moral.

NECESSIDADE MORAL: ele precisa evitar tornar-se implacável como os outros chefes da máfia e, ao mesmo tempo, proteger sua família.

PROBLEMA: membros de uma gangue rival atiram no pai de Michael, o chefe da família.

DESEJO: ele quer se vingar dos homens que atiraram no pai, protegendo sua família no processo.

OPONENTE: o primeiro oponente de Michael é Sollozzo. No entanto, o principal é o mais poderoso Barzini, que é o poder oculto por trás de Sollozzo e deseja derrubar toda a família Corleone. Michael e Barzini competem pela sobrevivência da família Corleone e pelo controle do crime em Nova York.

PLANO: o primeiro plano de Michael é matar Sollozzo e seu protetor, o chefe da polícia. O segundo plano é matar os chefes das outras famílias em um único golpe.

BATALHA: a batalha final alterna entre a atuação de Michael no batismo do sobrinho e o assassinato dos chefes de cinco famílias mafiosas. No batismo, Michael diz que acredita em Deus. Clemenza atira em alguns homens que saem de um elevador. Moe Green leva um tiro no olho. Michael, seguindo a liturgia do batismo, renuncia a Satanás. Outro atirador mata um dos chefes de família em uma porta giratória. Barzini é morto. Tom envia Tessio para ser assassinado. Michael faz Carlo ser estrangulado.

AUTORREVELAÇÃO PSICOLÓGICA: não há. Michael ainda acredita que seu senso de superioridade moral é justificado.

AUTORREVELAÇÃO MORAL: não há. Michael se tornou um assassino implacável. Os escritores usam uma técnica de estrutura avançada ao atribuir a autorrevelação moral à esposa do herói, Kay, que vê o que ele se tornou quando a porta bate em sua cara.

NOVO EQUILÍBRIO: Michael matou seus inimigos e "ascendeu" à posição de chefão. Entretanto, moralmente, caiu e se tornou o "diabo". O homem que não queria ter nada a ver com a violência e o crime da família é agora seu líder e vai matar qualquer um que o traia ou que entre em seu caminho.

# 4

# PERSONAGEM

*Tootsie* foi um enorme sucesso porque seu personagem princi-pal, interpretado por Dustin Hoffman, vestia-se de mulher. Certo? Errado. O que tornou o personagem engraçado, e o que fez a história toda funcionar, foi a *rede* de personagens que ajudaram a definir o herói e lhe *permitiram* ser engraçado. Olhe por baixo do verniz de Dustin Hoffman em um vestido e você verá que cada personagem naquela história é uma versão única do problema moral central do herói, que é como os homens maltratam as mulheres.

A maioria dos escritores aborda os personagens de um jeito completamente errado. Começam listando todas as características do herói, contam uma história sobre ele e depois, de alguma forma, fazem-no mudar no final. Isso não vai funcionar, não importa quanto você tente.

Vou propor um processo diferente que acho que será muito mais útil. Estes são os passos:

1. Vamos começar focando não seu personagem principal, mas *todos* os personagens juntos como parte de uma rede interconectada. Vamos distingui-los comparando-os uns aos outros de acordo com o arquétipo que representam e a função que têm na história.

2. Em seguida, vamos individualizar cada personagem com base no tema e na oposição.

3. Depois, vamos nos concentrar no herói, "construin-do-o" passo a passo para terminarmos com uma pessoa complexa, com muitas camadas, com quem o público vai se importar.

4. Vamos criar o oponente em detalhes, já que esse é o personagem mais importante depois do herói e, de muitas formas, a chave para definir o herói.

5. Terminamos analisando as técnicas para construir conflito ao longo da história por meio de personagens.

## REDE DE PERSONAGENS

O maior erro que os escritores cometem ao criar personagens é pensar no herói e em cada outro personagem como indivíduos separados. Esse herói existe sozinho, em um vácuo, sem conexões com outras pessoas. O resultado é não apenas um herói fraco, mas também oponentes superficiais e personagens secundários ainda mais fracos.

Esse grande erro é exacerbado em roteiros por causa da grande ênfase colocada na premissa *high concept*. Nessas histórias, o herói parece ser a única pessoa que importa. Ironicamente, entretanto, esse foco intenso no herói, em vez de defini-lo com mais clareza, só o faz parecer uma ferramenta de marketing monótona.

Para criar ótimos personagens, pense em todos eles como parte de uma *rede* na qual cada um ajuda a definir os demais. Em outras palavras, um personagem é muitas vezes definido por quem não é.

\*

*PONTO-CHAVE*: O passo mais importante ao criar seu herói, assim como todos os outros personagens, é conectar e comparar cada um aos demais.

\*

Toda vez que você compara um personagem ao seu herói, é obrigado a distinguir o herói de jeitos novos. Também começa a ver os personagens secundários como seres humanos completos, tão complexos e valiosos quanto seu herói.

Todos os personagens se conectam e definem uns aos outros de quatro jeitos principais: por meio da função na história, por meio do arquétipo que representam, pelo tema e pela oposição.

## Rede de personagens por função na história

Todo personagem deve servir a um propósito na história, que é encontrado no princípio narrativo (veja o Capítulo 2). Cada personagem tem um papel, ou função, especialmente designado a ele, o qual deve cumprir para ajudar a história a atingir tal propósito. O diretor teatral Peter Brook, falando sobre atores, também cria um argumento útil para escritores que estão criando personagens.

> [Brecht] apontava que todo ator precisa servir à ação da peça... quando [o ator] se enxergar em relação à totalidade da peça, verá que não só a caracterização excessiva (detalhes insignificantes) muitas vezes se opõe às necessidades da peça, como também que o excesso de características desnecessárias pode agir contra ele e tornar sua própria figura menos impressionante.[1]

Embora o público esteja mais interessado em como o herói mudou, você não vai conseguir mostrar essa mudança a não ser que todos os personagens, incluindo o herói, cumpram seu papel. Vamos olhar para a função na história dos principais tipos de personagem na ficção.

## Herói

O personagem mais importante é o personagem principal ou herói/heroína. Essa é a pessoa que tem o problema central e impele a ação a fim de resolvê-lo. O herói decide perseguir uma meta (desejo), mas possui certas fraquezas e necessidades que o impedem de atingir o sucesso.

Outros personagens em uma história representam uma oposição, uma aliança com o herói ou alguma combinação dos dois. De fato, as reviravoltas da história são, em grande parte, o resultado da maré de oposição e amizade entre vários personagens e o herói.

O HERÓI EM *HAMLET*: Hamlet.

---

1 BROOK, Peter. *The empty space*. Nova York: Atheneum, 1978, p. 76.

## Oponente

O oponente é o personagem que mais quer impedir o herói de realizar seu desejo. Ele não deve ser meramente um bloqueio ao herói, o que seria mecânico.

Lembre-se: o oponente deve querer a mesma coisa que o herói. Isso significa que o herói e o oponente precisam entrar em conflito direto ao longo da história. Muitas vezes, isso não parece ser o caso. É por isso que você sempre deve procurar o *conflito mais profundo* pelo qual o herói e o oponente estão se enfrentando.

O relacionamento desse par é o mais importante da história. Ao decifrar a luta deles, você vai encontrar as questões maiores e os temas da história.

A propósito, não pense no oponente como alguém que o herói odeia. Ele pode odiá-lo ou não. O oponente é simplesmente a pessoa do outro lado. Ele pode ser uma pessoa mais simpática que o herói, mais moral, ou até um amante ou amigo.

PRINCIPAL OPONENTE EM *HAMLET*: rei Claudius.

SEGUNDO OPONENTE: rainha Gertrudes.

TERCEIRO OPONENTE: Polônio, conselheiro do rei.

## Aliado

O aliado é o ajudante do herói. Também serve como conselheiro, permitindo ao público ouvir os valores e sentimentos do personagem principal. A meta do aliado costuma ser a mesma do herói, mas ocasionalmente o aliado tem uma meta própria.

ALIADO EM *HAMLET*: Horácio.

## Oponente/falso aliado

O oponente/falso aliado é um personagem que *parece* ser amigo do herói, mas, na verdade, é um oponente. Ter esse personagem é um dos principais jeitos de acrescentar poder à oposição e causar reviravoltas na trama.

O oponente/falso aliado é invariavelmente um dos personagens mais complexos e fascinantes em uma história porque costuma ser atormentado por um dilema. Enquanto finge ser aliado ao herói, o oponente/falso aliado passa a se *sentir* como um aliado. Então, na medida em que age para derrotar o herói, muitas vezes acaba o ajudando a vencer.

OPONENTES/FALSOS ALIADOS EM *HAMLET*: Ofélia, Rosencrantz e Guildenstern.

## Aliado/falso oponente

Esse personagem parece estar combatendo o herói, mas, na verdade, é seu amigo. O aliado/falso oponente não é tão comum nas histórias quanto o oponente/falso aliado porque não é tão útil ao escritor. A trama, como veremos no Capítulo 8, surge da oposição, especialmente da oposição oculta sob a superfície. Um aliado, mesmo que pareça, a princípio, um oponente, não fornece os conflitos e surpresas de um oponente.

ALIADO/FALSO OPONENTE EM *HAMLET*: nenhum.

## Personagem de subtrama

O personagem de subtrama é um dos mais incompreendidos na ficção. A maioria dos escritores pensa nele como o personagem principal na trama secundária – por exemplo, o interesse romântico em uma história policial. Mas isso não é um verdadeiro personagem de subtrama.

O personagem de subtrama realiza uma função muito precisa na história, que mais uma vez envolve o método comparativo. A subtrama é usada para contrastar como o herói e o segundo personagem lidam com o mesmo problema de jeitos levemente diferentes. Por meio da comparação, o personagem da subtrama acentua características e dilemas do personagem principal.

Vamos olhar mais atentamente para *Hamlet* para entender como criar um verdadeiro personagem de subtrama. Podemos dizer que o problema de Hamlet, reduzido a uma frase, é se vingar do homem que matou seu pai. De modo similar, o problema de Laertes é se vingar do homem que matou seu pai. O contraste foca o fato de que uma morte foi assassinato premeditado e a outra foi um erro impetuoso.

*

PONTO-CHAVE: O personagem de subtrama geral-<br/>mente não é o aliado.

*

O personagem de subtrama, como o aliado e o oponente, fornece outra oportunidade para definir seu herói por meio da comparação e impele a trama. O aliado ajuda o herói a atingir a meta principal. O personagem de subtrama segue uma linha paralela ao herói com um resultado diferente.

PERSONAGEM DE SUBTRAMA EM *HAMLET*: Laertes, filho de Polônio.

Vamos analisar algumas histórias para que você possa ver como os personagens contrastam quanto à função.

• *O silêncio dos inocentes*
(romance de Thomas Harris, roteiro de Ted Tally, 1991)
Essa é a história de uma *trainee* do FBI chamada Clarice que está caçando um *serial killer* conhecido como Buffalo Bill. Seguindo a sugestão de seu chefe, Jack, ela procura a ajuda de outro *serial killer* já na prisão, o infame Hannibal "o Canibal" Lecter. Ele é inicialmente hostil com ela, mas acaba lhe dando um treinamento muito melhor do que o que ela recebe no FBI.

HEROÍNA: Clarice Starling.

PRINCIPAL OPONENTE: Buffalo Bill, o *serial killer*.

SEGUNDO OPONENTE: dr. Chilton, o diretor da prisão.

OPONENTE/FALSO ALIADO: ninguém.

ALIADO: Jack, seu chefe no FBI.

ALIADO/FALSO OPONENTE: Hannibal Lecter.

PERSONAGEM DE SUBTRAMA: nenhum.

• *Beleza americana*
(Alan Ball, 1999)

Esse filme é uma comédia/drama situada nos subúrbios, então a principal oposição de Lester ocorre dentro da família, com sua esposa Carolyn e a filha Jane, que não gostam dele. Ele logo se apaixona pela amiga da filha, Angela. Mas, como é casado e ela é adolescente, Angela se torna outra oponente. Na casa ao lado mora o rígido e conservador coronel Frank Fitts, que desaprova o estilo de vida de Lester. Brad é o colega de trabalho de Lester que tenta fazê-lo ser demitido.

Depois que Lester chantageia a empresa até conseguir um bom acordo de rescisão, começa a viver como deseja e ganha um aliado em Ricky Fitts, o filho do vizinho, que vende maconha para ele. Ricky e o pai, Frank, também são personagens de subtrama. O problema central de Lester é descobrir como viver uma vida significativa na qual possa expressar seus desejos mais profundos em uma sociedade altamente conformista, que valoriza aparência e dinheiro. Ricky reage a sua família entorpecedora e militarista vendendo maconha e espiando os outros com sua câmera. Frank reprime seus desejos homossexuais exercendo uma disciplina férrea sobre si e a família.

HERÓI: Lester.

PRINCIPAL OPONENTE: Carolyn, sua esposa.

SEGUNDO OPONENTE: Jane, a filha.

TERCEIRO OPONENTE: Angela, a amiga bonita de Jane.

QUARTO OPONENTE: o coronel Frank Fitts.

QUINTO OPONENTE: Brad, colega de trabalho.

ALIADO: Ricky Fitts.

OPONENTE/FALSO ALIADO: nenhum.

ALIADO/FALSO OPONENTE: nenhum.

PERSONAGENS DE SUBTRAMA: Frank e Ricky.

## Técnica de personagem: dois protagonistas

Há dois gêneros – ou formas de história – populares que *parecem* ter dois protagonistas: a história de amor e a história de parcerias. Este último é, na verdade, uma combinação de três gêneros:

ação, romance e comédia. Vamos ver como a rede de personagens nessas duas formas funciona, com base na função que cada personagem cumpre na história.

## Histórias de amor

Criar dois personagens igualmente bem definidos exige algumas coisas de sua rede de personagens. Uma história de amor existe para mostrar ao público o valor de uma comunhão entre dois iguais. O conceito central dessas histórias é bastante profundo; diz que uma pessoa não se torna um indivíduo verdadeiro sozinha – o único jeito é entrando em uma comunhão de dois. É por meio do amor do outro que cada um cresce e se torna seu eu mais verdadeiro.

Expressar essa ideia profunda com a rede de personagens certa não é tão fácil. Se você tentar escrever uma história de amor com dois personagens principais, terá duas espinhas, duas linhas de desejo, dois trilhos que a história tentará percorrer. Então terá que garantir que um personagem seja um pouco mais central que o outro. Certifique-se de detalhar a necessidade de *ambos* os personagens no começo da história, mas dê a apenas um deles a linha de desejo principal. A maioria dos escritores atribui essa linha ao homem porque na nossa cultura o homem supostamente deve ir atrás da mulher. Mas um dos melhores jeitos de tornar sua história de amor distinta é dar a linha de desejo à mulher, como em *Feitiço da lua*, *Nos bastidores da notícia* e *...E o vento levou*.

Quando você dá a um personagem a linha de desejo, automaticamente o torna o personagem mais potente. Em termos de função da história, isso significa que o amante, o desejado, é na verdade o principal oponente, não o segundo herói. Na maioria das vezes, você vai preencher a rede de personagens com um ou mais oponentes externos, como familiares que se opõem à união. Também pode haver outros pretendentes para o herói ou o amante, para comparar diferentes versões de um homem ou mulher desejável.

• *Núpcias de escândalo*
(peça de Philip Barry, roteiro de Donald Ogden Stewart, 1940)
HERÓI: Tracy Lord.
PRINCIPAL OPONENTE: Dexter, seu ex-marido.
SEGUNDO OPONENTE: Mike, o repórter.
TERCEIRO OPONENTE: George, seu noivo enfadonho e alpinista social.
OPONENTE/FALSO ALIADO: Dinah, sua irmã.
ALIADA: sua mãe.
ALIADO/FALSO OPONENTE: seu pai.
PERSONAGEM DE SUBTRAMA: Liz, a fotógrafa.

• *Tootsie*
(Larry Gelbart e Murray Schisgal, história de Don McGuire e Larry Gelbart, 1982)
HERÓI: Michael.
PRINCIPAL OPONENTE: Julie.
SEGUNDO OPONENTE: Ron, o diretor.
TERCEIRO OPONENTE: John, o médico da TV.
QUARTO OPONENTE: Les, pai de Julie.
OPONENTE/FALSA ALIADA: Sandy.
ALIADOS: George, seu agente, e Jeff, seu colega de quarto.
ALIADO/FALSO OPONENTE: ninguém.
PERSONAGENS DE SUBTRAMA: Ron e Sandy.

## Histórias de parcerias

A estratégia de usar o relacionamento de "parceiros" como fundação de uma rede de personagens é tão antiga quanto a história de Gilgamesh e de seu grande amigo Enkidu. Vemos uma parceria mais desigual, mas altamente informativa, com Dom Quixote e Sancho Pança, o sonhador e o realista, o mestre e o criado.

A estratégia dos parceiros permite que você divida o herói essencialmente em duas partes, mostrando duas abordagens diferentes à vida e dois conjuntos de talentos. Esses dois personagens estão "casados" em um time, então o público pode ver que suas diferenças na verdade os ajudam a trabalhar bem juntos, de modo que o todo se torna maior que a soma das partes.

Como na história de amor, um dos parceiros deve ser mais central que o outro. Em geral, deve ser o que é pensador, maquinador ou estrategista, porque esse personagem bola o plano e o conduz na linha de desejo. O parceiro é um tipo de duplo do herói, parecido com ele de jeitos importantes, mas também diferente.

Estruturalmente, o parceiro é tanto o primeiro oponente como o primeiro aliado do herói. Ele não é o segundo herói. Tenha em mente que essa primeira oposição entre os dois quase nunca é séria ou trágica; costuma assumir a forma de bate-bocas bem-humorados.

Costuma-se preencher a rede de personagens com pelo menos um oponente externo perigoso e contínuo. Como a maioria das histórias de parcerias segue uma jornada mítica, os parceiros enfrentam uma série de oponentes secundários ao longo do caminho. Esses personagens geralmente são desconhecidos e derrotados em rápida sucessão. Cada um deles deve representar um aspecto negativo da sociedade, que odeia os parceiros ou quer separá-los. Essa técnica é um ótimo jeito de definir personagens secundários de maneira rápida e distingui-los uns dos outros. Também ajuda a ampliar e aprofundar a forma, porque assim define vários aspectos da sociedade em relação aos dois personagens principais.

Um dos elementos mais importantes da rede dos parceiros tem a ver com o conflito fundamental entre eles. Deve haver uma divergência que interfere constantemente no relacionamento. Isso permite uma oposição contínua entre os dois protagonistas de uma história de viagem na qual a maioria dos outros oponentes são desconhecidos que vêm e vão brevemente.

• *Butch Cassidy*
(William Goldman, 1969)
HERÓI: Butch.
PRINCIPAL OPONENTE: Sundance Kid.
SEGUNDO OPONENTE: chefe da ferrovia E. H. Harriman (que nunca aparece) e seus homens armados, um grupo de elite liderado por Joe Lefors.
TERCEIRO OPONENTE: policiais e exército bolivianos.

OPONENTE/FALSO ALIADO: Harvey, que desafia Butch pela liderança dos bandidos.

ALIADA: Etta, namorada de Sundance.

ALIADO/FALSO OPONENTE: xerife Ray.

PERSONAGEM DE SUBTRAMA: nenhum.

## Técnica de personagem: múltiplos heróis e impulso narrativo

Embora todos os gêneros populares tenham um único personagem principal, algumas histórias que não são de gênero têm múltiplos heróis. Você deve se lembrar do Capítulo 1, no qual falamos sobre como as histórias se movem e as formas opostas são a ação linear e a ação simultânea. Ter uma série de heróis é o principal jeito de criar um senso de movimento simultâneo. Em vez de acompanhar o desenvolvimento de um único personagem (linear), a história compara o que muitos heróis estão fazendo na mesma hora. O risco é que, mostrando tantos personagens ao mesmo tempo, a história não seja mais uma história, perdendo o impulso narrativo. Mesmo a história mais simultânea deve ter algum tipo de qualidade linear – eventos sequenciais no tempo, um seguido do outro.

Para escrever uma história bem-sucedida com múltiplos heróis, todos os personagens principais devem passar pelos sete passos – fraqueza e necessidade, desejo, oponente, plano, batalha, autorrevelação e novo equilíbrio. Se um deles não passar, não será um protagonista; o público não o terá visto passar pelos estágios mínimos do desenvolvimento.

Note que ter muitos heróis automaticamente reduz o impulso narrativo. Quanto mais personagens você precisar explicar em detalhes, maior o risco de que sua história literalmente emperre.

A seguir, veja algumas técnicas que você pode usar para aumentar o impulso narrativo em uma história de múltiplos heróis:

- Faça um personagem emergir ao longo da história como mais central do que o resto.
- Dê a todos os personagens a mesma linha de desejo.
- Faça com que o herói de uma trama seja o oponente de outra.

- Conecte os personagens, tornando-os exemplos de um único assunto ou tema.
- Use um gancho no fim de uma frase como um salto para a seguinte.
- Afunile os personagens que estão em muitas locações para uma só.
- Reduza o tempo. Por exemplo, a história pode se desenvolver ao longo de um dia ou uma noite.
- Mostre o mesmo feriado ou evento de grupo pelo menos três vezes ao longo da história para indicar movimento e mudança.
- Faça os personagens ocasionalmente se encontrarem por coincidência.

Exemplos de histórias com múltiplos heróis que usam uma ou mais dessas técnicas são *Loucuras de verão*, *Hannah e suas irmãs*, *Los Angeles: cidade proibida*, *Pulp Fiction: tempo de violência*, *Os contos da Cantuária*, *A ronda*, *Nashville*, *Crash: no limite* e *Sorrisos de uma noite de amor*.

## Técnica de personagem: cortar personagens extrínsecos

Personagens extrínsecos são uma das causas primárias de histórias episódicas e inorgânicas. Ao criar qualquer personagem, a primeira pergunta que deve se fazer é: ele serve a uma função importante na história em geral? Se não servir – se fornecer apenas textura ou cor –, você deve considerar cortá-lo. Seu valor limitado provavelmente não vai justificar o espaço que ele ocupa na trama.

# REDE DE PERSONAGENS POR ARQUÉTIPO

Um segundo jeito pelo qual os personagens se conectam e contrastam em uma história é por meio de arquétipos. Arquétipos são padrões psicológicos fundamentais em uma pessoa; são os papéis que ela pode interpretar na sociedade – modos essenciais de interagir com os outros. Como são básicos a todos os seres humanos, atravessam fronteiras culturais e têm um apelo universal.

Usar arquétipos como uma base para seus personagens pode lhes dar importância muito depressa, porque cada arquétipo expressa um padrão fundamental que o público reconhece, que por sua vez é refletido no personagem e por meio de suas interações na sociedade como um todo ao mesmo tempo.

Um arquétipo ressoa profundamente no público e cria sentimentos muito fortes em resposta, mas é uma ferramenta tosca no repertório do escritor. Se você não der detalhes ao arquétipo, ele pode se tornar um estereótipo.

*

PONTO-CHAVE: Sempre faça com que o arquétipo seja específico e individual ao seu personagem.

*

Começando com o psiquiatra e psicoterapeuta Carl Jung, muitos autores falaram sobre o que os diferentes arquétipos significam e como se conectam. Para escritores de ficção, provavelmente o conceito-chave de um arquétipo é a noção de sombra. A sombra é a tendência negativa do arquétipo, uma armadilha psicológica na qual alguém pode cair quando representa aquele papel ou possui aquele padrão psicológico.

Precisamos traduzir cada arquétipo principal e sua sombra em técnicas práticas que você possa usar para criar uma história. Isso envolve pensar tanto no papel benéfico como nas prováveis fraquezas que cada arquétipo pode ter em uma história.

## Rei ou pai

FORÇA: lidera a família ou o povo com sabedoria, presciência e determinação para que possam ser bem-sucedidos e crescer.

FRAQUEZAS INERENTES: pode obrigar a esposa, os filhos ou o povo a agir de acordo com um conjunto rígido e opressivo de regras; pode se remover inteiramente da esfera emocional da família e do reino; ou pode insistir que a família ou o povo vivam apenas para seu próprio prazer e benefício.

Exemplos: rei Artur, Zeus, *A tempestade*, *O poderoso chefão*, Rick em *Casablanca*, *Rei Lear*, *Hamlet*, Aragorn e Sauron em *O senhor dos anéis*, Agamêmnon em *Ilíada*, *Cidadão Kane*, *Star Wars*, Stanley em *Um bonde chamado desejo*, *Beleza americana*, Willy Loman em *A morte de um caixeiro-viajante*, *Sangue de heróis*, *Agora seremos felizes*, *Mary Poppins*, *Tootsie*, *Núpcias de escândalo*, *Otelo*, *Rio vermelho*, *Retorno a Howards End* e *Chinatown*.

## Rainha ou mãe

FORÇA: fornece os cuidados e a casca protetora dentro da qual a criança, ou o povo, pode crescer.

FRAQUEZAS INERENTES: pode ser tão protetora ou controladora que se torna uma tirana ou pode usar culpa e vergonha para manter os filhos próximos e garantir o próprio conforto.

Exemplos: *Hamlet*, *Macbeth*, Hera, Stella em *Um bonde chamado desejo*, *Elizabeth*, *Beleza americana*, *O leão no inverno*, *Algemas de cristal*, *Longa jornada noite adentro* e *A costela de Adão*.

## Ancião sábio, mentor ou professor

FORÇA: transmite conhecimento e sabedoria para que as pessoas possam ter uma vida melhor e a sociedade possa evoluir.

FRAQUEZA INERENTE: pode forçar os alunos a pensar de determinada forma ou falar em nome de sua própria glória em vez da glória de suas ideias.

Exemplos: Yoda em *Star Wars*, Hannibal Lecter em *O silêncio dos inocentes*, *Matrix*, Gandalf e Saruman em *O senhor dos anéis*, *O morro dos ventos uivantes*, Polônio em *Hamlet*, Homais em *Madame Bovary*, srta. Havisham em *Grandes esperanças*, sr. Macawber em *David Copperfield* e *Ilíada*.

## Guerreiro

FORÇA: é o executor prático do que é certo.

FRAQUEZAS INERENTES: pode viver de acordo com o lema rígido de "matar ou morrer"; pode acreditar que tudo que é fraco deve ser destruído; e pode se tornar o executor do que é errado.

Exemplos: Aquiles e Heitor em *Ilíada*, Luke Skywalker e Han Solo em *Star Wars*, *Os sete samurais*, rei Artur, Thor, Ares, Teseu, *Gilgamesh*, Aragorn, Legolas e Gimli em *O senhor dos anéis*, *Patton: rebelde ou herói?*, *Duro de matar*, Sonny em *O poderoso chefão*, *Um bonde chamado desejo*, *O grande Santini: o dom da fúria*, *Os brutos também amam*, *Platoon*, Sundance em *Butch Cassidy*, *O exterminador do futuro* e *Aliens: o resgate*.

## Mago ou xamã

FORÇA: pode tornar visível a realidade mais profunda por trás dos sentidos e equilibrar e controlar as forças maiores ou ocultas do mundo natural.

FRAQUEZA INERENTE: pode manipular a realidade mais profunda para escravizar os outros e destruir a ordem natural.

Exemplos: *Macbeth*, a série Harry Potter, *O fantasma da ópera*, Merlin, *Star Wars*, *Chinatown*, *Um corpo que cai*, Gandalf e Saruman em *O senhor dos anéis*, *Um ianque na corte do rei Artur*, *A conversação* e detetives como Sherlock Holmes, Hercule Poirot e Nick Charles em *A ceia dos acusados*.

## Trickster

O *trickster* é uma forma mais baixa do arquétipo do mago, extremamente popular nas histórias modernas.

FORÇA: usa confiança, trapaças e palavras para conseguir o que quer.

FRAQUEZA INERENTE: pode se tornar um mentiroso completo que se importa apenas consigo mesmo.

Exemplos: Odisseu em *Odisseia*, *MIB: homens de preto*, *Um tira da pesada*, *Crocodilo Dundee*, *Volpone*, Loki na mitologia nórdica, Iago em *Otelo*, Indiana Jones, *Esqueceram de mim*, *Prenda-me se for capaz*, Hannibal Lecter em *O silêncio dos inocentes*, *As aventuras do Coelho Brer*, Butch em *Butch Cassidy*, sargento Bilko em *The Phil Silvers Show*, Michael em *Tootsie*, *Beleza americana*, Verbal em *Os suspeitos*, *Oliver Twist*, *Feira das vaidades*, *Tom Sawyer* e *As aventuras de Huckleberry Finn*.

## Artista ou palhaço

FORÇAS: define a excelência para um povo ou, negativamente, mostra a ele o que não funciona; mostra a beleza e uma visão do futuro, ou o que parece ser belo, mas na verdade é feio ou tolo.

FRAQUEZAS INERENTES: pode ser um fascista que insiste na perfeição; pode criar um mundo especial onde tudo é controlável; ou apenas desmantelar tudo de modo que nada mais tenha valor.

Exemplos: Stephen em *Ulysses* e *Um retrato do artista quando jovem*, Aquiles em *Ilíada*, *Pigmaleão*, *Frankenstein, ou o Prometeu moderno*, *Rei Lear*, *Hamlet*, o mestre espadachim em *Os sete samurais*, Michael em *Tootsie*, Blanche em *Um bonde chamado desejo*, Verbal em *Os suspeitos*, Holden Caulfield em *O apanhador no campo de centeio*, *Núpcias de escândalo* e *David Copperfield*.

## Amante

FORÇA: fornece os cuidados, o entendimento e a sensualidade, que podem fazer de alguém uma pessoa completa e feliz.

FRAQUEZAS INERENTES: pode se perder no outro ou obrigar o outro a ficar em sua sombra.

Exemplos: Páris em *Ilíada*, Heathcliff e Cathy em *O morro dos ventos uivantes,* Afrodite, *Romeu e Julieta*, Etta em *Butch Cassidy*, *Núpcias de escândalo*, *Hamlet*, *O paciente inglês*, Kay em *O poderoso chefão*, *A Dama das Camélias*, *Moulin Rouge: amor em vermelho*, *Tootsie*, Rick e Ilsa em *Casablanca*, *Retorno a Howards End* e *Madame Bovary*.

## Rebelde

FORÇA: tem a coragem de se destacar da multidão e agir contra um sistema que está escravizando pessoas.

FRAQUEZA INERENTE: muitas vezes não apresenta ou não consegue apresentar uma alternativa melhor, então acaba só destruindo o sistema ou a sociedade.

Exemplos: Prometeu, Loki, Heathcliff em *O morro dos ventos uivantes, Beleza americana*, Holden Caulfield em *O apanhador no campo de centeio*, Aquiles em *Ilíada*, *Hamlet*, Rick em *Casablanca*,

*Retorno a Howards End, Madame Bovary, Juventude transviada, Crime e castigo, Notas do subsolo* e *Reds*.

A seguir, veja uma rede simples, mas eficaz de personagens, enfatizando os arquétipos contrastantes:

• *Star Wars*
(George Lucas, 1977)

| | |
|---|---|
| Luke (+ R2-D2 + C-3PO) (príncipe-herói-mago) | Darth Vader (rei-guerreiro-mago) |
| Han Solo (+ Chewbacca) (rebelde-guerreiro) | Princesa Leia (princesa) |

## INDIVIDUALIZANDO PERSONAGENS NA REDE

Depois de situar seus personagens essenciais em oposição na rede de personagens, o próximo passo no processo é transformar essas funções e arquétipos em indivíduos reais. Mas relembro: você não vai criar esses indivíduos únicos separadamente, a partir do nada, de um jeito que todos eles só coexistam na mesma história por acaso.

Você vai criar herói, oponente e personagens secundários únicos comparando-os, desta vez, em relação a tema e oposição. Vamos abordar o tema em detalhes no Capítulo 5, mas precisamos nos voltar para alguns conceitos-chave de tema agora.

O tema é sua visão do jeito correto de agir no mundo, expressada por meio dos personagens e de como agem na trama. O tema não é um assunto, como "racismo" ou "liberdade". O tema é sua visão moral, sua visão de como viver bem ou mal, e é único para cada história que você escreve.

*

*PONTO-CHAVE*: Você começará a individualizar seus personagens ao encontrar o problema moral no coração da premissa. Depois, explore as várias possibilidades desse problema no corpo da história.

\*

Essas possibilidades serão exploradas por meio da *oposição*. Para ser mais específico, você deve criar um grupo de oponentes (e aliados) que obriguem o herói a lidar com o problema moral central. Cada oponente é uma variação do tema; cada um deles lida com o mesmo problema moral de uma forma diferente.

Vamos ver como aplicar essa técnica crucial.

1. Comece escrevendo qual você pensa ser o problema moral central de sua história. Se trabalhou nas técnicas da premissa, você já o conhece.

2. Compare seu herói e todos os outros personagens de acordo com os seguintes parâmetros:
- Fraquezas.
- Necessidade (tanto psicológica como moral).
- Desejo.
- Valores.
- Poder, status e habilidade.
- Como cada um encara o problema moral central da história.

3. Ao fazer essas comparações, comece com o relacionamento mais importante em qualquer história: aquele entre o herói e seu principal oponente. De muitas formas, esse oponente é a chave para criar a história, porque não é só o jeito mais eficaz de definir o herói como também revela os segredos para criar uma ótima rede de personagens.

4. Depois de comparar o herói ao principal oponente, compare-o com os outros oponentes e com os aliados. Finalmente, compare os oponentes e aliados uns com os outros.

Lembre-se: cada personagem deve nos mostrar uma abordagem diferente ao problema moral central do herói (variação sobre o tema).

Vamos ver alguns exemplos para entender como essa técnica funciona.

• *Tootsie*
(Larry Gelbart e Murray Schisgal, história de Don McGuire e Larry Gelbart, 1982)

*Tootsie* é maravilhoso, para começar, porque mostra como é possível partir de uma premissa *high concept* e criar uma história de forma orgânica. É um exemplo clássico do que é conhecido como uma comédia de troca. Em premissas desse tipo, o herói descobre subitamente que foi trocado por outra coisa ou pessoa. Há centenas de comédias de troca na história das artes, remontando pelo menos a Mark Twain, que era um mestre dessa técnica.

No entanto, a vasta maioria fracassa miseravelmente. Isso ocorre porque grande parte dos escritores não conhece a grande fraqueza da premissa *high concept*: ela só lhe dá duas ou três cenas. Os escritores de *Tootsie*, por outro lado, conhecem a arte da contação de histórias, em especial como criar uma rede de personagens forte e como individualizar cada personagem por meio da comparação. Como todas as histórias *high concept*, *Tootsie* tem duas ou três cenas engraçadas de troca: quando o personagem de Dustin Hoffman, Michael, se veste de mulher pela primeira vez; quando comparece à audição; e quando visita seu agente num restaurante triunfantemente.

Mas os escritores de *Tootsie* fazem muito mais que criar três cenas engraçadas. Trabalhando no processo de escrita, começam dando a Michael um problema moral central – como os homens tratam as mulheres. A necessidade moral do herói é aprender a agir de modo correto em relação às mulheres, especialmente aquela pela qual se apaixona. Os escritores, então, criam uma série de oponentes, cada um representando uma variação sobre como os homens tratam as mulheres ou como as mulheres se permitem ser tratadas por homens. Por exemplo:

> • Ron, o diretor, mente para Julie e a trai, e depois se justifica dizendo que a verdade a magoaria ainda mais.

• Julie, a atriz por quem Michael se apaixona, é linda e talentosa, mas permite que os homens, especialmente Ron, abusem dela e a tratem como quiserem.

• John, o ator que interpreta o médico na série, é um safado que se aproveita de seu status e posição no elenco para assediar as atrizes que trabalham lá.

• Sandy, amiga de Michael, tem uma autoestima tão baixa que, quando ele mente e abusa dela, quem pede desculpas é ela.

• Les, o pai de Julie, se apaixona por Michael (disfarçado de Dorothy) e a trata com o maior respeito enquanto a corteja com dança e flores.

• Rita Marshall, a produtora, é uma mulher que escondeu a feminilidade e a preocupação com outras mulheres para conseguir uma posição de poder.

• Michael, disfarçado de Dorothy, ajuda as mulheres na série a confrontar os homens e a receber o respeito e o amor que merecem. Mas quando está vestido como homem, aborda todas as mulheres em uma festa, finge estar interessado em Sandy romanticamente e faz planos para afastar Julie de Ron.

• *Grandes esperanças*
(Charles Dickens, 1861)

Dickens é um contador de histórias magistral, famoso por suas redes de personagens. Uma das mais instrutivas é a de *Grandes esperanças*, que de muitos modos é mais avançada que a maioria das redes.

A característica distintiva na rede de *Grandes esperanças* é como Dickens estabelece pares de personagens: Magwitch e Pip, a srta. Havisham e Estella. Cada par tem, fundamentalmente, o mesmo tipo de relação – mentor e pupilo –, mas os relacionamentos diferem de jeitos cruciais. Magwitch, o criminoso ausente, dá a Pip, em segredo, dinheiro e liberdade, mas nenhum senso de responsabilidade. No extremo oposto, o controle férreo da srta. Havisham sobre Estella e sua amargura devido ao modo como foi tratada por um homem a fazem transformar a garota em uma mulher fria demais para amar.

• *Feira das vaidades*
(William Makepeace Thackeray, 1847)

Thackeray chamava *Feira das vaidades* de "romance sem herói", definindo herói como uma pessoa digna de ser emulada. Todos os personagens são algum tipo de predador, e pisam uns nos outros em busca de dinheiro, poder e status. Isso torna a rede de personagens de *Feira das vaidades* única. Note que a escolha da rede de personagens de Thackeray é uma das principais maneiras pela qual ele expressa sua visão moral e torna essa visão original.

Na rede, o principal contraste entre personagens ocorre entre Becky e Amelia. Cada uma adota uma abordagem radicalmente diferente sobre como uma mulher deve encontrar um homem: Amelia é imoral por ser rude, enquanto Becky é imoral por ser uma conspiradora magistral.

• *Tom Jones*
(Henry Fielding, 1749)

Em uma história como *Tom Jones* podemos ver o enorme efeito que a escolha de rede de personagens tem sobre o herói. Esse romance cômico "picaresco" conta com grande número de personagens. Um tecido social tão vasto implica uma história com muitas ações simultâneas e pouca profundidade específica. Quando essa abordagem é aplicada à comédia, a verdade sobre os personagens é encontrada quando o público vê tantos deles agindo de modo tolo ou ruim.

Isso inclui o herói. Ao tornar Tom um tolo inocente e basear a trama em informações equivocadas sobre quem ele realmente é, Fielding limita quanto pode revelar sobre tal personagem e quão profundo é o caráter dele. Tom ainda lida com um problema moral central relacionado à fidelidade a seu grande amor, mas tem uma responsabilidade limitada.

## CRIANDO SEU HERÓI

Criar um protagonista ficcional que pareça um ser humano completo é uma tarefa complexa e requer uma série de passos. Como um mestre da pintura, você deve construir esse personagem em camadas. Felizmente, você terá uma chance muito maior de acertar se começar com a rede geral de personagens. Qualquer rede de personagens que for construída terá um enorme efeito sobre o herói que emergir e servirá como guia valioso na medida em que você detalhar esse personagem.

## *Passo 1 para criar seu herói: atender aos requisitos de um grande herói*

O primeiro passo para construir seu herói é certificar-se de que ele cumpra os requisitos necessários a qualquer herói em qualquer história. Esses requisitos têm a ver com a função do personagem principal: ele vai impelir toda a história.

### 1. Faça com que seu protagonista seja fascinante o tempo todo

Qualquer personagem que deva impelir a história precisa agarrar e segurar a atenção do público em todos os momentos. Não deve haver tempo morto, chá de cadeira, nem encheção de linguiça (e chega de metáforas para enfatizar o ponto). Sempre que seu protagonista ficar entediante, sua história vai parar.

Um dos melhores jeitos de agarrar e segurar a atenção do público é tornar o personagem misterioso. Mostre que ele está escondendo algo. Isso obriga o público passivo a participar ativamente da história. A pessoa diz a si mesma: "Esse personagem está escondendo algo e eu quero saber o que é".

### 2. Faça o público se identificar com o personagem, mas não demais

"Identificar" é um termo que muitas pessoas empregam, mas poucas definem. Dizemos que o público deve se identificar com o herói para que se conecte emocionalmente a ele. Mas o que isso significa de fato?

Quem pensa que um personagem se cria apenas dando a ele características também pensa que o público "se identifica" com características como passado, emprego, roupas, renda, etnia e gênero. Nada poderia estar mais longe da verdade. Se o público se identificasse com características específicas, ninguém se identificaria com ninguém, porque cada personagem teria muitas características que a pessoa não compartilha.

A identificação do público com um personagem se baseia em dois elementos: seu desejo e o problema moral que ele enfrenta. Em suma, desejo e necessidade, os dois primeiros dos sete importantes passos da estrutura. O desejo impele a história porque o público quer que o herói seja bem-sucedido. O problema moral é a luta mais profunda sobre a forma de viver corretamente com os outros e é o que o público quer que o herói resolva.

Note que o público não deve se identificar demais com o protagonista, ou não será capaz de recuar o bastante para ver como o herói muda e cresce. Novamente, o conselho de Peter Brooks ao ator é, também, um excelente conselho ao escritor:

> Quando [o ator] se vê em relação à peça toda... vai olhar para as características simpáticas e antipáticas [de seu personagem] de um ponto de vista diferente, e no fim tomará decisões diferentes das que tomou quando pensava que "se identificar" com o personagem era tudo o que importava.[2]

No Capítulo 8 vamos examinar como você distancia o público do herói no momento apropriado da história.

## 3. Faça o público sentir empatia, e não simpatia, por seu herói

Todo mundo fala sobre a necessidade de tornar seu herói "simpático". Ter um herói simpático (com quem nos solidarizamos) pode ser valioso, porque faz o público querer que o herói atinja sua meta. Com isso, o público participa da contação da história.

Mas alguns dos heróis mais impactantes não são nem um pouco simpáticos, e ainda assim somos fascinados por eles. Mesmo em uma história com um herói que, de início, é simpático, é comum que

---

2 BROOK, Peter. *The empty space*. Nova York: Atheneum, 1978, p. 76.

ele aja de modo imoral – faça coisas desagradáveis – quando começa a perder para o oponente, e o público não se levanta no meio da história e vai embora.

*

> *PONTO-CHAVE*: O que realmente importa é que o público entenda o personagem, mesmo que não goste necessariamente de tudo que ele faz.

*

Sentir empatia por alguém significa se importar com essa pessoa e entendê-la. É por isso que o truque para manter o interesse em um personagem, mesmo quando ele não é simpático ou quando tem ações imorais, é mostrar o *motivo* dele.

*

> *PONTO-CHAVE:* Sempre mostre por que seu herói age daquele jeito.

*

Se você mostrar ao público o que leva o personagem a fazer o que faz, as pessoas entenderão a causa da ação (empatia) sem necessariamente aprovar a ação em si (simpatia).

Mostrar para o público o motivo do herói não significa mostrá-lo para o herói. Muitas vezes o herói está errado, no início, sobre o real motivo para perseguir seu objetivo e não descobre esse motivo até o fim da história, na autorrevelação.

## 4. Dê uma necessidade moral, além de psicológica, para o seu herói

Os personagens mais impactantes sempre têm uma necessidade moral, para além de uma psicológica. Lembre-se da diferença: uma necessidade psicológica só afeta o herói; uma moral exige que ele aprenda a agir corretamente em relação aos outros. Ela aumenta o efeito que o personagem tem na história e, portanto, aumenta o poder emocional da história.

## Passo 2 para criar seu herói: mudança de caráter

A mudança de caráter, também conhecida como arco de personagem, desenvolvimento de personagem ou gama de mudança, refere-se ao desenvolvimento de um personagem ao longo da história. Pode ser o passo mais difícil, mas também o mais importante, em todo o processo de escrita.

"Desenvolvimento de personagem" é outro daqueles clichês, como "identificar-se" com um personagem, que todos citam, mas poucos entendem. Vamos voltar rapidamente à abordagem padrão para a criação de personagens, na qual você imagina uma pessoa solitária e tenta listar a maior quantidade de características sobre ela. Você conta uma história sobre essa pessoa e depois faz com que ela mude no fim. É isso que eu chamo de "escola do botão de mudança de caráter". E só apertar o botão na última cena e pronto – o personagem "mudou". Essa técnica não funciona. Vamos explorar um jeito diferente.

### O eu expressado como personagem

Antes que possamos falar sobre a verdadeira mudança de caráter e como criá-la, precisamos ter alguma ideia do que é o eu, já que é isso que está sendo mudado. E, para tanto, devemos nos perguntar: qual é o propósito do eu na contação de histórias?

Um personagem é um eu fictício criado para mostrar simultaneamente como cada ser humano é único de um número ilimitado de jeitos, mas, ao mesmo tempo, sempre – e para sempre – humano, com características que todos compartilhamos. Esse eu fictício é, então, mostrado em ação, no espaço e ao longo do tempo, e comparado a outros eus para mostrar como alguém pode viver bem ou mal e como alguém pode crescer ao longo da vida.

Não é surpreendente, portanto, que não haja um conceito monolítico de eu na história das histórias. Vamos entender alguns dos jeitos mais importantes de olhar o eu:

> • Como uma unidade singular de personalidade governada internamente com mão de ferro. Esse eu é separado dos outros de forma clara, mas está procurando por seu "destino".

É isso o que o eu nasceu para fazer, baseado em suas habilidades mais profundas. Esse sentido do eu é comum em histórias míticas, que costumam ter um herói guerreiro.

• Como uma unidade singular de personalidade, composta de muitas necessidades e desejos frequentemente conflitantes. O eu tem um desejo forte de se conectar com os outros e, às vezes, até de absorver outra pessoa. Esse conceito de eu é encontrado em uma vasta gama de histórias, especialmente na obra de dramaturgos modernos como Ibsen, Tchekhov, Strindberg, O'Neill e Williams.

• Como uma série de papéis que a pessoa interpreta dependendo do que a sociedade exige em cada momento. Twain talvez seja o proponente mais famoso dessa visão. Ele criou suas "comédias de troca", *Um ianque na corte do rei Artur* e *O príncipe e o mendigo*, para mostrar como uma pessoa é, em grande parte, determinada por sua posição na sociedade. Mesmo em *As aventuras de Huckleberry Finn* e *Tom Sawyer*, Twain enfatiza o poder dos papéis que interpretamos e como, geralmente, acabamos sendo o que a sociedade afirma que somos.

• Como uma coleção frouxa de imagens, tão instável, porosa, maleável, fraca e sem integridade que pode assumir uma forma inteiramente diferente. Kafka, Borges e Faulkner são os principais escritores que expressam esse senso frouxo do eu. Na ficção popular, vemos esse eu em histórias de terror, em especial nas de vampiros, pessoas-gato e homens-lobo.

Embora essas noções diversas do eu apresentem algumas diferenças importantes, o propósito da mudança de caráter e as técnicas para realizá-la são praticamente as mesmas para todas elas.

*

PONTO-CHAVE: A mudança de caráter não acontece no fim da história, mas no começo. Mais precisamente, é possibilitada pelo começo, pelo modo como você a prepara.

*

*

*PONTO-CHAVE*: Não pense em seu protagonista como uma pessoa completa, sobre quem você, então, contará uma história. Você deve pensar no herói como uma *gama de mudanças*, uma gama de *possibilidades,* desde o começo. Precisa determinar a gama de mudança do herói no *início* do processo de escrita, ou a mudança será impossível no final da história.

*

Não consigo nem enfatizar direito a importância dessa técnica. Se você dominar a gama de mudanças, vai vencer o "jogo" da contação de histórias. Caso contrário, vai escrever e reescrever e nunca acertar.

Uma regra de ouro da ficção é: quanto menor essa gama, menos interessante é a história. Quanto maior, mais interessante, mas também mais arriscada, porque personagens não podem mudar tanto no tempo limitado em que aparecem na maioria das histórias.

Mas o que é, exatamente, essa "gama de mudanças"? É a gama de possibilidades de quem o personagem pode ser, definida pelo entendimento que ele tem de si. A mudança de caráter é o momento em que o herói enfim se torna quem está destinado a ser. Em outras palavras, o protagonista não se torna simplesmente outra pessoa (exceto em circunstâncias raras), mas completa um processo *que vem ocorrendo ao longo da história*, pelo qual se torna seu verdadeiro eu de um jeito mais profundo e mais focado.

O processo de se tornar seu verdadeiro eu pode parecer extremamente etéreo; por isso é, tantas vezes, incompreendido. Então, permita-me ser muito direto: você pode mostrar um personagem mudando muito em uma história, mas nem todas as mudanças são de caráter.

Por exemplo, você pode mostrar um personagem que começa pobre e termina rico – ou um camponês que termina rei ou um alcoólatra que aprende a ficar sóbrio. Todas essas são mudanças, só não são mudanças de caráter.

*

PONTO-CHAVE: A verdadeira mudança de caráter envolve um desafio e uma alteração de crenças fundamentais, levando o herói a realizar uma nova ação moral.

*

O autoconhecimento do herói depende de suas crenças sobre o mundo e sobre si. Essas crenças englobam o que significa ter uma boa vida e o que ele fará para conseguir o que deseja. Em uma boa história, à medida que persegue uma meta, o herói é forçado a desafiar suas crenças mais arraigadas. No caldeirão da crise, ele percebe no que realmente acredita, decide como vai agir a esse respeito e então executa uma nova ação moral para provar isso.

Assim como os escritores expressam diversas noções do eu, também usam diferentes estratégias para expressar a mudança de caráter. Mencionei, no Capítulo 1, que uma história "caminha" em duas "pernas": ação e aprendizado. De modo geral, na longa evolução da contação de histórias, passou-se de uma ênfase quase total na ação – na forma mítica, em que o público aprende apenas se modelando nas ações do herói – para uma ênfase pesada no aprendizado – no qual a preocupação do público é descobrir o que está acontecendo, quem aquelas pessoas realmente são e quais eventos ocorreram de fato antes de compreender inteiramente como levar uma boa vida.

Vemos essas histórias de "aprendizado" em autores como Joyce, Woolf, Faulkner, Godard, Stoppard, Frayn e Ayckbourn e em filmes diversos, como *O ano passado em Marienbad*, *Blow-up: depois daquele beijo*, *O conformista*, *Amnésia*, *A conversação* e *Os suspeitos*.

A mudança de caráter, nessas histórias de aprendizado, não é simplesmente uma questão de observar um personagem ganhar um entendimento um pouco maior de si no final da história. O público deve *participar* da mudança, tornar-se vários personagens ao longo do processo, não só ao experimentar seus diferentes pontos de vista, mas até ao tentar descobrir qual ponto de vista pertence a cada um.

É claro que as possibilidades de mudança de caráter são ilimitadas. O desenvolvimento de seu herói depende das crenças com as quais ele começa, como ele as desafia e como elas mudam até o final da história. Esse é um dos jeitos de tornar a história única.

Mas certos tipos de mudança de caráter são mais comuns que outros. Vamos olhar para alguns deles, não porque você tenha que usar um em sua história, mas porque entendê-los vai ajudar você a dominar essa técnica importantíssima em sua escrita.

## 1. De criança a adulto

Também conhecida como história de amadurecimento, essa mudança não tem nada a ver com a mudança física de criança para adulto, é claro. Você pode pensar que isso é óbvio, mas muitos escritores cometem o erro de, numa história de amadurecimento, definir o desenvolvimento do personagem por meio da primeira experiência sexual. Por mais que essa experiência possa ser trágica ou divertida, não tem nada a ver com a mudança de caráter.

Uma verdadeira história de amadurecimento mostra uma pessoa jovem desafiando e alterando suas crenças básicas, depois realizando uma nova ação moral. É possível encontrar essa mudança em histórias como *O apanhador no campo de centeio*, *As aventuras de Huckleberry Finn*, *David Copperfield*, *O sexto sentido*, *Quero ser grande*, *Gênio indomável*, *Forrest Gump*, *Perfume de mulher*, *Conta comigo*, *A mulher faz o homem* e *Tristram Shandy* (que não só é o primeiro romance de amadurecimento, mas também o primeiro antiamadurecimento!).

## 2. De adulto a líder

Nessa mudança, um personagem deixa de se preocupar apenas em encontrar o caminho correto para si e percebe que deve ajudar outros a encontrarem esse caminho também. Podemos ver essa mudança em *Matrix*, *O resgate do soldado Ryan*, *Elizabeth*, *Coração valente*, *Forrest Gump: o contador de histórias*, *A lista de Schindler*, *O rei leão*, *As vinhas da ira*, *Dança com lobos* e *Hamlet*.

### 3. De cínico a participante

Esse desenvolvimento é, na verdade, uma forma especializada da passagem de adulto a líder. Aqui o personagem começa como alguém que só enxerga valor em si, isolado da sociedade e interessado em prazer, liberdade pessoal e dinheiro. Ao final da história, o herói aprendeu o valor de tornar o mundo um lugar melhor e se reintegrou à sociedade como um líder. Histórias como *Casablanca* e o personagem Han Solo em *Star Wars* mostram essa mudança.

### 4. De líder a tirano

Nem toda mudança de caráter é positiva. Na passagem de líder a tirano, um personagem que ajudava outros a encontrar o caminho certo passa a forçá-los a seguir seu caminho. Muitos atores temem interpretar essa mudança porque pensam que não é muito lisonjeira para a imagem deles, mas ela geralmente cria uma história muito dramática. É possível vê-la em *Los Angeles: cidade proibida*, *Questão de honra*, *Retorno a Howards End*, *Rio vermelho*, *O poderoso chefão* e *Macbeth*.

### 5. De líder a visionário

Nessa mudança, um personagem que ajudava os outros a encontrar o caminho certo passa a ver como uma sociedade inteira deve mudar e viver no futuro. Encontramos essa mudança nas grandes histórias religiosas e em alguns mitos de criação.

Os escritores usam frequentemente a estrutura da história de Moisés para representá-la. Por exemplo, *Contatos imediatos do terceiro grau* apresenta um homem comum, Roy, que tem a visão de uma montanha. Ele escala a montanha e lá vê o futuro do universo na forma de uma nave espacial gigante.

Fique atento para um grande problema que você deverá superar se quiser mostrar um personagem tornando-se visionário: *você deverá criar a visão*. A maioria dos escritores que tenta contar essa história chega ao fim chocada ao perceber que não tem uma visão de como a sociedade inteira deve agir diferentemente no futuro.

Então, no momento da revelação final, faz com que o personagem veja uma luz branca ou lindas imagens de natureza.

Isso não funciona. A visão do personagem deve ser *moral*. Os dez mandamentos de Moisés são dez leis morais. O sermão de Jesus na montanha é uma série de leis morais. Certifique-se de que as suas também sejam ou não escreva esse tipo de história.

## 6. Metamorfose

No terror, na fantasia, nos contos de fadas e em certos dramas psicológicos intensos, o personagem pode passar por uma metamorfose ou mudança drástica. Aqui, torna-se de fato outra pessoa, animal ou coisa.

Essa é uma mudança radical e custosa, que implica um eu inicialmente fraco, fraturado ou arrasado. Nos melhores casos, esse desenvolvimento mostra um ato de extrema empatia. Nos piores, marca a completa destruição do antigo eu e sua prisão no novo.

Em histórias de terror como *O lobisomem*, *Lobos* e *A mosca*, a mudança do humano para animal marca a rendição completa à paixão sexual e ao comportamento predatório. Assistimos ao processo de involução à medida que o ser humano retorna a suas raízes animais.

Em raras ocasiões, um personagem pode mudar de fera para humano. Poderíamos argumentar que King Kong é um desses personagens, pois parece se apaixonar pelo personagem de Fay Wray e morre para estar com ela. "A bela matou a fera", diz o produtor muito mais predatório. O Garoto-Fera em *Mad Max 2: a caçada continua* é uma criança animal que se comunica por grunhidos e não só aprende a ser humana assistindo Mad Max como se torna o líder de sua tribo. Em *Gilgamesh*, Enkidu, o homem animal, torna-se humano quando o enganam para que durma com uma mulher.

*A metaformose*, de Franz Kafka, é o que podemos chamar de "tragédia de troca": o caixeiro-viajante Gregor Samsa acorda um dia e descobre que foi transformado em um inseto. É um raro exemplo de mudança que acontece no início da história, com o restante dela focado na experiência de ser um inseto (aparentemente, esse é o ápice da alienação).

Mudanças desse tipo extremo envolvem necessariamente o uso de um símbolo. Dê uma olhada no Capítulo 7 para conhecer as técnicas para atribuir um símbolo a um personagem.

## Criando mudança de caráter em sua história

Depois de examinar como a mudança funciona em uma história, a pergunta agora é: como criar essa mudança na *sua* história?

No Capítulo 2, exploramos a técnica de considerar os opostos da ação básica da história para se ter uma noção da *possível* mudança de caráter do herói. Você se lembrará de que *O poderoso chefão* funciona assim:

PREMISSA: o filho mais jovem de uma família mafiosa se vinga dos homens que atiraram em seu pai e se torna o novo chefão.

> F – FRAQUEZAS NO COMEÇO: descomprometido, temeroso, convencional, legítimo, isolado da família.
>
> A – AÇÃO BÁSICA: se vinga.
>
> M – MUDANÇA: governante tirânico e absoluto da família.

Depois, no Capítulo 3, falamos sobre como estabelecer os sete passos principais da estrutura para que o personagem conduza a trama e, ao mesmo tempo, experimente uma mudança profunda. Aqui, quero focar de modo mais detalhado as técnicas para criar a mudança de caráter que servirá como a base para a sua história.

Quando perguntei, antes, como construir essa mudança, usei a palavra "construir" de propósito porque é aqui que você estabelece, de forma literal, a estrutura da sua história.

*

*PONTO-CHAVE*: Sempre comece a mudança pelo fim, com a autorrevelação, depois volte para o começo e determine o ponto de partida dela, que são a necessidade e o desejo do herói. Mais tarde, pense nos passos de desenvolvimento entre eles.

*

Essa é uma das técnicas mais valiosas na escrita de ficção – use-a e veja a sua habilidade de contar histórias melhorar drasticamente. O motivo pelo qual deve-se começar pelo ponto sem volta é que toda história é uma *jornada de aprendizado* pela qual o herói passa (que pode ou não ser acompanhada de uma jornada física). Como em qualquer jornada, antes de dar o primeiro passo você precisa saber o ponto sem volta para onde está indo – caso contrário, andará em círculos ou sem rumo.

Ao começar pela autorrevelação, que é o fim da mudança de caráter, você sabe que cada passo dado por seu personagem vai conduzir a esse fim. Não haverá enrolação, nada extrínseco. Esse é o único jeito de fazer com que a história seja *orgânica* (internamente lógica), garantindo que cada passo na jornada esteja necessariamente conectado ao outro e que a jornada cresça até o ponto mais intenso.

Alguns escritores têm medo dessa técnica porque pensam que ela os constringe ou os obriga a escrever de forma esquemática. Na verdade, ela dá maior liberdade porque proporciona uma rede de segurança. Não importa em que ponto da história você esteja, vai saber onde vai parar no final. Desse modo, pode assumir riscos e fazer testes de acontecimentos que talvez pareçam, superficialmente, desviar o caminho, mas na verdade o estão levando de um jeito mais criativo até onde precisa chegar.

Lembre-se: a autorrevelação só é possível pelo começo da história. Isso significa que uma boa autorrevelação tem duas partes: a revelação em si e a preparação para que ela aconteça.

O *momento da revelação* deve ter as seguintes qualidades:

- Deve ser súbito, para que tenha a maior força dramática possível para o herói e para o público.
- Deve criar uma explosão emocional à medida que o público compartilha a revelação com o herói.
- Deve ser uma informação *nova* para o herói: ele precisa ver, pela primeira vez, como vivia uma mentira e feria outras pessoas.
- Deve impelir o herói a agir imediatamente de uma nova forma moral, provando que a revelação é real e que o mudou profundamente.

A *preparação* da revelação deve ter as seguintes qualidades:

• O herói deve ser uma pessoa reflexiva; isto é, alguém capaz de ver a verdade e reconhecer a ação correta.
• O herói deve estar escondendo algo de si mesmo.
• Essa mentira, ou ilusão, deve ferir o herói de um jeito muito real.

Você pode ter notado o que parece ser uma contradição: uma pessoa reflexiva que está mentindo para si. Embora seja uma contradição, é real. Todos sofremos disso. Um dos poderes das histórias é mostrar como um ser humano capaz de pensamento brilhante e criativo também é capaz de ilusões complexas e subjugantes.

## Técnica de personagem: reversão dupla

O jeito padrão de expressar a mudança de caráter é dar ao herói uma necessidade e uma autorrevelação. O personagem desafia e muda suas crenças básicas e depois age de uma nova forma moral. Como o público se identifica com o herói, aprende o que ele aprende.

Mas o problema é: como você pode mostrar sua própria visão moral do que é certo ou errado, distinta daquela do herói? Porque essas visões não são necessariamente as mesmas. Além disso, você pode querer expressar a mudança de caráter com mais complexidade e impacto emocional do que o método padrão permite.

Uma técnica avançada para mostrar a mudança de caráter é um tipo único de autorrevelação que eu chamo de "reversão dupla". Nessa técnica, você dá ao oponente, assim como ao herói, uma autorrevelação. Um aprende com o outro e o público vê duas conclusões sobre como agir e viver no mundo, em vez de apenas uma.

Há algumas vantagens em usar a reversão dupla em vez da autorrevelação única padrão. Primeiro porque, ao usar o método comparativo, você mostra ao público o jeito correto de ser e de agir de maneira mais sutil, clara, do que usando uma única revelação. Pense nisso como a diferença entre os sons estéreo e mono. Em segundo lugar porque essa técnica faz com que o público não fique tão focado no herói, podendo recuar com mais facilidade e enxergar o panorama geral, as ramificações mais amplas da história.

Para criar uma reversão dupla, siga estes passos:

1. Dê tanto ao herói como ao oponente principal uma fraqueza e uma necessidade (as fraquezas e necessidades do herói e do oponente não precisam ser as mesmas nem necessariamente parecidas).

2. Torne o oponente humano. Isso significa que ele deve ser capaz de aprender e mudar.

3. Durante ou logo depois da batalha, dê ao oponente, bem como ao herói, uma autorrevelação.

4. Conecte as duas autorrevelações. O herói deve aprender algo com o oponente e o oponente deve aprender algo com o herói.

5. A visão moral do autor é a melhor parte do que ambos os personagens aprendem.

A reversão dupla é uma técnica poderosa, mas não comum. Isso porque a maioria dos escritores não cria oponentes *capazes* de uma autorrevelação. Se seu oponente for maligno, isto é, inata e totalmente mau, ele não vai descobrir que estava errado no final da história. Por exemplo, um oponente que abre o peito dos outros e arranca e come o coração não vai perceber que precisa mudar.

Assim, não surpreende que o maior uso da reversão dupla se dá em histórias de amor, projetadas de modo que o herói e o amante (o principal oponente) aprendam um com o outro. Você pode ver exemplos disso em filmes como *Kramer versus Kramer*, *A costela de Adão*, *Orgulho e preconceito*, *Casablanca*, *Uma linda mulher*, *Sexo, mentiras e videotape*, *Perfume de mulher* e *Vendedor de ilusões*.

Uma vez que você tenha descoberto a autorrevelação do herói, deve retornar à necessidade. Um dos benefícios de criar a autorrevelação primeiro é que ela indica automaticamente a necessidade do herói. Se a autorrevelação é o que ele aprende, a necessidade é o que não sabe ainda, mas deve aprender para ter uma vida melhor. Ele precisa enxergar a grande ilusão que está vivendo para superar a grande fraqueza que atrapalha sua vida.

## Passo 3 para criar seu herói: desejo

O terceiro passo para criar um herói forte é criar a linha de desejo. No Capítulo 3, esse passo foi apresentado como a espinha da história. Mantenha três regras em mente para criar uma forte linha de desejo:

1. Tenha uma linha única que cresça constantemente em importância e intensidade. Se tiver mais de uma linha de desejo, a história vai desmoronar – seguindo literalmente em duas ou três direções de uma vez, de modo que não terá qualquer impulso narrativo e o público ficará confuso. Em boas histórias, o herói tem uma meta primordial que deseja com intensidade cada vez maior. A história se move cada vez mais rápido e o impulso narrativo se torna arrasador.

2. O desejo deve ser específico – e quanto mais específico, melhor. Para garantir que sua linha de desejo seja específica o bastante, questione se há um momento específico na história em que o público sabe que o herói cumpriu ou não a meta. Em *Top Gun: ases indomáveis*, eu sei quando o herói não consegue vencer o prêmio Top Gun porque o diretor da escola de voo o entrega a outra pessoa. Em *Flashdance: em ritmo de embalo*, sei o momento em que a heroína consegue realizar seu desejo de entrar na escola de balé porque ela recebe uma carta informando que entrou.

Às vezes, um escritor diz algo como: "O desejo do meu herói é ser independente". Aplicando a regra do momento específico, nos perguntamos: quando alguém se torna independente na vida? Quando se muda de casa pela primeira vez? Quando se casa? Quando se divorcia? Note que não há um momento específico em que as pessoas se tornam independentes. Dependência ou independência tem mais a ver com a necessidade e é um desejo insuficiente.

3. O desejo deve ser realizado – se for realizado – perto do final da história. Se o herói atinge a meta no meio da história, você deve ou terminar a história aí ou criar uma nova linha de desejo, e nesse caso juntar duas histórias. Estendendo a linha de desejo do herói quase até o fim, você torna sua

história uma unidade e garante que ela tenha um imenso impulso narrativo.

A linha de desejo nos filmes a seguir cumpre esses três critérios:

- *O resgate do soldado Ryan:* encontrar o soldado Ryan e trazê-lo de volta com vida.
- *Ou tudo ou nada:* ganhar muito dinheiro apresentando-se nus diante de uma sala cheia de mulheres.
- *O veredicto:* ganhar o caso.
- *Chinatown:* resolver o mistério de quem matou Hollis.
- *O poderoso chefão:* vingar-se dos homens que atiraram em Vito Corleone.

## Passo 4 para criar seu herói: o oponente

Não estou exagerando quando digo que o truque para definir o herói e entender a história dele é entender o oponente. De todas as conexões na rede de personagens, a mais importante é o relacionamento entre herói e oponente principal. Esse relacionamento determina como todo o drama será construído.

É por isso que, como escritor, você deve amar esse personagem – ele vai ajudá-lo de muitos modos. Do ponto de vista estrutural, o oponente sempre apresenta a chave, porque o herói aprende *por meio* dele. É *porque* o oponente o ataca em sua maior fraqueza que o herói é forçado a lidar com ela e crescer.

\*

PONTO-CHAVE: O personagem principal só é tão
bom quanto a pessoa que enfrenta.

\*

Para ver como esse princípio é importante, pense em seu herói e no oponente como jogadores de tênis. Se o herói é o melhor jogador do mundo e o oponente é um amador que joga de fim de semana, o herói vai fazer alguns pontos e o oponente vai correr de um lado para o outro, deixando a plateia entediada. Mas se o oponente for o segundo melhor jogador do mundo, o herói será forçado a executar as melhores jogadas e o oponente também vai responder com jogadas espetaculares. Eles vão se perseguir por toda a quadra e a plateia vai enlouquecer.

É exatamente assim que uma boa história funciona: o herói e o oponente se incitam à excelência.

O drama da história se desdobra uma vez que você determina o relacionamento entre herói e oponente principal. Se acertar esse relacionamento, a história provavelmente vai funcionar. Se errar, é quase certo que a história vai fracassar. Então vamos olhar para os elementos de que você precisa para criar um ótimo oponente.

## 1. Faça com que o oponente seja necessário

O mais importante em um grande oponente é que ele seja *necessário* ao herói. Isso tem um significado estrutural muito específico. O principal oponente é a pessoa no mundo que sabe melhor como atacar a grande fraqueza do herói – e deve atacá-la implacavelmente. O oponente necessário ou força o herói a superar sua fraqueza ou o destrói. Colocado de outra forma, o oponente necessário possibilita que o herói cresça.

## 2. Torne-o humano

Um oponente humano não deve ser entendido como um ser humano em oposição a um animal, objeto ou fenômeno. Um oponente humano é tão complexo e valioso quanto o herói.

Do ponto de vista estrutural, isso significa que um oponente humano é uma espécie de duplo do herói. Alguns escritores usaram o conceito de duplo (também conhecido como *doppelgänger*) ao determinar as características do oponente, que é extremamente parecido com o herói. Mas é uma técnica muito mais ampla – na verdade, trata-se de um dos princípios mais importantes usados para criar qualquer herói e oponente. O conceito de duplo fornece uma série de modos pelos quais o herói e o oponente devem ser comparados e contrastados um com o outro, além de ajudar a se definirem mutuamente:

• O oponente/duplo tem certas fraquezas que o fazem agir de forma incorreta quando comparado aos outros ou de modos que o impedem de ter uma vida melhor.

• Assim como o herói, o oponente/duplo tem uma necessidade baseada nessas fraquezas.

• O oponente/duplo deve querer algo, de preferência o mesmo que o herói.

• O oponente/duplo deve ter grande poder, status ou habilidades, para ser capaz de exercer a maior pressão possível no herói, propiciar uma batalha final e levar o herói a um grande sucesso (ou fracasso).

## 3. Dê a ele valores que se oponham aos do herói

As ações do herói e do oponente são baseadas em um conjunto de crenças ou valores. Esses valores representam a visão de boa vida para cada personagem.

Nas melhores histórias, os valores do oponente entram em conflito com os do herói. Ao longo do conflito, o público percebe qual modo de vida é superior. Grande parte do poder da história depende da qualidade dessa oposição.

## 4. Dê ao oponente um argumento moral forte, mas falho

Um oponente maligno é alguém inerentemente mau, portanto mecânico e desinteressante. Na maior parte dos conflitos reais, não há uma distinção clara entre bem e mal, certo e errado. Em uma história bem pensada, tanto o herói como o oponente creem que escolheram o caminho certo, e ambos têm razões para acreditar nisso. Ambos também estão no caminho errado, mas de jeitos diferentes.

Assim como o herói, o oponente tenta dar uma justificativa moral a suas ações. Um bom escritor detalha o argumento moral do oponente, garantindo que seja forte e envolvente, mas fundamentalmente errado (no Capítulo 5, sobre argumento moral, vamos discutir como fazer isso).

## 5. Dê ao oponente algumas semelhanças com o herói

O contraste entre herói e oponente só é potente quando ambos apresentam fortes semelhanças. Cada um, então, aborda o mesmo dilema de forma levemente diferente. E é nas semelhanças que as diferenças cruciais e instrutivas tornam-se mais claras.

Ao dar ao herói e ao oponente certas semelhanças, você também impede que o herói seja perfeitamente bom e o oponente totalmente mau. Nunca pense nesses personagens como opostos extremos – em vez disso, são duas possibilidades de uma gama. O embate entre herói e oponente não deve ser entre bem e mal, mas entre dois personagens que têm fraquezas e necessidades.

## 6. Mantenha-o no mesmo lugar que o herói

Obviamente, isso contraria o bom senso. Quando duas pessoas não gostam uma da outra, tendem a seguir em direções opostas. Mas, se isso acontecer na sua história, você terá grande dificuldade para construir o conflito. O truque é encontrar um motivo natural para herói e oponente estarem no mesmo lugar ao longo da história.

Um exemplo clássico de como um oponente opera sobre um herói é Hannibal Lecter em *O silêncio dos inocentes.* Ironicamente, nesse filme, Lecter não é um oponente real. É um aliado/falso oponente, um personagem que parece ser o oponente de Clarice, mas é, na verdade, seu maior amigo. Gosto de pensar em Lecter como um Yoda infernal: o treinamento que ele dá a Clarice, embora brutal, é muito mais valioso que qualquer coisa que ela aprenda no FBI.

Mas, no primeiro encontro deles, Lecter nos mostra, em pequena escala, como um oponente ataca implacavelmente as fraquezas da heroína até que ela as supere ou desmorone. Clarice visita Lecter em sua cela para tentar compreender um *serial killer* chamado Buffalo Bill. Depois de um começo promissor, ela erra na dose e insulta a inteligência de Lecter. Ele parte para o ataque.

> LECTER: Ah, agente Starling, acha que pode me dissecar com essa ferramenta cega?
> CLARICE: Não, pensei que seu conhecimento...

LECTER: Você é muito ambiciosa, não é? Sabe o que você parece, com essa bela bolsa e os sapatos baratos? Uma caipira. Uma caipira bem lavada, uma fraude com um pouco de bom gosto. Umas refeições decentes alongaram seus ossos, mas uma geração atrás e você seria uma pobretona, não é, agente Starling? E esse sotaque que você tenta esconder desesperadamente é pura Virgínia Ocidental. O que o seu pai fazia, querida? Minerava carvão? Ele fedia a cordeiro? E como os garotos a descobriram depressa. Todas aquelas apalpadelas tediosas e nojentas no banco de trás dos carros enquanto você sonhava apenas em escapar, chegar a qualquer lugar, chegar até o FBI.

Vamos examinar alguns exemplos de oponentes para entender como cada um deles não é bem um indivíduo separado, mas *o melhor oponente para aquele herói.*

• *Otelo*
(William Shakespeare, 1604)
Otelo é um rei-guerreiro que sempre entra pela porta da frente e age na base da força, e não da astúcia. Um escritor menor, acreditando no senso comum de que "drama é conflito", teria criado outro rei-guerreiro para se opor a ele. Haveria muitos conflitos nesse caso, mas não uma grande história.

Shakespeare entendia o conceito do oponente necessário. A partir da grande fraqueza de Otelo, a insegurança sobre seu casamento, ele criou Iago. Iago não é um grande guerreiro. Não ataca diretamente, mas é um mestre nos ataques pelas costas, usando palavras, sugestões, intriga e manipulação para conseguir o que deseja. Iago é o oponente necessário de Otelo. Ele vê a grande fraqueza de Otelo e a ataca de modo genial e sem dó até derrubar o grande rei-guerreiro.

• *Chinatown*
(Robert Towne, 1974)
Jake Gittes é um detetive simples, excessivamente confiante e idealista, que acredita poder fazer justiça ao descobrir a verdade.

Ele também tem uma predileção por dinheiro e pelas coisas boas da vida. Seu oponente, Noah Cross, é um dos homens mais ricos e poderosos de Los Angeles. Ele é mais esperto que Jake, então usa a própria riqueza e o poder para enterrar a verdade de Jake e escapar impune do assassinato.

• *Orgulho e preconceito*
(Jane Austen, 1813)
Elizabeth Bennet é uma jovem inteligente e charmosa que valoriza demais a própria inteligência e é rápida para julgar os outros. Seu oponente é o sr. Darcy, culpado de um orgulho extremo e de um desdém por pessoas de classe mais baixa. Mas é *por causa* do orgulho e preconceito do sr. Darcy, e de seus esforços para superá-los por ela, que Elizabeth finalmente percebe o próprio orgulho e preconceito.

• *Star Wars*
(George Lucas, 1977)
Luke Skywalker é um jovem impetuoso e ingênuo que deseja fazer o bem e tem uma habilidade enorme – mas não desenvolvida – no uso da Força. Darth Vader é um grande mestre da Força. Ele é mais esperto e mais forte do que Luke, e usa o conhecimento que tem sobre o filho e sobre a Força para tentar atrair o herói para o "lado sombrio".

• *Crime e castigo*
(Fiódor Dostoiévski, 1866)
Raskólnikov é um jovem brilhante que comete um assassinato só para provar sua filosofia de que está acima da lei e dos homens comuns. Seu oponente, Porfiri, é um burocrata pequeno, um detetive policial de baixo escalão. Mas esse homem comum da lei é mais esperto que Raskólnikov e, mais importante ainda, mais sábio. Ele demonstra a Raskólnikov o erro de sua filosofia e o faz confessar o crime ao lhe mostrar que a grandeza real vem da autorrevelação, da responsabilidade e do sofrimento.

• *Instinto selvagem*

(Joe Eszterhas, 1992)

Nick é um detetive esperto e durão que usa drogas e mata sem razão. Catherine, que é igualmente inteligente, o desafia a todo momento e usa a fraqueza de Nick por sexo e drogas para atraí-lo até seu covil.

• *Um bonde chamado desejo*

(Tennessee Williams, 1947)

Blanche, uma beldade em decadência com uma noção frágil da realidade, mentiu e usou o sexo para se defender de sua situação deteriorante. Stanley é um "macho alfa" brutal e competitivo que se recusa a deixá-la sair impune de suas mentiras. Pensando que ela é uma prostituta mentirosa que tentou enganar a ele e ao seu amigo Mitch, Stanley joga a "verdade" na cara dela de modo tão implacável que ela enlouquece.

• *Um corpo que cai*

(romance de Pierre Boileau e Thomas Narcejac, roteiro de Alec Coppel e Samuel A. Taylor, 1958)

Scottie é um cara decente, mas um pouco ingênuo, que sofre de vertigem. Seu colega de faculdade Gavin Elster usa as fraquezas do protagonista para planejar o assassinato da própria esposa.

## CONSTRUINDO O CONFLITO

Uma vez que o herói esteja estabelecido e que um oponente esteja competindo pela mesma meta, o conflito deve ser construído de modo constante até a batalha final. O propósito deve ser colocar uma pressão contínua no herói porque isso o forçará a mudar. O jeito de construir o conflito e essa pressão depende primariamente de como você distribui os ataques ao herói.

Em histórias medianas ou simples, o herói entra em conflito com um único oponente. Essa oposição padrão tem a virtude da clareza, mas não permite que você desenvolva uma sequência profunda ou poderosa de conflitos, e não permite ao público ver um herói agindo em uma sociedade maior.

\*

*PONTO-CHAVE:* Uma oposição simplista entre dois personagens mata qualquer chance de profundidade, complexidade ou a realidade da vida humana em sua história. Para construí-la, você precisa de uma rede de oposições.

\*

## A oposição dos quatro cantos

Histórias melhores vão além de uma simples oposição entre herói e oponente principal e usam uma técnica que eu chamo de oposição dos quatro cantos. Nessa técnica, você cria um herói e um oponente principal, além de pelo menos dois oponentes secundários. (Pode haver ainda mais se os oponentes extras servirem a uma função importante na história.) Pense em cada um dos personagens – no herói e nos três oponentes – localizados em um canto de uma caixa, de modo que cada um seja tão diferente dos outros quanto possível.

Oposição padrão de dois personagens:

Oposição dos quatro cantos:

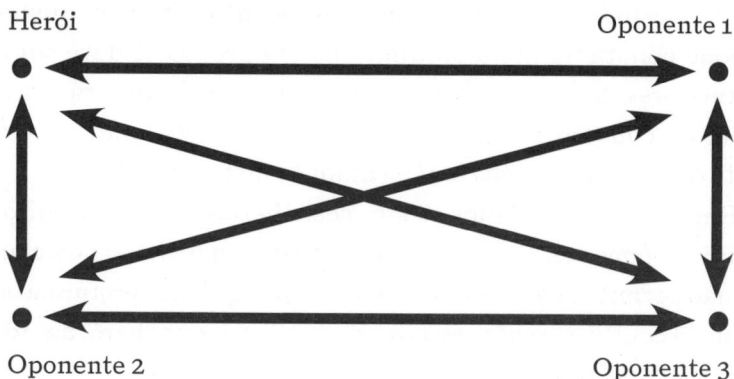

Há cinco regras que você deve ter em mente para fazer o melhor uso possível das características-chave da oposição dos quatro cantos.

## 1. Cada oponente deve ter um jeito diferente de atacar a grande fraqueza do herói

Atacar a fraqueza do herói é o propósito central dos oponentes, então o primeiro jeito de distingui-los é que cada um tenha um jeito único de atacar. Note que essa técnica garante que todo o conflito seja organicamente conectado ao grande defeito do herói. A oposição de quatro cantos tem o benefício extra de representar uma sociedade complexa em miniatura, com cada personagem personificando um dos pilares básicos dessa sociedade.

Nos exemplos a seguir, o herói está no canto superior esquerdo, como no diagrama, enquanto o principal oponente está no oposto a ele, com os dois personagens secundários embaixo. Entre parênteses está o arquétipo que cada um personifica, se for o caso. Ao estudar os diferentes exemplos, você vai notar que a oposição dos quatro cantos é fundamental a qualquer boa história, independentemente do meio, gênero ou época em que foi escrita.

- *Hamlet*
(William Shakespeare, cerca de 1601)

| Hamlet (príncipe rebelde) | Rei Cláudio (+ Rosencrantz + Guildenstern) (rei) |
|---|---|
| Rainha Gertrudes (rainha) | Polônio (+ Ofélia) (mentor) + (donzela) |

- *Os suspeitos*
(Christopher McQuarrie, 1995)

| Keaton (+ time) (*trickster*-guerreiros) | Agente Kujan (nenhum) |
|---|---|
| Verbal (artista-*trickster*) | Keyser Soze (+ seu representante) (rei-guerreiro) |

## 2. Tente colocar cada personagem em conflito não só com o herói, mas com todos os outros personagens

Note uma vantagem imediata na oposição dos quatro cantos em relação a padrão: ela aumenta exponencialmente a quantidade de conflito que você pode criar e construir na história. Você não só pode pôr seu herói em conflito com três personagens, em vez de só um, como tem a chance de colocar os oponentes em conflito uns com os outros, como ilustrado pelas setas no diagrama da oposição dos quatro cantos. O resultado é um conflito intenso e uma trama densa.

• *Beleza americana*
(Alan Ball, 1999)

| Lester (+ Ricky) (rei deposto-*trickster*) | Carolyn (+ rei dos imóveis) (rainha-mãe) |
|---|---|
| Jane (+ Angela) (princesa-rebelde + princesa) | Coronel Fitts (guerreiro) |

• *O morro dos ventos uivantes*
(romance de Emily Brontë, roteiro de Charles MacArthur e Ben Hecht, 1939)

| Cathy (amante) | Heathcliff (amante-rebelde) |
|---|---|
| Hindley, irmão dela (nenhum) | Linton (+ Isabella, irmã dele) (rei) |

## 3. Ponha os *valores* dos quatro personagens em conflito

Uma grande história não se resume ao conflito entre personagens, mas entre personagens *e seus valores*. Quando o herói passa por uma mudança de caráter, desafia e muda suas crenças básicas, o que leva a uma nova ação moral. Um bom oponente tem um conjunto de crenças que é atacado também. As crenças do herói não têm significado e não são expressas na história, a não ser que entrem em conflito com as crenças de pelo menos mais um personagem, de preferência o oponente.

No jeito padrão de colocar valores em conflito, dois personagens – herói e oponente único – lutam pela mesma meta. Ao fazer isso, seus valores – e seus modos de vida – entram em conflito também.

A oposição de valores dos quatro cantos permite que você crie uma história com um escopo potencialmente épico, mas mantendo a unidade orgânica essencial. Por exemplo, cada personagem pode expressar um *sistema de valores* único, um modo de vida que pode entrar em conflito com três outros grandes modos de vida. Note que o método dos quatro cantos, quando usado para opor valores, fornece grande textura e profundidade de tema.

Uma história com a oposição de valores dos quatro cantos é algo como:

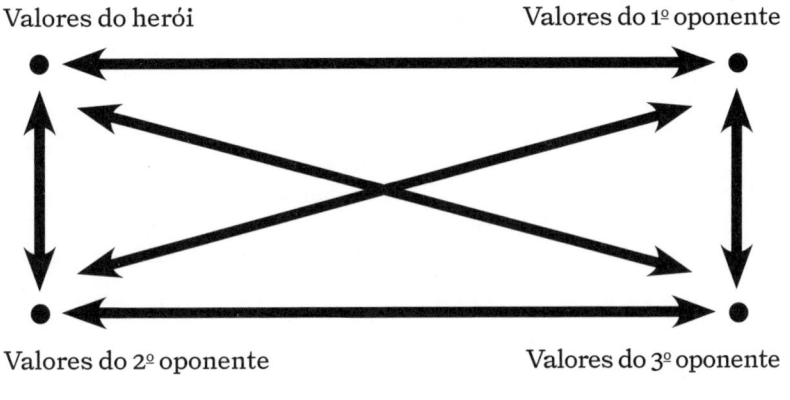

Valores do herói        Valores do 1º oponente

Valores do 2º oponente        Valores do 3º oponente

*

*PONTO-CHAVE:* Seja o mais detalhado possível ao listar os valores de cada personagem.

*

Não crie apenas um único valor por personagem. Pense em um *aglomerado* de valores em que cada um acredita. Os valores em cada aglomerado são únicos, mas também relacionados uns aos outros.

*PONTO-CHAVE:* Procure as versões positiva e
negativa do mesmo valor.

*

Acreditar em algo pode ser uma força, mas também uma fonte
de fraqueza. Ao identificar o lado negativo e o positivo de um mesmo
valor, será possível entender qual personagem terá mais chances de
cometer um erro lutando pelo que acredita. Exemplos de versões positivas e negativas do mesmo valor: determinado e agressivo, honesto e
insensível, patriota e dominador.

- *O jardim das cerejeiras*
  (Anton Tchekhov, 1904)

| Madame Ranevsky (+ irmão Gaev) (rainha + amante) (príncipe) Amor real, beleza, o passado | Lopakhin (homem de negócios) Dinheiro, status, poder, o futuro |
|---|---|
| | Varya (trabalhadora) Trabalho duro, família, casamento, praticidade |
| Trofimov (aluno/professor) A verdade, o aprendizado, compaixão, amor transcendente | Anya (princesa) Sua mãe, gentileza, amor transcendente |

## 4. Empurre os personagens para os cantos

Ao criar a oposição dos quatro cantos, coloque cada personagem – o herói e os três oponentes – em um dos cantos da caixa, como
nos nossos diagramas. Depois "empurre" cada personagem mais
para o canto. Em outras palavras, torne cada um o mais diferente
possível dos outros três.

• *Butch Cassidy*
(William Goldman, 1969)

| Butch (*trickster*) | Sundance (+ Etta) (guerreiro + amante) |
|---|---|
| Harvey (guerreiro) | E. H. Harriman + grupo de elite (Lefors) (rei + guerreiros) |

• *Núpcias de escândalo*
(peça de Philip Barry, roteiro de Donald Ogden Stewart, 1940)

| Tracy (deusa) | Dexter (amante) |
|---|---|
| George, seu noivo (rei) | Mike (+ Liz) (artista) |

## 5. Estenda o padrão dos quatro cantos a todos os níveis da história

Depois de determinar a oposição básica dos quatro cantos, considere estender esse padrão a outros níveis da história. Por exemplo, você pode estabelecer um padrão dos quatro cantos de oposição em uma sociedade, uma instituição, uma família ou até mesmo em um único personagem. Especialmente em histórias mais épicas, você vai encontrar a oposição dos quatro cantos em muitos níveis.

A seguir, veja três histórias que usam essa oposição em dois níveis diferentes.

• *Ilíada*
(Homero)
Entre os gregos

| Aquiles (guerreiro-artista-rebelde) | Agamêmnon (rei) |
|---|---|
| Odisseu (*trickster*-guerreiro) | Ajax (guerreiro) |

No mundo

| Aquiles (guerreiro-artista-rebelde) | Heitor (guerreiro-príncipe) |
|---|---|
| Agamêmnon (rei) | Páris (+ Helena) (amante) |

• *Os sete samurais*
(Akira Kurosawa, Shinobu Hashimoto e Hideo Oguni, 1954)
Entre os samurais

| Líder samurai + outros (guerreiro-rei) | Mestre espadachim (artista-guerreiro) |
|---|---|
| Aprendiz (aluno) | Samurai Mifune (fazendeiro-guerreiro) |

No mundo

| Líder samurai + time (matador-rei) | Samurais bandidos (matadores) |
|---|---|
| Fazendeiros (cultivadores) | Samurai Mifune (cultivador-matador) |

• *O poderoso chefão*
(romance de Mario Puzo, roteiro de Mario Puzo e Francis Ford Coppola, 1972)
Na família

| O chefão (+ Tom) (rei) | Sonny (guerreiro) |
|---|---|
| Fredo (depois Kay) (amante) | Michael (*trickster*-guerreiro-rei) |

No mundo

| Família Corleone (rei + guerreiros) | Sollozzo (guerreiro) |
|---|---|
| Barzini (rei) | Carlo (+ Tessio + motorista + guarda-costas) (*tricksters*) |

## CRIANDO SEUS PERSONAGENS
### *Exercício de escrita 3*

• REDE DE PERSONAGENS POR FUNÇÃO NA HISTÓRIA E ARQUÉTIPO: crie sua rede de personagens. Comece listando todos os personagens e descreva qual a função deles na história (por exemplo: herói, oponente principal, aliado, oponente/falso aliado, personagem de subtrama). Escreva ao lado de cada um deles qual é o arquétipo que representam, se for o caso.

• PROBLEMA MORAL CENTRAL: escreva o problema moral central da história.

• COMPARANDO OS PERSONAGENS: liste e compare os seguintes elementos estruturais para todos os seus personagens:

1. Fraquezas.

2. Necessidade – tanto psicológica como moral.

3. Desejo.

4. Valores.

5. Poder, status e habilidade.

6. Como cada um enfrenta o problema moral central.

Comece comparando o herói e o oponente principal.

• VARIAÇÃO NO PROBLEMA MORAL: certifique-se de que cada personagem tenha uma abordagem diferente em relação ao problema moral central do herói.

• REQUISITOS DE UM HERÓI: agora, concentre-se em detalhar seu herói. Comece certificando-se de que incorporou os quatro requisitos de todo grande herói:

1. Fazer com que seu protagonista seja fascinante o tempo todo.

2. Fazer o público se identificar com ele, mas não demais.

3. Fazer o público sentir empatia, e não simpatia, por seu herói.

4. Dar uma necessidade moral, além de psicológica, para o seu herói.

• MUDANÇA DE CARÁTER DO HERÓI: determine a mudança de caráter pela qual seu herói vai passar. Escreva a autorrevelação primeiro e depois volte para a necessidade. Certifique-se de que a autorrevelação de fato satisfaz a necessidade. Em outras palavras, quaisquer mentiras ou muletas em que o herói se apoie no começo devem ser encaradas e superadas na autorrevelação.

• CRENÇAS MUDADAS: escreva as crenças as quais seu herói desafiará e mudará ao longo da história.

• DESEJO DO HERÓI: esclareça o desejo do herói. É uma meta única e específica que se estende ao longo da história? Quando é que o público percebe se o herói atingiu ou não a meta?

• OPONENTES: dê detalhes sobre seus oponentes. Primeiro, descreva os diferentes jeitos como seu oponente principal e cada um dos secundários atacam a grande fraqueza do herói.

• VALORES DOS OPONENTES: liste alguns valores de cada oponente. O que faz com que cada um deles seja uma espécie de duplo para o herói? Dê a todos certo nível de poder, status e habilidade e descreva as semelhanças que possuem com o herói. Afirme, em uma frase, o problema moral de cada personagem e como cada um justifica as ações que realiza para atingir a meta.

• VARIAÇÃO DA FRAQUEZA DO HERÓI E DO PROBLEMA MORAL EM PERSONAGENS SECUNDÁRIOS: de que forma qualquer personagem secundário é uma variação da fraqueza específica do herói e de seu problema moral?

• OPOSIÇÃO DOS QUATRO CANTOS: mapeie a oposição dos quatro cantos em sua história. Coloque o herói e o oponente principal na linha superior com pelo menos dois oponentes secundários embaixo. Etiquete cada personagem com o arquétipo que representa, mas só se for apropriado. Muitos personagens não são arquétipos – não force a barra. Empurre os quatro principais personagens para os cantos, isto é, certifique-se de que cada um seja o mais diferente possível dos outros três. O melhor jeito de garantir isso é focar como os valores deles diferem.

Vamos usar *Um bonde chamado desejo* para exemplificar o modo de detalhar personagens.

• *Um bonde chamado desejo*
(Tennessee Williams, 1947)
REDE DE PERSONAGENS POR FUNÇÃO NA HISTÓRIA E ARQUÉTIPO
*Heroína*: Blance DuBois (artista).
*Oponente principal*: Stanley Kowalski (rei-guerreiro).
*Oponente/falso aliado*: Mitch, amigo de Stanley, e Stella Kowalski (mãe), irmã de Blanche.
*Aliado*: nenhum.
*Aliado/falso oponente*: nenhum.
*Personagem de subtrama*: nenhum.

Existe justificativa para usar mentiras e ilusões para ganhar amor?

COMPARANDO OS PERSONAGENS

*Blanche*

*Fraquezas*: derrotada, depende de sua beleza em decadência, não tem um senso firme de si, muitas vezes recorre a ilusões quando a vida fica difícil demais, usa sexo para ganhar amor, usa os outros para servi-la e preservar a ilusão de que ainda tem uma grande beleza.

*Necessidade psicológica*: Blanche deve aprender a enxergar o valor em seu coração e não em sua aparência, além de parar de procurar um homem para salvá-la.

*Necessidade moral*: ela deve aprender a contar a verdade ao buscar o amor de alguém.

*Desejo*: a princípio, Blanche quer um lugar para descansar, mas seu principal desejo é fazer Mitch casar-se com ela para que possa se sentir segura.

*Stanley*

*Fraquezas*: mal-intencionado, desconfiado, irascível, brutal.

*Necessidade psicológica*: Stanley precisa superar a competitividade mesquinha que o impele a querer derrotar todo mundo e provar como é um grande homem.

*Necessidade moral*: Stanley deve superar a crueldade vulgar que demonstra perante os mais fracos. Ele é uma criança cruel e egoísta que deseja privar os outros de felicidade.

*Desejo*: Stanley quer que Blanche saia de sua casa e que sua vida volte a ser como antes. Depois, quer impedir Mitch de se casar com Blanche.

*Stella*

*Fraquezas*: ingênua, dependente de Stanley, simplória.

*Necessidade psicológica*: Stella precisa ser mais independente e enxergar a verdade sobre Stanley.

*Necessidade moral*: deve assumir a responsabilidade por ter apoiado a brutalidade de Stanley.

*Desejo*: quer ver a irmã se casar com Mitch e ser feliz.

### Mitch

*Fraquezas*: tímido, fraco, incapaz de pensar ou agir por conta própria.

*Necessidade psicológica*: Mitch precisa se libertar de Stanley e da mãe e viver a própria vida.

*Necessidade moral*: ele deve tratar Blanche como um ser humano, respeitando a decência e o sofrimento dela.

*Desejo*: a princípio, Mitch quer se casar com Blanche, mas, quando descobre sobre o passado dela, só a deseja para sexo.

VARIAÇÃO NO PROBLEMA MORAL

*Blanche*: mente para si e para os outros a fim de conseguir amor.

*Stanley*: é tão brutalmente honesto ao expor as mentiras dos outros que acaba destruindo as pessoas. Sua crença de que o mundo é duro, competitivo e desonesto só agrava essa realidade. Sua visão agressiva e arrogante da verdade é muito mais destrutiva do que as mentiras de Blanche.

*Stella*: é culpada do pecado da omissão. Ela permite que a irmã viva suas ilusões, mas não consegue ver as mentiras que o próprio marido lhe conta depois que ataca brutalmente a irmã.

*Mitch*: é enganado pelas mentiras superficiais de Blanche e, por isso, incapaz de ver a beleza mais profunda que ela possui.

MUDANÇA DE CARÁTER DE BLANCHE

*Fraquezas*: solidão, esperan- → *Mudança*: loucura, deses-
ça falsa, bravata, mentiras.        pero, espírito abatido.

CRENÇAS MUDADAS

Blanche supera a crença de que deve enganar um homem com suas mentiras físicas e verbais para fazer com que ele a ame, mas sua honestidade e conclusão são desperdiçadas no homem errado.

Ela quer que Mitch se case com ela. Quando Mitch a rejeita de forma bruta, sabemos que esse desejo não é realizado.

ATAQUE DOS OPONENTES À FRAQUEZA DA HEROÍNA
*Stanley*: é brutalmente agressivo ao forçar Blanche a encarar a "verdade" sobre si.

*Stella*: em grande parte não está ciente de seu papel na destruição da irmã. Sua mente simples e seu amor por Stanley a impedem de proteger a frágil Blanche dos ataques do marido. Stella se recusa a acreditar que Stanley estuprou a irmã.

*Mitch*: é decente, mas fraco e covarde. Ao mostrar interesse em Blanche, depois mudar de ideia e até abusar dela, destrói suas últimas esperanças e a magoa profundamente.

VALORES DOS PERSONAGENS
*Blanche*: beleza, aparência, boas maneiras, refinamento, gentileza, Stella.

*Stanley*: força, poder, mulheres, sexo, dinheiro, Stella, seus amigos homens.

*Stella*: Stanley, seu casamento, Blanche, sexo, seu filho.

*Mitch*: sua mãe, seus amigos, modos, Blanche.

SEMELHANÇAS ENTRE OS OPONENTES E A HEROÍNA
*Stanley*: Blanche e Stanley são muito diferentes de muitas formas, mas compartilham um entendimento mais profundo do mundo que Stella não vê. Ambos são espertos de um jeito maquinador e tático e reconhecem essa habilidade um no outro.

*Stella*: fez parte do passado de Blanche quando elas moravam no mundo belo, gracioso e polido da antiga aristocracia sulista. Além disso, compartilha da necessidade da irmã de amor e gentileza.

*Mitch*: corresponde ao amor que Blanche tem por boas maneiras e galanteios. Aprecia o requinte dela e os últimos vestígios de sua beleza.

### PODER, STATUS E HABILIDADE

*Blanche*: perdeu todo o status e se agarra desesperadamente a sua habilidade de agradar um homem por meio de aparência e charme.

*Stanley*: é o "macho alfa" de seu círculo de amigos homens. É muito capaz de conseguir o que quer, especialmente de Stella.

*Stella*: não tem nenhum poder ou status exceto o que Stanley lhe dá, mas é muito boa em agradá-lo.

*Mitch*: tem pouco status ou poder em seu próprio grupo ou no mundo em geral. É um seguidor nato.

### PROBLEMA MORAL E JUSTIFICATIVA

*Blanche*: acredita que suas mentiras não feriram ninguém e são a única chance que tem de ser feliz.

*Stanley*: pensa que Blanche é uma prostituta mentirosa que o enganou. E quando conta a Mitch sobre o passado dela, acredita que só está zelando pelo amigo.

*Stella*: não é inteligente o bastante para perceber que é parte de um processo que está destruindo sua irmã.

*Mitch*: pensa que uma mulher que agiu como prostituta pode ser tratada como prostituta.

### VARIAÇÃO DA FRAQUEZA DA HEROÍNA E DO PROBLEMA MORAL EM PERSONAGENS SECUNDÁRIOS

Eunice e Steve são casados e moram no andar de cima, onde discutem sobre a infidelidade dele. Quando Eunice vai embora, Steve corre atrás dela e a traz de volta.

### OPOSIÇÃO DOS QUATRO CANTOS

| Blanche (artista) | Stanley (rei-guerreiro) |
|---|---|
| Stella (mãe) | Mitch (nenhum) |

# 5

# ARGUMENTO MORAL

Reza uma lenda hollywoodiana que foi Samuel Goldwyn quem disse: "Se quer mandar uma mensagem, use a Western Union". Ele estava certo ao recomendar que não se transmitisse uma mensagem de um jeito óbvio e moralizante. Mas histórias com temas potentes, expressadas da forma certa, são não apenas mais respeitadas como também mais populares.

Uma ótima história não é uma simples sequência de eventos ou surpresas com a intenção de entreter o público. É uma sequência de ações, com implicações e efeitos morais, com o propósito de expressar um tema maior.

O tema talvez seja o mais incompreendido dos principais aspectos da contação de histórias. A maioria das pessoas pensa no tema como um assunto, categorizando-o como moral, psicológico ou social, e citando exemplos como morte, bem contra o mal, redenção, classe, corrupção, responsabilidade e amor.

Eu não me refiro a tema como assunto. O tema é a visão do autor de como agir no mundo. É sua visão moral. Sempre que você mostra um personagem usando certos meios para atingir um fim, está apresentando um dilema moral, explorando a questão da ação correta e defendendo um argumento moral sobre a melhor maneira de viver. Sua visão moral é totalmente original, e expressá-la a um público é um dos principais motivos para contar uma história.

Vamos retomar a metáfora do corpo para falar da história. Uma boa história é um sistema "vivente" no qual as partes trabalham juntas para formar um todo integrado. Essas partes são, também, sistemas – como personagem, trama e tema – que existem como uma unidade, mas que também se conectam de uma miríade de jeitos a cada um dos outros subsistemas do corpo da história. Devemos comparar os personagens ao coração e ao sistema circulatório da história. A estrutura é o esqueleto. Continuando a metáfora, podemos dizer que o tema é o cérebro do corpo porque tem o design mais elaborado. Assim como o cérebro, o tema deve liderar o processo de escrita, sem se tornar tão dominante a ponto de transformar a história – um trabalho artístico – em uma tese filosófica.

O modo como os escritores tecem sua visão moral abrange uma gama vasta de possibilidades, dependendo do autor e da forma da história. Em um extremo temos as formas altamente temáticas, como drama, alegoria, ironia, "literatura séria" e histórias religiosas. Elas dão forte ênfase em criar uma visão moral complexa, com diálogos que acentuem essa complexidade e com contradições na situação moral dos personagens.

Em outro extremo, temos as formas de história populares, como aventura, mito, fantasia e ação. Nelas, a visão moral costuma ser fraca e a ênfase se dá quase totalmente na surpresa, suspense, imaginação e nos estados psicológicos e emocionais, em vez de nas dificuldades morais dos personagens.

Não importa qual seja a forma da história, escritores medianos expressam sua visão moral quase exclusivamente pelos diálogos, fazendo os "princípios morais" sobrecarregarem a narrativa. Essas histórias, como *Adivinha quem vem pra jantar* e *Gandhi*, são criticadas por "esfregar a verdade no seu nariz" com seu tom moralizante. As piores delas são enfadonhas, fazendo o público rechaçar os sermões opressivos, a narrativa desajeitada e a falta de técnica do autor.

Você nunca deve criar personagens que pareçam porta-vozes de suas próprias ideias. Bons escritores expressam a visão moral que têm de forma lenta, discreta, principalmente por meio da estrutura da história e do modo como o herói lida com determinada situação. Eles transmitem sua visão moral ao mostrar como o herói persegue suas metas ao mesmo tempo que compete com um ou mais oponentes, e o que o herói aprende – ou deixa de aprender – ao longo da jornada.

Na verdade, como autor, você está defendendo um argumento moral por meio do que seus personagens fazem na trama. Mas como esse tipo de argumento moral – o argumento de ação – funciona nas histórias?

## ENCONTRANDO A LINHA TEMÁTICA NO PRINCÍPIO NARRATIVO

O primeiro passo para fazer um argumento de ação é condensar seu tema em uma única frase. Essa linha temática é sua visão do que torna certas ações corretas ou incorretas e o efeito que elas têm na vida de uma pessoa. Uma linha temática não é uma afirmação cheia de nuances da sua visão moral e, escrita em uma única frase, pode parecer simplista. Mas ainda é valiosa, porque o obriga a focar todos os elementos morais da história em uma única ideia moral.

O complexo argumento de ação que você vai entrelaçar à história começa, como sempre, com a semente, que é o princípio narrativo. Assim como o princípio narrativo é a chave para a premissa, também é a chave para a linha temática.

O princípio narrativo é o que torna orgânicas todas as ações da história. O truque para usá-lo a fim de encontrar sua linha temática é focar as ações da história estritamente por seus *efeitos morais.* Em outras palavras, como as ações dos personagens machucam outras pessoas e como os personagens se redimem, se é que fazem isso?

As mesmas técnicas do princípio narrativo que o ajudaram a aprofundar sua premissa vão revelar também o tema. Aqui vão algumas.

### Viagem

A metáfora da viagem, ou jornada, é a base perfeita para um argumento moral, pois você pode incorporar nela uma linha moral inteira. A viagem de Huckleberry pelo rio Mississippi também é uma viagem até a escravidão de modo geral. A viagem de Marlow pelo rio selva adentro é também uma viagem para o interior da confusão moral e da escuridão. A jornada da ilha de Manhattan até a ilha da Caveira, em *King Kong*, sugere a passagem da civilização moral para o estado mais imoral da natureza. Mas o retorno a Manhattan mostra a verdadeira linha temática – que ambas as ilhas são governadas por uma competição impiedosa, sendo a ilha dos humanos a mais brutal.

## Um grande símbolo

Um grande símbolo pode também sugerir uma linha temática ou elemento moral central. Um exemplo clássico de símbolo moral é *A letra escarlate*. A letra A que Hester Prynne tem de usar representa, é claro, seu ato imoral de adultério, que dá início à história. Mas também representa a imoralidade mais profunda para a qual a história conduz – aquela dos habitantes da cidade que, com suas leis de conformidade pública, escondem os próprios pecados e atacam o amor verdadeiro.

Em *Por quem os sinos dobram*, a imagem isolada dos sinos significa morte. Mas a expressão "por quem os sinos dobram" refere-se a outra frase, que é a real chave para o princípio narrativo dessa história e o tema que dele emerge. Essa frase de John Donne, em suas *Devoções para ocasiões emergentes*, diz: "Nenhum homem é uma ilha, isolado em si mesmo [...] a morte de qualquer homem me diminui, pois faço parte da humanidade. Portanto, não pergunte por quem os sinos dobram; eles dobram por ti". O símbolo do homem não como uma ilha, mas como parte de uma comunidade, organiza essa história sob uma imagem específica e indica a linha temática provável: diante da morte, a única coisa que dá sentido à vida é sacrificar-se pelos indivíduos que se ama.

## Conectando dois grandes símbolos em uma linha

Conectar dois símbolos propicia o mesmo benefício que a jornada: os símbolos representam dois extremos em uma linha moral. Quando essa técnica é usada, geralmente sinaliza uma moralidade em declínio, mas também pode estar em ascensão. *Coração das trevas* emprega a técnica dos dois símbolos, mas acrescenta a metáfora de viagem para expressar sua linha temática. Implícitos no título, que contém dois símbolos, estão o coração sombrio e o centro das trevas morais, ambos sugerindo uma investigação do que constitui a depravação humana.

Outros princípios narrativos – unidade de tempo, uso de um narrador, um jeito especial de desvelar a história – também podem ajudar a esclarecer a linha temática. Vamos voltar aos princípios narrativos das histórias que discutimos no Capítulo 2 e ver as possíveis linhas temáticas que produzem.

• Moisés, no livro do *Êxodo*

PRINCÍPIO NARRATIVO: um homem que não sabe quem é luta para libertar seu povo e recebe as novas leis morais que definirão a ele e a seu povo.

TEMA: um homem que assume responsabilidade por seu povo é recompensado por uma visão de como viver com base na palavra de Deus.

• *Ulysses*

PRINCÍPIO NARRATIVO: em uma odisseia moderna através da cidade, no decorrer de um único dia, um homem encontra um pai e outro homem encontra um filho.

TEMA: o verdadeiro herói é o homem que suporta as vicissitudes da vida cotidiana e mostra compaixão a alguém que está passando necessidade.

• *Quatro casamentos e um funeral*

PRINCÍPIO NARRATIVO: um grupo de amigos experimenta quatro utopias (casamentos) e um momento no inferno (funeral) enquanto cada um deles procura pelo parceiro ideal no casamento.

TEMA: quando você encontra o verdadeiro amor, deve se comprometer com essa pessoa com todo o coração.

• Série Harry Potter

PRINCÍPIO NARRATIVO: um príncipe mago aprende a ser um homem e um rei ao estudar em um internato para feiticeiros ao longo de sete anos.

TEMA: quando você é abençoado com grande talento e poder, deve se tornar um líder e se sacrificar pelo bem dos outros.

• *Golpe de mestre*
PRINCÍPIO NARRATIVO: contar a história de um golpe na forma de um golpe, enganando tanto o oponente como o público.
TEMA: não é errado mentir e enganar um pouco para derrubar um homem mau.

• *Longa jornada noite adentro*
PRINCÍPIO NARRATIVO: à medida que o dia se torna noite, uma família é confrontada com os pecados e fantasmas do passado.
TEMA: você deve encarar a verdade sobre si e sobre os outros e perdoar.

• *Agora seremos felizes*
PRINCÍPIO NARRATIVO: o crescimento de uma família ao longo de um ano, mostrado por eventos em cada uma das quatro estações.
TEMA: sacrificar-se pela família é mais importante do que almejar a glória pessoal.

• *Copenhagen*
PRINCÍPIO NARRATIVO: usar o Princípio da Incerteza de Heisenberg, da Física, para explorar a moralidade ambígua do homem que descobriu esse princípio.
TEMA: entender os motivos de nossas ações e saber se são corretas é sempre incerto.

• *Um conto de Natal*
PRINCÍPIO NARRATIVO: traçar o renascimento de um homem forçando-o a ver seu passado, presente e futuro ao longo de uma véspera de Natal.
TEMA: as pessoas têm uma vida muito mais feliz quando são generosas.

• *A felicidade não se compra*

PRINCÍPIO NARRATIVO: expressar o poder do indivíduo mostrando como seria uma cidade, e depois uma nação, se um homem nunca tivesse vivido.

TEMA: as riquezas de um homem vêm não do dinheiro que ele ganha, mas dos amigos e familiares que serve.

• *Cidadão Kane*

PRINCÍPIO NARRATIVO: usar diversos narradores para mostrar como a vida de um homem jamais pode ser conhecida.

TEMA: um homem que tenta obrigar todos a amá-lo termina sozinho.

## DIVIDINDO O TEMA EM OPOSIÇÕES

A linha temática é seu argumento moral focado em uma frase. Agora você deve expressar o tema *dramaticamente*. Isso exige dividi-lo em um conjunto de oposições; em seguida, você vai conectar essas oposições temáticas ao herói e a seus oponentes à medida que eles se enfrentam.

Há três técnicas principais que você pode usar para dividir sua linha temática em oposições dramáticas: apresentar a seu herói uma decisão moral, tornar cada personagem uma variação do tema e colocar os valores dos personagens em conflito.

### A decisão moral do herói

No desenvolvimento moral do herói, os pontos sem volta são a necessidade moral do seu herói no começo da história e a autorrevelação moral dele, seguida por sua decisão moral, no fim. Essa sequência é a moldura moral da história e acompanha a lição básica que você deseja expressar.

A estratégia clássica para dramatizar a linha moral do herói é dar a ele um defeito moral no começo e depois mostrar como seu desespero para derrotar o oponente faz emergirem as piores partes de si. Em resumo, ele tem que piorar antes de melhorar.

Aos poucos, percebe que seu problema moral central se resume a uma escolha entre dois modos de agir.

Não importa quão complexas sejam as ações dos personagens ao longo da história, a decisão moral final reduz tudo a uma escolha entre duas opções. E é definitiva, então a decisão moral é a ponta do funil para seu tema. As duas opções são as duas ações morais mais importantes que seu herói pode realizar; desse modo, apresentam a você a oposição temática primária da história inteira.

Geralmente, essa grande decisão surge logo depois que o herói tem sua autorrevelação moral, que mostra a ele qual escolha fazer. Em raras ocasiões, a escolha vem primeiro e a autorrevelação é um reconhecimento de que optou pelo caminho certo ou errado.

*

> PONTO-CHAVE: Como o ponto sem volta da linha moral do herói é a última escolha dele, comece usando-a para criar as oposições morais.

*

• *Casablanca*
Quando sua ex-amante Ilsa retorna, Rick tem a opção de usar dois vistos de saída para fugir com ela para os Estados Unidos. Rick escolhe o combate aos nazistas em vez de seu amor por Ilsa.

• *Relíquia macabra*
O detetive Sam Spade descobre que Brigid O'Shaughnessy assassinou o seu parceiro. Quando a polícia aparece, Spade escolhe a justiça em vez da mulher que ama.

• *A escolha de Sofia*
Sofia relata a um jovem escritor americano sobre seu passado como prisioneira no campo de concentração de Auschwitz. Ao chegar, ela teve que escolher entre duas opções negativas: qual filho deixaria os nazistas matarem? (Embora possamos argumentar que essa não é uma escolha real.)

• *Ilíada*

Em um combate final, Aquiles mata Heitor, o grande guerreiro troiano, e arrasta o corpo dele atrás de sua biga. Mas por fim permite que Príamo, pai de Heitor, leve o corpo para que possa receber um enterro apropriado.

• *Um corpo que cai*

Scottie descobre que sua amante, Madeleine, ajudou um homem a assassinar sua esposa. A decisão moral de Scottie no final do filme vem antes de sua autorrevelação. Ele resolve não perdoar Madeleine, então é destruído quando percebe que sua decisão errada matou a mulher que ama.

## Personagens como variações de um tema

Uma vez que você tenha entendido a oposição moral mais profunda examinando a escolha moral final do herói, deve detalhar essa oposição por meio da rede de personagens, transformando cada um dos mais importantes em uma variação do tema. Veja, a seguir, os passos para fazer com que essa técnica funcione:

1. Examine novamente a decisão moral final e seu trabalho na premissa para ter certeza de qual é o problema moral central que seu herói deve enfrentar na história.
2. Tenha certeza de que cada um dos personagens principais enfrentará o mesmo problema moral, mas de um jeito diferente.
3. Comece comparando o herói e o oponente principal, já que esses personagens representam a oposição moral primária que você irá detalhar na história. Depois, compare o herói aos outros oponentes.
4. Ao longo da história, cada um dos personagens importantes deve ter uma discussão moral *em diálogo* justificando o que fazem para atingir a meta (uma boa discussão moral é feita primariamente, mas não apenas, pela estrutura. Vamos discutir como escrever diálogos morais no Capítulo 10).

• *Tootsie*

(Larry Gelbart e Murray Schisgal, história de Don McGuire e Larry Gelbart, 1982)

*Tootsie* é a história de um ator que se disfarça de mulher para conseguir um papel numa série televisiva, mas se apaixona por uma atriz da série e vários homens se sentem atraídos por ele.

O problema moral central do herói é como um homem trata uma mulher apaixonada. Cada oponente e aliado é uma variação de como os homens tratam as mulheres ou de como as mulheres permitem que os homens as tratem.

• *Los Angeles: cidade proibida*

(romance de James Ellroy, roteiro de Brian Helgeland e Curtis Hanson, 1997)

No filme, três detetives investigam um assassinato em massa. Os três são protagonistas e todos precisam enfrentar o problema moral central de como aplicar a justiça. Bud é um policial que faz justiça com as próprias mãos, agindo como juiz, júri e executor. Jack esqueceu-se de por que se tornou policial e prende pessoas por dinheiro. Ed quer levar os culpados à justiça, mas torna-se mais interessado em participar do jogo político para ascender na profissão. Todos os outros personagens importantes exemplificam uma versão diferente da corrupção da justiça.

• *Dança com lobos*

(romance e roteiro de Michael Blake, 1990)

O filme trata dos feitos de um oficial do exército no Oeste dos Estados Unidos no final do século 19. Aos poucos, ele se aproxima dos indígenas sioux que pensava serem seus inimigos.

O problema moral central do herói é como ele trata outra etnia e cultura, e como vive com os animais e a terra. Cada oponente e aliado tem uma abordagem diferente em relação a essa questão.

## Conflito entre os valores dos personagens

Usando a rede de personagens, coloque os valores de cada um dos mais importantes em conflito à medida que competem pela mesma meta.

1. Identifique um conjunto de valores para o herói e para cada um dos outros personagens importantes. Lembre-se: valores são crenças arraigadas sobre o que torna a vida boa.

2. Tente atribuir um conjunto de valores a cada personagem.

3. Torne cada conjunto de valores o mais diferente possível dos demais.

4. À medida que o herói e os oponentes dele competem pela meta, certifique-se de que os valores de todos entrem em conflito direto.

• *A felicidade não se compra*
(conto "The Greatest Gift", de Philip Van Doren Stern, roteiro de Frances Goodrich, Albert Hackett e Frank Capra, 1946)

Frustrado com a vida em uma cidade pequena governada por um tirano, George Bailey está prestes a cometer suicídio até que um anjo lhe mostra como seria o mundo se ele nunca tivesse nascido.

O herói e seu oponente competem pela cidade onde vivem com base nos valores muito diferentes de cada um.

George Bailey (Bedford Falls): democracia, decência, gentileza, trabalho duro, o valor do trabalhador comum.

Sr. Potter (Pottersville): governo de um único homem, dinheiro, poder, sobrevivência do mais forte.

• *O jardim das cerejeiras*
(Anton Tchekhov, 1904)

Na peça, uma família aristocrática, mas empobrecida, retorna à sua antiga propriedade – que está profundamente endividada – para tentar salvá-la.

Os personagens competem sobre quem vai controlar a propriedade. O foco da competição é o valor do jardim das cerejeiras. Madame Ranevsky e sua família o valorizam por sua imensa beleza e evocação do passado. Lopakhin preza apenas pelo valor prático e monetário; quer destruí-lo para construir casas de campo para alugar.

Madame Ranevsky: amor real, beleza, o passado.

Lopakhin: dinheiro, status, poder, praticidade, o futuro.

Varya: trabalho duro, família, casamento, praticidade.

Trofímov: a verdade, aprendizado, compaixão, amor transcendente.

Anya: a mãe, gentileza, amor transcendente.

• *Campo dos sonhos*
(romance *Shoeless Joe,* de W. P. Kinsella, roteiro de Phil Alden Robinson, 1989)
O filme é uma versão estadunidense de *O jardim das cerejeiras* na qual o "jardim" vence. A competição nessa história é sobre o valor da terra cultivável que Ray transformou em um campo de beisebol.

Ray: beisebol, família, paixão por seus sonhos.

Mark: dinheiro, uso prático da terra.

Quando colocar personagens como variação do tema e fizer oposição de valores, você talvez queira usar a técnica da oposição dos quatro cantos, explicada no Capítulo 4. Nessa situação, temos um herói e um oponente principal e pelo menos dois oponentes secundários. Isso permite que até a história mais complexa seja uma unidade orgânica. Cada um dos quatro personagens principais pode representar uma abordagem fundamentalmente oposta ao mesmo problema moral, e cada um pode expressar um sistema inteiro de valores, sem que a história vire uma bagunça.

\*

PONTO-CHAVE: Seu argumento moral será sempre simplista se você usar uma oposição de duas partes, como bem contra o mal. Só uma rede de oposições morais (como a dos quatro cantos) pode dar ao público uma noção da complexidade moral da vida real.

\*

Note como essas três técnicas garantem que o tema não seja imposto sobre os personagens, mas expressado *através dos personagens.* Isso garante que a história não fique moralizante. Note também que a história ganha em profundidade porque a oposição entre os personagens não é baseada apenas na trama – pessoas competindo por uma meta. Modos de vida inteiros estão em debate, então o impacto emocional é enorme.

## TEMA PERMEANDO A ESTRUTURA

Uma discussão moral não significa que seu herói e oponente aparecem na primeira cena e entabulam uma discussão sobre moralidade. A discussão moral numa história deve ser uma *discussão de ação* que você defende ao mostrar seu herói e o oponente dele utilizando certos meios para atingir um fim. É assim que se entrelaça o tema na estrutura da história, em vez de impô-lo ao público nos diálogos.

Na verdade, um dos grandes princípios da contação de histórias é que a estrutura não apenas carrega o conteúdo, ela *é* o conteúdo. E é um conteúdo muito mais potente do que as falas dos personagens. Em nenhum lugar esse princípio é expresso mais precisamente do que no tema.

Em uma boa história, a estrutura converge perto do fim ao mesmo tempo que o tema se expande na mente do público. Surge a questão: como uma estrutura convergente *leva* o tema a se expandir? Um diagrama de uma boa estrutura e tema deve ser algo como:

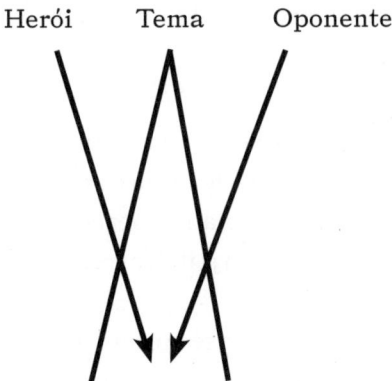

Herói     Tema     Oponente

Batalha e ponto final da meta
Autorrevelação moral
Decisão moral

No começo da história, herói e oponente estão em oposição, mas o conflito não é intenso e o público ainda não sabe como os valores de cada um são díspares; portanto, não tem, ainda, quase nenhuma noção do tema da história.

No meio da história, herói e oponente entram em um conflito cada vez maior, o que explica a estrutura convergente. Por meio desse conflito, uma diferença de valores começa a emergir, então o tema passa a se expandir. Mesmo assim, durante a maior parte de uma boa história o tema fica oculto, crescendo aos poucos na mente do público até atingir com força total no final.

O ponto convergente da estrutura é a batalha, seguida pela autorrevelação e pela decisão moral. Na batalha, o público vê não só qual força, mas também *qual conjunto de valores é superior*. O entendimento do tema expande-se depressa. Na autorrevelação – especialmente se for uma autorrevelação moral –, o tema se expande de novo. Na decisão moral, mais uma vez. E, como o tema foi expresso majoritariamente pela estrutura, parece emergir da alma do público em vez de ser imposto como um sermão cansativo.

Vamos examinar como o argumento moral é expresso pela estrutura ao longo de uma história inteira, em detalhes, do início ao fim. Começaremos com a estratégia básica para expressar o argumento moral e então veremos algumas variações.

## *Argumento moral: estratégia básica*

VALORES: o herói começa com um conjunto de crenças e valores.

FRAQUEZA MORAL: ele está ferindo os outros de alguma forma no começo da história. Não é uma má pessoa, mas está agindo devido a uma fraqueza ou não sabe o jeito correto de se comportar em relação aos outros.

NECESSIDADE MORAL: com base em sua fraqueza moral, o herói deve aprender a agir corretamente em relação aos outros a fim de crescer e viver melhor.

PRIMEIRA AÇÃO IMORAL: o herói quase imediatamente age de uma forma que fere os outros. Isso prova ao público o defeito moral básico do herói.

DESEJO: o herói pensa em uma meta para a qual tudo mais será sacrificado. Essa meta o coloca em conflito direto com um oponente que tem um conjunto diferente de valores, mas a mesma meta.

OFENSIVA: o herói e o oponente realizam uma série de ações para atingir a meta.

AÇÕES IMORAIS: no começo e no meio da história, em geral, o herói está perdendo para o oponente. Ele fica desesperado. Como resultado, começa a agir de formas imorais para vencer.

> *Crítica*: outros personagens criticam o herói pelos meios que está empregando.

> *Justificativa*: o herói tenta justificar suas ações. Pode ser que ele enxergue a verdade mais profunda e correta sobre a situação no final da história, mas, nesse momento, ainda não.

ATAQUE DO ALIADO: o amigo mais próximo do herói defende enfaticamente que os métodos do herói são errados.

OFENSIVA OBSESSIVA: impactado pelas novas revelações sobre como vencer, o herói fica obcecado por atingir a meta e fará quase qualquer coisa para ser bem-sucedido.

AÇÕES IMORAIS: as ações imorais do herói se intensificam.

> *Crítica*: os ataques de outros personagens aumentam também.

> *Justificativa*: o herói defende suas ações veementemente.

À medida que a história prossegue, os valores e modos de vida divergentes representados pelo herói e pelo oponente tornam-se claros por meio de ações e diálogos. No final de uma história, há quatro momentos em que o tema explode na mente do público: a batalha, a autorrevelação, a decisão moral e um passo de estrutura que ainda não discutimos: a revelação temática.

BATALHA: é o conflito final que resolve o embate. Independentemente de quem atinge a meta, o público aprende quais valores e ideias são superiores.

AÇÃO FINAL CONTRA O OPONENTE: o herói pode realizar uma última ação – moral ou imoral – contra o oponente logo antes ou durante a batalha.

AUTORREVELAÇÃO MORAL: a provação da batalha produz uma autorrevelação no herói, que percebe como esteve errado sobre si mesmo e em relação aos outros, e descobre como agir de modo correto em relação às pessoas. Como o público se identifica com esse personagem, a autorrevelação acentua o tema de modo muito potente.

DECISÃO MORAL: o herói escolhe entre duas ações possíveis, provando sua autorrevelação moral.

REVELAÇÃO TEMÁTICA: nas melhores histórias, o tema exerce seu maior impacto no público no momento da revelação temática. Ela não é limitada ao herói. Em vez disso, é uma percepção que o *público* tem sobre como as pessoas em geral devem agir e viver no mundo. Esse momento rompe os limites de personagens específicos e afeta o público em sua própria vida. Com uma revelação temática, o público vê o "projeto total" da história, as ramificações completas do que ela significa, em uma escala muito maior que só alguns personagens.

Note que um equilíbrio de poder entre herói e oponente principal é não só importante no personagem e na trama, mas também crucial no argumento moral. Se o herói é forte ou bom demais, o oponente não o testa o suficiente para criar erros morais. Se a oposição for forte demais e o herói simples e ingênuo, o oponente torna-se uma aranha tecendo uma teia da qual o herói não tem esperança de escapar. O herói torna-se uma vítima e o oponente é percebido como um vilão.

O livro *Retrato de uma senhora,* de Henry James, embora magistral em muitos aspectos, sofre desse desequilíbrio de poder, o que leva o argumento moral a sofrer também. Isabel Archer se engana ao longo da história, mesmo quando toma a decisão moral final de ajudar Pansy, que não pode ser ajudada. Essa mulher doce, mas ingênua, enfrenta um mestre da conspiração em Osmond cuja habilidade de tecer uma teia se equipara apenas a sua disposição – e até prazer – em tecê-la.

## Técnica de argumento moral: sustente o argumento moral com a trama

O maior motivo para uma história parecer moralizante é um desequilíbrio entre argumento moral e trama. Você pode expressar o argumento moral ao longo da estrutura, sequenciá-lo perfeitamente e enfatizá-lo com diálogos morais sutis. Mas, se não tiver trama suficiente para apoiá-lo, tudo vai desmoronar e parecer um sermão tedioso.

A trama, como veremos no Capítulo 8, é uma coreografia complexa de ações feitas pelo herói e pelo oponente e designada a surpreender o público. É esse elemento de surpresa, de magia, que sustenta a linha moral e a torna impactante.

Vamos examinar *O veredicto* como exemplo da estratégia básica do argumento moral em uma história.

• *O veredicto*
(romance de Barry C. Reed, roteiro de David Mamet, 1982)

CRENÇAS E VALORES DO HERÓI: no começo, Frank valoriza álcool, dinheiro e interesse próprio.

FRAQUEZA MORAL: alcoólatra e sem autoestima nem perspectivas para o futuro, Frank fará qualquer coisa por dinheiro.

NECESSIDADE MORAL: agir com justiça em relação aos outros em vez de usá-los por dinheiro.

PRIMEIRA AÇÃO IMORAL: Frank invade um funeral, fingindo ser amigo do morto, para conseguir um caso.

DESEJO: vencer o caso no tribunal, coletando a indenização de que seus clientes precisam para começar uma vida nova.

OFENSIVA: Frank realiza uma série de ações para conseguir que um especialista testemunhe a seu favor.

AÇÃO IMORAL: Frank apazigua a irmã da vítima, Sally, e considera uma indenização entre 200 e 250 mil dólares. Ele pretende entrar em acordo para ganhar um terço do dinheiro sem fazer nada.

*Crítica*: nenhuma.

*Justificativa*: Frank é um alcoólatra que perdeu toda a autoestima junto com o senso de justiça e de moralidade.

Para ele, é mais vantajoso conseguir o dinheiro certeiro agora em vez de apostar em um julgamento.

ATAQUE DO ALIADO: o principal ataque de um aliado é feito não pelo outro advogado, Mickey, mas pelos clientes de Frank. Quando descobrem que ele recusou o acordo sem consultá-los, acusam-no de ser incompetente e imoral.

> *Justificativa*: Frank diz a eles que vai ganhar muito mais levando o caso a julgamento do que aceitando a oferta. Embora se defenda com base no dinheiro, o motivo real de ter recusado o acordo é querer que a justiça seja feita.

OFENSIVA OBSESSIVA: ele está determinado a encontrar a enfermeira que estava na sala de cirurgia.

AÇÃO IMORAL: Frank engana uma mulher para que fale sobre a enfermeira que não quer depor para a oposição.

> *Crítica*: nenhuma.

> *Justificativa*: Frank acha que deve encontrar a enfermeira para vencer o caso.

AÇÃO IMORAL: Frank invade a caixa de correio da mulher para descobrir o telefone da enfermeira.

> *Crítica*: nenhuma, ele faz isso em segredo.

> *Justificativa*: essa é a única chance de vencer um caso que ele sabe ser justo.

AÇÃO IMORAL: Frank dá um soco em Laura, sua namorada, quando descobre que ela foi contratada pela oposição para transmitir informações sobre o caso de Frank.

> *Crítica*: Laura não tece críticas porque se sente muito culpada.

> *Justificativa*: Frank ama essa mulher e se sente totalmente traído por ela.

BATALHA: Frank interroga o dr. Towler sobre a última vez que a paciente comeu. A enfermeira, Kaitlin, testemunha que a vítima comeu não às nove, mas uma hora antes de ser admitida. Ela diz que o dr. Towler não leu o prontuário médico e a mandou trocar o 1 por um 9 no campo de horas sob ameaça de demissão. O advogado da oposição, Concannon, argumenta que, pelo fato de o prontuário apresentado ser uma cópia, e não o documento original, o testemunho não pode ser considerado nos autos. O juiz concorda e anula o depoimento inteiro da enfermeira.

AÇÃO FINAL CONTRA O OPONENTE: Frank não faz nada imoral durante o julgamento, simplesmente apresenta seu caso de um modo firme e astuto.

AUTORREVELAÇÃO MORAL: bem cedo na história, Frank vê sua cliente, a vítima que está em coma, e sabe que deve agir com justiça ou estará perdido para sempre.

DECISÃO MORAL: Frank arrisca sua parte do dinheiro, recusando o acordo do bispo e levando o caso a julgamento, de modo que a justiça possa ser feita.

REVELAÇÃO TEMÁTICA: só agindo com justiça nossa vida pode ser salva.

*O veredicto* é um exemplo clássico de como usar um argumento moral em uma história – com uma exceção notável, que é instrutiva. O herói tem uma forte autorrevelação quando percebe o que foi feito com sua cliente: dois médicos a puseram num coma e ele estava disposto a virar as costas para ela por dinheiro. Toma, então, uma decisão moral quando recusa o dinheiro do acordo para lutar por justiça no tribunal, embora corra o risco de nunca ver um centavo como recompensa.

No entanto, essa autorrevelação e essa decisão ocorrem após apenas vinte e cinco minutos de filme. Isso diminui o poder do argumento moral porque, a partir daquele momento, o risco moral do herói foi removido. O público ainda desfruta do suspense de saber se ele vai ou não vencer o caso – afinal, Frank é um advogado alcoólatra e inconstante –, mas sabe que aprendeu a agir com justiça e está fazendo isso.

O argumento moral torna-se mais poderoso quando é mais dramático. Isso implica, entre outras coisas, segurar a autorrevelação moral e a decisão o máximo possível até o fim da história. Mantenha a pergunta "O herói fará a coisa certa, e a fará em tempo?" na mente do público pelo maior tempo possível.

• *Ilíada*

(Homero)

O argumento moral de *Ilíada* usa a estratégia básica do lento declínio e então ascensão do herói no momento da autorrevelação. Mas *Ilíada* faz uma importante variação ao passar por essa sequência duas vezes.

A primeira sequência de declínio e ascensão acontece nos primeiros três quartos da história. O herói, Aquiles, começa justificado pela raiva que sente de seu principal oponente, Agamêmnon, por tomar a mulher que ele ganhou por direito. Mas seu orgulho excessivo (sua fraqueza moral) o levou a agir imoralmente, exagerando na resposta ao recusar seus serviços em batalha. Como resultado, muitos soldados morrem.

Ao longo do início e do meio da história, Aquiles se torna ainda mais injustificado em sua raiva e mais egoísta em suas ações. Então, percebendo sua culpa quando o amigo Pátroclo morre, faz as pazes com Agamêmnon e retorna à luta. Essa é sua primeira autorrevelação e decisão moral.

O argumento moral é repetido de forma mais curta e intensa no último quarto da história: Aquiles começa justificado pela ira que sente de seu segundo oponente, Heitor, mas depois sofre um declínio moral quando essa ira o leva a profanar o corpo de Heitor, arrastando-o pelo acampamento. Finalmente, o pai de Heitor, Príamo, suplica pelo corpo do filho. Aquiles passa por uma segunda autorrevelação, muito mais profunda, sobre a necessidade de compaixão acima da vingança, e deixa Príamo levar o corpo para que possa receber um enterro adequado.

## VARIAÇÕES DO ARGUMENTO MORAL

A estratégia básica do argumento moral tem uma série de variações, dependendo da forma da história, da história específica e de cada escritor. Talvez você descubra que mais de um tipo de argumento moral cabe na sua história, embora, como veremos, combinar diferentes tipos seja arriscado.

## 1. Bom versus mau

Nessa variante mais simples do argumento moral, ao longo de toda a história o herói permanece bom, e o oponente, mau. Essa abordagem é especialmente comum em histórias míticas, de ação e melodramas, que são contos morais simples com personagens fáceis de reconhecer. A sequência desenvolve-se da seguinte maneira:

- O herói tem fraquezas psicológicas, mas é essencialmente bom.
- O oponente tem moral falha e pode até ser maligno (inerentemente imoral).
- Na competição pela meta, o herói comete erros mas não age de forma imoral.
- O oponente, por outro lado, tem uma série de ações imorais.
- O herói atinge sua meta simplesmente porque é bom. Na verdade, os dois lados do cálculo moral são computados e o herói bom vence o "jogo" da vida.

Exemplos de argumento moral bom/mau são *Matrix, Amigos, sempre amigos, Campo dos sonhos, Crocodilo Dundee, Dança com lobos, Os irmãos cara de pau, Star Wars, Forrest Gump: o contador de histórias, Paixão dos fortes, Um lugar no coração, O exterminador do futuro, O fugitivo, O último dos moicanos, Os brutos também amam* e *O mágico de Oz*.

## 2. Tragédia

A tragédia pega a estratégia básica do argumento moral e a distorce nos pontos sem volta. Você dá ao herói um defeito de caráter fatal no começo e uma autorrevelação que chega tarde demais, muito perto do fim. A sequência funciona da seguinte maneira:

- A comunidade enfrenta problemas.
- O herói tem grande potencial, mas também um grande defeito.
- O herói entra em conflito profundo com um oponente poderoso ou hábil.

• O herói fica obcecado em vencer e para isso vai realizar uma série de atos questionáveis ou imorais.

• O conflito e a competição enfatizam o defeito do herói e mostram como ele vai piorando.

• O herói tem uma autorrevelação, mas ela chega tarde demais para evitar a destruição.

A chave para essa estratégia é acentuar a noção de "poderia ter sido" e o potencial perdido do herói, ao mesmo tempo que mostra que as ações do herói são responsabilidade dele. Essa noção de "poderia ter sido" é o elemento mais importante para conquistar a compaixão do público, enquanto o defeito fatal torna o herói responsável e evita que se torne uma vítima. O público fica triste com o potencial perdido, ainda mais pelo fato de que o herói teve sua grande revelação meros minutos depois que ela poderia tê-lo salvado. Embora ele tenha morrido ou caído, resta uma sensação profunda de inspiração por seu sucesso moral e emocional.

Note também que essa estratégia representa uma mudança crucial do drama grego clássico. A queda do herói não é o resultado inevitável de forças grandes e impessoais, mas a consequência de suas próprias escolhas.

Tragédias clássicas incluem *Hamlet, Rei Lear, Otelo, Os sete samurais, A ponte do rio Kwai, Nixon, Crown, o magnífico, A época da inocência, O morro dos ventos uivantes, Um corpo que cai, Amadeus, A morte de Arthur, Beleza americana, A marca da maldade* e *Cidadão Kane*.

• *O morro dos ventos uivantes*
(romance de Emily Brontë, 1847, roteiro de Charles MacArthur e Ben Hecht, 1939)

*O morro dos ventos uivantes* é uma história de amor escrita como uma tragédia clássica. O argumento moral segue uma série de fios nos quais os personagens cometem atos devastadores uns sobre os outros. E, usando a estratégia trágica, todos são impactados por um terrível senso de responsabilidade devido ao que fizeram.

Cathy, a heroína, não é só uma garota apaixonada que espera passivamente pelas ações de um homem. É uma mulher que tem um grande amor, um amor que só pode ser "encontrado no paraíso", e desiste dele por livre e espontânea vontade em troca de um homem rico e de conforto. Inicialmente, está apaixonada por Heathcliff, e ele por ela, mas não vai viver com ele como miserável. Quer "dançar e cantar em um mundo belo".

Quando ela volta de sua estadia na mansão de Edgar Linton, é criticada por Heathcliff, seu principal oponente, que exige saber por que ela ficou tanto tempo. Ela se defende respondendo que passou um tempo maravilhoso entre seres humanos. Então magoa Heathcliff ainda mais, ordenando que ele se limpe para não a envergonhar diante de um convidado (Edgar).

Cathy se recupera de sua queda moral no momento seguinte, quando Edgar lhe pergunta como tolera viver sob o mesmo teto que Heathcliff. Ela se inflama de raiva, afirmando que Heathcliff era seu amigo antes de Edgar e dizendo que ele deve falar bem de Heathcliff ou ir embora. Quando Edgar se vai, Cathy arranca as belas roupas que está vestindo, corre até o penhasco onde Heathcliff está esperando e implora seu perdão.

O argumento moral de Brontë através de Cathy atinge seu ápice quando a garota conta a sua criada, Nellie, que vai se casar com Edgar, enquanto Heathcliff ouve escondido no cômodo ao lado. Nesse momento é Nellie, a aliada, que lidera as críticas. Ela pergunta a Cathy por que ama Edgar, e Cathy responde que ele é bonito e agradável e será rico um dia. Quando Nellie pergunta sobre Heathcliff, Cathy diz que seria degradante casar-se com ele.

Brontë combina esse forte argumento moral nos diálogos com um *beat* brilhante e altamente emocional. Devastado, Heathcliff vai embora, mas só Nellie vê isso acontecer. No instante seguinte, Cathy muda seu discurso e diz que não pertence a Edgar. Ela havia sonhado que fora expulsa do paraíso e lançada em um urzal e soluça de alegria. Diz que só pensa em Heathcliff, mas que ele parece sentir prazer em ser cruel. No entanto, ele é mais *ela* do que ela mesma. As almas deles são idênticas. Em uma autorrevelação deslumbrante, ela diz: "Eu *sou* Heathcliff". Quando descobre que

Heathcliff estava ouvindo até o momento em que ela disse que seria degradante casar-se com ele, sai correndo na tempestade, gritando pelo amor. Mas é tarde demais.

Nesse ponto, Brontë faz uma mudança radical no argumento moral trágico: essencialmente inverte os heróis e dá o papel principal a Heathcliff. Ele retorna e ataca implacavelmente, como um amor paradisíaco deve fazer quando é desprezado por motivos tão superficiais.

Heathcliff é um rebelde que, como Aquiles, está correto, no início, por querer vingança contra a injustiça. Brontë usa a técnica de "retorno do homem" quando Heathcliff volta, no estilo do conde de Monte Cristo, rico e sofisticado. O público sente um imenso triunfo nessas cenas e nem precisa saber como foi que o personagem passou por uma transformação tão grande. O homem está de volta, enfim armado como todos sonhariam em estar armados em uma situação parecida. O espectador pensa "Isso podia acontecer de verdade – eu poderia ter feito isso", seguido por "Agora vou ter a minha doce vingança".

Com o público firmemente do lado de Heathcliff, Brontë inverte o argumento moral fazendo o personagem ir longe demais. Nem mesmo uma perda tão injusta permite à pessoa se casar com a irmã e cunhada de seus inimigos só para se vingar deles. Ver o amor inocente no rosto da irmã de Edgar, Isabella, ao cair na armadilha de Heathcliff é um momento de cortar o coração. É um exemplo perfeito de um grande argumento moral.

Esses momentos entre Cathy e Heathcliff são versões comuns de reis e rainhas em guerra. É Lear enfurecido na charneca. O que torna o conceito do amor paradisíaco tão plausível é a ferocidade com que os dois se atacam de forma imoral. É pura selvageria, que acontece *por causa* do extremo amor que um tem pelo outro.

No final do filme, Heathcliff ataca Cathy mais uma vez, e é um ataque justificado, embora ela esteja em seu leito de morte. Ele não vai reconfortá-la. Suas lágrimas a amaldiçoam. Ela implora a ele que não quebre seu coração, mas ele diz que ela o quebrou. "Que direito tinha de jogar fora o amor em troca da atração mesquinha que sentia por ele?" Nada no mundo podia tê-los separado. A culpa é sua, diz ele, ao fugir como uma criança gananciosa. Cathy implora por perdão e eles se beijam.

No livro, Heathcliff vai longe demais outra vez, agora passando totalmente dos limites, quando tenta destruir a descendência de Linton. É por isso que essa parte foi cortada do filme clássico, superior de muitos modos ao romance como exemplo de narrativa. No romance, depois desse ataque, a história orgânica entre Cathy e Heathcliff, em sua essência, acabou, e as ações de Heathcliff, embora emocionalmente eficazes, parecem-nos um exagero.

• *Rei Lear*
(William Shakespeare, 1605)

Em *Rei Lear*, Shakespeare cria um argumento moral mais sutil do que o encontrado na maior parte das tragédias clássicas. A chave dessa técnica é criar dois "heróis": o personagem principal, Lear, e o personagem de subtrama, Gloucester. Tanto Lear como Gloucester começam com defeitos morais, ambos declinam ao longo da história, ganham autorrevelações morais e morrem. Mas não temos a sensação de uma morte nobre como em *Hamlet*, por exemplo. Não há a sensação de que a ordem do mundo foi restaurada e que tudo ficará bem outra vez.

Em vez disso, Shakespeare arquiteta a peça de modo a acentuar a imoralidade básica dos humanos e a amoralidade do mundo natural. Em primeiro lugar, faz seus dois personagens principais, Lear e Gloucester, cometerem os mesmos erros morais e morrerem impiedosamente. Um rei tendo uma queda trágica é inspirador, mas dois já mostra um padrão de cegueira moral que parece endêmico à espécie humana.

Em segundo lugar, Shakespeare mata Cordélia, a única personagem moralmente boa em toda a peça, e de um jeito especialmente cruel. É verdade que Edgar, um homem bom, mas a princípio tolo, derrotou seu irmão mau e as duas filhas maldosas de Lear. Mas na devastação arrasadora, resta-nos apenas uma sugestão do valor de viver uma boa vida. Edgar diz, no famoso último verso da peça: "Nós, que somos jovens, jamais veremos tanto, nem viveremos tanto". Em outras palavras, em um mundo de humanos imorais, o sofrimento imenso de um homem lhe permitiu viver profundamente, mas a um custo tremendo. Para o Shakespeare tardio, isso é o máximo de nobreza que se pode esperar da espécie humana.

## 3. Páthos

*Páthos* é uma discussão moral que reduz o herói trágico a uma pessoa comum e apela ao público ao mostrar a beleza da resistência, das causas perdidas e da pessoa malfadada. O personagem principal não tem uma autorrevelação até ser tarde demais – não é capaz de tê-la antes –, mas continua lutando até o fim. A discussão moral funciona da seguinte forma:

- O herói tem um conjunto de crenças e valores antiquados ou rígidos que se atrofiaram.
- O herói tem uma necessidade moral e não é só uma vítima.
- A meta está além de seu alcance, mas ele não sabe disso.
- O oponente dele é poderoso demais e pode ser um sistema ou um conjunto de forças que ele não consegue compreender. Essa oposição não é maligna, é simplesmente impessoal ou indiferente, além de muito poderosa.
- O herói toma atitudes imorais para vencer e se recusa a aceitar quaisquer avisos ou críticas dos aliados.
- O herói não consegue atingir a meta. O oponente tem uma vitória avassaladora, mas o público tem a sensação de que a luta não foi nem um pouco justa.
- O herói termina em desespero, uma pessoa quebrada sem a autorrevelação, morre de tristeza ou – e é a isso que se reduziu sua decisão moral – tira a própria vida.
- O público sente a injustiça profunda do mundo e se entristece com a morte de um homem pequeno que não tinha ideia do que o atingiu, mas também sente uma profunda admiração pelo fracasso belo, a boa luta e pela recusa do herói de admitir a derrota.

O argumento moral do *páthos* é encontrado em *Dom Quixote*, *Um bonde chamado desejo*, *A morte de um caixeiro-viajante*, *Hedda Gabler*, *A conversação*, *Onde os homens são homens*, *Um dia de fúria, M: o vampiro de Dusseldorf, Trilogia de Apu, Madame Bovary, Soberba, O jardim das cerejeiras, Um dia de cão, Cinema Paradiso* e em muitos filmes japoneses, como *Viver.*

## 4. Sátira e ironia

Sátira e ironia não são a mesma coisa, mas é comum que apareçam juntas. A sátira é a comédia das *crenças,* especialmente aquelas nas quais sociedades inteiras são baseadas. A ironia é uma forma de *lógica* narrativa na qual um personagem recebe o oposto do que quer e do que age para conseguir. Quando é usada ao longo de uma história inteira e não apenas por um momento, é um grande padrão que conecta todas as ações na história e expressa uma filosofia de como o mundo funciona. A ironia também tem um tom de perplexidade que faz o público rir da relativa incompetência dos personagens.

Na forma satírico-irônica, você defende o argumento moral constantemente ao estabelecer um contraste entre as ações que um personagem pensa serem morais – ele pensa que está apoiando as crenças da sociedade – e os *efeitos* dessas ações e crenças, que são decididamente imorais. Os principais passos do argumento satírico-irônico são:

> • O herói vive em um sistema social definido de forma clara. Em geral, pelo menos um personagem explica alguns ou todos os valores nos quais o sistema se baseia.
>
> • O herói acredita piamente no sistema e está determinado a escalar até seu topo. Ele decide perseguir uma meta relacionada a ambição ou romance.
>
> • Um oponente que também acredita piamente no sistema e em seus valores vai atrás da mesma meta.
>
> • À medida que os personagens competem pela meta, suas crenças os levam a realizar ações tolas e destrutivas.
>
> • O argumento da ação no meio da história vem de uma sequência de justaposições entre personagens que insistem que estão agindo de acordo com a moral, expressando os ideais mais altos da sociedade, e os resultados desastrosos disso.

• Na batalha, a presunção e a hipocrisia dos dois lados são expostas.

• O herói tem uma autorrevelação que geralmente envolve questionar o valor das crenças no sistema.

• O herói, ou um personagem secundário, muitas vezes enfraquece o impacto da autorrevelação ao mostrar que ela não foi de fato aprendida.

• O herói realiza uma ação moral que é correta em nível pessoal, mas geralmente não exerce nenhum efeito na tolice ou na nocividade do sistema.

• Há um casamento de amizade ou amor, sugerindo que o casal vai formar um minimundo melhor, mas que tem pouco efeito na sociedade em geral.

O argumento satírico-irônico é usado em *Orgulho e preconceito*, *Emma* e sua versão moderna *As patricinhas de Beverly Hills*, *Beleza americana*, *Penetras bons de bico*, *Madame Bovary*, *O jardim das cerejeiras*, *A primeira noite de um homem*, *M.A.S.H.*, *Tom Jones*, *Esperando o sr. Guffman*, *O jogador*, *Quero ser John Malkovich*, *Um vagabundo na alta roda*, *O príncipe e o mendigo* e sua versão moderna *Trocando as bolas*, *A gaiola das loucas*, *A importância de ser honesto*, *A recruta Benjamin*, *Um dia de cão*, *Vítor ou Vitória?*, *Shampoo*, *Bob, Carol, Ted e Alice* e *Relax*.

• *Emma*
(Jane Austen, 1815)
Jane Austen é uma mestra do argumento moral satírico-irônico, e *Emma* é provavelmente sua maior realização. A linha moral desta sátira clássica é a seguinte:

• Emma é uma jovem teimosa, arrogante, insensível e socialmente cega que está o tempo todo tentando casar os outros.

• Sua primeira meta é arranjar um marido para Harriet, que é órfã.

• Acreditando no sistema de classes, mas também se enganando ao pensar que Harriet tem uma origem mais nobre do que aparenta, Emma a convence a recusar uma proposta de casamento do fazendeiro Robert Martin.

• Ela também convence Harriet de que deveria se casar com o sr. Elton, um pároco bem-nascido. No processo, Emma inadvertidamente leva o sr. Elton a acreditar que é ela, e não Harriet, que está interessada nele.

• O resultado dessas ações bem-intencionadas, mas imorais, é que Harriet perde a proposta de um bom homem e que o sr. Elton declara seu amor eterno a Emma, então fica arrasado ao saber que ela não compartilha nem um pouco de seus sentimentos.

• Em um baile, o sr. Elton, agora casado com outra pessoa, envergonha Harriet ao se recusar a dançar com ela. Mas ela é salva quando o sr. Knightley se oferece como parceiro.

• Frank, um visitante no condado, salva Harriet de algumas figuras desagradáveis na estrada. Emma acredita, de forma equivocada, que Frank é o novo interesse romântico de Harriet, embora seja socialmente muito superior a ela.

• Durante um passeio, Emma flerta com Frank, embora não tenha interesse nele e isso magoe visivelmente outra visitante do grupo social, a linda Jane. Emma também humilha, na frente de todos, a tagarela, mas gentil, srta. Bates. O sr. Knightley a tira de lado e a critica por sua insensibilidade.

• Quando descobre que Harriet está de olho no sr. Knightley, não em Frank, Emma fica chocada ao perceber que está apaixonada pelo sr. Knightley. Além disso, percebe como tem sido intrometida, autoritária e ignorante, e sente muito por ter impedido Harriet de se casar com Robert Martin.

• O sr. Knightley confessa seu amor por Emma e concorda em se mudar para a casa de Emma para que ela possa continuar cuidando do pai. No romance (mas não no filme), o casamento clássico no final da comédia e a grande autorrevelação de Emma são um pouco minimizados pelo fato de que ela é capaz de se casar com o sr. Knightley só porque seu pai tem medo de que roubem suas galinhas e quer um homem mais jovem na casa.

Nessa história, o principal argumento satírico-irônico é ilustrado pelos esforços de Emma em encontrar um par adequado para Harriet. Por meio dele, Austen expõe um sistema baseado em diferenças de classe rígidas e a total dependência das mulheres em relação aos homens. Sua heroína, Emma, apoia o sistema, mas também é tola e engana a si mesma. Austen questiona o sistema ainda mais ao fazer com que o fazendeiro, que Emma acredita estar abaixo da posição de Harriet, seja um homem bom e digno.

O argumento moral prossegue com uma série de efeitos prejudiciais decorrentes das percepções e ações casamenteiras de Emma. Austen foca esse argumento usando duas cenas paralelas de ofensa social e imoralidade. A primeira é quando Harriet fica envergonhada pela recusa do sr. Elton a dançar, seguida pelo resgate do sr. Knightley. A segunda é quando Emma humilha cruelmente a srta. Bates em um piquenique, e o sr. Knightley oferece de novo a correção moral, censurando-a por sua insensibilidade.

Note que, nessas cenas cruciais, Austen defende uma moralidade mais profunda, baseada não na posição social, mas na gentileza e decência entre os seres humanos. Repare também que Austen evita soar moralizante, o que torna esses momentos *emocionalmente poderosos*. É doloroso ver Harriet ser desprezada e a srta. Bates humilhada em público, e é bom ver o sr. Knightley fazer a coisa certa ao defender uma jovem indefesa e responsabilizar a heroína por sua crueldade.

O casamento de Emma e do sr. Knightley é uma reafirmação do sistema, uma vez que ambos têm uma posição social relativamente alta e igualitária. O sistema e os valores em que se baseia não vão mudar no fim dessa sátira. Mas a união deles também dribla o sistema de forma sutil – Emma e o sr. Knightley se unem não porque são da classe certa, mas porque Emma amadureceu e se tornou uma pessoa melhor, enquanto o sr. Knightley é um homem de caráter elevado, independentemente de sua classe.

## 5. Humor sombrio

O humor sombrio é a comédia da lógica, ou, para ser mais preciso, da falta de lógica de um sistema. Essa forma, muito sofisticada e difícil de contar histórias, tem o propósito de mostrar que a destruição é o resultado não tanto de escolhas individuais (como na tragédia), mas de indivíduos presos em um sistema inerentemente destrutivo. A característica-chave desse argumento moral é que você impede o herói de ter a autorrevelação para mostrá-la ao público de modo mais impactante. No humor sombrio, a discussão moral funciona da seguinte forma:

• Muitos personagens existem em uma organização. Alguém explica em muitos detalhes as regras e a lógica segundo as quais o sistema opera.

• Muitos desses personagens, incluindo o herói, perseguem uma meta negativa que envolve matar alguém ou destruir algo.

• Cada um acredita piamente na meta e pensa que suas ações fazem total sentido. Na verdade, não têm qualquer lógica.

• Os oponentes, que também estão dentro do sistema, competem pela mesma meta e dão justificativas detalhadas, mas insanas, para isso.

• Uma pessoa sã, na maioria das vezes o aliado, aponta continuamente que nada daquilo faz sentido e que tudo vai levar a um desastre. Essa pessoa funciona como um coro, mas ninguém lhe dá ouvidos.

• Todos os personagens, incluindo o herói nominal, empregam métodos extremos para atingir a meta, o que às vezes inclui assassinato.

• As ações dos personagens levam à morte e à destruição de quase todos.

• A batalha é intensa e destrutiva e todos ainda pensam que estão certos. As consequências são morte e loucura.

• Ninguém, nem mesmo o herói, tem uma autorrevelação. Mas é tão óbvio que o herói *deveria* tê-la que é o público que a tem em seu lugar.

• Os personagens remanescentes ficam horrivelmente mutilados pela luta, mas retomam de imediato seus esforços para atingir a meta.

• O humor sombrio usado de uma forma um pouquinho mais positiva termina com a pessoa sã observando horrorizada e abandonando o sistema ou tentando mudá-lo.

Essa forma complicada é fácil de errar. Para o argumento moral do humor sombrio funcionar, primeiro você deve se certificar de que seu herói seja simpático. Caso contrário, a comédia torna-se uma abstração, um ensaio intelectual, e o público fica apartado dos personagens e sente-se superior a eles. Você quer que as pessoas se envolvam para que descubram subitamente que *são* esses personagens de algum modo fundamental, não que estão acima deles.

Além de um herói simpático, o melhor jeito de atrair o público emocionalmente para dentro de uma comédia de humor sombrio é fazer seu herói discursar de forma apaixonada sobre a lógica de sua meta. Escritores que querem acrescentar um pouco de esperança à forma dão à única pessoa sã uma alternativa à loucura, planejada em detalhes.

Histórias que usam o argumento da comédia sombria são *Os bons companheiros*, *Rede de intrigas*, *Mera coincidência*, *Depois de horas*, *Dr. Fantástico*, *Ardil 22*, *The Positively True Adventures of the Alleged Texas Cheerleader-Murdering Mom*, *Brazil: o filme* e *A honra do poderoso Prizzi*.


## COMBINANDO ARGUMENTOS MORAIS

Embora sejam formas únicas, os diferentes tipos de argumento moral não são mutuamente excludentes. Na verdade, uma técnica excelente usada por alguns escritores sofisticados é combinar algumas delas em uma história. O *Ulysses* de Joyce começa com o argumento simples de bom *versus* mau encontrado na maioria dos mitos e o aprofunda com o muito mais complexo argumento satírico-irônico. *O jardim das cerejeiras* é uma combinação de *páthos* e sátira-ironia.

A tentativa de misturar a tragédia com elementos da comédia sombria e da sátira ou ironia em *Beleza americana* mostra como é difícil combinar essas formas. Embora brilhante de muitas formas, a história nunca atinge seu potencial completo como tragédia, comédia sombria ou sátira. Os principais argumentos morais têm um motivo para serem variações únicas: funcionam de jeitos diferentes e exercem efeitos emocionais muito diferentes no público. Uni-los de modo natural requer um domínio extraordinário da técnica.

Outros exemplos de argumentos morais misturados incluem *Madame Bovary*, *As aventuras de Huckleberry Finn* e *Um dia de cão*.


## VISÃO MORAL ÚNICA

No nível mais avançado de argumento moral está o escritor que cria uma visão moral única. Por exemplo, Nathaniel Hawthorne em *A letra escarlate* estabelece uma oposição de três personagens para defender uma moralidade natural baseada no amor verdadeiro. Joyce, em *Ulysses*, cria uma religião natural e um heroísmo cotidiano ao mandar um "pai" e um "filho" em uma viagem de um dia por Dublin. Esse é um argumento moral vasto, mas não é só um argumento moral. A perícia e habilidade desses escritores ficam claras na rede de personagens, trama, mundo ficcional e nos símbolos, que são tão amplos e detalhados quanto seus argumentos morais.

Uma visão moral única também está presente em filmes *blockbuster*. Se você pensa que o sucesso desses filmes vem de seus efeitos visuais especiais, está enganado. Em *Star Wars*, George Lucas cria um amálgama moderno de moralidade oriental e ocidental, combinando um herói ocidental com uma ordem de cavaleiros estilo zen e uma moralidade conhecida como a Força. Obviamente é um argumento moral muito menos avançado que o de *A letra escarlate* ou *Ulysses*, mas foi feita a tentativa e sua brevidade ajudou a dar aos filmes de *Star Wars* um apelo universal. Por mais simplista que seja "A Força esteja com você", para muitos espectadores é um credo de vida.

De modo parecido, *O poderoso chefão* não só retrata o mundo da máfia na década de 1940 nos Estados Unidos como também apresenta um sistema moral baseado nos negócios e na guerra modernos. Bordões como "Farei uma oferta que ele não pode recusar", "Não é nada pessoal, são só negócios" e "Mantenha seus amigos próximos e seus inimigos ainda mais próximos" são o catecismo dessa versão estadunidense moderna de *O príncipe* de Maquiavel. Assim como *Star Wars*, *O poderoso chefão* apresenta uma estenografia moral. Mas você não deve esquecer que a *tentativa* – pelo menos um pouco bem-sucedida – de elaborar um sistema moral é uma das grandes razões para a popularidade dessas histórias.

## ARGUMENTO MORAL EM DIÁLOGOS

Uma boa estrutura é o principal modo de defender seu argumento moral em uma boa história – mas não o único. Você também precisa usar os diálogos. Quando deixa a estrutura fazer o trabalho pesado, liberta o diálogo para o que ele faz melhor: fornecer sutileza e força emocional.

Explicarei em detalhes como escrever diálogos morais no Capítulo 10. Por enquanto, vamos examinar os melhores momentos para usá-lo em uma história.

O momento mais comum para usar o diálogo para expressar um argumento moral é quando um aliado critica o herói por realizar uma ação imoral em sua tentativa de atingir a meta. O aliado argumenta que as ações do herói estão erradas. O herói, que ainda não teve uma autorrevelação, as defende.

Um segundo jeito de mostrar o argumento moral nos diálogos é em um conflito entre o herói e o oponente. Isso pode acontecer em qualquer momento da história, mas é mais provável durante a cena de batalha. Um exemplo clássico de uma discussão de argumento moral em cena de batalha ocorre entre Fast Eddie e seu ex-agente, Bert, em *Desafio à corrupção*. Em *A felicidade não se compra*, uma grande discussão de argumento moral entre herói e oponente ocorre muito mais cedo na história, quando George impede Potter de se livrar da sociedade de empréstimo do pai. A grande vantagem de ter o herói e o oponente debatendo o argumento moral mais cedo é que você dá ao público um indício sobre quais valores estão de fato em jogo, o que permite aumentar o drama.

Um terceiro momento para usar diálogos morais, e um sinal de escrita realmente boa, é uma cena na qual o *oponente* principal oferece uma justificativa moral para suas ações, embora esteja errado. Por que o diálogo moral do oponente é tão crucial para defender o argumento moral geral?

Um oponente puramente maligno é alguém inerentemente mau, portanto mecânico e desinteressante. Na maior parte dos conflitos reais, não há uma distinção clara entre bem e mal, certo e errado. Em uma história bem pensada, tanto herói como oponente acreditam que estão certos, e ambos têm razões para acreditar nisso. Ambos também estão errados, mas de jeitos diferentes.

Ao dar ao seu oponente uma justificativa forte (embora errada), você evita o padrão simplista "herói-bom-*versus*-oponente--mau" e dá profundidade ao oponente. E, como o herói é tão bom quanto a pessoa que enfrenta, você dá profundidade ao herói também.

Podemos ver um excelente exemplo do argumento moral do oponente em *O veredicto*, quando o advogado da oposição, Concannon, explica à mulher que contratou para espiar Frank: "Pagamos para vencer". Na cena de batalha em *Questão de honra*, o coronel Jessup justifica a ordem de matar um soldado alegando que ele é o último bastião contra os bárbaros prestes a atravessar o portão. Em *A sombra de uma dúvida*, brilhantemente escrito por Thornton Wilder, tio Charlie, um *serial killer*, dá uma justificativa horripilante para matar viúvas, referindo-se a elas como animais gordos que "comem dinheiro, bebem dinheiro... e o que acontece aos animais quando ficam gordos e velhos demais?".

A chave para um bom diálogo moral com o oponente é não o tornar um espantalho – alguém que parece formidável, mas, na verdade, é oco. Nunca dê ao oponente um argumento moral obviamente fraco. Certifique-se de que ele que tenha o argumento mais convincente possível e de que tenha razão sobre algumas coisas, mas também garanta que haja uma falha fatal em sua lógica.

# ELABORANDO O ARGUMENTO MORAL
## *Exercício de escrita 4*

• PRINCÍPIO NARRATIVO: comece transformando o princípio narrativo de sua história em uma linha temática. A linha temática é sua visão de ação certa ou errada, *nesta* história, afirmada em uma frase. Quando olhar de novo para o princípio narrativo, foque as ações-chave e seus efeitos morais.

• TÉCNICAS PARA DEFINIR O TEMA: procure quaisquer técnicas, como símbolos, que possam condensar a declaração moral em uma frase ou englobar a estrutura única que você vai dar a sua história.

• ESCOLHA MORAL: escreva a escolha-chave que o herói deve fazer perto do final da história.

• PROBLEMA MORAL: depois de revisar o trabalho que fez com a premissa, afirme em uma frase o problema moral central que seu herói vai enfrentar ao longo da história.

• PERSONAGENS COMO VARIAÇÕES DE UM TEMA: começando com o herói e o oponente principal, descreva o jeito diferente como cada personagem importante aborda o problema moral central.

• VALORES EM CONFLITO: liste os valores-chave de cada personagem importante e explique como vão entrar em conflito à medida que cada personagem tenta alcançar a meta.

## Argumento moral

Detalhe o argumento moral que vai defender, por meio da estrutura da história, usando esta sequência:

• CRENÇAS E VALORES DO HERÓI: reafirme as crenças e os valores essenciais do herói.

• FRAQUEZA MORAL: qual é a principal fraqueza do herói ao agir em relação aos outros?

• NECESSIDADE MORAL: o que seu herói deve aprender até o final da história sobre o jeito certo de agir e viver no mundo?

• PRIMEIRA AÇÃO IMORAL: descreva a primeira ação que seu herói realiza que fere outra pessoa na história. Certifique-se de que seja decorrente da grande fraqueza moral do herói.

• DESEJO: reafirme a meta específica do herói.

• OFENSIVA: liste as ações que o herói vai realizar para alcançar a meta.

• AÇÕES IMORAIS: de que modo essas ações são imorais, se o são?

*Crítica*: para toda ação imoral, descreva as críticas que o herói recebe, se é que recebe alguma.

*Justificativa*: como o herói justifica cada ação imoral?

• ATAQUE DO ALIADO: explique em detalhes o principal ataque moral que o aliado fará contra o herói. Novamente, escreva como o herói se justifica.

• OFENSIVA OBSESSIVA: descreva quando, e de que modo, seu herói ficará obcecado por vencer. Em outras palavras, há um momento em que o herói decide que fará quase qualquer coisa para vencer?

• AÇÕES IMORAIS: enquanto está obcecado por vencer, quais passos imorais seu herói toma?

*Crítica*: descreva as críticas que seu herói enfrenta por essas ações, se é que as recebe.

*Justificativa*: explique como o herói justifica seus métodos.

• BATALHA: durante a batalha final, como você expressa quais valores – do herói ou do oponente – são superiores nessa briga?

• AÇÃO FINAL CONTRA OPONENTE: o herói realiza uma ação final contra o oponente, moral ou imoral, antes ou durante a batalha?

• AUTORREVELAÇÃO MORAL: o que o herói aprende sobre a moral no final da história, se é que aprende algo? Certifique-se de que essa revelação esteja relacionada ao modo correto de agir em relação aos outros.

• DECISÃO MORAL: perto do final da história, o herói tomará uma decisão entre dois planos de ação?

• REVELAÇÃO TEMÁTICA: você consegue pensar em um evento da história que expresse a sua visão de como os seres humanos devem agir, além do momento de autorrevelação do herói?

Vamos analisar o filme *Casablanca* para entender como o argumento moral funciona.

• *Casablanca*
(peça *Everybody Comes to Rick's,* de Murray Burnett e Joan Alison, roteiro de Julius J. Epstein, Philip G. Epstein e Howard Koch, 1942)

PRINCÍPIO NARRATIVO: um antigo membro da resistência abandona a sociedade por um amor perdido, mas se inspira a voltar à luta quando sua amada retorna.

TEMA: até mesmo um grande amor pode ter de ser sacrificado na luta contra a opressão.

ESCOLHA MORAL: Rick deve escolher entre ficar com a mulher que ama e lutar contra uma ditatura que ameaça o mundo.

PROBLEMA MORAL: como equilibrar seus desejos pessoais com sacrifícios pelo bem maior da sociedade?

PERSONAGENS COMO VARIAÇÕES DE UM TEMA:

*Rick*: pela maior parte da história, Rick só se importa consigo mesmo e não liga para os problemas do mundo.

*Ilsa*: tenta fazer a coisa certa, mas no fim o amor é forte demais para ela.

*Laszlo*: disposto a sacrificar qualquer coisa, incluindo o amor, para liderar a luta contra o fascismo.

*Renault*: é um completo oportunista, preocupado apenas com o próprio prazer e com dinheiro.

VALORES EM CONFLITO:

*Rick*: ele mesmo, honestidade, seus amigos.

*Ilsa*: lealdade ao marido, amor por Rick, lutar contra a dominação nazista.

*Laszlo*: lutar contra a dominação nazista, o amor por Ilsa, o amor pela humanidade.

*Renault*: mulheres, dinheiro, poder.

## Argumento moral

CRENÇAS E VALORES DE RICK: si mesmo, honestidade, seus amigos.

FRAQUEZAS MORAIS: cínico, egoísta, cruel.

NECESSIDADE MORAL: deixar de cuidar só de si à custa dos outros. Retornar à sociedade e tornar-se um líder na luta contra o fascismo.

PRIMEIRA AÇÃO IMORAL: Rick aceita as cartas de salvo-conduto de Ugarte, embora suspeite de que venham dos mensageiros assassinados.

SEGUNDA AÇÃO IMORAL: Rick se recusa a ajudar Ugarte a escapar da polícia.

> *Crítica*: um homem diz a Rick que espera que outra pessoa esteja por perto se os alemães vierem atrás dele.
>
> *Justificativa*: Rick responde que não arrisca o próprio pescoço por ninguém.

DESEJO: Rick quer Ilsa.

OFENSIVA: Rick ataca Ilsa muitas vezes ao mesmo tempo que tenta reconquistá-la. Também dá uma série de passos para preservar as cartas de salvo-conduto, seja para vendê-las, seja para usá-las.

AÇÃO IMORAL: quando Ilsa retorna depois que o bar fecha, Rick se recusa a ouvi-la e a chama de vagabunda.

> *Crítica*: Ilsa não expressa nenhuma crítica, mas lança um olhar magoado para Rick quando vai embora.
>
> *Justificativa*: Rick não justifica a ofensa.

ATAQUE DO ALIADO: a primeira oponente de Rick, Ilsa, faz o principal ataque moral contra ele e seus métodos ao longo da história. No entanto, seu amigo, o pianista Sam, o incentiva a parar de pensar no amor que perdeu. A resposta clássica de Rick: "Se ela suporta, eu também consigo. Toque [a música deles]".

AÇÃO IMORAL: no mercado, Rick aborda Ilsa e diz que ela vai mentir para Laszlo e ficar com ele.

> *Crítica*: Ilsa acusa Rick de não ser o homem que ela conheceu em Paris e conta a Rick que era casada com Laszlo antes de conhecê-lo.
>
> *Justificativa*: Rick não justifica o que disse, apenas que estava bêbado na noite anterior.

OFENSIVA OBSESSIVA: a princípio, Rick magoa Ilsa por causa da dor que ela lhe causou. É só mais tarde na história que ele fica obsessivamente motivado a ajudá-la a escapar com Laszlo.

AÇÃO IMORAL: Rick rejeita as ofertas de Laszlo pelas cartas e diz a ele que pergunte a Ilsa o motivo.

*Crítica*: nenhuma.

*Justificativa*: Rick quer ferir Ilsa.

AÇÃO IMORAL: Rick recusa o pedido de Ilsa pelas cartas.

*Crítica*: Ilsa diz que a causa é mais importante que os sentimentos pessoais e que essa é a luta de Rick também. Se ele não lhe der as cartas, Victor Laszlo vai morrer em Casablanca.

*Justificativa*: Rick diz que agora só cuida de si.

AÇÃO IMORAL: Rick diz a Ilsa que ajudará Laszlo a escapar sozinho. Essa última mentira a Ilsa – que os dois partirão juntos – é, na verdade, o começo de uma ação nobre: salvar Laszlo e Ilsa.

*Crítica*: Renault diz que faria a mesma coisa no lugar de Rick. Considerando o caráter de Renault, isso não é um elogio.

*Justificativa*: Rick não justifica, pois deve convencer Renault de que pretende partir com Ilsa.

BATALHA: Rick diz a Renault para ir na frente até o aeroporto, mas Renault chama o major Strasser. No aeroporto, Rick aponta uma arma para Renault e diz a Ilsa que ela deve partir com Laszlo. Rick conta a Laszlo que Ilsa foi infiel. Laszlo e Ilsa embarcam. Strasser chega e tenta impedir o avião, mas Rick atira nele.

AÇÃO FINAL CONTRA O OPONENTE: Rick não realiza nenhuma ação imoral final. Embora atire em Strasser, isso se justifica pelo contexto.

AUTORREVELAÇÃO MORAL: Rick percebe que seu amor por Ilsa não é tão importante quanto ajudar Laszlo a combater a dominação nazista.

DECISÃO MORAL: Rick dá as cartas a Laszlo, faz Ilsa partir com ele e conta a Laszlo que Ilsa o ama. Então parte para juntar-se à França Livre.

REVELAÇÃO TEMÁTICA: a guinada surpreendente de Renault no final, ao decidir juntar-se a Rick na luta (uma reversão dupla clássica), produz a revelação temática: na batalha contra o fascismo, todos devem cumprir um papel.

# 6

# MUNDO FICCIONAL

*Ulysses* e os livros da série Harry Potter exemplificam uma das chaves para contar uma ótima história. À primeira vista, não poderiam ser mais diferentes. *Ulysses* é uma história complexa, adulta, extremamente desafiadora, considerada por muitos o maior romance do século 20. Os livros de Harry Potter são histórias de fantasia para crianças. No entanto, ambos os escritores sabem que criar um mundo único para a história – e conectá-lo de forma orgânica aos personagens – é tão essencial para uma grande história quanto personagens, trama, tema e diálogos.

A afirmação "O cinema é um meio visual" é extremamente enganadora. Embora seja verdade que os filmes nos permitam ver uma história na tela e testemunhar efeitos visuais incríveis que não são possíveis em nenhum outro meio, o "visual" que de fato afeta o público é o *mundo* da história: uma rede complexa e detalhada na qual cada elemento tem um significado e é, de alguma forma, uma expressão física da rede de personagens, em especial do herói. Esse princípio-chave é verdadeiro não apenas no cinema, mas em *todos os meios*.

Note que, nessa área, a contação de histórias expressa a vida real ao ser o contrário da vida real. Nela, nascemos em um mundo que já existe e ao qual devemos nos adaptar. Já em boas histórias, os personagens surgem primeiro e o escritor desenvolve o mundo para ser uma manifestação infinitamente detalhada deles.

T. S. Eliot chamava isso de "correlato objetivo". Qualquer que seja o nome chique que se dê a ele, o mundo de sua história é onde você começa a acrescentar a textura rica que é uma das marcas de uma ótima história. Uma ótima história é como uma tapeçaria na qual muitos fios foram trançados e harmonizados para produzir um efeito potente. O mundo ficcional fornece muitos desses fios. Claro, você pode contar uma história sem acrescentar a textura do mundo ficcional, mas é uma grande perda.

Note que o mundo ficcional físico age como um "condensador--expansor" para o contador de histórias. Você tem pouquíssimo tempo para criar uma quantidade enorme de conteúdo – personagens, trama, símbolos, argumento moral e diálogos –, então precisa de técnicas que lhe permitam condensar o significado no espaço e tempo limitados que estão à sua disposição. Quanto mais significado condensar, mais a história se expandirá na imaginação do público, com os elementos ricocheteando mentalmente uns contra os outros de jeitos quase infinitos.

Gaston Bachelard, em seu clássico livro *A poética do espaço*, explica "o drama das moradas humanas".[1] O sentido está embutido em todos os tipos de formatos e espaços, de conchas a gavetas a casas. O argumento principal dele é crucial para o contador de histórias: "Os dois espaços, o íntimo e o exterior, acabam por se estimular incessantemente em seu crescimento".[2] Note que Bachelard está falando sobre histórias orgânicas: quando você cria o mundo correto para sua história, planta certas sementes no coração e na mente do público que crescem e tocam as pessoas profundamente.

Para resumir essa parte do processo de escrita: comece com uma trama simples (os sete passos) e um conjunto de personagens e depois crie as formas e espaços exteriores que expressam esses elementos da história. Essas formas e espaços exercerão o efeito desejado no coração e na mente do público.

O sentido que extraímos das formas e espaços físicos parece ser mais profundo do que a cultura e do que o aprendizado, fazendo parte da psique humana. É por isso que exerce efeitos profundos nas pessoas. Assim, os elementos de seu mundo ficcional se tornam

---

1 BACHELARD, Gaston. *The poetics of space*. Boston: Beacon Press, 1969. p. 43. Os trechos do livro *A poética do espaço* foram extraídos de edição brasileira traduzida por Antônio da Costa Leal e Lídia do Valle Santos Leal (São Paulo: Abril Cultural, 1978. Coleção Os pensadores.). [N. T.]

2 BACHELARD, Gaston, op. cit., p. 201.

outro conjunto possível de ferramentas e técnicas para que você conte sua história.

O processo de traduzir a trama em um mundo ficcional físico, que vai despertar certas emoções no público, é difícil. Isso porque você está, na verdade, falando duas línguas – uma de palavras e outra de imagens – e emparelhando-as ao longo da história de forma precisa.

Como aplicar essas técnicas a sua história? A sequência para criar o mundo ficcional funciona da seguinte maneira (os primeiros três passos estão relacionados a criar o espaço da história; os últimos dois, com o mundo ao longo do tempo):

1. Vamos começar novamente pelo princípio narrativo, já que é ele que mantém o todo unido. O princípio narrativo vai lhe mostrar como definir a arena geral na qual sua história vai ocorrer.

2. Então dividiremos a arena em oposições visuais, com base em como seus personagens se opõem uns aos outros.

3. Em seguida, vamos detalhar o mundo usando três de quatro pilares principais – cenários naturais, espaços artificiais e tecnologia – que constituem o mundo ficcional, com ênfase no que esses espaços e formas, inerente ou geralmente, significam para as pessoas.

4. Depois, vamos conectar o mundo ficcional ao desenvolvimento geral do herói e aplicar o quarto pilar principal: tempo.

5. Enfim, vamos acompanhar o desenvolvimento detalhado do mundo ficcional por meio da estrutura da história, criando sete passos visuais.

## ENCONTRANDO O MUNDO FICCIONAL NO PRINCÍPIO NARRATIVO

Como o mundo faz parte de uma história orgânica, você deve começar retornando ao núcleo da história, que é o princípio narrativo. Assim como a premissa, os personagens e os temas, o mundo ficcional também toma forma a partir do princípio narrativo.

Por muitos motivos, encontrar o mundo no princípio narrativo é mais difícil que encontrar a premissa, os personagens ou o tema. Como já mencionei, história e elementos visuais são duas linguagens diferentes. Mas línguas podem ser aprendidas. O problema mais profundo é que o princípio narrativo e o mundo ficcional funcionam de jeitos opostos.

O princípio narrativo tipicamente descreve o movimento da história *linear*, isto é, como um único personagem principal que se desenvolve. Já o mundo ficcional é tudo o que *circunda* os personagens ao mesmo tempo. Em outras palavras, representa elementos e ações *simultâneos.*

Para conectá-los, você pega a sequência aproximada da trama, encontrada no princípio narrativo, e a expande tridimensionalmente para criar o mundo ficcional. Mais uma vez, comece com simplicidade. Olhe para o princípio narrativo e veja se consegue pensar em uma única ideia visual que expresse a linha da história.

Para praticar, vamos retornar aos princípios narrativos das histórias discutidas no Capítulo 2, dessa vez para descrever o mundo ficcional em uma frase.

• Moisés, no livro do *Êxodo*

PRINCÍPIO NARRATIVO: um homem que não sabe quem é luta para libertar seu povo e recebe as novas leis morais que definirão ele e seu povo.

TEMA: um homem que assume responsabilidade por seu povo é recompensado por uma visão de como viver com base na palavra de Deus.

MUNDO FICCIONAL: uma jornada que parte de uma cidade escravizadora, passa por um deserto e acaba no cimo de uma montanha.

• *Ulysses*

PRINCÍPIO NARRATIVO: em uma odisseia moderna através da cidade, no decorrer de um único dia, um homem encontra um pai e outro homem encontra um filho.

TEMA: o verdadeiro herói é o homem que suporta as vicissitudes da vida cotidiana e mostra compaixão a alguém que está passando necessidade.

MUNDO FICCIONAL: uma cidade ao longo de vinte e quatro horas, em que cada uma das partes é uma versão moderna de um obstáculo mítico.

## • *Quatro casamentos e um funeral*

PRINCÍPIO NARRATIVO: um grupo de amigos experimenta quatro utopias (casamentos) e um momento no inferno (funeral) enquanto cada um deles procura pelo parceiro ideal no casamento.

TEMA: quando você encontra o verdadeiro amor, deve se comprometer com essa pessoa com todo o coração.

MUNDO FICCIONAL: o mundo e os rituais utópicos de casamentos.

## • Série Harry Potter

PRINCÍPIO NARRATIVO: um príncipe mago aprende a ser um homem e um rei ao estudar em um internato para feiticeiros ao longo de sete anos.

TEMA: quando você é abençoado com grande talento e poder, deve se tornar um líder e se sacrificar pelo bem dos outros.

MUNDO FICCIONAL: uma escola para bruxos em um grande castelo mágico medieval.

## • *Golpe de mestre*

PRINCÍPIO NARRATIVO: contar a história de um golpe na forma de um golpe, enganando tanto o oponente como o público.

TEMA: não é errado mentir e enganar um pouco para derrubar um homem mau.

MUNDO FICCIONAL: um falso lugar de negócios em uma cidade decrépita durante a Grande Depressão.

## • *Longa jornada noite adentro*

PRINCÍPIO NARRATIVO: à medida que o dia se torna noite, uma família é confrontada com os pecados e fantasmas do passado.

TEMA: você deve encarar a verdade sobre si e sobre os outros e perdoar.

MUNDO FICCIONAL: a casa escura, com todos os seus nichos nos quais os segredos sombrios da família podem ser escondidos.

### • *Agora seremos felizes*

PRINCÍPIO NARRATIVO: o crescimento de uma família ao longo de um ano, mostrado por eventos em cada uma das quatro estações.

TEMA: sacrificar-se pela família é mais importante do que almejar a glória pessoal.

MUNDO FICCIONAL: a grande casa que muda de natureza a cada estação e a cada mudança da família que mora em seu interior.

### • *Copenhagen*

PRINCÍPIO NARRATIVO: usar o princípio da incerteza de Heisenberg, da Física, para explorar a moralidade ambígua do homem que descobriu esse princípio.

TEMA: entender os motivos de nossas ações e saber se são corretas é sempre incerto.

MUNDO FICCIONAL: a casa na forma de um tribunal.

### • *Um conto de Natal*

PRINCÍPIO NARRATIVO: traçar o renascimento de um homem forçando-o a ver seu passado, presente e futuro ao longo de uma véspera de Natal.

TEMA: as pessoas têm uma vida muito mais feliz quando são generosas.

MUNDO FICCIONAL: um escritório de contabilidade londrino no século 19 e três casas diferentes – rica, de classe média e pobre – vislumbradas no passado, presente e futuro.

### • *A felicidade não se compra*

PRINCÍPIO NARRATIVO: expressar o poder do individual mostrando como seria uma cidade, e depois uma nação, se um homem nunca tivesse vivido.

TEMA: as riquezas de um homem vêm não do dinheiro que ele ganha, mas dos amigos e familiares que serve.

MUNDO FICCIONAL: duas versões diferentes da mesma cidade nos Estados Unidos.

• *Cidadão Kane*

PRINCÍPIO NARRATIVO: usar diversos narradores para mostrar como a vida de um homem jamais pode ser conhecida.

TEMA: um homem que tenta obrigar todos a amá-lo termina sozinho.

MUNDO FICCIONAL: a mansão e o "reino" separado de um titã nos Estados Unidos.

## A ARENA DA HISTÓRIA

Uma vez que você tenha estabelecido o princípio narrativo e uma frase que descreva seu mundo ficcional, deve encontrar uma grande arena que marque as fronteiras físicas desse mundo. A arena é o espaço básico do drama. É um lugar único cercado por algum tipo de muro. Tudo dentro da arena faz parte da história, tudo fora dela não faz.

Muitos escritores, em especial romancistas e roteiristas, acreditam erroneamente que, como existe a possibilidade de ir para qualquer lugar, você deve fazer isso. É um erro sério, porque, se fugir da arena única de sua história, o drama vai se dissipar. Ter muitas arenas resulta em histórias fragmentadas e inorgânicas.

A arena única é mais fácil de manter no teatro, onde há a vantagem natural da estrutura do palco, emoldurado pela cortina. Filmes e romances expandem a arena, mas isso só torna um lugar unificado ainda mais essencial para que o drama cresça.

### Criando a arena

Não estou sugerindo aderir à rígida "unidade de lugar aristotélica", segundo a qual toda a ação deve ocorrer em uma única localidade. Há quatro jeitos principais de criar a arena única sem destruir a variedade de lugares e ações necessárias para uma boa história.

## 1. Crie um guarda-chuva e depois alterne e condense

Nessa abordagem, você descreve o maior escopo da história em algum ponto no começo. Na verdade, começa com o mundo maior e o muro que o divide de todos os outros lugares. Depois você foca os mundos menores dentro da arena à medida que a história prossegue.

Esse guarda-chuva pode ser grande como uma planície ocidental, uma cidade, o espaço sideral ou o oceano ou pequeno como uma cidadezinha, uma casa ou um bar.

Essa técnica pode ser encontrada em *Casablanca*, *Alien: o oitavo passageiro*, *Homem-Aranha*, *Los Angeles: cidade proibida*, *Matrix*, *A morte de um caixeiro-viajante*, *Um bonde chamado desejo*, *Mary Poppins*, *Feitiço do tempo*, *Crepúsculo dos deuses*, *Nashville*, *Gosto de sangue*, *Agora seremos felizes*, *O grande Gatsby*, *Os brutos também amam*, *Star Wars* e *A felicidade não se compra*.

## 2. Mande o herói para uma jornada através de uma mesma área, mas que se desenvolva ao longo de uma linha única

Essa abordagem parece destruir a arena única e, quando não é feita de forma correta, a destrói de fato. Um motivo para muitas histórias de jornada parecerem altamente fragmentadas é que o herói viaja por uma série de lugares muito diferentes e desconectados, e cada um parece um episódio separado.

Você pode criar a impressão de uma arena única se a área pela qual o personagem viaja permanecer fundamentalmente a mesma, como um deserto, um oceano, um rio ou uma selva. Mesmo assim, tente manter a jornada em uma linha única reconhecível e mostrar um desenvolvimento simples da área, do início ao fim. Isso vai criar a impressão de unidade.

Vemos essa jornada de linha única em *Titanic*, *Meu ódio será sua herança*, *Os irmãos cara de pau*, *As aventuras de M. Hulot no tráfego louco* e *Uma aventura na África*.

## 3. Mande o herói para uma jornada circular através de uma mesma área

Essa abordagem funciona de um jeito parecido com a anterior, exceto que o herói volta para casa no fim. Não há a vantagem da linha única para dar ao público uma impressão de caminho unificado e direcionado. Mas ao voltar para casa, terminando no começo, você acentua a mudança do personagem em contraste com o mundo, que permaneceu o mesmo.

A jornada circular é a fundação de *O mágico de Oz*, *Ulysses*, *Procurando Nemo*, *King Kong*, *Dom Quixote*, *Quero ser grande*, *Coração das trevas*, *Beau geste*, *Destino insólito*, *Amargo pesadelo*, *As aventuras de Huckleberry Finn*, *Campo dos sonhos* e *Alice no País das Maravilhas*.

## 4. Torne o herói um peixe fora d'água

Comece com o herói em uma arena. Passe tempo suficiente nela para mostrar que quaisquer talentos que ele tenha são únicos nesse mundo. Depois envie o personagem para um segundo mundo – sem uma viagem – e mostre como os talentos que usava no primeiro mundo, embora parecessem deslocados, funcionam igualmente bem no segundo.

Essa abordagem é encontrada em *Um tira da pesada*, *Crocodilo Dundee*, *Chuva negra* e, em menor grau, mas ainda de modo importante, em *A testemunha* e *Dança com lobos*.

Estritamente falando, histórias de peixe fora d'água ocorrem em duas arenas distintas, não em uma. Por consequência, muitas vezes parecem ser duas histórias. O que as mantém unidas é que o herói usa os mesmos talentos nos dois lugares, de modo que o público sente que, embora as duas arenas sejam superficialmente muito diversas, são iguais em um modo muito mais profundo.

Uma das chaves para usar a técnica do peixe fora d'agua é evitar passar tempo demais na primeira arena. Ela é o ponto de partida para a história principal, que se desenvolve na segunda arena. A primeira cumpriu a função que tinha assim que foi possível mostrar os talentos do herói nesse mundo.

## As oposições dentro da arena

Você não deve criar personagens para povoar um mundo ficcional, não importa quão fabuloso seja esse mundo, mas sim criar um mundo ficcional para expressar e manifestar seus personagens, especialmente o herói.

Da mesma forma que definiu sua rede de personagens dramatizando as oposições entre eles, você vai definir o mundo ficcional dentro da arena única dramatizando as *oposições visuais*. Você fará isso voltando às oposições entre os personagens e os valores que eles defendem.

Retome sua rede de personagens e procure todos os modos pelos quais os personagens enfrentam uns aos outros. Busque especialmente os conflitos de valores, porque na verdade é por eles que os personagens principais estão lutando. A partir dessas oposições, você começará a ver oposições visuais emergindo de dentro do mundo físico também.

Extraia essas oposições visuais e descubra quais delas podem ser as três ou quatro centrais. Vamos olhar para alguns exemplos em histórias e ver como elas podem surgir das oposições entre personagens.

• *A felicidade não se compra*
(conto "The Greatest Gift" de Philip Van Doren Stern, roteiro de Frances Goodrich, Albert Hackett e Frank Capra, 1946)
O filme é estruturado para que o público possa ver duas versões diferentes de uma mesma cidade. Note como esse elemento enorme do mundo ficcional, uma cidade, é uma expressão direta da oposição fundamental de personagens entre George Bailey e o sr. Potter. Cada versão da cidade é uma manifestação física dos *valores* desses dois homens: Pottersville é o resultado do governo de um homem único e da ganância desmedida, enquanto Bedford Falls resulta da democracia, decência e gentileza.

• *Crepúsculo dos deuses*
(Charles Brackett, Billy Wilder e D. M. Marshman Jr., 1950)

A oposição central em *Crepúsculo dos deuses* é entre o roteirista pobre, Joe Gillis, que ainda acredita em fazer um bom trabalho sob aquele verniz de ganância, e a estrela de cinema decadente Norma Desmond. As oposições visuais decorrem do apartamento apertado de Joe *versus* a mansão dilapidada de Norma. A Los Angeles ensolarada, moderna e aberta *versus* uma mansão gótica escura. Jovem *versus* velha. Novatos com dificuldade para fazer sucesso *versus* um grande estúdio de cinema, inabalável e brutal. Os trabalhadores do entretenimento comuns *versus* a realeza cinematográfica de Hollywood.

• *O grande Gatsby*
(romance de F. Scott Fitzgerald, 1925)

Em *O grande Gatsby*, as oposições primárias são entre Gatsby e Tom, Gatsby e Daisy, Gatsby e Nick, Nick e Tom (note a oposição de quatro cantos). Cada um desses personagens é uma versão do homem comum do Meio-Oeste que foi à Costa Leste para ganhar dinheiro. Então, a primeira oposição do mundo ficcional é entre as planícies do Meio-Oeste e as torres altas e mansões elegantes do Leste. Tom é um "novo rico", mas sua fortuna é mais antiga que a de Gatsby, então há uma oposição entre os ricos de Long Island, o East Egg mais estabelecido onde Tom e Daisy vivem e o West Egg, ainda rico, porém mais *nouveau*, onde vive Gatsby. De fato, a mansão de Tom e Daisy é retratada como opulenta, mas conservadora, enquanto a de Gatsby, assim como o uso que faz dela, como o epítome do mau gosto e do exagero.

Gatsby ganhou sua extrema riqueza ilegalmente, como contrabandista, enquanto Nick é um vendedor de títulos de crédito honesto passando por dificuldades. Então Nick aluga o pequeno chalé de convidados de Gatsby, onde pode observar a comunidade falsa das festas do homem. Tom é um bruto valentão que trai a esposa, portanto, Fitzgerald contrasta a mansão dele com o posto de gasolina da amante. O autor acrescenta outro contraste entre submundos ao retratar a cidade de cinzas, os detritos ocultos do grande motor capitalista e mecanicista representado por Nova York e Long

Island. Em uma última explosão temática, Fitzgerald compara a cidade de Nova York, o auge da "civilização" estadunidense, à Nova York antes de ser desenvolvida, quando era cheia de promessas, "o grande seio verde do Novo Mundo".

• *King Kong*
(James Creelman e Ruth Rose, 1933)
*King Kong* estabelece sua oposição primária entre o produtor Carl Denham e a grande fera pré-histórica Kong. Então, a oposição principal no mundo ficcional é entre a ilha de Nova York, o mundo fabricado e excessivamente civilizado, mas brutal ao extremo, onde o criador de estrelas Denham é "rei", e a ilha da Caveira, o estado de natureza extremamente violento onde Kong, mestre da força física, é rei. Nessa oposição visual principal há um contraste de submundos em três partes: os residentes da cidade, os habitantes da ilha da Caveira e as feras pré-históricas da selva; todos estão envolvidos em uma forma diferente de luta pela sobrevivência.

• *Dança com lobos*
(romance e roteiro de Michael Blake, 1990)
*Dança com lobos* muda sua oposição central de personagens e valores ao longo da história, então as oposições visuais principais também se alteram. A princípio, o herói John Dunbar quer ser parte da construção da fronteira estadunidense antes que ela desapareça. A primeira oposição do mundo ficcional, portanto, é entre os Estados Unidos da Guerra Civil do Leste, corrompidos pela escravidão, e as amplas planícies vazias e selvagens do Oeste, onde a promessa do país ainda está fresca. No mundo das planícies ocidentais, o aparente conflito de valores é entre o soldado branco, Dunbar, que acredita na construção da nação estadunidense, e os sioux lakota, que parecem ser selvagens determinados a destruí-la.

Mas o escritor Michael Blake usa esse retrato dos submundos para subverter essa *aparente* oposição de valores. O posto de cavalaria de Dunbar é um buraco de lama vazio e desprovido de vida, uma rachadura feia na terra. O vilarejo sioux é uma pequena utopia, um conjunto de tendas à margem do rio, onde os cavalos pastam e as crianças brincam. À medida que a história avança, Blake mostra a oposição mais profunda de valores entre um mundo expansionista estadunidense que trata animais e indígenas como objetos a serem destruídos *versus* um mundo indígena que convive com a natureza e trata os seres humanos de acordo com as qualidades de seu coração.

• *Los Angeles: cidade proibida*
(romance de James Ellroy, roteiro de Brian Helgeland e Curtis Hanson, 1997)

Nesse filme, a oposição principal entre personagens parece ser entre policiais e assassinos. Na verdade, é entre detetives da polícia que acreditam em versões diferentes de justiça *versus* um chefe de polícia assassino e um promotor público corrupto. É por isso que a primeira oposição visual, feita em *voice-over*, é entre Los Angeles como uma aparente utopia *versus* Los Angeles como uma cidade racista, corrupta e opressiva. Essa oposição essencial é então dividida ainda mais à medida que os três policiais principais são apresentados: Bud White, o policial verdadeiro que acredita em fazer justiça com as próprias mãos; Jack Vincennes, o policial ardiloso que ganha uma renda extra como conselheiro técnico em uma série policial e prende pessoas por dinheiro; e Ed Exley, o policial esperto que sabe quando participar do jogo político para favorecer as próprias ambições. A investigação desvela essa oposição de personagens e valores por meio de vários submundos, contrastando locais da Los Angeles rica, branca e corrupta, que de fato comete o crime, e da Los Angeles negra, que é culpada por ele.

# DETALHANDO O MUNDO FICCIONAL

Para detalhar as oposições visuais e o mundo ficcional, você deve combinar três grandes elementos: a terra (o cenário natural), as pessoas (os espaços fabricados) e a tecnologia (as ferramentas). Um quarto elemento, o tempo, é o modo como o seu mundo único se desenvolve ao longo da história, e vamos discuti-lo depois. Primeiro, vamos olhar para os cenários naturais.

## Cenários naturais

Nunca selecione os cenários naturais de sua história aleatoriamente. Cada cenário carrega consigo uma série de significados. Como diz Bachelard, "um psicólogo da imaginação [...] percebe que o cosmos forma o homem, transforma um homem das colinas em homem da ilha e do rio. Verifica então que a casa remodela o homem".[3] Você precisa conhecer alguns dos significados possíveis dos vários cenários naturais, como colinas, ilhas e rios, para determinar se algum deles expressa melhor sua trama, personagens e temas.

## Oceano

Para a imaginação humana, o oceano se divide em dois lugares distintos: a superfície e o fundo do mar. A superfície é a paisagem bidimensional por excelência, a mesa plana até onde a vista alcança. Isso a faz parecer abstrata apesar de totalmente natural. A superfície plana abstrata, como um enorme tabuleiro de xadrez, intensifica a sensação de *desafio*, de um jogo de vida e morte jogado na maior escala possível.

Já o fundo do mar é a paisagem tridimensional por excelência, onde as criaturas não têm peso e, portanto, vivem em todos os níveis. Essa qualidade flutuante de ausência de peso é um elemento comum quando a mente humana imagina uma utopia, e por isso o fundo do mar foi muitas vezes o local de sonhos utópicos.

Mas o fundo do mar também é um cemitério aterrorizante, uma força enorme e impessoal que agarra silenciosamente qualquer pessoa ou coisa na superfície e a puxa para as profundezas escuras e infinitas. O oceano é uma caverna vasta onde mundos antigos, criaturas pré-históricas, segredos passados e tesouros esquecidos são engolidos e jazem à espera de descoberta.

Histórias de oceano incluem *Moby Dick*, *Titanic*, *Procurando Nemo*, *Vinte mil léguas submarinas*, *A pequena sereia*, *Atlantis: o reino perdido*, *O lobo do mar*, *Mestre dos mares: o lado mais*

---

[3] BACHELARD, Gaston. *The poetics of space*. Boston: Beacon Press, 1969, p. 47.

*distante do mundo, O mar é nosso túmulo, O grande motim, A ca-*
*çada ao Outubro Vermelho, Tubarão e Submarino amarelo.*

## Espaço sideral

O espaço sideral é o oceano "de fora", um vazio negro infinito
que esconde uma diversidade ilimitada de mundos. Assim como o
fundo do mar, é tridimensional, e, assim como a superfície do oceano, parece tanto abstrato como natural. Tudo se move através da
escuridão, de modo que cada coisa, embora um indivíduo único,
também seja acentuada em seu caráter mais essencial. Há a "nave
espacial", o "ser humano", o "robô", o "alienígena". Histórias de ficção científica muitas vezes usam a forma mítica não só porque o
mito é sobre a jornada, mas também porque é a forma de história
que explora as distinções humanas mais fundamentais.

Como o espaço contém a promessa de diversidade ilimitada de
mundos, é o lugar da aventura infinita. Histórias de aventura sempre possuem um senso de descoberta, do novo, do incrível, e isso
pode ser tanto empolgante como aterrorizante. Neste ponto da história da humanidade na Terra e do desenvolvimento de histórias,
o espaço é o único cenário natural onde essa sensação de aventura
ilimitada ainda é possível. (O oceano também é, em grande parte,
inexplorado, mas, como não podemos imaginar uma comunidade
real vivendo nele, é um lugar que abriga mundos humanos apenas
na fantasia.)

O espaço é o domínio de histórias de ficção científica como
*2001: uma odisseia no espaço* e *Duna*, os filmes de *Star Wars*,
*Blade Runner: o caçador de androides*, *Apollo 13: do desastre ao
triunfo*, *Planeta proibido*, muitas das histórias de *Além da imaginação*, os filmes e séries televisivas de *Star Trek* e os filmes da
franquia *Alien*.

## Floresta

A qualidade central da floresta em uma história é ser uma catedral natural. As árvores altas, com folhas pendendo sobre nós
e nos protegendo, parecem sábios idosos que nos garantem que,

quaisquer que sejam as circunstâncias, as coisas se resolverão com o tempo. É o lugar para onde vão as pessoas contemplativas e os amantes em busca de um esconderijo.

Mas esse olhar introspectivo intenso propiciado pela floresta também traz uma sensação de agouro. A floresta é onde as pessoas se perdem. É o refúgio de fantasmas e de vidas passadas, o lugar onde caçadores perseguem sua presa – que é, muitas vezes, humana. A floresta é mais domesticada que a selva; a selva pode matar qualquer coisa que caminhar por ela a qualquer momento. A floresta, quando exerce sua força assustadora, causa, antes de tudo, uma perda mental. Age de modo mais lento que a selva, mas ainda mortífero.

Vemos a floresta usada em muitos contos de fadas, assim como em *A lenda do cavaleiro sem cabeça, O senhor dos anéis,* a série Harry Potter, *O retorno de Jedi, Shrek, Excalibur: a espada do poder, Do jeito que você gosta, Sonho de uma noite de verão, Cântico dos cânticos, O mágico de Oz, Onde os homens são homens, O lobisomem, A bruxa de Blair* e *Ajuste final.*

## Selva

A selva é o estado da natureza. Seu efeito primário na imaginação é a sensação de sufocamento. Tudo nela agarra você. A selva cria no público a sensação mais forte do poder da natureza sobre o ser humano. Nesse ambiente, a pessoa é reduzida a uma fera.

Ironicamente, um lugar tão primevo também é um dos dois cenários naturais que expressam a teoria da evolução, a moderna teoria da mudança.

O mundo da selva é encontrado nos filmes de *Star Wars,* nas histórias de *Tarzan,* incluindo *Greystoke, King Kong, Uma aventura na África, Jurassic Park: o parque dos dinossauros* e *O mundo perdido: Jurassic Park, Floresta das esmeraldas, Aguirre: a cólera dos deuses, A costa do mosquito, Fitzcarraldo, A bíblia envenenada, Coração das trevas* e *Apocalypse now.*

## Deserto e gelo

Mundos desérticos e gélidos são lugares de morte a todo momento. Mesmo histórias têm dificuldade em crescer aqui. Essas paisagens parecem completamente impessoais em sua brutalidade.

Quando algo valioso emerge delas, é porque pessoas obstinadas foram para lá a fim de usar o isolamento para se fortalecer e crescer. Um exemplo raro de um mundo de gelo retratado como utopia é encontrado no romance de Mark Helprin *Um conto do destino*. Helprin apresenta um vilarejo cujo senso de comunidade aumenta quando o inverno o isola do resto do mundo e congela o lago, no qual os moradores promovem todo tipo de divertimento invernal.

Mundos de deserto ou gelo são proeminentes nos filmes de *Star Wars, Fargo, Lawrence da Arábia, Beau geste, Duna, A morte não manda recado, Paixão dos fortes, Legião invencível, Era uma vez no Oeste, Meu ódio será sua herança, O céu que nos protege, Em busca do ouro* e *O grito da selva*.

## Ilha

A ilha é o cenário ideal para criar uma história em um contexto social. Como o oceano e o espaço sideral, é tanto extremamente abstrata como completamente natural. É uma miniatura da Terra, um pedacinho de terra cercado por água. A ilha é, por definição, um lugar isolado. É por isso que, nas histórias, é o laboratório do ser humano, um paraíso ou inferno solitário, o lugar onde um mundo especial pode ser construído e onde novas formas de vida podem ser criadas e testadas.

A qualidade apartada e abstrata da ilha é o motivo para ser tão usada para retratar uma utopia ou distopia. E, até mais que a selva, a ilha é o cenário clássico para mostrar o funcionamento da evolução.

Histórias que usam a ilha como cenário central incluem *Robinson Crusoé, A tempestade, As viagens de Gulliver, Os incríveis, King Kong, A ilha do tesouro, A ilha misteriosa, A ilha do dr. Moreau, O senhor das moscas, Destino insólito, Jurassic Park: o parque dos dinossauros* e *O mundo perdido: Jurassic Park, Náufrago,* a série *Lost* e, talvez o melhor uso da ilha em uma história de todos os tempos, *A ilha dos birutas.*

De muitas formas, a ilha oferece as possibilidades mais complexas de história entre todos os cenários naturais. Vamos examinar em detalhes como tirar o máximo de um mundo de ilha. Repare que o melhor jeito de expressar o significado inerente a esse cenário natural é por meio da estrutura da história:

- No começo, dedique um tempo a estabelecer a sociedade normal e a posição dos personagens nela. (NECESSIDADE)
- Mande os personagens para uma ilha. (DESEJO)
- Crie uma nova sociedade baseada em regras e valores diferentes. (DESEJO)
- Torne o relacionamento entre os personagens muito diferente do que era na sociedade original. (PLANO)
- Por meio do conflito, mostre o que funciona e o que não funciona. (OPONENTE)
- Mostre personagens experimentando algo novo quando as coisas não funcionam. (REVELAÇÃO OU AUTORREVELAÇÃO)

## Montanha

O mais alto de todos os lugares se traduz, em termos humanos, na terra da grandeza. É para lá que os fortes vão para se testar – geralmente por meio de isolamento, meditação, falta de conforto e um confronto direto com a natureza extrema. O cume da montanha é o mundo do filósofo natural, o grande pensador que deve entender as forças da natureza para conviver com elas e, às vezes, controlá-las.

Em termos de estrutura, a montanha, o lugar alto, é mais associada à revelação, o mais mental dos 22 passos de estrutura (veja o Capítulo 8). As revelações, nas histórias, são os momentos de descoberta, as chaves para inverter a trama e levá-la a um nível mais "alto" e intenso. Novamente, o cenário de montanha cria uma conexão direta entre espaço e pessoa, nesse caso, altura e revelação.

Essa conexão direta de espaço e pessoa é encontrada no caráter negativo da montanha também. Muitas vezes ela é retratada como um lugar de hierarquia, privilégio e tirania, tipicamente de um aristocrata que comanda o povo comum abaixo.

*

PONTO-CHAVE: A montanha geralmente é usada
como oposição à planície.

*

A montanha e a planície são os dois únicos cenários naturais que entram em contraste visual um com o outro, de modo que os escritores muitas vezes usam o método comparativo para destacar as qualidades essenciais e opostas de cada uma delas.

O mundo da montanha é importante na história de Moisés, nos mitos gregos com os deuses no Monte Olimpo, em muitos contos de fadas, *A montanha mágica*, *Horizonte perdido*, *O segredo de Brokeback Mountain*, *Batman Begins*, *As neves do Kilimanjaro*, *Adeus às armas*, *O franco-atirador*, *O último dos moicanos*, *Dança com lobos*, *Os brutos também amam*, *O iluminado* e uma série de outras histórias de terror.

## Planície

O terreno reto da planície é amplo e acessível a todos. Em contraste com a selva limitadora, a planície é totalmente livre. É por isso que, nas histórias, ela é o lugar da igualdade, liberdade e dos direitos do homem comum. Mas essa liberdade não vem sem custo e conflito. Assim como a superfície do oceano, a lisura extrema da planície torna-se abstrata, acentuando a sensação de desafio, de uma luta de vida e morte que será encenada nessa arena.

De forma negativa, a planície é retratada com frequência como o lugar onde vivem os medíocres. Em contraste ao pequeno número de excepcionais que vive no topo das montanhas, os ordinários, que são muitos, vivem como parte de um rebanho abaixo. Eles não pensam por si, então é fácil manipulá-los, geralmente de modos destrutivos.

Vemos a planície retratada na maioria dos faroestes, incluindo *Os brutos também amam* e *Da terra nascem os homens, Cinzas no paraíso, Dança com lobos, A sangue frio, Horizonte perdido, As neves do Kilimanjaro, Adeus às armas, Gosto de sangue* e *Campo dos sonhos.*

## Rio

O rio é um cenário natural excepcionalmente poderoso, talvez o maior de todos nas histórias. Ele percorre um trajeto, o que o torna a manifestação física perfeita para histórias míticas, cuja estrutura depende da jornada.

Mas o rio é mais do que um trajeto. É uma estrada *para dentro* ou *para fora* de algum lugar. Isso intensifica a impressão de que o trajeto é uma linha orgânica e em desenvolvimento, não só uma série de episódios. Por exemplo, em *Coração das trevas*, o herói sobe o rio cada vez mais para dentro da selva. A linha de desenvolvimento humano conectada a esse caminho vai da civilização ao inferno da barbárie.

Em *Uma aventura na África*, o herói inverte essa viagem e esse processo ao descer pelo rio para fora da selva. Seu desenvolvimento começa em uma selva infernal cheia de morte, isolamento e loucura, e passa para o mundo humano de dedicação e amor.

O rio como lugar de passagem física, moral e emocional é encontrado em *As aventuras de Huckleberry Finn, Amargo pesadelo, Coração das trevas* e sua adaptação *Apocalypse now, Nada é para sempre* e *Uma aventura na África.*

Só tome cuidado com os clichês visuais. É fácil cair na armadilha de usar cenários naturais de um jeito banal. "Meu herói vai ter uma grande revelação? Vou mandá-lo para a montanha." Certifique-se de que todo cenário natural seja fundamental à história e, acima de tudo, use-o de um modo original.

## Tempo atmosférico

O tempo atmosférico, assim como os cenários naturais, pode propiciar uma representação física poderosa da experiência interna do personagem ou evocar sentimentos fortes no público. Estas são as correlações clássicas entre tempo atmosférico e emoções:

- Raios e trovões: paixão, terror, morte.
- Chuva: tristeza, solidão, tédio, aconchego.
- Vento: destruição, desolação.
- Névoa: ofuscação, mistério.
- Sol: felicidade, diversão, liberdade, mas também corrupção oculta sob um exterior agradável.
- Neve: sono, serenidade, a morte silenciosa e inexorável.

Mais uma vez, evite simplesmente repetir essas correlações clássicas e tente usar o tempo atmosférico de modos surpreendentes e irônicos.

## Espaços fabricados

Espaços fabricados por seres humanos são ainda mais valiosos para o escritor do que os naturais porque resolvem um de seus problemas mais difíceis: como expressar uma sociedade? Em histórias, todos os espaços fabricados são uma forma de condensador-expansor. Cada um é uma expressão física, em microcosmo, do herói e da sociedade onde ele vive.

O problema para o escritor é como expressar essa sociedade no papel de modo que o público compreenda o relacionamento mais profundo entre o herói e outras pessoas. A seguir, veja alguns dos principais espaços fabricados que podem ajudá-lo nisso.

### A casa

Para o contador de histórias, espaços fabricados começam com a casa. A casa é a primeira área limitada de uma pessoa. Seus elementos físicos únicos moldam o crescimento da mente e do bem-estar da pessoa. A casa também é o lar da família, que é a unidade central da vida social e do drama. Todos os escritores de ficção, portanto, devem considerar seriamente qual o papel de uma casa na história em que estão trabalhando.

A casa é insuperável como lugar de intimidade, tanto para seus personagens como para o público, mas é cheia de oposições visuais que você deve conhecer a fim de expressá-la em seu maior potencial dramático.

### Segurança *versus* aventura

A casa é, em primeiro lugar, a grande protetora. "Encontrar a concha inicial, em toda moradia, mesmo no castelo, eis a tarefa primeira."[4] Em outras palavras, "E sempre, em nossos devaneios, a casa é um grande berço [...] a vida começa bem; começa fechada, protegida, agasalhada no seio da casa".[5]

A casa pode começar como a casca, o berço e o ninho do ser humano, mas esse casulo protetor é também o que torna possível o oposto: a casa como a base forte da qual saímos para enfrentar o mundo. "[A] casa respira. É a armadura e depois se estende até o infinito. Dizer tanto é o mesmo que dizer que vivemos aí a cada passo, na segurança e na aventura. Ela é célula e é mundo."[6] Muitas vezes, nas histórias, o primeiro passo da aventura, o desejo dela, acontece na janela. Um personagem olha através dos olhos da casa, escutando, talvez, até o apito de um trem, e sonha em partir.

### Chão *versus* céu

Uma segunda oposição embutida na casa é aquela entre chão e céu. A casa tem raízes profundas. Ela se acocora, transmitindo ao mundo e a seus habitantes que é sólida e confiável.

Mas a casa também se estende em direção ao céu. Como uma pequena, mas orgulhosa catedral, a casa deseja gerar em seus habitantes o que há de mais "elevado" e de melhor. "[...] todo ser fortemente terrestre – e a casa é um ser fortemente terrestre – registrava da

---

4 BACHELARD, Gaston. *The poetics of space.* Boston: Beacon Press, 1969, p. 4.

5 Ibidem, p. 7.

6 Ibidem, p. 51.

mesma forma os apelos de um mundo aéreo, de um mundo celeste. A casa bem enraizada gosta de ter uma ramificação sensível ao vento, um sótão que tem barulhos de folhagem."[7]

## A casa calorosa

Nas histórias, a casa calorosa é grande (embora geralmente não uma mansão), com quartos, cantos e nichos suficientes para que a individualidade de cada habitante floresça. Note que a casa calorosa abriga, em seu interior, dois elementos opostos: a segurança e o aconchego da concha e a diversidade que só é possível dentro de algo grande.

Muitas vezes escritores intensificam o aspecto caloroso da casa grande e diversa usando a técnica conhecida como "casa inquieta". Essa é a técnica de Pieter Bruegel (especialmente em pinturas como *Caçadores na neve* e *Paisagem de inverno com armadilha de pássaro*), mas aplicada à casa. Na casa inquieta, todos os indivíduos diferentes de uma família estendida se ocupam com seu próprio bolsão de atividade. Indivíduos e pequenos grupos podem se juntar por um momento especial e depois seguir cada um o seu caminho. Essa é a comunidade perfeita no nível da casa. Cada pessoa é tanto um indivíduo como parte de uma família acolhedora e, até quando todos estão em partes diferentes da casa, o público consegue sentir um espírito gentil que os conecta.

A casa grande e diversa e a casa inquieta são encontradas em histórias como *Do mundo nada se leva*, *Agora seremos felizes*, *Nossa vida com papai*, *Regras da vida*, *Orgulho e preconceito*, *Soberba*, *Os excêntricos Tenenbaums*, *Flores de aço*, *A felicidade não se compra*, a série de TV *Os Waltons*, *David Copperfield*, *Como era verde o meu vale*, *Mary Poppins* e *Submarino amarelo*.

Parte do poder da casa calorosa é que ela apela às lembranças de infância do próprio público, sejam elas reais, sejam imaginadas. A casa de todos era grande e aconchegante na infância e, se eles logo descobriram que moravam num casebre, ainda podem olhar para a

---

7 BACHELARD, Gaston. *The poetics of space*. Boston: Beacon Press, 1969, p. 52.

casa grande e calorosa e ver como gostariam que sua infância tivesse sido. É por isso que a casa calorosa é usada com tanta frequência relacionada às histórias de memória, como *Uma história de Natal,* de Jean Shepherd, e também por isso que os contadores de histórias estadunidenses usam com tanta frequência mansões vitorianas periclitantes, com suas muitas cumeeiras e recantos de eras passadas.

Nas histórias, o bar é uma versão da casa e ele também pode ser caloroso ou aterrorizante. Na série *Cheers*, o bar é uma utopia, uma comunidade onde "todos sabem o seu nome". Os clientes regulares estão no mesmo lugar, sempre cometendo os mesmos erros e mantendo relações excêntricas uns com os outros. O bar também é um lugar caloroso porque ninguém *precisa* mudar.

• *Casablanca*
(peça *Everybody Comes to Rick's,* de Murray Burnett e Joan Alison, roteiro de Julius J. Epstein, Philip G. Epstein e Howard Koch, 1942)
O mundo ficcional é tão importante para o sucesso de *Casablanca* quanto para uma história elaborada de fantasia, mito ou ficção científica. E tudo se foca no bar de Rick, o Rick's Café Americain.

O que torna o bar de *Casablanca* único como mundo ficcional e incrivelmente potente para o público é que ele é tanto uma distopia como uma utopia. O bar é o lugar que o rei do submundo chama de lar.

O Rick's Café Americain é uma distopia porque todos querem escapar de Casablanca, e é ali que passam o tempo, esperando, esperando, sempre esperando para fugir. Não há saída. Também é uma distopia porque tudo gira em torno de avareza e suborno, uma expressão perfeita do cinismo, egoísmo e desespero do herói.

Ao mesmo tempo, o bar é uma utopia fabulosa. Rick é o mestre ali, o rei em seu covil, e todos os seus cortesãos lhe prestam homenagem. O café é uma casa grande e calorosa, com muitos nichos e alcovas, e tem todo tipo de personagens para ocupá-los. Cada um não só conhece o próprio lugar como também gosta dele. Há Carl, o garçom; Sascha, o bartender; Abdul, o guarda; Emil, que cuida do cassino; e o parceiro de Rick, Sam, mestre da música. Em uma mesa fica Berger, o norueguês nerd e agente da resistência, só esperando para seguir as ordens de Laszlo. Temos até o esconderijo perfeito para as cartas de salvo-conduto, sob o tampo do piano de Sam.

Em uma terra de contradições, a casa calorosa abriga tudo o que é descolado e indiferente personificado no Rei Rick, vestido impecavelmente em seu terno branco – um homem sempre elegante e espirituoso, mesmo sob a ameaça de assassinos nazistas. Mas esse é um mundo que vive à noite e o rei dele é sombrio e taciturno. Ele se refere a seus dois mensageiros assassinados como os "mortos honrados". O rei é Hades.

Ao criar um mundo selado que é tanto uma distopia como utopia, os escritores de *Casablanca* na verdade criam um mundo ficcional como uma fita de Möbius, que nunca termina. O Rick's Café Americain abre toda noite, e sempre abrirá. Refugiados ainda se encontram nele, o capitão ainda aposta e desfruta das mulheres, os alemães ainda fazem sua aparição arrogante. É um daqueles lugares atemporais que geram grandes histórias e continua a existir porque é um covil aconchegante onde todos gostam de seu papel.

Longe de ser o lugar onde todos querem um visto de saída, o bar de Rick na afastada Casablanca é a comunidade perfeita da qual ninguém no público quer partir.

## A casa aterrorizante

Ao contrário da casa calorosa, a casa aterrorizante geralmente ultrapassou o limite de casulo e tornou-se uma prisão. Nas melhores histórias desse tipo, a casa é aterrorizante porque é um rebento da grande fraqueza e necessidade do personagem. Essa casa é a manifestação do maior medo dele. Em situações extremas, a mente do personagem apodreceu de alguma forma e a casa também está em ruínas – o que não a torna uma prisão menos poderosa.

Em *Grandes esperanças*, a srta. Havisham é uma escrava em sua própria mansão dilapidada porque escolheu martirizar-se no altar do amor não correspondido. A mente dela adoeceu com amargura; a casa é a imagem perfeita dessa mente. Em *O morro dos ventos uivantes*, a casa é uma prisão terrível porque Cathy abandonou o amor verdadeiro lá e porque a amargura de Heathcliff o levou a cometer atos terríveis contra seus habitantes em nome de Cathy.

Histórias de terror dão forte ênfase à casa assombrada, que é um dos *beats* típicos dessa forma. Estruturalmente, a casa assombrada ou aterrorizante representa o poder que o passado exerce sobre o presente. A casa em si torna-se uma arma de vingança pelos pecados cometidos pelos pais e mães. Nessas histórias, a casa não tem que ser uma mansão decrépita e cheia de rangidos, com portas que batem, paredes que se movem e passagens secretas escuras. Podem ser as casas simples e suburbanas de *Poltergeist: o fenômeno* e *A hora do pesadelo* ou o grande hotel no topo da montanha em *O iluminado*. Nesse cume, o isolamento e os pecados passados do hotel não fazem o herói ter grandes pensamentos, mas o levam à loucura.

Quando a casa aterrorizante é uma grande carcaça gótica, é muitas vezes habitada por uma família aristocrática. Os moradores vivem à custa do trabalho de outros, que costumam habitar o vale abaixo, simplesmente por terem nascido aristocratas. A casa é ou vazia demais para o seu tamanho, o que implica que não há vida na estrutura, ou atulhada de mobília cara, mas antiquada, que oprime pela quantidade. Nessas histórias, a casa se alimenta dos habitantes parasíticos, assim como eles se alimentam de outras pessoas. Por fim, a família cai e, quando a história é levada ao extremo, a casa queima, devora-os ou desaba sobre eles. Exemplos são *A queda da casa de Usher* e outras histórias de Poe, *Rebecca: a mulher inesquecível*, *Jane Eyre*, *Drácula*, *Os inocentes*, *Terror em Amityville*, *Crepúsculo dos deuses*, *Frankenstein*, ou o *Prometeu moderno*, *Longa jornada noite adentro* e histórias de Tchekhov e Strindberg.

Em histórias mais modernas, a casa aterrorizante é uma prisão porque não é grande e diversa, mas pequena e abarrotada, com paredes finas ou sem paredes. A família fica toda apertada, então não há uma comunidade, nenhum cantinho separado e aconchegante onde cada pessoa tem espaço para se tornar um indivíduo. Nessas casas, a família como unidade básica do drama é a unidade de um conflito eterno. A casa é aterrorizante por ser uma panela de pressão que não oferece saída para seus membros, até que a panela explode. Exemplos são *A morte de um caixeiro-viajante*, *Beleza americana*, *Um bonde chamado desejo*, *Quem tem medo de Virginia Woolf?*, *Longa jornada noite adentro*, *Algemas de cristal*, *Carrie: a estranha*, *Psicose* e *O sexto sentido*.

## Porão *versus* sótão

Dentro da casa, a oposição central é entre porão e sótão. O porão fica no subsolo; é o cemitério da casa, no qual os cadáveres, o passado sombrio e os terríveis segredos da família ficam enterrados – mas não por muito tempo. Eles estão esperando para retornar e, quando por fim voltam à sala de estar ou ao quarto, geralmente destroem a família. Os esqueletos no porão podem ser chocantes, como em *Psicose*, ou engraçados de um jeito sombrio, como em *Este mundo é um hospício*.

O porão também é onde conspirações são elaboradas, emergindo da parte mais escura da casa e da mente. É a oficina natural para o criminoso e o revolucionário. Essa técnica é usada em *Notas do subsolo*, *O mistério da torre*, *O silêncio dos inocentes* e *M: o vampiro de Dusseldorf*.

O sótão é um meio-cômodo atulhado, mas fica no topo da estrutura, onde a casa encontra o céu. Quando é habitado, é o lugar onde grandes pensamentos ou arte são criados, ainda inéditos ao mundo (*Moulin Rouge: amor em vermelho*). O sótão também traz o benefício da altura e da perspectiva – seus habitantes podem olhar pela janelinha e enxergar uma cena de comunidade estilo Bruegel na rua abaixo.

O sótão, assim como o porão, é o lugar onde as coisas ficam escondidas. Como é a "cabeça" da casa, essas coisas escondidas, quando são aterrorizantes, geralmente estão relacionadas à loucura (*Jane Eyre*, *À meia-luz*). Mas é mais frequente que as coisas escondidas sejam positivas, como tesouros e lembranças. Um personagem descobre um antigo baú no sótão que abre uma janela para quem ele era ou para seus antepassados.

## A estrada

Nos espaços fabricados das histórias, o oposto da casa é a estrada. A casa nos convida a nos aconchegar, a vivermos em um momento atemporal, a ficarmos confortáveis, a nos acomodar. A estrada é o chamado para sair, explorar e a nos tornar uma nova pessoa. A casa é a história simultânea em que tudo acontece de uma vez. A estrada é a história linear, com coisas acontecendo em uma linha de desenvolvimento.

George Sand escreveu: "O que é mais belo que uma estrada? Ela é o símbolo e a imagem de uma vida ativa e variada". [8] A estrada é sempre tênue. É uma linha única e estreita, a marca mais sutil do ser humano cercado por uma imensidão rústica e impessoal. Exige coragem, mas oferece visões quase infinitas de quem o viajante pode se tornar. A estrada, por mais estreita que seja, promete um destino que vale a pena alcançar.

Histórias míticas se centram nessa oposição fundamental entre casa e estrada. A história mítica clássica começa na casa. O herói parte em uma jornada, encontrando muitos oponentes que o testam, somente para voltar para casa tendo aprendido o que já existia em seu interior. Nessas histórias, a casa, no começo, não é bem usada. O herói não criou seu eu único naquele lugar seguro ou se sentiu escravizado ali. A estrada o obriga a pôr suas habilidades à prova. No mito, entretanto, ele não se tornará alguém novo na estrada. Deve voltar para casa para perceber quem sempre foi, mas de um jeito mais profundo.

## Técnica de mundo ficcional: o veículo

O segundo motivo principal para histórias de jornada parecerem fragmentadas, além do fato de apresentarem arenas demais, é que o herói encontra uma série de oponentes em sucessão na estrada. É por isso que uma das chaves para que esse tipo de história funcione é o veículo no qual o herói viaja. Uma regra básica é: quanto maior o veículo, mais unificada a arena. Quanto maior o veículo, mais fácil é levar consigo os oponentes na jornada. Esses são os oponentes *contínuos* e, junto com o herói, criam uma arena única dentro do veículo.

---

8 SAND, George. *Consuelo*, v. II, p. 116.

Histórias de viagem que usam veículos grandes incluem *Titanic* e *A nau dos insensatos* (navio), *Assassinato no Expresso Oriente* e *Suprema conquista* (trem) e *Quase famosos* (ônibus).

## A cidade

O maior microcosmo fabricado é a cidade. Ela é tão grande que rompe os limites do microcosmo e se torna esmagadora. A cidade é formada por milhares de prédios e milhões de pessoas e, no entanto, é uma experiência única da vida humana que deve ser transmitida de alguma forma na história.

Para sistematizar o vasto escopo da cidade, escritores reduzem-na a um microcosmo menor. Um dos mais populares é a instituição. Uma instituição é uma organização com uma função específica, limites, conjuntos de regras, hierarquia de poder e sistema de operações. A metáfora da instituição transforma a cidade em uma operação militar altamente organizada, na qual um número enorme de pessoas é definido e se relaciona uns com os outros por sua função no todo.

Na maioria das vezes, um escritor que retrata a cidade como uma instituição cria um único prédio grande com muitos níveis e quartos, incluindo um quarto imenso com centenas de mesas em fileiras perfeitas. A cidade como instituição é encontrada em *Hospital*, *Beleza americana*, *Rede de intrigas*, *Pacto de sangue*, *Os incríveis* e *Matrix*.

## Técnica de mundo ficcional: combinando cenários naturais e cidade

A fantasia usa uma abordagem contrária à instituição para encontrar uma metáfora para a cidade. Em vez de limitar a cidade a uma organização regulada, a fantasia a expande ao imaginá-la como um tipo de cenário natural tal qual uma montanha ou selva. Uma vantagem dessa técnica é que transforma a cidade esmagadora em uma unidade, com características especiais que o público consegue reconhecer. Mais importante, sugere o tremendo potencial da cidade, tanto para o bem como para o mal.

## A cidade como montanha

O topo da montanha é uma metáfora natural comum para a cidade, em especial para uma extremamente vertical como Nova York. As torres mais altas, o cume da montanha, são o lar dos ricos e poderosos. A classe média vive nas torres do meio, enquanto os pobres rastejam nas habitações baixas na base da "montanha". Fantasias criminais altamente estilizadas, como as histórias do Batman, usam a metáfora da montanha com frequência.

## A cidade como oceano

O oceano é uma metáfora natural mais poderosa para a cidade do que a montanha, que é clássica e previsível. Com essa metáfora, o escritor geralmente começa pelos telhados, que têm cumeeiras para que o público sinta que está flutuando nas ondas. Então a história "mergulha" sob a superfície para apanhar vários fios, ou personagens, que vivem em níveis diferentes desse mundo tridimensional e não costumam estar cientes dos outros "nadando" nessa área. Filmes tão diferentes quanto *Sob os tetos de Paris*, *Asas do desejo* e *Submarino amarelo* usam a metáfora do oceano de modo vantajoso.

A cidade como oceano também é a metáfora-chave para quando você deseja retratar a cidade sob uma ótica mais positiva, como um cenário onde indivíduos podem viver com liberdade, estilo e amor. Em histórias de fantasia, o principal modo de fazer isso é permitir que os residentes da cidade literalmente flutuem. Isso não é feito apenas para lhes dar o poder de voar – quando os personagens flutuam, tetos se tornam chão, nada está selado e as pessoas podem experimentar a liberdade máxima que vem de usar a imaginação juntas. Esse flutuar é uma metáfora para o potencial oculto dentro da cidade mundana; aborde o mundo previsível de um jeito novo e de repente tudo se torna possível.

Fora da fantasia, filmes que retratam a cidade como um oceano criam o efeito de flutuação com o olho da câmera. Por exemplo, no começo de *Sob os tetos de Paris*, a câmera plana pelos telhados com cumeeiras e depois mergulha sob a superfície do oceano e entra por uma janela aberta. Após observar alguns personagens por um tempo, ela "nada" para fora da janela e entra em outra, onde mostra outro grupo de personagens. Tudo isso faz parte da estrutura da história, criada pelo escritor, com o objetivo de evocar a sensação de uma comunidade estendida dentro do vasto oceano da cidade.

• *Mary Poppins*
(livros de P. L. Travers, roteiro de Bill Walsh e Don Da Gradi, 1964)

Mary Poppins é uma história baseada na metáfora da cidade como oceano. Mary desce do céu flutuando para começar sua estadia com os Banks. Na casa ao lado, um capitão está no telhado/convés de seu "navio" junto com seu imediato. Com Mary, as crianças aprendem que uma pessoa pode flutuar se passar o dia rindo. Enquanto isso, Burt e os limpadores de chaminé dançam nos telhados, que ele chama de "mar de encantamento". Com energia explosiva, eles saltam sobre as ondas (as cumeeiras dos telhados) e desafiam a gravidade, até que o capitão atira seu canhão e os limpadores todos desaparecem sob a superfície do oceano, esperando pela hora de dançar novamente.

## A cidade como selva

A cidade como selva é o oposto da cidade como oceano. Aqui, a qualidade tridimensional da cidade não é libertadora, e sim uma fonte de morte – inimigos espreitam por todos os lados, e um ataque fatal pode vir a qualquer instante. Essas cidades geralmente são constritivas, abafadas e úmidas, e seus habitantes são retratados como animais que diferem apenas no modo como matam. Muitas histórias policiais usaram essa metáfora, a ponto de torná-la um clichê. Exemplos de histórias que a usam de modos mais criativos são *O demônio da Algéria* (o casbá algeriano), *Homem-Aranha* (Nova York), *Batman Begins* (Gotham), *The jungle* (Chicago), *Blade Runner: o caçador de androides* (Los Angeles), *M: o vampiro de Dusseldorf* (Berlim) e *King Kong* (Nova York).

## A cidade como floresta

Esta é uma variação positiva da cidade como uma selva. Nessa técnica, os prédios são uma versão reduzida da cidade, mais humana, como se as pessoas vivessem em árvores. A cidade tem o aspecto e desperta a impressão de um bairro ou vilarejo em meio a torres impessoais. Quando a cidade é retratada como floresta, geralmente é uma visão utópica na qual as pessoas desfrutam dos benefícios de uma cidade fervilhante junto ao aconchego de morar em uma casa na árvore. Essa técnica pode ser vista em filmes como *Do mundo nada se leva* e *Os caça-fantasmas*.

• *Os caça-fantasmas*
(Dan Aykroyd e Harold Ramis, 1984)

Esta é uma história de aventura para meninos situada em Nova York. Os três "mosqueteiros" começam como professores em uma universidade aconchegante de cidade pequena. Trabalham com estudos paranormais, o que lhes permite realizar todo tipo de experimentos doidos com garotas bonitas. Então abrem uma empresa na qual recebem muito dinheiro para vestir uniformes legais, dirigir uma ambulância turbinada, atirar com engenhocas divertidas e morar em um edifício que pertencia ao corpo de bombeiros. A estação do corpo de bombeiros é uma casa na árvore para meninos por excelência. Eles vivem em um dormitório juntos, onde sonham com garotas sexy, e quando têm um trabalho podem deslizar pelo "tronco da árvore", ou o "poste", e sair para uma jornada insana. Há todo tipo de flutuação acontecendo nessa cidade.

## Miniaturas

Uma miniatura é uma sociedade encolhida. Miniaturas são a teoria do caos aplicada a histórias; mostram ao público *níveis de ordem*. A ordem do mundo maior, que é difícil demais de enxergar porque não podemos vê-la como um todo, fica subitamente clara ao ser reduzida.

Todos os espaços fabricados em uma história são algum tipo de miniatura, a única diferença é a escala. Uma miniatura é uma das técnicas fundamentais do mundo ficcional, pois é um condensador-expansor muito bom. Por sua natureza, não mostra uma coisa após a outra em sucessão, mas muitas coisas de uma só vez, em toda a complexidade de seus relacionamentos.

Uma miniatura tem três usos principais em uma história:

1. Permite que o público veja o mundo ficcional como um todo.

2. Permite que o autor expresse vários aspectos, ou facetas, de um personagem.

3. Demonstra o exercício de poder, com frequência da tirania.

O documentário clássico de Ray e Charles Eames, *Powers of Ten*, mostra como miniaturas funcionam em uma história. A um metro de altura vemos um casal deitado na grama fazendo piquenique. Um segundo depois, vemos o mesmo casal a cerca de dez metros, depois cem, então mil, dez mil e assim por diante. A perspectiva aumenta na potência de dez até que vemos grandes extensões do espaço sideral de uma "altura" incompreensível. A perspectiva então volta rapidamente ao casal na grama e inverte as potências de dez, mergulhando cada vez mais no mundo microscópico de células, moléculas e átomos. Cada perspectiva mostra um submundo completo, uma ordem de coisas que explica, em resumo, como aquele mundo funciona.

Uma miniatura exerce essa mesma função nas histórias. Mas o que mostra não é simplesmente a noção factual de como as partes do mundo ficcional se encaixam. Ela mostra o que importa. "Na miniatura os valores se condensam e se enriquecem."[9]

• *Cidadão Kane*
(Herman J. Mankiewicz e Orson Welles, 1941)
*Cidadão Kane* é uma história construída sobre miniaturas. Na sequência de abertura, Kane, em seu leito de morte, derruba e estilhaça o peso de papel de vidro que retrata uma cabana de madeira na

---

9 BACHELARD, Gaston. *The poetics of space*. Boston: Beacon Press, 1969, p. 150.

neve. Isso é uma miniatura da infância de Kane, que ele perdeu. Em seguida começa uma reportagem sobre ele, que é sua história de vida em miniatura, mas contada a partir de uma perspectiva distante e pseudo-histórica. A reportagem apresenta a propriedade de Kane, Xanadu, que é uma miniatura do mundo inteiro recriada dentro das paredes para o prazer e domínio pessoal de Kane. Cada miniatura dá ao público uma imagem carregada de valor desse homem rico, solitário e frequentemente tirânico. Ao mesmo tempo, o uso de tantas miniaturas sugere um dos temas da história: é impossível conhecer outra pessoa, por mais perspectivas e narradores que tenhamos.

• *O iluminado*
(romance de Stephen King, roteiro de Stanley Kubrick e Diane Johnson, 1980)

Em *O iluminado*, Jack Torrance, enquanto procrastina sua escrita, descobre uma miniatura do enorme labirinto de jardim atrás do hotel. Ele a observa diretamente de cima, assumindo a "perspectiva de deus", e vê a esposa e o filho no jardim abaixo como pequenas figuras. Essa miniatura é um *foreshadowing* (um tipo de vida em miniatura) de sua tentativa de assassinar o filho no jardim real que ocorre no fim da história.

## Grande a pequeno, pequeno a grande

Mudar o tamanho de um personagem é um ótimo jeito de chamar atenção para o relacionamento entre personagem e mundo ficcional. Na verdade, você realiza uma mudança revolucionária na mente do público, forçando-o a pensar tanto o personagem como o mundo de um jeito radicalmente novo. De um momento para o outro, as pessoas são confrontadas pelos princípios ou abstrações subjacentes ao que consideram ser normal; os próprios alicerces do mundo mudam por completo.

Um dos principais motivos para o gênero de fantasia existir é que nos permite ver as coisas como se fosse a primeira vez. Tornar um personagem minúsculo faz isso melhor que qualquer outra técnica. Toda vez que um personagem encolhe, regride à condição de uma criança. Negativamente, experimenta uma perda súbita de poder e pode até ficar aterrorizado por seus arredores enormes e opressores. Positivamente, o personagem e o público têm a sensação incrível de ver o mundo de uma nova forma. "O homem com a lupa é [...] a infância reencontrada. Com ela, ele recolhe-se ao jardim, no jardim *onde as crianças olham ao largo* [...]. Assim, o minúsculo, porta estreita, abre um mundo."[10]

É no momento da mudança que os princípios subjacentes ao mundo são ressaltados; no entanto, o mundo permanece intensamente real. De repente, o mundano é sublime. Em *Querida, encolhi as crianças*, o jardim dos fundos se torna uma selva aterrorizante. Em *Viagem fantástica*, o corpo humano se torna um espaço interno monstruoso, mas belo. Em *Alice no País das Maravilhas*, as lágrimas de Alice se tornam um oceano no qual ela quase se afoga. Em *King Kong*, o trem do metrô é uma cobra gigante para Kong, e o Empire State Building é a árvore mais alta que ele já viu.

A maior vantagem em tornar um personagem pequeno é que ele imediatamente se torna mais heroico. João escala um pé de feijão para combater um gigante e deve usar o cérebro, não os músculos, para vencer essa luta. O mesmo ocorre com Odisseu, que derrota o Ciclope agarrando-se à barriga de uma ovelha e dizendo a ele que aquele que o cegou se chama Ninguém.

Exemplos de personagens pequenos ou que se tornam pequenos incluem *As viagens de Gulliver*, *O pequeno Stuart Little*, *A polegarzinha*, *Os pequeninos*, *O pequeno polegar*, *Ben e eu* e *O incrível homem que encolheu*.

Ficar maior é sempre menos interessante do que ficar pequeno, porque você remove a possibilidade de sutileza e trama. O personagem monstruosamente grande é como um touro em uma loja de porcelana, dominando todo o ambiente. É por isso que Alice é gigante no País das Maravilhas apenas no começo da história, quando preenche a casa até transbordar. A maravilha do País das Maravilhas

---

10 BACHELARD, Gaston. *The poetics of space*. Boston: Beacon Press, 1969, p. 155.

logo seria perdida se Alice o esmagasse como uma mulher de quinze metros. É também por isso que a melhor parte da viagem de Gulliver para Lilliput é o início, quando ele ainda é escravizado pelos liliputianos de quinze centímetros. Quando Gulliver, como um gigante, assoma sobre as facções em guerra, defende o argumento abstrato de que o conflito entre nações é absurdo. Mas nesse ponto a história essencialmente cessa. Nada pode acontecer sem a permissão de Gulliver.

Uma história maravilhosa de fantasia é *Quero ser grande*, uma aparente exceção à regra de que ficar maior é menos interessante do que ficar menor. Mas o filme não é a história de um homem que se torna gigante entre pessoinhas. *Quero ser grande* subverte o conto do homem que fica pequeno ao fazer um garoto acordar como adulto. O charme da história é ver o personagem de Tom Hanks, fisicamente um homem maduro, comportar-se com a personalidade, a mente e o entusiasmo de uma criança.

## Passagens entre mundos

Toda vez que você estabelece pelo menos dois submundos em sua arena, pode usar uma ótima técnica: a passagem entre mundos. Uma passagem costuma ser usada só quando dois submundos são extremamente diferentes. Vemos isso com mais frequência no gênero de fantasia, quando o personagem deve passar do mundo ordinário para o fantástico. Algumas passagens clássicas são a toca do coelho, o buraco da chave e o espelho (*Alice no País das Maravilhas, Alice através do espelho*), o ciclone (*O mágico de Oz*), o guarda-roupa (*As crônicas de Nárnia: o leão, a feiticeira e o guarda-roupa*), a pintura e a chaminé (*Mary Poppins*), a tela de computador (*Tron: uma odisseia eletrônica*) e a televisão (*Pleasantville: a vida em preto e branco, Poltergeist: o fenômeno*).

Uma passagem exerce duas funções principais em uma história. Primeiro, leva o personagem literalmente de um lugar a outro. Segundo, e mais importante, é um tipo de câmara de descompressão, permitindo que o público faça a transição do realista para o fantástico. É como você comunica que as regras do mundo ficcional estão prestes a sofrer uma mudança radical.

A passagem diz: "Relaxe; não aplique seu conceito normal de realidade ao que está prestes a ver". Isso é essencial em uma forma altamente simbólica e alegórica como a fantasia, cujos temas subjacentes exploram a importância de olhar para a vida a partir de novas perspectivas e encontrar possibilidades até nas coisas mais comuns.

Idealmente, seu personagem deve atravessar a passagem devagar. Uma passagem é um mundo especial em si; ela deve ser preenchida com coisas e habitantes tanto estranhos como orgânicos à história. Deixe o personagem demorar-se ali; seu público o amará por isso. A passagem para outro mundo é uma das técnicas narrativas mais populares que existem. Invente uma passagem única e terá meio caminho andado.

## Tecnologia (ferramentas)

Ferramentas são extensões do ser humano e ampliam a potência de habilidades simples. Elas são um modo fundamental pelo qual os personagens se conectam com o mundo. Qualquer ferramenta que um personagem use se torna parte de sua identidade, mostrando não apenas como seu próprio poder foi ampliado, mas quão bem ele consegue manipular o mundo e se virar dentro dele.

A tecnologia é especialmente útil em gêneros que dão mais ênfase ao mundo ficcional, como ficção científica e fantasia, e em histórias muito ambiciosas que situam o herói em um sistema social mais amplo. Como é você que cria o mundo na ficção científica, as tecnologias específicas que inventar acentuarão os elementos da humanidade que mais o perturbam. E como toda grande história de ficção científica trata da visão do escritor quanto à evolução universal, o relacionamento dos seres humanos com a tecnologia sempre é central. Na fantasia, ferramentas como a varinha mágica são um sinal do autodomínio do personagem e indicam se ele usa seu conhecimento para o bem ou para o mal.

Em histórias nas quais os personagens estão presos a um sistema, as ferramentas permitem que você mostre como ele exerce o poder. Isso é especialmente verdadeiro em histórias de modernização nas quais uma sociedade inteira passa para um estágio mais complexo e com tecnologia mais avançada. Por exemplo, *Soberba* mostra os efeitos da ascensão do automóvel. Em *Cinema paradiso*, o cinema é destruído para abrir espaço para um estacionamento. No clássico antifaroeste (situado no final da expansão da fronteira estadunidense) *Meu ódio será sua herança*, os caubóis envelhecidos encontram seu primeiro automóvel e metralhadora. *Butch Cassidy*, outro ótimo antifaroeste, tem uma cena incrível na qual um vendedor de bicicletas empreendedor faz a propaganda do produto a pessoas relutantes a se juntar à perseguição dos fora da lei.

Mesmo em formas narrativas que não exploram o mundo de modo geral, as ferramentas podem ser úteis. Por exemplo, histórias de ação dão enorme ênfase à habilidade do herói de improvisar transformando objetos cotidianos em armas ou em meios de ganhar vantagem sobre o inimigo. No drama, as ferramentas do cotidiano são comuns a ponto de se tornarem invisíveis. Mas até nesse gênero a tecnologia (e às vezes a falta dela) ajuda a definir um personagem e seu lugar no mundo. Em *A morte de um caixeiro-viajante*, Willy Loman traz para casa setenta dólares de comissão, mas deve dezesseis dólares pela geladeira. Seu filho Happy lhe dá cinquenta dólares no Natal, mas consertar o aquecedor de água custa noventa e sete dólares e ainda há aquele serviço no carro. Willy está sempre "preso na máquina".

## CONECTANDO O MUNDO AO DESENVOLVIMENTO GERAL DO HERÓI

O primeiro passo para construir seu mundo ficcional é identificar as oposições visuais-chave baseadas em personagens e valores. O segundo passo é olhar para os pontos sem volta do desenvolvimento do herói.

Repare que isso é parecido com o processo que usamos para criar personagens. Lá começamos esboçando a rede de personagens, já que cada um, por meio de contraste e semelhança, ajuda a definir os outros. Então, focando o herói, olhamos primeiro para a gama de mudanças geral dele, começando pelo ponto sem volta (autorrevelação), voltando ao começo (fraqueza e necessidade, desejo) e depois criando os passos de estrutura entre eles. Fizemos isso porque toda história é uma jornada de aprendizado pela qual o herói passa e, como escritores, temos que saber o final dessa jornada antes de poder dar qualquer passo.

Para detalhar o mundo ficcional, teremos de refazer esse exato processo. Já descobrimos algumas das oposições visuais mais importantes no mundo ficcional ao examinar a rede de personagens. Agora, vamos focar a mudança geral do herói para ver como será o mundo no começo e no final da história.

Na vasta maioria das histórias, a mudança geral do herói passa da escravidão para a liberdade. Se isso for verdade na sua, é provável que o mundo visual também vá passar da escravidão para a liberdade. Vejamos como o movimento geral do personagem e o do mundo caminham juntos.

Um *personagem* é escravizado primariamente devido a suas fraquezas psicológicas e morais. Um *mundo* é escravizante (ou libertador) com base no relacionamento entre os três elementos principais – a terra (cenários naturais), as pessoas (espaços fabricados) e a tecnologia (ferramentas) – e como eles afetam o herói. O modo único como você combina esses elementos define a natureza do mundo ficcional.

> • Começo (escravidão): se a terra, as pessoas e a tecnologia estão desequilibradas, cada pessoa cuida só de si, reduzida a um animal lutando por recursos escassos ou a uma engrenagem que trabalha pelo bem maior de uma máquina. Esse é um mundo de escravidão e, levado ao extremo, é uma distopia ou um inferno na Terra.
> • Ponto sem volta (liberdade): se a terra, as pessoas e a tecnologia estão em equilíbrio (como quer que você o defina), há uma *comunidade* na qual os indivíduos podem crescer cada um do seu jeito, apoiados pelos outros. Esse é um mundo de liberdade e, levado ao extremo, é uma utopia ou um paraíso na Terra.

Além de escravidão e distopia, liberdade e utopia, há outro tipo de mundo que você pode criar para o começo ou final de sua história: a aparente utopia. O mundo parece perfeito, mas a perfeição é falsa. Abaixo da superfície, ele é, na verdade, corrupto, podre e escravizante. Todos estão desesperados para vestir uma máscara que esconda um desastre psicológico ou moral. Essa técnica é usada na abertura de *Los Angeles: cidade proibida* e de *Veludo azul*.

O motivo de criar todos esses mundos diferentes é conectá-los a seu herói. Na grande maioria das histórias, há uma conexão direta entre herói e mundo. Por exemplo, um herói escravizado vive em um mundo de escravidão. Um herói livre vive em (ou, ao se libertar, muitas vezes cria) um mundo livre.

*

> *PONTO-CHAVE*: Na maioria de suas histórias, o mundo será uma expressão física de quem é seu herói e de como ele se desenvolve.

*

Desse modo, o mundo ajuda a definir seu personagem principal por meio da estrutura da história. Ele mostra as necessidades, valores e desejos do herói, tanto bons como ruins, e os obstáculos que ele enfrenta. E, como na maioria das histórias o herói começa a jornada escravizado de alguma forma, você deve focar a escravidão.

*

> *PONTO-CHAVE*: Sempre se pergunte como o mundo de escravidão é uma expressão da grande fraqueza de seu herói. O mundo deve personificar, destacar ou acentuar a fraqueza do herói ou fazê-la emergir em sua pior forma.

*

Por exemplo, histórias policiais e thrillers muitas vezes estabelecem uma conexão íntima entre a fraqueza do herói – quando existe – e as ruas "perigosas", ou um mundo de escravidão no qual o herói opera.

• *Um corpo que cai*
(romance de Pierre Boileau e Thomas Narcejac, roteiro de Alec Coppel e Samuel Taylor, 1958)

O mundo de *Um corpo que cai* acentua a fraqueza psicológica do herói na cena de abertura. Enquanto persegue um criminoso sobre os telhados de San Francisco, Scottie tropeça e fica pendurado na ponta dos dedos a cinco andares de altura. Ele olha para baixo e é tomado por vertigem. Um colega policial morre tentando ajudá-lo, o que cria uma culpa que assombra Scottie pelo resto da história. Essa técnica do mundo ficcional que destaca a fraqueza do herói é repetida mais tarde quando a vertigem de Scottie impossibilita que ele suba uma torre para impedir a mulher que ama de cometer suicídio. Na verdade, essa técnica é a fonte da maior qualidade do filme enquanto história: o assassino usa a fraqueza do detetive – sua vertigem – como o principal truque para escapar impune do assassinato.

Criar um mundo de escravidão para expressar ou acentuar a fraqueza do herói também é útil no drama e no melodrama.

• *Crepúsculo dos deuses*
(Charles Brackett, Billy Wilder e D. M. Marshman Jr., 1950)
Neste filme, a fraqueza do herói é uma predileção por dinheiro e pelas coisas boas da vida. De fato, ele acaba se escondendo em uma mansão dilapidada com uma estrela do cinema envelhecida com dinheiro para torrar, contanto que ele atenda a seus desejos. Como vampiros, a estrela de cinema e sua mansão se alimentam do herói, rejuvenescendo à medida que o protagonista é preso a uma escravidão opulenta.

• *Um bonde chamado desejo*
(Tennessee Williams, 1947)
Este é um exemplo perfeito de como o mundo de escravidão no começo da história expressa a maior fraqueza da heroína. Blanche é uma mulher frágil e cheia de ilusões que deseja se esconder em um mundo perfeito de romance e coisas bonitas. Em vez disso, é forçada a morar em um apartamento quente e apertado com a irmã e o cunhado bruto. Em vez de lhe dar a ilusão de romance, esse lugar infernal, com seu rei selvagem, Stanley, exerce uma pressão implacável sobre ela, até destruí-la.

• *Casablanca*
(peça *Everybody Comes to Rick's*, de Murray Burnett e Joan Alison, roteiro de Julius J. Epstein, Philip G. Epstein e Howard Koch, 1942)

*Casablanca* é uma história de amor com um mundo de abertura de escravidão que testa constantemente a fraqueza de Rick. Seu estupendo bar, o Rick's Café Americain, o lembra a todo momento do amor que perdeu na romântica Paris. Tudo ali também tem a meta de ganhar dinheiro, o que Rick só consegue se subornar um chefe de polícia francês traidor. Cada canto magnífico do bar mostra a Rick o cinismo egoísta em que ele caiu enquanto o mundo anseia por líderes.

A fantasia é outra forma ficcional que dá ênfase especial à técnica de equiparar o mundo de escravidão à fraqueza do herói. Uma boa fantasia sempre situa o herói em alguma versão de um mundo ordinário e estabelece nele a fraqueza psicológica ou moral. Essa fraqueza é o motivo pelo qual o herói não consegue ver o potencial verdadeiro de onde vive e de quem pode ser, e é isso que o impele a visitar o mundo de fantasia.

• *Campo dos sonhos*
(romance *Shoeless Joe*, de W. P. Kinsella, roteiro de Phil Alden Robinson, 1989)

Em *Campo dos sonhos*, o herói Ray mora em uma fazenda em Iowa, perto de uma cidade que quer banir livros. Ele constrói um campo de beisebol em sua propriedade, embora os outros fazendeiros pensem que seja louco e seu cunhado queira a fazenda pelo valor prático e monetário que representa. A necessidade de Ray é trabalhar naquilo que ama e fazer as pazes com o pai morto. Construir um campo de beisebol – que traz de volta a estrela de beisebol morta Shoeless Joe Jackson – cria um mundo utópico onde Ray pode ter uma última comunhão com o pai.

• *Mary Poppins*
(livros de P. L. Travers, roteiro de Bill Walsh e Don Da Gradi, 1964)

Em *Mary Poppins*, a casa é um lugar restritivo, governado por um pai obcecado por regras e cujo deus é o relógio. A suposta protagonista, Mary Poppins, é o que eu chamo de *anjo viajante*, "praticamente perfeita de todas as formas", portanto, sem fraquezas. Na verdade, ela é a agente que mostrará aos outros o verdadeiro potencial e o potencial negativo do mundo escravizante deles. As crianças são rebeldes de um jeito autodestrutivo, sem conhecer o mundo maravilhoso de encantamento que as aguarda fora de casa em Londres e também dentro de suas próprias mentes.

O pai, que é o principal oponente, tem uma fraqueza ainda maior que a de seus filhos: ele vê o mundo como um negócio e, embora não entre nos ambientes de fantasia, se beneficia das visitas que os filhos fazem a eles e da babá mágica. No fim, o mundo de negócios do pai se torna um lugar onde ele pode empinar uma pipa com as crianças.

Outras comédias com um anjo viajante que mostram uma conexão parecida entre o herói e um mundo escravizante são *Crocodilo Dundee, Vendedor de ilusões, O fabuloso destino de Amélie Poulain, Chocolate, Bom dia, Vietnã* e *Almôndegas*.

## Como o mundo ficcional e o herói se desenvolvem juntos

Note que cada um dos principais elementos da história até agora – premissa, princípio narrativo, sete passos, personagens e argumento moral – combina e se conecta com todos os outros elementos para criar uma unidade profundamente texturizada, mas orgânica, na qual tudo funciona junto. Essa é a *orquestração* tão essencial para grandes histórias.

No começo da história, todos os elementos se entrelaçam e expressam a mesma coisa. O herói (provavelmente) vive em um mundo de escravidão que destaca, amplifica ou exacerba sua grande fraqueza, então enfrenta o oponente mais capaz de explorar essa fraqueza. No Capítulo 8, veremos como outro elemento do começo – o "fantasma" – também expressa a fraqueza do herói.

A conexão entre herói e mundo se estende, a partir da escravidão do herói, ao longo de seu arco de personagem. Na maioria das

211

histórias, como o herói e o mundo são expressões um do outro, ambos se desenvolvem juntos. Ou, se o herói não mudar, como em muitas histórias de Tchekhov, o mundo também não muda.

Vamos olhar alguns dos jeitos clássicos pelos quais o herói e o mundo mudam, contrastam ou não mudam ao longo de uma história.

## Herói: escravidão, seguida por uma escravidão maior, seguida por liberdade
## Mundo: escravidão, seguida por uma escravidão maior, seguida por liberdade

O herói começa a história em um mundo de escravidão, luta para alcançar sua meta e experimenta um declínio à medida que o mundo se fecha ao redor dele. Mas então, por meio da autorrevelação, cumpre sua necessidade e torna-se livre em um mundo que conseguiu tornar melhor.

Esse padrão é encontrado em *Star Wars* (episódios IV-VI), *O senhor dos anéis*, *O veredicto*, *O rei leão*, *Um sonho de liberdade*, *A felicidade não se compra* e *David Copperfield*.

## Herói: escravidão, seguida por uma escravidão maior ou morte
## Mundo: escravidão, seguida por uma escravidão maior ou morte

Nessas histórias, o personagem principal começa escravizado pela própria fraqueza e por um mundo que se fecha ao seu redor. Devido ao câncer na alma do herói, o mundo que depende dele também é podre. Ao perseguir uma meta, ele tem uma autorrevelação negativa, que destrói tanto o próprio herói como o mundo que depende dele, ou é esmagado por um mundo escravizante que não consegue entender.

Exemplos são *Édipo rei*, *A morte de um caixeiro-viajante*, *Um bonde chamado desejo*, *A conversação*, *O conformista*, *Crepúsculo dos deuses*, *As três irmãs*, *O jardim das cerejeiras* e *Coração das trevas*.

Herói: escravidão, seguida por uma escravidão maior ou morte
Mundo: escravidão, seguida por uma escravidão maior, seguida por liberdade

Nessa abordagem, usada em algumas tragédias, a conexão entre herói e mundo é rompida no final da história. O herói tem uma autorrevelação, mas ela ocorre tarde demais para libertá-lo. Ele faz um sacrifício antes de morrer ou cair, o que liberta o mundo após sua morte.

Vemos essa sequência em *Hamlet*, *Os sete samurais* e *Um conto de duas cidades*.

Herói: escravidão, seguida por liberdade temporária, seguida por uma escravidão maior ou morte
Mundo: escravidão, seguida por liberdade temporária, seguida por uma escravidão maior ou morte

Essa técnica faz o herói entrar em um submundo de liberdade em algum momento do meio da história. Esse é o mundo no qual o personagem *deve* viver ao se tornar seu eu verdadeiro. Não conseguir fazer isso e seguir em frente, ou a descoberta de que esse é o mundo correto tarde demais, acaba destruindo o herói.

Esse padrão acontece em *Meu ódio será sua herança*, *O tesouro de Sierra Madre*, *Butch Cassidy* e *Dança com lobos*.

Herói: liberdade, seguida por escravidão ou morte
Mundo: liberdade, seguida por escravidão ou morte

Essas histórias começam em um mundo utópico no qual o herói está feliz, mas vulnerável a ataques ou mudanças. Um novo personagem, forças sociais cambiantes e/ou um defeito de caráter fazem o herói e seu mundo entrarem em declínio e por fim desmoronarem.

Exemplos dessa sequência são *Rei Lear*, *Como era verde o meu vale* e histórias do rei Artur, como *A morte de Arthur* e *Excalibur: a espada do poder*.

Herói: liberdade, seguida por escravidão, seguida por liberdade
Mundo: liberdade, seguida por escravidão, seguida por liberdade

Nesse jeito, o herói também começa a história em um mundo de liberdade. Um ataque vem de fora ou de dentro da família. O herói e o mundo entram em declínio, mas ele supera o problema e cria uma utopia mais forte.

Essa abordagem é usada em *Agora seremos felizes*, *Amarcord* e, em menor grau, *Cinema Paradiso*.

Herói: aparente liberdade, seguida por escravidão maior, seguida por liberdade
Mundo: aparente liberdade, seguida por escravidão maior, seguida por liberdade

No começo da história, o mundo parece ser uma utopia, mas na verdade é um lugar de extrema hierarquia e corrupção. Os personagens lutam implacavelmente para vencer, com frequência levando à morte de muitos no processo. Por fim, o herói derrota a corrupção para criar uma sociedade mais justa, ou apenas se torna um dos últimos sobreviventes.

Exemplos incluem *Los Angeles: cidade proibida*, *Jurassic Park: o parque dos dinossauros*, *Soberba* e *Veludo azul*.

Uma variação brilhante dessa sequência é encontrada em *Os bons companheiros*, que combina as formas de gângster e comédia sombria. A história passa da aparente liberdade da comunidade mafiosa à maior escravidão do herói e à morte de todos os seus amigos.

## O TEMPO NO MUNDO FICCIONAL

Agora que o mundo ficcional está conectado ao herói, temos que olhar para os modos diferentes como ele pode se desenvolver.

O tempo é o quarto principal elemento – junto com cenários naturais, espaços fabricados e ferramentas – que você pode usar para construir seu mundo ficcional.

Antes de examinar os muitos modos pelos quais o tempo é expresso no mundo, ou, mais precisamente, como o mundo é expresso pelo tempo, precisamos superar duas falácias em que muitos escritores acreditam sobre esse elemento.

## Falácias do passado e do futuro

O que podemos chamar de "falácia do passado" é comum na ficção histórica. A ideia é que o escritor de ficção histórica está retratando um mundo diferente, baseado em seu próprio conjunto de valores e códigos morais e que, portanto, não devemos julgar os personagens com base em nossos critérios.

A falácia do passado surge da noção equivocada de que um escritor de ficção histórica está, antes de tudo, relatando fatos. Como um contador de histórias, você está sempre escrevendo ficção e vai usar o passado como um par de óculos através do qual o público atual pode se ver mais claramente. Portanto, evitar fazer qualquer julgamento sobre as pessoas no passado é absurdo; nós as mostramos *a fim de* nos julgar em comparação.

Essa comparação é feita de duas formas. De um modo negativo, isso acontece ao mostrar valores dominantes no passado que ferem pessoas ainda hoje. Vemos isso com os valores puritanos em *A letra escarlate,* de Nathaniel Hawthorne, e *As bruxas de Salem,* de Arthur Miller. Positivamente, é feito mostrando valores do passado que ainda são bons e que deveriam ser trazidos de volta. Por exemplo, *Legião invencível* glorifica valores como dever, honra e lealdade encontrados em um posto militar dos Estados Unidos na década de 1870.

O que podemos chamar de falácia do futuro é comum em histórias de ficção científica. Muitos escritores pensam que a ficção científica tem o objetivo de prever o que acontecerá no futuro – como o mundo será de fato. Vimos isso acontecendo no fim de 1983, quando todos estavam debatendo se e de qual modo George Orwell estava certo sobre 1984.

A falácia aqui é que histórias situadas no futuro são sobre o futuro, quando elas não são. Você situa uma história no futuro para dar ao público outro par de óculos, para abstrair o presente a fim de entendê-lo melhor. Uma diferença-chave entre ficção científica e ficção histórica é que histórias situadas no futuro destacam não tanto os valores quanto as forças e escolhas que enfrentamos hoje, e as consequências, caso falhemos em escolher com sabedoria.

O tempo verdadeiro em uma história é o tempo "natural". Ele está relacionado ao modo como o mundo se desenvolve e, por sua vez, faz avançar o desenvolvimento da história. Algumas das principais técnicas para explorar o tempo natural são estações, feriados, dia único e ponto sem volta temporal.

## Estações

A primeira técnica do tempo ficcional natural é o ciclo das estações e os rituais que as acompanham. Nessa técnica você situa a história, ou um momento da história, em uma estação específica. Cada estação, como cada cenário natural, carrega consigo certos significados prováveis para o público sobre o herói ou o mundo.

Se você for além e mostrar a *mudança* das estações, pode criar uma expressão detalhada e potente do crescimento ou do declínio do herói ou do mundo.

Se cobrir as quatro estações em sua história, mostrará ao público que está passando de uma história linear – que trata de algum tipo de desenvolvimento – para uma história circular – que trata de como as coisas permanecem essencialmente as mesmas no fim das contas. Você pode apresentar isso de modo positivo ou negativo. Uma história circular positiva costuma enfatizar a conexão das pessoas com a terra. O ser humano é um dos animais e se contenta em ser assim. O ciclo de vida, morte e renascimento é natural e merece ser celebrado, e as pessoas podem aprender muito estudando os segredos que a natureza revela em seu ritmo gentil e constante. Thoreau, em *Walden*, usa as estações dessa forma.

Uma história circular negativa costuma enfatizar como o ser humano é subjugado secretamente pelas forças da natureza, da mesma forma que qualquer outro animal. Essa abordagem é complicada porque pode ficar enfadonha muito rápido. De fato, a grande fraqueza de muitos documentários de natureza é que a trama, que quase sempre acompanha as estações, é previsível e entediante. Um animal pode dar à luz na primavera, caçar e ser caçado no verão, acasalar no outono e enfrentar a escassez no inverno – mas, inevitavelmente, volta na primavera para dar à luz outra vez.

O método clássico de conectar as estações à trama – usado em *Agora seremos felizes* e *Amarcord* – é fazer uma conexão direta entre estação e drama, e segue esta ordem:

- Verão: os personagens existem em um estado apreensivo e vulnerável ou em um mundo de liberdade suscetível a ataques.
- Outono: os personagens começam seu declínio.
- Inverno: os personagens atingem seu ponto mais baixo.
- Primavera: os personagens superam seus problemas e ascendem.

Você pode usar essas conexões clássicas ou, para evitar o clichê, ir propositadamente contra elas. Por exemplo, um personagem pode entrar em declínio na primavera e reascender no inverno. Ao mudar a sequência normal, você não só subverte as expectativas do público como também afirma que os seres humanos, embora parte do mundo natural, não são escravizados por seus padrões.

## Feriados e rituais

Os feriados, e os rituais que os celebram, são outra técnica para expressar significado, marcando o ritmo da história e mostrando o desenvolvimento dela. Um ritual é uma filosofia que foi traduzida para um conjunto de ações repetidas a intervalos regulares. Então, qualquer ritual já é um evento dramático, com alguns elementos visuais fortes, que você pode inserir em seu drama. Um feriado expande o escopo do ritual a uma escala nacional e, portanto, permite que você expresse o significado político, além do pessoal e social, do respectivo ritual.

Se deseja usar um ritual ou feriado em sua história, primeiro examine a filosofia inerente a ele e decida de qual forma concorda ou discorda dela. Em sua história, você pode apoiar ou atacar toda ou parte daquela filosofia.

• *Uma história de Natal*
(roteiro de Jean Shepherd, Leigh Brown e Bob Clark, 1983)
• *The great American fourth of July and other disasters*
(romance *In God we trust: all others pay cash*, de Jean Shepherd, roteiro de Jean Shepherd, 1982)

O humorista Jean Shepherd é um mestre na construção de histórias que giram em torno de um feriado. Ele começa combinando um feriado com um contador de histórias que está se lembrando da família. Isso estabelece uma utopia de infância na qual cada espectador se acomoda no reconhecimento de uma vida feliz no seio familiar. Cada feriado específico cria uma passagem no tempo, fazendo com que o espectador seja transportado para a própria infância. Shepherd consegue esse efeito ao fazer o contador narrar em *voice-over* as coisas engraçadas que aconteciam todo ano naquele feriado. Por exemplo, o irmão caçula sempre usava uma roupa de neve grande demais. O pai sempre comprava um presente que deixava a mãe furiosa. Ele sempre tinha que lidar com os valentões do bairro. E aquela vez que Flick grudou a língua em um mastro de bandeira?

Shepherd apoia a filosofia do feriado não de um jeito direto ou religioso, mas fingindo caçoar dele, rindo das coisas bobas que as pessoas faziam todo ano naquela época. Mas aquelas coisas bobas também o fazem se sentir bem, especialmente porque aconteciam todo ano e porque as pessoas de suas lembranças nunca vão envelhecer. Esse é o poder da história perene.

Se usar essa técnica, é importante entender o relacionamento entre o ritual, o feriado e a estação na qual o feriado ocorre, e em seguida orquestrar todos esses elementos para expressar mudança – seja no herói, seja no mundo.

• *Hannah e suas irmãs*
(Woody Allen, 1986)
Em *Hannah e suas irmãs*, podemos ver como conectar um feriado à história e mostrar mudanças de caráter. Nesse filme, o feriado

é a Ação de Graças. Uma celebração estritamente estadunidense que remonta à época colonial, simboliza a formação de uma comunidade e consiste em agradecer por uma colheita abundante e o início de um país. Mas o escritor Woody Allen não usa a Ação de Graças para estruturar a história e apresentar o tema subjacente do jeito normal. Em vez de focar a filosofia do feriado, Allen cria uma narrativa de ações simultâneas que alterna entre três irmãs e seus maridos ou namorados. No começo do filme, não há comunidade nem entre os personagens, nem na própria estrutura da história. Allen cria a comunidade *através* da estrutura, entrelaçando três histórias de amor e usando o feriado de Ação de Graças três vezes.

A estrutura funciona da seguinte maneira: a história começa em um jantar de Ação de Graças ao qual todos os personagens comparecem, mas com o parceiro errado, e depois se fratura nas histórias alternadas de seis indivíduos. No meio, todos se reúnem no feriado outra vez e a maioria está com parceiros novos, mas ainda errados. A história se fratura mais uma vez em seus muitos fios simultâneos, com os personagens sofrendo e separados, e termina com todos juntos no dia de Ação de Graças uma terceira vez, mas agora parte de uma comunidade real, porque cada um está com o parceiro certo. A história e o feriado se tornam um. Esses personagens não discutem a Ação de Graças, eles a vivem.

## O dia único

O dia único é outro período que exerce efeitos muito específicos em uma história. O primeiro é criar movimento simultâneo enquanto mantém o impulso narrativo. Em vez de mostrar um único personagem passando por um longo desenvolvimento – a forma linear da maioria das histórias –, você apresenta uma série de personagens agindo ao mesmo tempo. Neste momento. Hoje. Mas a passagem das horas faz a história avançar e cria uma sensação de compressão.

Se você usar um relógio de doze horas – situando a história toda em um dia ou em uma noite –, cria um efeito de funil. O público sabe não só que cada um dos fios da história estará resolvido ao final das doze horas, mas também que a urgência vai aumentar à medida que o prazo se aproxima. *Loucuras de verão*, *Curtindo a vida adoidado* e *Sorrisos de uma noite de amor* usam esse método.

Se você usar um relógio de vinte e quatro horas, diminuirá a urgência e aumentará a impressão de algo circular. Não importa o que possa ter acontecido, retornamos ao começo, em que está tudo igual, e começamos de novo. Alguns escritores usam essa circularidade para destacar ainda mais a mudança. Você pode mostrar que, enquanto a maioria das coisas permanecem iguais, aquelas poucas que mudaram em vinte e quatro horas são, por isso mesmo, ainda mais significativas. Essa técnica é a base subjacente de histórias tão diferentes quanto *Ulysses* e *Feitiço do tempo*. (A série *24 horas* reverte essa técnica, usando o período de um dia, estendido ao longo de uma temporada de televisão inteira, para aumentar o suspense e abarrotar a trama.)

Note que esse dia circular de vinte e quatro horas contém muitos dos mesmos efeitos temáticos das quatro estações. Não surpreende, portanto, que ambas as técnicas estejam conectadas frequentemente à comédia, que tende a ser circular, privilegia a sociedade em oposição ao indivíduo e termina com algum tipo de comunhão ou casamento. Técnicas de tempo circular também são associadas à forma mítica, baseada na circularidade do espaço. Em muitos mitos clássicos, o herói começa em casa, parte em uma jornada e retorna para casa para descobrir o que já havia dentro de si.

Eugene O'Neill usa a técnica do dia único em *Longa jornada noite adentro*. Mas, ao contrário de *Ulysses,* que cobre vinte e quatro horas e evoca as qualidades positivas da circularidade, o filme cobre apenas cerca de dezoito horas, da manhã até a noite. Isso dá à história uma linha de declínio, da esperança ao desespero, à medida que a família se torna cada vez mais maldosa e a mãe se aproxima da loucura devido às drogas.

Um segundo efeito importante da técnica do dia único é enfatizar o caráter cotidiano do drama que é encenado. Em vez de cortar o tempo "morto" e mostrar apenas os grandes momentos dramáticos, você mostra os pequenos eventos e os detalhes entediantes que compõem a vida de uma pessoa comum (como em *Um dia na vida de Ivan Desinovich*). A abordagem "um dia na vida" também implica que o drama é tão válido, se não mais, para uma pessoa pequena quanto para um rei.

## O dia perfeito

Uma variação na técnica do dia único é o *dia perfeito*. O dia perfeito é uma versão temporal do momento utópico e, como tal, quase sempre usado para estruturar uma *seção* da história, em vez de a história em si. Essa técnica implica que tudo está em harmonia, o que limita o seu uso, já que tempo demais sem conflito vai matar a história.

A técnica do dia perfeito geralmente conecta uma atividade comunitária a um dia ou noite de doze horas. A atividade comunitária é o elemento crucial em qualquer momento utópico. Associá-la a um período natural, como o do amanhecer ao anoitecer, intensifica a *sensação* de que tudo está funcionando bem porque a harmonia está baseada em um ritmo natural. Os escritores de *A testemunha* entenderam isso muito bem quando conectaram o dia perfeito com a comunidade amish construindo um celeiro e os dois personagens principais se apaixonando.

## Ponto sem volta temporal

Um ponto sem volta temporal, também conhecido como "ampulheta", é uma técnica na qual você conta ao público, logo de cara, o momento específico em que a ação deve ser concluída. É mais comum em histórias de ação (*Velocidade máxima*), thrillers (*Epidemia*), histórias de assalto (como *Onze homens e um segredo*) e histórias de missão suicida (*Os canhões de Navarone* e *Os doze condenados*). Um ponto sem volta temporal lhe dá a vantagem de um impulso narrativo intenso e alta velocidade, embora à custa de textura e sutileza. Também cria um funil ainda mais rápido do que o do dia de doze horas, que é o motivo de ser tão usado quando os escritores querem dar um escopo épico a uma história de ação. O ponto sem volta temporal permite mostrar literalmente centenas de personagens agindo ao mesmo tempo e com grande urgência sem que o impulso narrativo cesse. Nesses tipos de história – *A caçada ao Outubro Vermelho* é um exemplo –, o ponto sem volta costuma estar ligado a um único lugar no qual todos os atores e forças devem convergir.

Um uso do ponto sem volta temporal menos comum, mas muito efetivo, é em comédias de jornada. Qualquer história de jornada é inerentemente fragmentada e sinuosa. Uma jornada cômica torna a história ainda mais fragmentada, pois o impulso narrativo se interrompe toda vez que há cenas de comédia. Piadas e brincadeiras quase sempre desviam a história, que deve esperar enquanto um personagem é abandonado ou humilhado de alguma forma. Ao informar ao público, de imediato, qual é o ponto sem volta temporal da história, você cria uma trajetória contínua à qual ele pode se agarrar ao longo de toda a sinuosidade. Em vez de ficar impaciente para saber o que acontece em seguida, o público relaxa e aproveita os momentos cômicos ao longo do caminho. Vemos essa técnica em histórias de jornada cômica como *Os irmãos cara de pau* e *As aventuras de M. Hulot no tráfego louco*.

## MUNDO FICCIONAL PERMEANDO A ESTRUTURA

Agora que vimos algumas das técnicas principais para fazer seu mundo ficcional evoluir ao longo do tempo, temos que conectar o mundo ao desenvolvimento do herói *em cada passo da história* de modo definitivo. O arco geral – como escravidão seguida de liberdade – dá um panorama de como o mundo da história vai mudar, mas agora devemos detalhar esse desenvolvimento por meio da estrutura. A estrutura é o que permite que você expresse o tema sem ser moralizante. Também é como vai mostrar ao público um mundo ficcional muitíssimo texturizado sem perder o impulso narrativo.

Como fazer isso? Basicamente, criando sete passos visuais. Cada um dos sete passos-chave da estrutura da história tende a ter um mundo ficcional próprio. Cada um desses submundos é um mundo visual único dentro da arena geral da história. Perceba a enorme vantagem que isso apresenta: o mundo ficcional tem textura, mas também muda junto com a mudança do herói. Você conecta os outros elementos físicos do mundo, como cenários naturais, espaços fabricados, tecnologia e tempo, aos sete passos de estrutura. É assim que cria uma orquestração total de história e mundo.

Estes são os passos de estrutura que *tendem* a ter seu submundo único ("derrota aparente ou liberdade temporária" e "visita à morte" não estão entre os sete passos-chave de estrutura):

- Fraqueza e necessidade.
- Desejo.
- Oponente.
- Derrota aparente ou liberdade temporária.
- Visita à morte.
- Batalha.
- Liberdade ou escravidão.

## *Fraqueza e necessidade*

No começo da história, você mostra um submundo que é uma manifestação física da fraqueza ou do medo do herói.

## *Desejo*

Esse é um submundo no qual o herói expressa sua meta.

## *Oponente*

O(s) oponente(s) vive(m) ou trabalha(m) em um lugar único, que expressa o poder e a habilidade dele(s) de atacar a grande fraqueza do herói. O mundo do oponente também deve ser uma versão extrema do mundo de escravidão do herói.

## *Derrota aparente ou liberdade temporária*

A derrota aparente é o momento em que o herói acredita erroneamente que perdeu para o oponente (vamos discuti-la em mais detalhes no Capítulo 8). O mundo da derrota aparente do herói costuma ser o espaço mais estreito até esse momento. Todas as forças que desejam derrotar e escravizar o herói estão literalmente se fechando ao redor dele.

Nas raras histórias em que o herói termina escravizado ou morto, ele experimenta frequentemente um momento de liberdade temporária no mesmo ponto em que a maioria dos heróis experimenta a derrota aparente. Isso costuma ocorrer em algum tipo de utopia, que seria o lugar perfeito para o herói se ele pudesse perceber isso a tempo.

## Visita à morte

Na visita à morte (outro passo que discutiremos no Capítulo 8), o herói viaja ao submundo – ou, em histórias mais modernas, tem um pressentimento súbito de que vai morrer. Ele deve encarar sua mortalidade em um lugar que represente os elementos de declínio, envelhecimento e morte.

## Batalha

A batalha deve ocorrer no lugar mais confinado de toda a história. A compressão física cria um efeito de funil, uma panela de pressão na qual o conflito final cresce até seu ponto mais quente e explode.

## Liberdade ou escravidão

O mundo completa seu desenvolvimento detalhado ao acabar como um lugar de liberdade ou maior escravidão e morte. Outra vez, o lugar específico deve representar, em termos físicos, a maturação ou declínio final do personagem.

Seguem exemplos de como funcionam os sete passos visuais e como conectar os outros quatro elementos importantes – cenários naturais, espaços fabricados, tecnologia e tempo – ao mundo ficcional (indicados em itálico).

• *Star Wars*
(George Lucas, 1977)
    O espaço sideral é o mundo geral e a arena.

FRAQUEZA E NECESSIDADE, DESEJO?: *Deserto*

Nessa paisagem infértil, onde de alguma forma é praticada a agricultura, Luke sente-se preso. "Nunca vou sair daqui", ele reclama. O evento que engatilha a linha de desejo de Luke é um holograma, uma miniatura da princesa Leia pedindo ajuda.

OPONENTE: *Estrela da Morte*

A fantasia permite usar formas abstratas como objetos reais. Aqui, o submundo do oponente, a *Estrela da Morte*, é uma esfera gigante. Dentro dela, Darth Vader interroga a princesa Leia. Mais tarde, os comandantes da *Estrela da Morte* descobrem que o imperador debandou os últimos resquícios da República e Vader mostra a eles o poder mortífero da Força.

DERROTA APARENTE E VISITA À MORTE: *Compactador de lixo com um monstro debaixo d'água*

Combinando "derrota aparente" e "visita à morte", o escritor George Lucas coloca os personagens na água, na qual se esconde uma criatura letal. E o lugar não é só o ponto mais apertado da história até aquele momento; é uma sala que se compacta. Isso cria um estreitamento do espaço e do tempo.

BATALHA: *Trincheira*

Realisticamente, um combate aéreo ocorreria em um espaço aberto, onde os pilotos teriam espaço de manobra. No entanto, Lucas entende que a melhor batalha ocorre no menor espaço possível, então faz o herói mergulhar sua nave em uma longa trincheira, com paredes dos dois lados, e situa o ponto sem volta do desejo do herói, o ponto fraco onde a *Estrela da Morte* pode ser destruída, no final dessa trincheira. Como se isso não bastasse, o principal oponente de Luke, Darth Vader, o persegue. Luke faz seu disparo, e aquele pontinho no final da trincheira é o ponto convergente do filme todo – um épico que cobre o universo se afunila, visual e estruturalmente, a um único ponto.

LIBERDADE: *Salão dos heróis*

O sucesso dos guerreiros é celebrado em um grande salão em que todos os outros guerreiros dão sua aprovação pública.

• *Meu ódio será sua herança*
(história de Walon Green e Roy N. Sickner, roteiro de Walon Green e Sam Peckinpah, 1969)

A história usa uma jornada de linha única através de um território infértil, que só fica mais infértil. Também situa os personagens em uma sociedade que está passando por mudanças, na qual vilarejos se tornam cidades. Novas tecnologias estão chegando na forma de carros e metralhadoras, e a quadrilha não sabe como se adaptar a esse mundo novo.

PROBLEMA: *Cidade*

A história começa quando soldados entram em uma cidade no sudoeste dos Estados Unidos. Mas essa é uma cidade distópica porque os soldados são fora da lei, e os homens da lei que estão esperando para capturá-los são piores que os fora da lei. Entre eles, realizam um tiroteio que massacra um bom número de moradores locais. A quadrilha entrou na cidade para roubar o banco, mas foi traída por um de seus membros, e muitos deles não saem vivos.

FRAQUEZA E NECESSIDADE: *Restaurante vazio*

Depois do massacre, a quadrilha quase se separa em um restaurante vazio até que o líder Pike apresenta um ultimato: ou ficam juntos ou morrem. Os problemas deles pioram quando descobrem que as moedas de prata que roubaram do banco são falsas.

DESEJO: *Fogueira do acampamento*

Deitado diante de uma fogueira, Pike conta a seu segundo no comando, Dutch, um desejo: gostaria de fazer um último roubo e ir embora. Dutch ressalta imediatamente como esse desejo é vazio, perguntando: "Para onde?". A fala antecipa o desenvolvimento geral da história, de escravidão seguida por uma escravidão maior, seguida por morte.

LIBERDADE TEMPORÁRIA: *Sob as árvores*

Embora seu desenvolvimento geral passe da escravidão para a morte, o filme usa a técnica do lugar utópico no meio da história. A quadrilha para em um vilarejo mexicano, lar de um de seus membros, Angel. Esse é o único lugar comunitário em toda a história, embaixo de árvores, onde crianças brincam. É uma visão arcádica de onde esses homens áridos deveriam viver – mas eles partem e morrem.

VISITA À MORTE: *Ponte*

Mais uma vez, esse passo ocorre no espaço mais estreito da história até então, uma ponte. Se a quadrilha chegar ao outro lado, estará livre, pelo menos temporariamente. Se não, vão todos morrer. Os escritores acrescentam a técnica do estreitamento do tempo; a dinamite na ponte já está ardendo quando a quadrilha fica presa tentando atravessar.

BATALHA: *Coliseu de Mapache*

Uma grande batalha violenta desse tipo quase certamente ocorreria em espaços abertos, mas esses escritores sabem que uma grande batalha precisa de muros e um espaço pequeno para atingir a compressão máxima. Assim, os quatro membros remanescentes da quadrilha entram em uma arena abarrotada com centenas de oponentes. Quando essa panela de pressão explode, ocorre uma das melhores batalhas da história do cinema.

ESCRAVIDÃO OU MORTE: *Cidade fantasma sob ventania*

A história acaba não só com a morte dos personagens principais, mas com a destruição da cidade toda. Para aumentar o senso de devastação, os escritores acrescentam uma ventania.

• *Agora seremos felizes*
(romance de Sally Benson, roteiro de Irving Brecher e Fred F. Finklehoffe, 1944)

A arena geral é o interior dos Estados Unidos, centrado em uma grande casa. Situando a história na virada do século 20, os escritores colocam os personagens em uma sociedade que está fazendo a transição de cidades pequenas a cidades grandes, e estruturam a história com base nas quatro estações usando a conexão direta clássica entre a mudança das estações e a queda e ascensão da família.

LIBERDADE: *Verão na casa quente*

A cena de abertura mostra um mundo utópico, um equilíbrio perfeito de terra, pessoas e tecnologia. Carruagens levadas por cavalos coexistem com carruagens sem cavalos em uma via margeada por árvores. Um garoto de bicicleta segue até uma casa com telhado de cumeeiras e então entramos, começando com o cômodo mais caloroso e comunitário: a cozinha. Os escritores constroem esse senso de comunidade – uma utopia dentro da casa – ao fazer uma das garotas da família cantar a música-tema ("Meet me in St. Louis") enquanto sobe as escadas. Isso estabelece o musical, mostra ao público os detalhes do principal espaço da história e apresenta a maioria dos personagens secundários.

A garota, então, passa a música, como um bastão, para o avô, que caminha por outra parte da casa. Essa técnica aumenta o senso de comunidade não só literalmente, ao nos mostrar mais personagens, mas também qualitativamente ao indicar que essa é uma família estendida, na qual três gerações vivem felizes sob o mesmo teto. Após apresentar os personagens secundários, a canção principal e os recantos e nichos da casa calorosa, os escritores fecham o círculo nos levando para fora da janela, onde encontramos a protagonista, Esther, que tem a melhor voz de todas, cantando a música-tema enquanto sobe os degraus de entrada.

Em consonância com esse mundo utópico, a heroína Esther está feliz no começo da história. Ela não tem fraqueza, necessidade nem problema ainda, mas está vulnerável a ataques.

FRAQUEZA E NECESSIDADE, PROBLEMA, OPONENTE: *Outono na casa aterrorizante*

Com a segunda estação, o outono, a casa calorosa agora parece aterrorizante. De fato, a estação e a casa acompanham o Halloween, o feriado que reconhece a presença dos mortos. Também é nesse ponto que a família começa seu declínio. Está se fragmentando porque as duas garotas mais velhas talvez se casem e se mudem para longe, e também porque o oponente, o pai, decide que a família deve se transferir da cidade pequena de St. Louis à cidade grande de Nova York.

Os escritores usam o Halloween para estender sua crítica além de uma única família, para tratar de uma sociedade de modo geral. As duas garotas estão prestes a sair pedindo doces ou travessuras e espalham boatos sobre um dos vizinhos, dizendo que ele envenena gatos. Mais tarde, a mais nova, Tootie, mente que o namorado de Esther a molestou. Esse é o lado sombrio da vida de cidade pequena, onde mentiras e rumores podem destruir uma pessoa em um segundo.

### DERROTA APARENTE: *Inverno na casa desoladora*
Com o inverno, a família atinge seu ponto mais baixo. As malas estão arrumadas e eles estão prontos para se mudar. Esther canta uma música triste para Tootie sobre a esperança de um Natal mais feliz no ano seguinte: "Algum dia em breve estaremos todos juntos, se o destino permitir. Até lá teremos que viver de alguma forma". A comunidade familiar está prestes a se fragmentar e morrer.

### NOVA LIBERDADE: *Primavera na casa calorosa*
Sendo uma comédia e um musical, a história termina com os personagens atravessando a crise – o pai decide manter a família em St. Louis – e emergindo, na primavera, com a comunidade familiar renascida. Há não apenas um, mas dois casamentos, e os chefes da família ampliada vão visitar a Feira Mundial. A Feira é outro submundo, uma utopia temporária e um futuro em miniatura dos Estados Unidos, construída para mostrar a essa família, e a nós, que podemos ter oportunidades individuais sem destruir a comunidade. "Bem aqui no nosso jardim."

### • *A felicidade não se compra*
(conto "The Greatest Gift", de Philip Van Doren Stern, roteiro de Frances Goodrich, Albert Hackett e Frank Capra, 1946)
Um dos maiores exemplos de como conectar a história com o mundo, essa fantasia social sofisticada é projetada para permitir ao público comparar em detalhes duas versões distintas de uma

cidade. A cidadezinha é uma miniatura dos Estados Unidos, e as duas versões são baseadas em dois conjuntos diferentes de valores, ambos centrais à vida estadunidense.

A arena é Bedford Falls, uma cidade pequena e agitada com prédios de dois andares onde alguém pode acenar do segundo andar para um amigo na rua abaixo. A história usa o Natal como uma de suas bases, embora na verdade acompanhe a filosofia da Páscoa ao usar a "morte" e o renascimento do herói como sua estrutura básica.

FRAQUEZA E NECESSIDADE: *Céu noturno, Bedford Falls de cima*

A história começa com um narrador onisciente, em terceira pessoa (um anjo) e mais tarde é conduzida por um personagem, o anjo Clarence. Clarence possui uma fraqueza, o fato de não ter asas. Ajudar George é como ele vai atender a essa necessidade. A fraqueza de George é que seu desespero o levou ao ponto do suicídio. Essa estratégia permite que o público veja rapidamente muitos anos da vida de George até enfim colocar lado a lado as duas versões da cidade.

O submundo dessas duas fraquezas, a de Clarence e a de George, são a visão onisciente da arena – a cidade – e o céu noturno, uma manifestação física dos elementos religiosos da história.

DESEJO: *A casa calorosa de George na infância e a casa deserta onde ele e Mary fazem um desejo*

Depois do ensino médio, George vai morar em uma casa inquieta com o pai, a mãe, o irmão e a criada Anne. Seu pai é um homem benevolente e há muito amor entre os dois, mas George não vê a hora de deixar aquela cidadezinha confinadora. Ele conta sua meta ao pai: "Você sabe do que eu sempre falei... construir coisas... projetar novos prédios... planejar cidades modernas". Note que essa cena põe em conflito o submundo visual e o passo da estrutura da história (o submundo costuma combinar com o passo). A casa calorosa mostra como uma família amorosa pode ser, mas o desejo intenso de George de partir sugere a opressão de uma cidade pequena, especialmente se for controlada por um tirano.

Mais uma vez, George expressa seu desejo quando ele e Mary voltam para casa depois de cair na piscina no baile. Eles veem uma casa antiga e abandonada na colina – a casa aterrorizante –, que, para George, representa os aspectos negativos da vida na cidade pequena. Ele joga uma pedra nela e diz a Mary: "Vou sacudir a poeira dessa cidadezinha miserável e conhecer o mundo... depois vou construir coisas". É claro, ele acaba morando naquela casa, que a esposa tenta tornar aconchegante e calorosa – mas, em sua mente, a casa é assombrada e permanece um túmulo.

OPONENTE: *Banco e escritório de Potter*

Henry Potter é "o homem mais rico e cruel do condado". Quando Clarence o vê em sua "elaborada carruagem levada por cavalos", ele pergunta: "Quem é esse – um rei?". Potter é o inimigo de George e da sociedade de empréstimo porque são eles que o impedem de dominar tudo e todos na cidade. O covil de Potter é seu banco, a partir do qual controla a cidade.

DERROTA APARENTE: *Ponte em Bedford Falls*

A derrota aparente de George ocorre quando tio Billy perde 8 mil dólares e George enfrenta a vergonha da falência. George segue até a metade da ponte, sob uma nevasca e um vento forte. Nesse lugar estreito de passagem, decide pôr fim à própria vida.

VISITA À MORTE: *Cidade distópica do oponente, Pottersville*

O anjo Clarence mostra a George como seria a cidade se ele nunca tivesse vivido e controlado a influência de Potter. Potter valoriza negócios, dinheiro, poder e a opressão do homem comum. Assim começa a longa jornada de George através do submundo mortal de Pottersville, uma representação perfeita dos valores de Potter.

O detalhamento desse submundo, realizado na *escrita*, é estupendo, e a sequência toda é feita enquanto George está fugindo. A Rua Principal tem uma série de bares, clubes noturnos, lojas de bebida e salas de sinuca, enquanto toca um jazz dissonante (alguns de nós gostam dessa visão, na verdade). Como descrito no roteiro, "O que antes era uma cidadezinha quieta e ordenada, agora se tornou essencialmente um vilarejo de fronteira".

Ao contrário de Bedford Falls, a versão de Potter da cidade não envolve uma comunidade. Ninguém reconhece George, e as pessoas não conhecem umas às outras. Ainda mais importante, fica claro que todos os personagens secundários, descritos com grandes detalhes até então, realizaram o pior potencial que tinham. O contraste com seus eus anteriores é intenso, mas plausível. Aquele poderia mesmo ter sido Ernie, o motorista de táxi, vivendo uma versão sombria de sua vida. Aquele poderia mesmo ser o sr. Gower, o farmacêutico, que agora mora na rua. Aquela poderia mesmo ser a mãe de George, que se tornou uma mulher maldosa e administradora de uma pensão. (O único erro é retratar Donna Reed como uma solteirona.) Isso sugere que todas as pessoas são uma gama de possibilidades e atingem seu melhor ou pior potencial dependendo do mundo onde vivem e dos valores em que acreditam.

George termina sua viagem a Pottersville – e sua longa visita à morte – com uma passagem no cemitério em uma noite escura e nevada. Ali vê o túmulo do irmão, depois escapa por um triz dos tiros de um policial. Isso o devolve, fechando o círculo, para a ponte, o ponto de transição onde ele estava prestes a cometer suicídio.

LIBERDADE: *A versão utópica do herói de Bedford Falls*

Quando descobre que está vivo, George experimenta a libertação intensa que vem de enxergar o valor da própria vida e, especialmente, o que ele conseguiu realizar como ser humano. Essa é uma autorrevelação profunda para qualquer pessoa. Em um momento de ironia intensa, mas inspiradora, ele corre jubiloso pela rua principal da cidade, que, apenas horas antes, quase o levou ao suicídio. É a mesma cidade, mas a rua simples margeada de árvores com seus negócios familiares se tornou uma maravilhosa paisagem invernal. Agora George encara essa cidade, que já achou tediosa, como uma utopia, porque é uma comunidade onde as pessoas se importam umas com as outras. A grande casa com correntes de ar, que já parecera assombrada e confinadora, torna-se calorosa porque a família que o ama mora lá e é logo preenchida por todos os personagens secundários cujas vidas ele melhorou e que agora estão felizes em retribuir o favor.

*A felicidade não se compra* mostra uma paridade muito próxima entre história e mundo visual. Ao contrário de grandes mundos sensacionais, em fantasias como *O senhor dos anéis* e as histórias de Harry Potter, esse filme usa técnicas visuais no cotidiano, em um mundo suburbano estadunidense de classe média em meados do século (*Quero ser grande* é um exemplo mais recente disso). *A felicidade não se compra* é uma fantasia social excelente, no nível de Twain e Dickens, e se inspira em ambos.

Inspirar-se em outros escritores é uma técnica que você também pode usar, se fizer isso com leveza. Faça referências sutis. As pessoas que as entenderem vão gostar, e as que não entenderem ainda vão apreciar a textura extra da história. Em *A felicidade não se compra*, o anjo que salva George chama-se Clarence, que é o aliado em *Um ianque na corte do rei Artur,* de Twain. Clarence está lendo *As aventuras de Tom Sawyer* quando é chamado à ação. E, é claro, a história é uma versão estadunidense de *Um conto de Natal,* de Dickens, com uma boa dose de *David Copperfield*.

Note que você pode se inspirar até no princípio narrativo de outra história – mas, se fizer isso, deve mudá-lo o bastante para tornar a sua história única. Seu público vai apreciar, mesmo em um nível subliminar, a técnica necessária para fazer essa mudança. *A felicidade não se compra* não se trata apenas de um velho estadunidense que visita o passado, o presente e o futuro no Natal em Nova York; é sobre um estadunidense de classe média cuja vida inteira é exposta em detalhes e que então vê uma versão alternativa de sua cidade natal caso não tivesse vivido. É uma mudança maravilhosa para fazer no princípio narrativo de *Um conto de Natal.* Talvez você fique surpreso ao saber que o público não gostou muito do filme quando foi lançado. Embora seja muito sentimental, talvez fosse uma sátira social sombria demais para as massas na época. Mas, ao longo do tempo, a excelência do filme, especialmente em conectar a história ao mundo ficcional, conquistou a opinião pública.

• *Crepúsculo dos deuses*
(Charles Brackett, Billy Wilder e D. M. Marshman Jr., 1950)

O filme é uma sátira mordaz sobre um reino moderno onde a realeza são as estrelas do cinema. Esses reis e rainhas vivem e morrem vendendo beleza. *Crepúsculo dos deuses* apela especialmente a pessoas que conhecem histórias. Não porque o personagem principal é o contador de histórias do mundo moderno – o roteirista –, mas porque seu mundo visual está repleto de referências a todo tipo de formas ficcionais. Vamos ver apenas algumas das técnicas usadas nesse roteiro brilhante.

O mundo geral é Hollywood, que os escritores apresentam como um reino, com uma corte nobre e uma ralé camponesa que trabalha duro. Usando um escritor como o narrador em *voice-over*, os autores são capazes de estabelecer todo tipo de conexões literárias com o mundo.

PROBLEMA: *Apartamento em Hollywood*

O roteirista Joe Gillis está desempregado e falido, e mora num apartamento decrépito. Ele também é escritor de uma série de Hollywood, e "produz duas histórias por semana". Sua situação piora quando dois homens vão ao apartamento em que mora para tomar seu carro.

FRAQUEZA E NECESSIDADE, OPONENTE: *Mansão dilapidada, piscina*

Quando vê pela primeira vez a mansão dilapidada – a casa aterrorizante – de Norma Desmond, Joe pensa que esse submundo secreto acabou de salvá-lo. Ele pode esconder o carro lá, reescrever o enorme e terrível roteiro de Norma e ganhar uma grana. Na verdade, acabou de entrar no submundo da oponente, do qual jamais escapará. Esse lugar o segura porque se alimenta de sua grande fraqueza: sua fome por dinheiro.

É assim que Joe, o roteirista, descreve o mundo:

> Era um grande elefante branco, o tipo que o pessoal doido do cinema construía nos loucos anos 1920. Uma casa negligenciada adquire um aspecto infeliz, e essa

o tinha de sobra. Era como aquela velha em *Grandes esperanças*, aquela srta. Havisham com o vestido de casamento puído e o véu rasgado, descontando sua raiva no mundo porque tinha sido largada.

Quando se dirige para a casa de convidados, Joe passa por uma vegetação espessa de videiras e espinhos, assim como o príncipe em *A Bela Adormecida*. Através da janela, vê a piscina cheia de ratos. As imagens de morte e sono neste mundo estão em todo lugar.

OPONENTE, DERROTA APARENTE: *Casa revitalizada, Joe capturado na piscina*

Esse mundo de conto de fadas, com sua casa assombrada, seus espinhos e sua Bela Adormecida, é também o lar de um vampiro. À medida que Joe fica cada vez mais preso na armadilha de uma vida fácil, Norma e a casa são revitalizados. A piscina dilapidada e vazia fica cheia e, quando Joe emerge dela, Norma, corada com o sangue novo, usa uma toalha para secar esse jovem que comprou, como se Joe fosse um bebê.

BATALHA, MORTE: *Tiroteio na piscina*

Em uma batalha breve e desigual, Norma atira em Joe quando ele tenta deixá-la. Ele cai na piscina, e desta vez a vampira o matou.

ESCRAVIDÃO DO OPONENTE: *Norma na escadaria, descendo para a loucura*

Por ter uma oponente humana excelente, *Crepúsculo dos deuses* não termina com a morte do herói: a oponente literalmente desce em direção à loucura. Sem a habilidade de distinguir fantasia e realidade, ela é tanto seu personagem – "Lá embaixo, estão esperando a princesa" – como uma atriz interpretando um papel em mais um filme de Hollywood. Conforme as câmeras gravam, Norma desce a grande escadaria do "palácio" em direção a um sono profundo do qual nenhum príncipe a despertará.

• *Ulysses*

(James Joyce, 1922)

A princípio devemos tomar cuidado ao examinar *Ulysses*, de Joyce, para aprender técnicas de contação de histórias, precisamente porque muitos o consideram o maior romance do século 20. Afinal, sua complexidade e brilhantismo pareceriam levar Joyce para muito além do resto de nós, meros escritores mortais – e suas referências e técnicas obscuras de propósito pareceriam torná-lo totalmente inadequado para quem deseja escrever histórias populares na forma de filmes, romances, peças de teatro e roteiros de televisão.

Nada poderia estar mais longe da verdade. Embora Joyce tivesse enorme talento natural como escritor, também era um dos contadores de histórias mais *treinados* que já existiu. Por mais que ele tenha usado esse treinamento para escrever com uma complexidade que talvez você devesse evitar, por vários motivos legítimos, as técnicas de Joyce têm uma aplicação universal para a escrita de grandes histórias em qualquer meio.

*Ulysses* é o romance dos romancistas. Seu personagem principal secundário, Stephen, é um homem tentando se tornar um grande escritor. O livro usa uma gama mais ampla e avançada de técnicas narrativas que qualquer outro já escrito (a possível exceção é *Finnegans Wake*, de Joyce, mas ninguém nunca o leu do início ao fim, então não conta). De inúmeros modos, Joyce desafia outros escritores dizendo essencialmente: "Você consegue entender o que estou fazendo e consegue fazer também?". Vamos tentar.

Como uma versão moderna de *Odisseia*, a forma ficcional de *Ulysses* é uma combinação de mito, comédia e drama. A arena geral é a cidade de Dublin, porém, a maior parte da história se passa não em uma casa, mas na rua. Como em muitos mitos, o herói principal, Leopold Bloom, parte em uma jornada e volta para casa. Mas, como é um mito cômico, ou "heroico cômico", ocorre pouco ou nenhum aprendizado no retorno do herói.

Como muitas outras histórias sofisticadas, *Ulysses* se passa naquela época de mudanças da virada do século, em meio à transição da cidade pequena para a cidade grande. Dublin tem muitos elementos da cidade pequena, mas também muitos da grande – mesmo a cidade sendo sofisticada e opressiva. Desde o começo estamos dentro da culpa que é tão comum em histórias que se passam em cidades pequenas: Stephen divide a casa com um colega, que o faz se sentir culpado por se recusar a rezar no leito de morte da mãe.

O herói primário, Bloom, é tanto o herói comum da cidade pequena como o desastrado da cidade sofisticada e opressiva. Se Odisseu é um guerreiro frustrado, Bloom é um zé-ninguém frustrado. Ele é o vagabundo de Charlie Chaplin, o Charlie Brown de Charles Schulz, o George Costanza de *Seinfeld*. Também é um homem traído e hesitante que sabe sobre o amante da esposa, mas não faz nada para impedir o caso. De muitos jeitos, o mundo ficcional de Joyce não surge da combinação usual de elementos. Por exemplo, Dublin é uma cidade opressiva não devido à tecnologia crescente, a escravidão do futuro, mas por causa do poder entorpecedor do passado, especialmente por causa da dominação inglesa e da Igreja Católica.

Além de usar o mito da *Odisseia* e a sociedade em mudança, Joyce constrói a estrutura da história usando a técnica do dia de vinte e quatro horas. Esse tempo circular combina com o espaço circular do mito e da comédia, definindo ainda mais o caráter cotidiano de seu herói e acentuando e comparando as ações de uma rede vasta de personagens na cidade.

Joyce também usa o dia de vinte e quatro horas para estabelecer a oposição entre seus heróis primário e secundário. As três seções de abertura da história, que acompanham a jornada do herói secundário, Stephen, ocorrem por volta das oito da manhã até o meio-dia. Joyce então volta às oito da manhã para acompanhar seu herói primário, Bloom. Essa comparação de tempo faz o leitor imaginar constantemente o que os dois homens estão fazendo no mesmo momento, e Joyce fornece uma série de paralelos entre eles para ajudar o leitor a compará-los e contrastá-los.

O autor também emprega uma série de técnicas originais ao retratar os personagens secundários de seu mundo ficcional. Uma vez que uma grande parte de seu tema se refere à escravidão deste mundo, ele dá a muitos personagens secundários uma fraqueza e necessidade próprias, que costumam ser alguma variação de estar amarrado demais à Igreja Católica, aceitar a dominação inglesa ou botar fé exagerada nos heróis do passado da Irlanda e em seus estereótipos confortáveis, porém essencialmente debilitantes.

A rede de personagens de *Ulysses* está entre as mais detalhadas de todos os tempos. Junto com personagens fictícios-chave há uma série de pessoas reais que viviam em Dublin na época em que a história se passa (1904). Misturados a essas pessoas reais há muitos personagens secundários fictícios que Joyce usou em outras histórias (mais notavelmente em sua coletânea de contos *Dublinenses*). Tudo isso dá ao mundo ficcional uma textura rica de realidade, que é ao mesmo tempo profundamente sólida, porque cada uma dessas pessoas reais ou imaginadas tem um caráter e uma história detalhados que já foram definidos, quer o leitor esteja familiarizado com eles, quer não.

Joyce é um mestre em conectar os passos-chave de estrutura aos submundos visuais da história. Uma das vantagens de basear uma jornada urbana moderna nas viagens de Odisseu é que isso permite a Joyce criar submundos identificáveis dentro de uma cidade amorfa. Também lhe permite, nessa história incrivelmente complexa, imbuir cada submundo de um ou dois passos de estrutura principais. Essa técnica ancora o leitor no fluxo de um épico enorme e destaca as linhas principais de desenvolvimento psicológico e moral dos dois heróis, por mais complexas que as coisas fiquem.

A seguir, vamos ver um esboço dos principais passos de estrutura da história, a seção da *Odisseia* na qual são baseados (em parênteses) e o submundo de Dublin no qual ocorrem (em itálico).

FRAQUEZA E NECESSIDADE DE STEPHEN, PROBLEMA, OPONENTE, FANTASMA: *(Telêmaco) Torre Martello*

São oito da manhã em um apartamento na Torre Martello, com vista para a baía de Dublin. O residente Stephen Dedalus é um escritor perturbado. Ele voltou de Paris devido à morte da mãe, sem rumo e duvidando de si. Também sente uma culpa enorme por recusar o último desejo da mãe, de que rezasse por ela. Como o filho de Odisseu, Telêmaco, ele se pergunta quem é e onde está seu verdadeiro pai. Seu colega de casa, Buck Mulligan, aparentemente seu amigo, mas na verdade seu inimigo, o provoca por não ter rezado quando a mãe estava morrendo.

Essa casa na torre, que Joyce conecta ao castelo de Hamlet, é uma prisão para o sensível Stephen, que a divide com o tirano Mulligan e o arrogante inglês Haines. Embora Stephen pague o aluguel, deixa Mulligan pegar emprestada a chave do apartamento.

FRAQUEZA E NECESSIDADE DE STEPHEN, PROBLEMA, FANTASMA: *(Nestor) Escola Deasy*

Embora queira ser escritor, Stephen é forçado a lecionar, ganhando muito pouco, em uma escola para garotos. A sala de aula, com alunos trapaceiros e barulhentos, o deprime e o recorda dos fantasmas de sua juventude. Para um aspirante a artista como Stephen, essa escola é uma armadilha.

FRAQUEZA E NECESSIDADE DE STEPHEN, PROBLEMA, FANTASMA: *(Proteu) Praia de Sandymouth*

Stephen caminha pela praia, onde vê imagens de nascimento e morte e um navio de três mastros que o faz pensar na crucificação. Ele está confuso sobre o que é real e o que é ilusão, sobre quem deve se tornar *versus* o que os outros querem que se torne. Novamente, pergunta-se quem é seu pai verdadeiro.

FRAQUEZA E NECESSIDADE DE BLOOM, PROBLEMA: *(Calipso) Cozinha de Bloom e seu açougue*

Às oito da manhã, Leopold Bloom está preparando o café para sua esposa, Molly, que ainda está dormindo. Odisseu foi escravizado por uma mulher, Calipso, por sete anos. Bloom é escravizado pela esposa – mas essa escravidão é autoimposta. Estranho e isolado, Bloom está afastado de Molly, tanto sexual como emocionalmente. Ele tem uma necessidade profunda de ser aceito e amado.

Na cozinha e no açougue, Bloom mostra sua atração aos prazeres corporais, incluindo comida, mulheres e sexo. Como Stephen, sai de casa sem a chave.

FRAQUEZA E NECESSIDADE DE BLOOM, PROBLEMA, DESEJO: *(Comedores de lótus) Rua a caminho do correio e da farmácia*

Bloom preferiria evitar seus problemas, ou, como os comedores de lótus, esquecê-los completamente. Como Stephen, é reativo e sem rumo. Ao longo da história, tem uma sucessão de desejos mesquinhos que não levam a lugar nenhum. No correio, sente-se culpado por sua correspondência com uma mulher chamada Martha, mas não está disposto a ir além das palavras até a consumação. Na farmácia, mundo repleto de drogas, o desejo de Bloom é escapar e superar sua solidão.

OPONENTES, FANTASMA: *(Hades) Viagem de carruagem pelas ruas até o cemitério*

Bloom se junta a alguns homens, que pensa serem seus amigos, em um trajeto até o funeral de um homem, mas eles não o incluem no grupo. A carruagem passa por Blazes Boylan, um homem que Bloom sabe que fará sexo com sua esposa mais tarde naquele dia. Como Odisseu na terra dos mortos, Bloom lembra-se do suicídio do pai e da morte de seu filho, Rudy, cerca de dez anos antes.

DESEJO, OPONENTES: *(Éolo) Escritório do jornal*

Em uma de suas aventuras, Odisseu é tirado do rumo quando a ilha para a qual está retornando já está à vista porque seus homens abrem o saco de ventos adversos que Éolo, o deus dos ventos, selou com firmeza.

O viajante moderno, Bloom, vende anúncios de jornal. No escritório, tenta com afinco fazer uma venda, mas é incapaz de concluí-la por causa do chefe. Também tem que ouvir colegas arrogantes o ofenderem e fazerem comentários equivocados sobre as glórias falsas do passado da Irlanda.

MUNDO FICCIONAL, OPONENTE, FANTASMA: *(Lestrigões) Ruas de Dublin, restaurante do Hotel Burton, pub de Davy Byrne, Museu Nacional*

Essa miniodisseia (e há muitas miniaturas em *Ulysses*) mostra Bloom caminhando por Dublin, apresentando muitos detalhes das pessoas e dos eventos cotidianos desse mundo.

No hotel Burton, Bloom fica tão enojado ao ver alguns clientes comendo como porcos que vai embora. Como está numa jornada e é um homem que *não* busca confronto, seu principal oponente, Boylan, não está presente para criar um conflito contínuo, mas está constantemente nos pensamentos de Bloom. No pub de Davy Byrne, Bloom verifica o relógio e percebe que o encontro de Molly com seu inimigo ocorrerá em pouco mais de duas horas.

No fim dessa seção, Bloom avista Boylan na rua. Ele entra no museu para evitar falar com ele, mas então precisa fingir interesse nas nádegas de estátuas de deusas gregas para não ser pego.

OPONENTES DE STEPHEN, REVELAÇÃO, OPONENTE DE BLOOM: *(Cila e Caríbdis) Biblioteca Nacional*

Na biblioteca, o lugar da mente, do teórico e do artístico, Stephen apresenta suas teorias sobre Shakespeare para alguns membros da elite literária de Dublin. No entanto, assim como Bloom, é um forasteiro que não foi convidado para a festa. Buck Mulligan chega e tira sarro dele outra vez. Stephen tem uma revelação importante: que o abismo entre ele e Mulligan é vasto demais, e decide que não vai mais tratar Mulligan como amigo.

Na biblioteca, Bloom também tem um encontro com o nêmesis de Stephen. Mulligan o tinha visto fugir para o museu e debocha de seu interesse profundo pelas nádegas de deusas.

MUNDO FICCIONAL: *(Rochas errantes) Ruas de Dublin*

A seção das rochas errantes é o mundo ficcional inteiro de *Ulysses* em miniatura, colocado no centro do livro. Joyce dá pequenos momentos definidores a muitos dos personagens secundários nessa cidade, tanto cômicos como tristes, à medida que eles realizam sua odisseia ao longo do dia.

FRAQUEZA E NECESSIDADE DE BLOOM, OPONENTE, DERROTA APARENTE: *(Sereias) Bar do Hotel Ormond*

Como as sereias que atraem os marinheiros à morte com sua canção, duas garçonetes provocam Bloom no bar do Hotel Ormond. As canções irlandesas sentimentais que ele escuta lá são dolorosas porque o lembram do filho perdido e de seus problemas com Molly – e Bloom sabe que, naquele exato momento, Blazes Boylan está entrando em sua casa. Esse é seu ponto mais baixo, e destaca a solidão e o profundo senso de alienação que sente.

OPONENTE: *(Ciclope) Pub de Barney Kiernan*

No pub de Barney Kiernan, Bloom confronta o nacionalista irlandês "Cidadão", que é o Ciclope moderno. Ironicamente, também sabe que, naquele exato momento, seu oponente contínuo, Boylan, está transando com a esposa. Mas até aqui, em seu momento mais heroico, Bloom não consegue esconder parte das fraquezas que tem. Ele fica parecendo um "sabe-tudo", um homem intransigente fazendo um sermão enfadonho.

O bar onde Bloom confronta um de seus maiores oponentes, o "Cidadão", é como uma caverna. Ao longo da ação, esse lugar fica mais sombrio, violento e cheio de ódio.

OPONENTE, OFENSIVA: *(Nausícaa) Praia de Sandymount*

Na mesma praia onde Stephen caminhou algumas horas antes, Bloom vê uma mulher que o atrai de tal modo com seus charmes físicos que ele se masturba. Mas ela é só outra falsa aliada, e o momento é outra ofensiva falsa, uma distração que impede Bloom de se reconectar com a esposa.

OFENSIVA E REVELAÇÃO DE BLOOM, OPONENTE DE STEPHEN: *(Rebanho do Sol) Hospital de Maternidade Nacional, pub de Burke, ruas de Dublin*

Bloom vai ao hospital para visitar a sra. Purefoy, que está tentando dar à luz há três dias.

Stephen esteve bebendo com alguns amigos e, no pub de Burke, gasta um dinheiro que não pode desperdiçar comprando bebida. Ele entra numa briga com Mulligan e machuca a mão, seguindo, então, para um bordel.

Bloom fica preocupado com Stephen e decide ficar com ele para certificar-se de que esteja bem. Até esse ponto, Bloom, o homem reativo e frustrado, teve uma série de pequenos desejos, a maioria frustrada, que o impeliram ao longo do dia. Mas agora ele tem uma motivação séria, que é encontrar um filho, e Stephen, o filho de seu amigo, será esse homem.

OPONENTE DE STEPHEN, AUTORREVELAÇÃO E DECISÃO MORAL, OFENSIVA E DECISÃO MORAL DE BLOOM: *(Circe) Bordel*

Na seção de Circe (na qual, na *Odisseia*, homens são transformados em porcos), Stephen vai bêbado a um bordel. Sua mãe morta, aparecendo em uma alucinação, tenta aumentar a culpa que sente para que ele volte à igreja. Stephen recusa esse modo de vida e estilhaça o lustre com sua bengala (sua espada), enfim se livrando do passado que o manteve preso por tanto tempo.

Bloom corre ao bordel e procura Stephen com determinação intensa. Ele defende Stephen contra a madame Bella Cohen, que tenta tirar o dinheiro de Stephen e exige um pagamento excessivo pelos danos ao lustre. Ironicamente, Bloom usa de chantagem para executar seu ato mais moral do dia: ameaça revelar ao mundo que Bella manda o filho para Oxford por meio da prostituição.

AUTORREVELAÇÃO LIMITADA PARA AMBOS, SEGUNDA DECISÃO MORAL DE STEPHEN, SEGUNDA DECISÃO MORAL DE BLOOM: *(Eumeu) Café de Fitzharris*

Os dois homens se dirigem a um pequeno café. Depois de sua autorrevelação no bordel, Stephen sabe o que deve fazer com seu futuro. Ele empresta dinheiro a um homem e diz a ele que sua vaga na escola logo estará disponível.

No café, Bloom e Stephen têm uma conversa sobre muitos assuntos, e, embora experimentem um momento de comunhão, são diferentes demais para sustentar uma amizade além daquela noite. Bloom é prático demais, filistino demais, para Stephen, que é extremamente teórico e artístico.

Agora a ofensiva de Bloom muda de novo, e dessa vez a questão é se será capaz de voltar a Molly, no sentido de casamento e lar. Embora tenha medo da ira de Molly, decide levar Stephen consigo, dizendo: "Apoie-se em mim". Um sinal de que *Ulysses* tem mais complexidade psicológica e moral que a maioria das histórias é que a decisão moral de Bloom não é estritamente altruísta: ele pensa que Stephen pode ajudá-lo a escrever um anúncio. Também acredita que o jovem lhe fornecerá material para uma história que pretende escrever e que pode se beneficiar da sensibilidade aguçada de Stephen.

REVELAÇÃO TEMÁTICA: *(Ítaca) Cozinha de Bloom, quarto*
Os novos "pai" e "filho" compartilham de outro momento comunal bebendo chocolate na cozinha de Bloom, o mesmo local onde o "escravizado" Bloom preparara o café de Molly na manhã anterior. Stephen vai para casa e Bloom vai dormir. Usando uma técnica de catequese de pergunta-e-resposta para contar a história, Joyce começa o processo de elevar *Ulysses* acima desses poucos personagens até uma perspectiva cósmica, uma revelação temática, assim como fez no final de seu conto "Os mortos". Embora os dois homens tenham tido uma comunhão breve, mas real, quando Stephen parte, Bloom sente o "frio do espaço interestelar".

FRAQUEZA E NECESSIDADE DE MOLLY, PROBLEMA, AUTORREVELAÇÃO PARCIAL E DECISÃO MORAL: *(Penélope) Cama de Bloom e Molly*
Na cama, Molly reconta a história de *Ulysses* do seu ponto de vista, mas a jornada ocorre toda em sua mente. Ela expressa sua solidão extrema e a sensação de não ser amada pelo marido. Também está muito ciente das muitas fraquezas e necessidades dele. Na cama de casal, com Bloom dormindo ao lado dela (embora com a cabeça ao lado de seus pés), ela lembra do caso que teve mais cedo naquele dia com Blazes Boylan.

No entanto, Molly é finalmente a mulher do "Sim". A sensação de que o amor de Bloom e Molly pode renascer vem do pensamento dela de que, naquela manhã, vai preparar o café da manhã para o marido e lhe servir ovos, e de sua lembrança de quando, profundamente apaixonada, ela concordou em ser esposa de Bloom e dar-lhe "bolo de sementes". Nessa grande jornada circular, terminando de volta em casa, há a sugestão de que um "segundo casamento" entre Bloom e Molly é possível.

# CRIANDO O MUNDO FICCIONAL
## *Exercício de escrita 5*

• MUNDO FICCIONAL EM UMA FRASE: use o princípio narrativo de sua história para criar uma descrição do mundo ficcional em uma frase.

• ARENA GERAL: defina a arena geral e como você manterá uma única arena ao longo da história. Lembre-se de que há quatro jeitos principais de fazer isso:

1. Crie um guarda-chuva e depois alterne e condense.

2. Mande o herói para uma jornada através de uma mesma área, mas que se desenvolva ao longo de uma linha única.

3. Mande o herói para uma jornada circular através de uma mesma área.

4. Torne o herói um peixe fora d'água.

• OPOSIÇÕES DE VALORES E OPOSIÇÕES VISUAIS: retorne à rede de personagens e identifique as oposições de valores entre eles. Atribua oposições visuais que complementem ou expressem essas oposições de valores.

• TERRA, PESSOAS E TECNOLOGIA: explique a combinação única de terra, pessoas e tecnologia que vai compor o mundo de sua história. Por exemplo, ela pode se passar em uma selva exuberante habitada apenas por pequenos grupos nômades que usam as ferramentas mais simples ou em uma cidade moderna onde a natureza praticamente desapareceu e a tecnologia é muito avançada.

• SISTEMA: se o herói vive e trabalha em um sistema ou sistemas, explique as regras e a hierarquia do poder junto com o lugar de seu herói nessa hierarquia. Se um sistema maior está escravizando seu herói, explique por que ele é incapaz de enxergar a própria escravidão.

• CENÁRIOS NATURAIS: considere se algum dos grandes cenários naturais – oceano, espaço sideral, floresta, selva, deserto, gelo, ilha, montanha, planície ou rio – é útil ao seu mundo ficcional como um todo. Certifique-se de não usar nenhum deles de modo previsível ou implausível.

• TEMPO ATMOSFÉRICO: de que modo o tempo pode ajudá-lo a detalhar o mundo ficcional? Foque os momentos dramáticos na história – como revelações e conflitos – quando for usar condições atmosféricas especiais. Novamente, evite clichês.

• ESPAÇOS FABRICADOS: como os vários espaços fabricados nos quais seus personagens vivem e trabalham os ajudam a expressar a estrutura da história?

• MINIATURAS: decida se quer usar uma miniatura. Se sim, qual é e o que, precisamente, ela representa?

• TORNAR-SE GRANDE OU PEQUENO: é apropriado para um personagem tornar-se grande ou pequeno ao longo da história? Como isso revela algo sobre o personagem ou tema de sua história?

• PASSAGENS: se um personagem passa de um submundo para outro muito diferente, crie uma passagem específica.

• TECNOLOGIA: descreva as tecnologias cruciais em sua história, mesmo se forem apenas as ferramentas mais mundanas e cotidianas.

• MUDANÇA DO HERÓI OU MUDANÇA DO MUNDO: examine de novo a mudança geral do herói. Decida se e como o mundo vai mudar junto com o herói ou não.

• ESTAÇÕES: uma ou mais estações são importantes para a história? Se sim, tente criar um jeito único de conectá-las à trajetória dramática.

• FERIADO OU RITUAL: se a filosofia de um feriado ou ritual for central à sua história, decida de que modo concorda ou discorda dela e depois conecte o feriado ou ritual aos pontos apropriados.

• SETE PASSOS VISUAIS: crie os detalhes dos submundos visuais que você vai ligar aos passos principais da estrutura. Examine especialmente os seguintes:

1. Fraqueza ou necessidade.
2. Desejo.
3. Oponente.
4. Derrota aparente ou liberdade temporária.

5. Visita à morte.

6. Batalha.

7. Liberdade ou escravidão.

Descubra como conectar os cenários naturais e os espaços fabricados principais a qualquer um dos submundos. Concentre-se nos três submundos a seguir.

• Submundo de fraqueza: se seu herói começar a história escravizado, explique como o submundo inicial é uma expressão ou ênfase da grande fraqueza dele.

• Submundo do oponente: descreva como o mundo do(s) oponente(s) expressa seu poder e habilidade de atacar a grande fraqueza do herói.

• Submundo da batalha: tente pensar num lugar de batalha que seja o espaço mais confinado de toda a história.

Para praticar, vamos analisar o mundo ficcional de uma das histórias mais populares de todos os tempos.

• *Harry Potter e a pedra filosofal*

(romance de J. K. Rowling, roteiro de Steven Kloves, 2001)

MUNDO FICCIONAL EM UMA FRASE: uma escola para bruxos em um castelo medieval gigante.

ARENA GERAL: todas as histórias de Harry Potter combinam mito, conto de fadas e a história de amadurecimento do estudante (como *Adeus, mr. Chips*, *Tom Brown's Schooldays* e *Sociedade dos poetas mortos*). *Harry Potter e a pedra filosofal* usa a estrutura da fantasia ao começar no mundo ordinário e então passar à arena principal, que é o mundo fantástico. Esse mundo e arena é a escola de Hogwarts, situada em um castelo cercado por vegetação exuberante. A história se passa ao longo de um ano escolar em um lugar amplo, mas definido, que aparenta ter infinitos submundos.

OPOSIÇÕES DE VALORES E OPOSIÇÕES VISUAIS: a história traz uma série de oposições de valores nas quais as oposições visuais são baseadas.

1. Harry e os bruxos de Hogwarts *versus* trouxas: a primeira oposição é entre bruxos e trouxas. Trouxas, que são pessoas comuns, não mágicas, valorizam posses, dinheiro, conforto, prazer sensual e a si mesmos acima de tudo. Os bruxos de Hogwarts valorizam lealdade, coragem, sacrifício e aprendizado. Visualmente, os trouxas moram em casas suburbanas comuns em ruas suburbanas comuns, onde tudo é feito para parecer igual, não há magia nem comunidade e a natureza foi tão domesticada que quase sumiu. Já o mundo de Hogwarts é um reino mágico, um enorme castelo cercado pela natureza selvagem, uma escola que ensina não só magia, mas também os valores sobre os quais foi fundada.

2. Harry *versus* Lord Voldemort: a principal oposição é entre o bruxo do bem, Harry, e o bruxo do mal, Voldemort. Enquanto Harry valoriza amizade, coragem, realizações e justiça, Voldemort acredita apenas no poder e fará qualquer coisa, incluindo assassinato, para consegui-lo. O mundo visual de Harry é a "cidade brilhante na colina", a comunidade de estudiosos em Hogwarts. O mundo de Voldemort é a Floresta Proibida que cerca a escola e o submundo sombrio embaixo da escola, onde seu poder é mais forte.

3. Harry *versus* Draco Malfoy: a terceira maior oposição é a de estudante contra estudante. O jovem Draco Malfoy é aristocrático e desdenhoso em relação aos pobres, e valoriza status e a vitória a qualquer custo. Draco é colocado em oposição visual com Harry, Rony e Hermione ao ser designado para uma casa rival, a Sonserina, com suas próprias bandeiras e cores.

TERRA, PESSOAS E TECNOLOGIA: a história se passa no presente, mas na verdade é um retorno a um estágio social anterior, com uma combinação muito diferente de terra, pessoas e tecnologia do que o público espera. Essa é uma escola preparatória no mundo moderno, mas situada em um mundo medieval de castelos, lagos e florestas. A tecnologia é outro híbrido: há magia com um verniz de alta tecnologia no qual a vassoura de bruxos mais recente é a Nimbus 2000, e as técnicas mágicas são ensinadas com toda a profundidade e o rigor de uma universidade moderna.

SISTEMAS: as histórias de Harry Potter fundem dois sistemas – a escola preparatória e o mundo de magia. Essa fusão é o "ouro" da ideia (e vale bilhões de dólares). A escritora J. K. Rowling se empenhou em detalhar as regras e o funcionamento desse sistema híbrido. O diretor e mago chefe é o professor Dumbledore. Professores como McGonagall e Snape ensinam cursos de Poções, Defesa Contra as Artes das Trevas e Herbologia. Os alunos são divididos em quatro casas: Grifinória, Sonserina, Lufa-Lufa e Corvinal. O mundo mágico tem até o próprio esporte, quadribol, com um conjunto de regras tão precisas quanto qualquer esporte do mundo "real".

Como aluno do primeiro ano, com apenas onze anos, Harry está no ponto mais baixo da hierarquia desse mundo. Seu grande potencial sugere que ele vai subir ao topo ao longo das sete histórias e dos sete anos, mas por enquanto ele representa o público, que aprende junto com ele o funcionamento desse sistema mágico.

CENÁRIOS NATURAIS: o castelo de Hogwarts é construído ao lado de um lago de montanha e é cercado pela Floresta Proibida.

TEMPO ATMOSFÉRICO: o tempo é usado para criar efeitos dramáticos, mas de um jeito bastante previsível. Está chovendo forte quando Hagrid chega à cabana onde a família de Harry se escondeu. Há raios no Halloween quando um trasgo ataca a escola, e neve no Natal.

ESPAÇOS FABRICADOS: Rowling aproveita ao máximo as técnicas dos espaços fabricados. Ela estabelece o mundo mágico mostrando primeiro o ordinário. Nos primeiros onze anos de vida, Harry viveu escravizado em uma casa suburbana sem graça, em uma rua suburbana sem graça. Depois que descobre ser um bruxo, volta no tempo, para todos os efeitos, quando ele e Hagrid vão fazer compras na rua que remete à estética dickensiana do século 19 chamada Beco Diagonal. A rua ainda é reconhecivelmente inglesa, mas as lojas antiquadas e o turbilhão da comunidade a tornam uma parada empolgante a caminho do reino medieval mágico que é a escola de Hogwarts. Junto com a loja de varinhas Olivaras fica o banco Gringotes, cujos atendentes duendes e cofres cavernosos sugerem um "Na gruta do rei da montanha" dickensiano. Harry, então, embarca em uma locomotiva do século 19, o Expresso de Hogwarts, e entra profundamente no reino de conto de fadas que é a escola.

O castelo é a casa calorosa por excelência, com infinitos nichos e recantos, povoado por uma comunidade de alunos e professores. O centro da "casa" calorosa é o Salão Principal, o espaço parecido com uma catedral, decorado com estandartes que remontam ao rei Artur e aos dias de cavalaria. É aqui que a comunidade se une e onde todos podem elogiar quando um de seus membros realiza um feito impressionante.

Dentro dessa casa calorosa há um labirinto de diversidade. As escadarias estilo Escher mudam de posição e levam a locais muitas vezes imprevisíveis. Os alunos têm que empregar uma senha secreta para chegar a seus quartos.

Essa casa calorosa também tem seu lugar aterrorizante – há uma área proibida no terceiro andar, empoeirada e vazia, com uma sala e um alçapão vigiados por um cão de três cabeças. Esse alçapão é, na verdade, a passagem para o subterrâneo da escola, um tipo de porão onde há uma sala com peças de xadrez gigantes – e a batalha da mente que transcorre ali é uma luta de vida e morte.

MINIATURAS: o esporte quadribol é uma miniatura desse mundo mágico e do papel de Harry nele. Assim como Hogwarts é um híbrido de internato e mundo de magia, o quadribol combina rúgbi, críquete e futebol com vassouras voadoras, bruxaria e as competições de justa dos cavaleiros da antiga Inglaterra. Por meio do quadribol, as duas casas arquirrivais da escola, Grifinória e Sonserina, podem se envolver em uma falsa batalha e exibir os elementos de ação mais espetaculares de sua arte.

Como apropriado a sua reputação como um bruxo de grande potencial, Harry ganha o cobiçado papel de apanhador de seu time, a pessoa mais jovem a jogar nessa posição em um século. É claro, o conceito de apanhador tem grandes conotações do mito e da filosofia, e descreve a jornada geral de Harry – não só em *A pedra filosofal*, mas em toda a série.

TORNAR-SE GRANDE OU PEQUENO: essa técnica não é muito usada nesse livro, mas os três amigos se tornam essencialmente pequenos quando devem batalhar contra um trasgo gigante no banheiro; o cão de três cabeças é enorme e Hagrid é um gigante gentil.

PASSAGENS: Rowling usa três passagens na história. A primeira é o muro que Hagrid "abre" girando os tijolos como um cubo mágico. Com esse portal, Harry passa do mundo ordinário de sua criação trouxa à rua mágica do Beco Diagonal. A segunda passagem é a plataforma 9½ na estação de trem onde Harry segue os Weasley através do arco de tijolos para embarcar no Expresso de Hogwarts. A passagem final é o alçapão para o subterrâneo de Hogwarts, vigiado pelo cão de três cabeças.

TECNOLOGIA: a tecnologia está entre os elementos mais inventivos de *A pedra filosofal* e é fundamental à enorme popularidade da série Harry Potter. Trata-se de tecnologia mágica, que exerce o apelo duplo do poder da alta tecnologia moderna aliado ao charme dos animais e da magia. Por exemplo, corujas entregam correspondências diretamente na mão do destinatário. Varinhas, a ferramenta de poder bruxo por excelência, são vendidas em uma loja especial e cada uma escolhe seu dono. O método preferido de transporte pessoal é a vassoura, e o modelo mais recente, a Nimbus 2000, tem especificações tão quantificadas quanto as de um computador. O Chapéu Seletor lê a mente e o coração de quem o usa e determina a qual casa a pessoa pertence.

Rowling até cria ferramentas que indicam mudança falsa e valor falso. O espelho dos desejos é uma das ferramentas clássicas das histórias – e de fato um símbolo para a contação de histórias em si – e mostra o que a pessoa mais sonha em se tornar. A imagem vista é um duplo, mas mostra um falso desejo no qual a pessoa pode desperdiçar a vida toda. A capa de invisibilidade, uma ferramenta da filosofia antiga, permite a seu usuário exercer seus desejos mais profundos sem nenhum custo. Assim, ele pode assumir riscos maiores, mas o perigo de fracassar é enorme. A pedra filosofal pode transformar metal em ouro e fazer um elixir da vida eterna, mas esse crescimento é falso, pois é uma mudança que não foi merecida por trabalho árduo.

MUDANÇA DO HERÓI E MUDANÇA DO MUNDO: ao final da história, Harry superou o fantasma da morte dos pais e aprendeu o poder do amor, mas a escola de Hogwarts atemporal, localizada em um mundo natural exuberante, não mudou.

ESTAÇÕES: Rowling conecta a circularidade do ano escolar – incluindo as estações – com o cenário profundamente natural de Hogwarts. Isso cria um elo sutil entre o amadurecimento dos alunos, em especial Harry, e a sabedoria e os ritmos da natureza.

FERIADO OU RITUAL: *A pedra filosofal* inclui Halloween e Natal como pontuações no ritmo do ano escolar, mas a autora não comenta a filosofia subjacente a nenhum dos dois.

Agora, vamos examinar os sete passos visuais e os elementos da história associados a eles (indicados em itálico).

PROBLEMA DE HARRY, FANTASMA: *Casa suburbana, quarto sob as escadas*

À maneira de muitas histórias míticas (como as de Moisés, Édipo e as de Dickens) Harry aparece pela primeira vez como um bebê, um órfão abandonado para ser criado por outros. Os magos fazem alusões a seu fantasma (o evento do passado de Harry que vai assombrá-lo) e à fama que o precede, que é o motivo de o deixarem com uma família trouxa que sabem ser horrível. De fato, Harry passa os primeiros onze anos de vida enfurnado em um quartinho como uma jaula sob as escadas. Sua tia, tio e primo gananciosos e egoístas vivem lhe dando ordens e o mantêm ignorante de sua identidade real.

FRAQUEZA E NECESSIDADE: *Tanque de cobras no zoológico, Salão Principal de Hogwarts*

Harry não conhece suas origens nem seu grande potencial como bruxo. Ele e o público adquirem uma noção do que ele não sabe quando o bruxo visita um tanque de cobras no zoológico. Nesse lugar, a natureza selvagem está completamente domesticada e enjaulada. Harry fica chocado com sua habilidade de falar com a cobra e a liberta, prendendo seu primo cruel no lugar dela.

Mais tarde, no Salão Principal de Hogwarts, tanto o potencial como a necessidade de Harry são enfatizados na frente da escola inteira quando o Chapéu Seletor diz que ele tem coragem, uma mente aguda, talento e ânsia de se provar. No entanto, em suas primeiras aulas, a falta de autodomínio e treinamento de Harry fica nítida.

DESEJO, FANTASMA: *Casebre, Salão Principal, alçapão*
Como é o primeiro de sete livros, *A pedra filosofal* deve estabelecer uma série de desejos.

1. Desejo geral para a série: estudar em Hogwarts e se tornar um grande bruxo.

Harry realiza a primeira parte desse desejo quando Hagrid vai ao casebre onde a família adotiva do garoto o escondeu. Hagrid o informa de que ele é um bruxo, filho de bruxos assassinados, e que foi aceito na escola de Hogwarts. Ele vai levar os sete livros para aprender a ser um grande bruxo.

2. A linha de desejo desse livro: vencer a Taça das Casas.

A meta é estabelecida quando Harry e os outros alunos do primeiro ano se reúnem no Salão Principal, aprendem as regras da escola e são designados pelo Chapéu Seletor a uma de quatro casas. Note que isso reúne todos os episódios de um mito, realizados ao longo de um ano escolar amorfo, e os situa em um trilho único e quantificável. O desejo surge no salão em que todos os alunos estão reunidos e termina no mesmo lugar, onde todos comemoram quando Harry e seus amigos vencem a Taça para sua casa.

3. A linha de desejo perseguida na segunda metade da história: resolver o mistério da pedra filosofal sob o alçapão.

O desejo de vencer a Taça dá forma ao ano escolar, mas muitos feitos episódicos devem ser realizados, especialmente nessa história de abertura da série. Rowling precisa apresentar muitos personagens, explicar as regras da magia e fornecer detalhes do mundo, incluindo o jogo de quadribol. Então um segundo desejo, mais focado, torna-se necessário.

Quando Harry, Rony e Hermione acidentalmente vão parar no terceiro andar proibido e encontram um alçapão vigiado por um cão de três cabeças, ganham o desejo que afunila essa história – que deve apresentar um mundo amplo – em um ponto pequeno. *A pedra filosofal* torna-se uma história policial, uma forma que tem uma das espinhas mais fortes e claras dentre todas as narrativas.

OPONENTES: *Casa suburbana, aulas, estádio, banheiro*

Harry enfrenta seus primeiros oponentes, tio Válter, tia Petúnia e o primo Duda, em sua própria casa. Como Cinderela, deve fazer todas as tarefas e é obrigado a viver num quartinho sob as escadas. O oponente contínuo entre os alunos é Draco Malfoy, com quem Harry compete em muitas aulas. Como membro da casa Grifinória, Harry enfrenta a casa de Draco, Sonserina, na partida de quadribol no estádio. Harry e seus amigos combatem o trasgo gigante no banheiro feminino.

OPONENTE, DERROTA APARENTE: *Floresta Proibida*

Lord Voldemort é o oponente mais poderoso, contínuo e secreto de Harry. Rowling, no primeiro dos sete livros da série, enfrenta um problema de narrativa complicado. Uma vez que deve sustentar essa oposição por sete livros e que Harry só tem onze anos no primeiro volume, a história deve começar com Voldemort em uma condição muito enfraquecida. Assim, em *A pedra filosofal,* ele mal consegue se manter vivo e deve agir através da mente e do corpo do professor Quirrell.

Mesmo assim, Voldemort e seus submundos são perigosos. A Floresta Proibida está repleta de plantas e animais mortíferos, e Harry e os outros estudantes podem se perder facilmente nela. Harry entra na aterrorizante floresta durante a noite, e lá depara com o Lord Voldermort vampiresco bebendo o sangue de um unicórnio. Mesmo em sua condição enfraquecida, Voldemort é poderoso o bastante para matar. Só a intervenção de um centauro no último segundo salva a vida de Harry.

OPONENTE, BATALHA: *Submundo de Hogwarts (alçapão, visgo do diabo, câmara fechada)*

Harry, Rony e Hermione vão ao terceiro andar proibido para encontrar a pedra filosofal. Mas, ao passarem pelo cão de três cabeças (que guarda o submundo como Cérbero), caírem pelo alçapão e serem tragados pelas raízes esganadoras do visgo do diabo, encontram-se no submundo de Hogwarts, o outro submundo de Voldemort. Lá eles devem vencer a batalha violenta do jogo de xadrez bruxo, abstrata, mas mortal.

A batalha de Harry contra Voldemort ocorre em uma câmara fechada – um espaço apertado. A sala em si fica aos pés de uma longa escadaria, o que dá a impressão de estar na ponta de um vórtice.

Harry enfrenta Voldemort e o professor Quirrell sozinho e, quando tenta escapar, Quirrell cerca a sala com fogo. Voldemort ataca a maior fraqueza de Harry – seu desejo desesperado de ter os pais que nunca conheceu – prometendo trazê-los de volta se Harry lhe der a pedra.

AUTORREVELAÇÃO: *Sala de fogo, enfermaria*

Sob um ataque extremo de Voldemort e do professor Quirrell, Harry se posiciona como um bruxo de uma vez. Recuperando-se na enfermaria, aprende com o professor Dumbledore que seu corpo está literalmente infundido e protegido pelo amor. De alguma forma, sua pele queimou Quirrell por causa do amor que a mãe de Harry mostrou por ele quando se sacrificou para salvar sua vida.

NOVO EQUILÍBRIO: *Estação de trem*

Com o fim do ano escolar, os alunos estão prestes a atravessar a passagem de volta ao mundo ordinário, mas agora Harry possui um álbum de fotos dado por Hagrid, que o mostra nos braços amorosos dos pais que nunca conheceu.

# 7

# REDE DE SÍMBOLOS

Muitos escritores pensam em símbolos como coisinhas irritantes que só importavam nas aulas de literatura. Um grande erro. Se, em vez disso, você pensar em símbolos como joias costuradas na tapeçaria da história que exercem um grande efeito emocional, terá uma ideia do poder desse conjunto de técnicas narrativas.

O símbolo é a técnica do pequeno. É a palavra ou o objeto que representa outro elemento – pessoa, lugar, ação ou coisa – e é repetida muitas vezes ao longo da história. Assim como personagem, tema e trama são grandes quebra-cabeças para "enganar" e agradar ao público, os símbolos são um pequeno quebra-cabeça que opera sua magia muito abaixo da superfície. São cruciais ao seu sucesso como contador de histórias porque representam uma linguagem oculta que impacta as pessoas emocionalmente.

## COMO SÍMBOLOS FUNCIONAM

Um símbolo é uma imagem com um poder especial que tem *valor* para o público. Assim como a matéria é energia altamente concentrada, um símbolo é um significado altamente concentrado. Na verdade, é o condensador-expansor mais focado de todas as técnicas narrativas. Um guia simples para usar símbolos pode ser *remeter* e *repetir*. Funciona assim: você começa com um sentimento e cria um símbolo que evocará esse sentimento no público. Então repete o símbolo, mudando-o de forma sutil.

Sentimento → símbolo → sentimento no público

Símbolo alterado → sentimento mais forte no público

Os símbolos atuam no público de um jeito sorrateiro, mas muito potente. Um símbolo cria uma ressonância, como ondas em um lago, toda vez que aparece. À medida que repeti-lo, as ondas vão se expandir e reverberar na mente das pessoas, muitas vezes sem que elas percebam.

## REDE DE SÍMBOLOS

Talvez você se lembre de que o maior erro ao criar um personagem é vê-lo como um indivíduo único e isolado. Esse é o jeito mais rápido de garantir que nenhum de seus personagens seja, de fato, um indivíduo único. Da mesma forma, o maior erro ao criar um símbolo é vê-lo como um objeto isolado.

\*

*PONTO-CHAVE*: Sempre crie uma *rede* de símbolos
na qual cada um ajude a definir os outros.

\*

Vamos recuar por um momento e examinar novamente como os vários subsistemas do corpo de uma história se encaixam. A rede de personagens revela uma verdade mais profunda sobre o funcionamento do mundo ao comparar e contrastar pessoas. A trama revela uma verdade mais profunda sobre o funcionamento do mundo por meio de uma sequência de ações com uma lógica surpreendente, mas poderosa. A rede de símbolos revela uma verdade mais profunda sobre o funcionamento do mundo ao remeter objetos, pessoas e ações a outros objetos, pessoas e ações. Quando o público faz essa comparação, mesmo que de modo parcial ou fugaz, vê a natureza mais profunda das duas coisas sendo comparadas.

Por exemplo, comparar Tracy Lord a uma deusa em *Núpcias de escândalo* enfatiza a sua beleza e elegância, mas também sua frieza e uma forte noção de superioridade em relação aos outros.

Comparar o mundo de floresta sereno de Lothlórien ao mundo de montanha aterrorizante de Mordor em *O senhor dos anéis* destaca o contraste entre uma comunidade doce e fértil de iguais e um mundo de tirania, fogo e morte. Comparar aviões a cavalos em *Por quem os sinos dobram* sintetiza como uma cultura inteira que valoriza uma força mecanizada e impessoal está substituindo uma cultura voltada a cavalos, que valorizava o cavalheirismo pessoal, a lealdade e a honra.

Você cria a rede de símbolos conectando-os a um ou mais dos seguintes elementos: a história inteira, a estrutura, os personagens, o tema, o mundo ficcional, ações, objetos e diálogos.

## SÍMBOLOS DA HISTÓRIA

No nível da ideia ou premissa, um símbolo expressa as reviravoltas fundamentais, o tema central ou a estrutura geral da história, unificando-os sob uma única imagem. Vamos examinar alguns exemplos de símbolos de história.

• *Odisseia*
O símbolo central está no próprio título: é uma longa jornada que deve ser suportada.

• *As aventuras de Huckleberry Finn*
Ao contrário, o símbolo central aqui não é a jornada de Huckleberry pelo rio Mississippi, mas a jangada. Nessa ilha frágil e flutuante, um garoto branco e um negro escravizado podem viver como amigos e iguais.

• *Coração das trevas*
O coração das trevas simbólico do título é a parte mais profunda da selva e representa o ponto sem volta físico, psicológico e moral da viagem rio acima de Marlow.

• *Homem-Aranha, Batman, Superman*
Esses títulos descrevem homens híbridos com poderes especiais, mas também implicam personagens divididos internamente e separados da comunidade humana.

• *O jardim das cerejeiras*
O jardim das cerejeiras sugere um lugar de beleza atemporal, mas também inútil e, portanto, dispensável em um mundo em desenvolvimento.

• *A letra escarlate*
A letra escarlate começa literalmente como o símbolo pelo qual uma mulher é obrigada a anunciar seu ato imoral de amor, mas se torna o símbolo de uma moralidade diferente baseada no amor verdadeiro.

• *Um retrato do artista quando jovem*
O retrato desse artista começa com seu nome simbólico, Dedalus – uma referência ao arquiteto e inventor que construiu o labirinto na mitologia grega. Conectado a esse nome está o símbolo das asas, que Dédalo construiu para que ele e o filho, Ícaro, pudessem escapar do labirinto. Muitos críticos apontaram que Joyce criou a estrutura narrativa da obra como uma série de ensaios de voo para que o herói artístico escapasse de seu passado e país.

• *Como era verde o meu vale*
Essa história de um homem que conta sobre sua infância em um vilarejo de mineração no País de Gales tem dois símbolos principais: o vale verde e a mina preta. O vale verde é a casa literal do herói e o começo do processo geral da história e da jornada emocional durante a qual ele passará da natureza verde, juventude, inocência, família e lar para um mundo escurecido e mecanizado de fábricas, com uma família estilhaçada e exílio.

• *Um estranho no ninho*

Os dois símbolos do título em inglês (*One Flew Over the Cuckoo's Nest*, "um sobrevoo sobre o ninho do cuco", em tradução literal) sugerem, novamente, o processo geral da história, em que um prisioneiro que gosta de se divertir incita uma rebelião entre os pacientes de um hospital psiquiátrico.

• *Rede de intrigas*

A rede é literalmente uma empresa de telecomunicações e simbolicamente uma rede que prende todos aqueles que são enredados nela.

• *Alien: o oitavo passageiro*

O alienígena é um forasteiro simbólico e, como estrutura narrativa, é o outro aterrorizante que vem de dentro.

• *Em busca do tempo perdido*

O símbolo-chave é o biscoito Madeleine, que, ao ser comido, faz o narrador lembrar-se de todo o romance.

• *Adeus às armas*

O adeus às armas para o herói é a deserção, a ação central da história.

• *O apanhador no campo de centeio*

O apanhador no campo de centeio é um personagem de fantasia simbólico que o herói deseja ser, emblemático tanto por sua compaixão quanto por seu desejo idealista de impedir mudanças.

## Linha simbólica

Ao pensar em uma rede de símbolos para entrelaçar em sua história, você deve primeiro pensar em uma única frase que conecte os símbolos principais da rede. Essa linha simbólica deve emergir do trabalho que você já fez com o princípio narrativo, junto com a linha temática e o mundo ficcional da história.

Para praticar, vamos voltar outra vez aos princípios narrativos que discutimos no Capítulo 2, dessa vez para encontrar a linha simbólica.

- Moisés, no livro do *Êxodo*
PRINCÍPIO NARRATIVO: um homem que não sabe quem é luta para libertar seu povo e recebe as novas leis morais que definirão a ele e a seu povo.
TEMA: um homem que assume responsabilidade por seu povo é recompensado por uma visão de como viver com base na palavra de Deus.
MUNDO FICCIONAL: uma jornada que parte de uma cidade escravizadora, passa por um deserto e acaba no cimo de uma montanha.
SÍMBOLO: a palavra de Deus manifestada – por meio de símbolos como a sarça ardente, a praga e a tábua dos Dez Mandamentos.

- *Ulysses*
PRINCÍPIO NARRATIVO: em uma odisseia moderna através da cidade, no decorrer de um único dia, um homem encontra um pai e outro homem encontra um filho.
TEMA: o verdadeiro herói é o homem que suporta as vicissitudes da vida cotidiana e mostra compaixão a alguém que está passando necessidade.
MUNDO FICCIONAL: uma cidade ao longo de vinte e quatro horas, em que cada uma das partes é uma versão moderna de um obstáculo mítico.
SÍMBOLO: Ulisses, Telêmaco e Penélope modernos.

- *Quatro casamentos e um funeral*
PRINCÍPIO NARRATIVO: um grupo de amigos experimenta quatro utopias (casamentos) e um momento no inferno (funeral) enquanto cada um deles procura pelo parceiro ideal no casamento.
TEMA: quando você encontra o verdadeiro amor, deve se comprometer com essa pessoa com todo o coração.
MUNDO FICCIONAL: o mundo e os rituais utópicos de casamentos.
SÍMBOLO: casamento *versus* funeral.

• Série Harry Potter

PRINCÍPIO NARRATIVO: um príncipe mago aprende a ser um homem e um rei ao estudar em um internato para feiticeiros ao longo de sete anos.

TEMA: quando você é abençoado com grande talento e poder, deve se tornar um líder e se sacrificar pelo bem dos outros.

MUNDO FICCIONAL: uma escola para bruxos em um grande castelo mágico medieval.

SÍMBOLO: um reino mágico na forma de uma escola.

• *Golpe de mestre*

PRINCÍPIO NARRATIVO: contar a história de um golpe na forma de um golpe, enganando tanto o oponente como o público.

TEMA: não é errado mentir e enganar um pouco para derrubar um homem mau.

MUNDO FICCIONAL: um falso lugar de negócios em uma cidade decrépita durante a Grande Depressão.

SÍMBOLO: os ardis que fazem alguém ser pego.[1]

• *Longa jornada noite adentro*

PRINCÍPIO NARRATIVO: à medida que o dia se torna noite, uma família é confrontada com os pecados e fantasmas do passado.

TEMA: você deve encarar a verdade sobre si e sobre os outros e perdoar.

MUNDO FICCIONAL: a casa escura, com todos os seus nichos nos quais os segredos sombrios da família podem ser escondidos.

SÍMBOLO: a passagem da escuridão crescente a uma luz na noite.

• *Agora seremos felizes*

PRINCÍPIO NARRATIVO: o crescimento de uma família ao longo de um ano, mostrado por eventos em cada uma das quatro estações.

TEMA: sacrificar-se pela família é mais importante do que almejar a glória pessoal.

---

1 O título original desse filme, *The Sting*, significa literalmente picada ou ferroada e é uma gíria para uma tramoia ou esquema. [N. T.]

MUNDO FICCIONAL: a grande casa que muda de natureza a cada estação e a cada mudança da família que mora em seu interior.

SÍMBOLO: a casa que muda com as estações.

### • Copenhagen

PRINCÍPIO NARRATIVO: usar o Princípio da Incerteza de Heisenberg, da Física, para explorar a moralidade ambígua do homem que descobriu esse princípio.

TEMA: entender os motivos de nossas ações e saber se são corretas é sempre incerto.

MUNDO FICCIONAL: a casa na forma de um tribunal.

SÍMBOLO: o Princípio da Incerteza.

### • Um conto de Natal

PRINCÍPIO NARRATIVO: traçar o renascimento de um homem forçando-o a ver seu passado, presente e futuro ao longo de uma véspera de Natal.

TEMA: as pessoas têm uma vida muito mais feliz quando são generosas.

MUNDO FICCIONAL: um escritório de contabilidade londrino no século 19 e três casas diferentes – rica, de classe média e pobre – vislumbradas no passado, presente e futuro.

SÍMBOLO: fantasmas do passado, presente e futuro resultam no renascimento de um homem no Natal.

### • A felicidade não se compra

PRINCÍPIO NARRATIVO: expressar o poder do indivíduo mostrando como seria uma cidade, e depois uma nação, se um homem nunca tivesse vivido.

TEMA: as riquezas de um homem vêm não do dinheiro que ele ganha, mas dos amigos e familiares que serve.

MUNDO FICCIONAL: duas versões diferentes da mesma cidade nos Estados Unidos.

SÍMBOLO: as pequenas cidades estadunidenses ao longo do tempo.

• *Cidadão Kane*

PRINCÍPIO NARRATIVO: usar diversos narradores para mostrar como a vida de um homem jamais pode ser conhecida.

TEMA: um homem que tenta obrigar todos a amá-lo termina sozinho.

MUNDO FICCIONAL: a mansão e o "reino" separado de um titã nos Estados Unidos.

SÍMBOLO: a vida de um homem representada – por meio de símbolos como o peso de papel, Xanadu, o documentário e o trenó.

## PERSONAGENS SIMBÓLICOS

Depois de definir a linha simbólica da história, o próximo passo para detalhar a rede de símbolos é focar os personagens. Personagens e símbolos são dois subsistemas do corpo da história, mas não estão separados. Símbolos são excelentes ferramentas para definir os personagens e aprofundar o propósito geral da história.

Ao conectar um símbolo a um personagem, escolha algo que represente um princípio definidor dele ou seu inverso (por exemplo, Steerforth, em *David Copperfield*, é tudo menos um cara honrado). Ao relacionar um símbolo específico e discreto a uma característica essencial do personagem, você leva o público a compreender imediatamente, em um único golpe, um aspecto do personagem.

Também experimentam uma emoção que associam dali em diante a esse personagem. À medida que esse símbolo é repetido com leves variações, o personagem é definido com mais sutileza, mas seu aspecto fundamental e a emoção se solidificam na mente do público. Essa técnica deve ser usada com moderação, uma vez que, quanto mais símbolos você ligar a um personagem, menos marcante cada um se torna.

Você pode estar se perguntando: como escolho o símbolo certo para aplicar a um personagem? Retorne à rede de personagens. Nenhum deles é uma ilha, cada um é definido em relação aos outros. Ao considerar um símbolo para um personagem, considere símbolos para muitos, começando com o herói e o oponente principal. Esses símbolos, como os personagens que representam, estão em oposição uns aos outros.

Também cogite associar dois símbolos ao mesmo personagem. Em outras palavras, crie uma oposição de símbolos *dentro* dele. Isso lhe dá um personagem mais complexo e, ao mesmo tempo, mantém a vantagem do símbolo.

Para resumir o processo de atribuir um símbolo ao personagem:

1. Observe toda a rede de personagens antes de criar um símbolo para um único personagem.
2. Comece pela oposição entre herói e oponente principal.
3. Pense em um único aspecto do personagem ou em uma única emoção que o personagem deve evocar para o público.
4. Considere criar uma oposição de símbolos dentro do personagem.
5. Repita o símbolo associado ao personagem muitas vezes ao longo da história.
6. Toda vez que repetir o símbolo, varie os detalhes de alguma forma.

Uma estenografia ótima para conectar símbolo e personagem é usar certas *categorias* de personagens, especialmente deuses, animais e máquinas. Cada uma delas representa um *modo de ser* fundamental, assim como um *nível de ser.* Dessa forma, quando você conecta seu personagem individual a um desses tipos, dá ao personagem uma característica básica e um nível também básico que o público reconhece de imediato. É possível usar essa técnica a qualquer momento, mas ela é encontrada com mais frequência em certos gêneros – ou formas ficcionais – altamente metafóricos, como mito, terror, fantasia e ficção científica.

Vamos examinar algumas histórias que usam a técnica dos personagens simbólicos.

## Simbolismo de deus

• *Um retrato do artista quando jovem*
(James Joyce, 1916)
Joyce conecta o herói Stephen Dedalus ao inventor Dédalo, que construiu asas para escapar da escravidão no labirinto. Isso dá a Stephen uma qualidade etérea e sugere sua natureza essencial

como um homem artístico tentando se libertar. Mas então Joyce acrescenta textura a essa qualidade primária usando a técnica da oposição simbólica dentro do personagem ao associar a Stephen símbolos opostos: o filho de Dédalo, Ícaro, que voa perto demais do sol e morre (excesso de ambição), e o labirinto, que Dédalo também construiu, no qual Stephen se vê perdido.

• *O poderoso chefão*
(romance de Mario Puzo, roteiro de Mario Puzo e Francis Ford Coppola, 1972)

Mario Puzo também conecta seu personagem a um deus, mas enfatiza um aspecto "divino" muito diferente do usado por Joyce. O deus de Puzo é o deus-pai que controla o mundo e concede justiça, mas é vingativo. Esse é um homem-deus com um poder ditatorial que nenhum mortal deveria ter. Puzo também acrescenta uma oposição simbólica ao interior do personagem quando conecta esse deus ao diabo. A equiparação entre os opostos normais de sagrado e profano é fundamental para esse personagem e para a história inteira.

• *Núpcias de escândalo*
(peça de Philip Barry, roteiro de Donald Ogden Stewart, 1940)

O escritor Philip Barry conecta a heroína Tracy Lord não só à aristocracia, mas também ao conceito de deusa. Além do caráter "aristocrático" de seu sobrenome, tanto o pai como o ex-marido referem-se a ela como uma deusa de bronze. Ela é tanto reduzida como elevada por essa conexão simbólica. A dúvida na história é se ela vai sucumbir aos piores aspectos da deusa – fria, arrogante, inumana, inclemente – ou aos melhores – uma grandeza de alma que lhe permitirá, ironicamente, encontrar e ser a versão mais humana e complacente de si mesma.

Outros usos do herói como deus incluem *Matrix* (Neo = Jesus), *Rebeldia indomável* (Luke = Jesus) e *Um conto de duas cidades* (Sydney Carton = Jesus).

## Simbolismo de animal

• *Um bonde chamado desejo*
(Tennessee Williams, 1947)

Em *Um bonde chamado desejo*, Tennessee Williams equipara personagens a animais de um jeito que os rebaixa, mas também os submete a comportamentos motivados pela biologia. Stanley é considerado um porco, um touro, um macaco, um cão de caça e um lobo para acentuar sua natureza essencialmente gananciosa, brutal e masculina. Blanche, frágil e assustada, é conectada a uma mariposa e a um pássaro. Williams repete esses símbolos de várias formas à medida que a história se desenrola. Por fim, o lobo devora o pássaro.

• *Batman, Homem-Aranha, Tarzan, Crocodilo Dundee*

Histórias em quadrinhos são formas míticas modernas. Assim, não surpreende que equiparem literalmente seus personagens a animais desde o início. Essa é a conexão simbólica mais metafórica e exagerada possível. Batman (o homem-morcego), o Homem-Aranha, até Tarzan, o homem-macaco, todos chamam atenção para a conexão dos personagens a animais pelo nome, físico e vestimentas. Esses personagens não apenas têm certas características animalescas, como Stanley Kowalski, que os afetam de jeitos sutis, mas potentes, como também *são* homens-animais. São personagens fundamentalmente divididos, metade humanos, metade feras. A vida humana cruel no estado da natureza os força a se tornarem animais e a se aproveitarem de poderes únicos para lutar pela justiça, mas o custo é que sofrem de uma divisão interna incontrolável e de uma alienação insuperável do resto do mundo.

Equiparar um personagem a um animal pode ser muito popular com o público porque é uma forma de torná-los maiores (mas não tanto a ponto de a história ficar entediante). Ser capaz de balançar entre árvores (*Tarzan*) ou pela cidade (*Homem-Aranha*) ou ter poder sobre o reino animal (*Crocodilo Dundee)* são sonhos enraizados profundamente na mente humana.

Outras histórias que usam símbolos animais para personagens são *Dança com lobos, Drácula, O lobisomem* e *O silêncio
dos inocentes*.

## Simbolismo de máquina

Conectar um personagem a uma máquina é outro jeito amplo de torná-lo simbólico. Um personagem-máquina, ou homem-
-robô, costuma ser alguém com uma força mecânica e, portanto,
sobre-humana, mas também um ser humano sem sentimentos ou
compaixão. Essa técnica é mais usada no terror e na ficção científica, gêneros em que símbolos exagerados são parte da forma e,
consequentemente, aceitos. Quando bons escritores repetem esse
símbolo ao longo da história, não acrescentam detalhes a ele,
como com a maioria dos personagens simbólicos, mas o *invertem*.
Ao final da história, o homem-máquina provou ser o mais humano
de todos os personagens, enquanto o humano agiu como um animal ou máquina.

• *Frankenstein, ou o Prometeu moderno*
(romance de Mary Shelley, peça de Peggy Webling, roteiro de John
L. Balderston, Garrett Fort e Francis Edward Faragoh, 1931)

Conectar um personagem a uma máquina foi uma abordagem
desenvolvida pela primeira vez por Mary Shelley em *Frankenstein,
ou o Prometeu moderno*. O personagem humano no começo da história é o dr. Frankenstein, mas ele é logo elevado ao status de deus
por ser capaz de criar vida. Ele cria o homem-máquina, o monstro
que, em virtude de ser fabricado a partir de retalhos, não possui os
movimentos fluidos de um ser humano. Um terceiro personagem,
o corcunda, tem uma representação simbólica intermediária, a do
homem sub-humano que é rejeitado como abominação pela comunidade humana, mas que trabalha para o dr. Frankenstein. Note
como esses personagens simbólicos são definidos e contrastados
com tipos simples, mas claros. Ao longo da história, é precisamente
*porque* é tratado como um ser inferior, uma máquina que deve ser
acorrentada, queimada e depois descartada, que o monstro se rebe-
la e busca vingança contra o seu pai frio, inumado e divino.

Outras histórias que usam a técnica do personagem-como-máquina são *Blade Runner: o caçador de androides* (os replicantes), *O exterminador do futuro* (o Exterminador), *2001: uma odisseia no espaço* (HAL-9000) e *O mágico de Oz* (Homem de Lata).

## Outro simbolismo

• *O sol também se levanta*
(Ernest Hemingway, 1926)

Esse é um exemplo perfeito de como criar um personagem simbólico *sem* usar tipos metafóricos como deus, animal ou máquina. Hemingway estabelece uma oposição simbólica dentro do herói Jake Barnes ao mostrar um homem forte, confiante e íntegro que também é impotente devido a um ferimento de guerra. A combinação de força e impotência cria um personagem cuja característica essencial é estar perdido. Como resultado, ele é profundamente irônico, passando de um momento sensual ao seguinte sem ter a capacidade de ser funcional em um nível básico. Como um homem que não é um homem, ele é um personagem muito realista que também representa toda uma geração de homens que estão apenas vagando sem rumo.

## Técnica de símbolos: o nome simbólico

Outra técnica que você pode usar para conectar símbolo a personagem é traduzir o princípio essencial do personagem em um nome. Um gênio nessa técnica, Charles Dickens criou nomes cujas imagens e sons logo identificam a natureza fundamental de seus personagens. Por exemplo, Ebenezer Scrooge é claramente um homem que ama dinheiro e fará qualquer coisa, a quem quer que seja, para obtê-lo. Uriah Heep pode tentar se esconder atrás da fachada solene do prenome bíblico, mas sua natureza essencialmente asquerosa escapa no "Heep". Sabemos que Tiny Tim é o epítome de um bom garoto muito antes de ele pronunciar a frase "Deus abençoe a todos nós".

Vladimir Nabokov apontou que essa técnica é bem menos comum na literatura após o século 19 porque provavelmente chama a atenção a si mesma e é obviamente temática.

Se usada da forma correta, porém, pode ser uma ferramenta maravilhosa – mas costuma funcionar melhor quando se está escrevendo uma comédia, já que a comédia tende a privilegiar personagens típicos.

Por exemplo, veja a seguir alguns convidados de uma das festas de Gatsby, em *O grande Gatsby*. Note como Fitzgerald muitas vezes lista nomes que sugerem uma tentativa malsucedida de se apresentar como parte da aristocracia estadunidense: os O. R. P. Schraeders e os Stonewall Jackson Abrams da Georgia; a sra. Ulysses Swett. Na sequência, ele apresenta a realidade nua e crua de quem essas pessoas são ou o que se tornaram:

> De East Egg, portanto, vinham os Chester Becker e os Leeche, além de um homem chamado Bunsen, que conheci em Yale, e o dr. Webster Civet, que morreu afogado no verão passado no Maine. Também havia os Hornbeam, os Willie Voltaire [...]. De pontos mais afastados da ilha vinham os Cheadle e os O. R. P. Schraeder, e os Stonewall Jackson Abram da Georgia, e os Fishguard e os Ripley Snell. O velho Snell frequentou a casa de Gatsby três dias antes de ir preso, cambaleando tão bêbado pela estrada de cascalho que o automóvel da sra. Ulysses Swett passou por cima de sua mão direita.[2]

Outra técnica que usa nomes simbólicos é misturar personagens "reais" com fictícios, como em *Na época do Ragtime*, *O vento e o leão*, *Paixão e sangue*, *Carter e o diabo* e *Complô contra a América*. Esses personagens históricos não são nem um pouco "reais". O legado famoso que têm lhes dá uma qualidade emblemática e, em alguns casos, quase divina na mente do leitor. Eles se tornaram os deuses e heróis míticos de uma nação. Os nomes deles têm um poder pré-fabricado, como uma bandeira, que o escritor pode apoiar ou combater.

---

2 FITZGERALD, F. Scott. *O grande Gatsby*. Tradução Vanessa Barbara. São Paulo: Companhia das Letras, 2011. [N. E.]

## Técnica de símbolos: o símbolo conectado à mudança de caráter

Uma das técnicas mais sofisticadas relacionadas a personagens é o uso de um símbolo para acompanhar a mudança de caráter. Nessa técnica, você escolhe um símbolo para representar o que deseja que o personagem se torne quando passar por sua mudança.

Para usar essa técnica, foque as cenas que emolduram o começo e o final da história. Atribua o símbolo ao personagem quando estiver criando sua fraqueza/necessidade e retome-o no momento da mudança de caráter, mas variando-o um pouco em relação à primeira aparição.

• *O poderoso chefão*
(romance de Mario Puzo, roteiro de Mario Puzo e Francis Ford Coppola, 1972)

O filme executa essa técnica com perfeição. A cena de abertura é uma experiência prototípica do chefão: um homem vai até Vito Corleone clamar por justiça. A cena é essencialmente uma negociação e, no final, o homem e o chefão chegam a um acordo. Na última fala da cena, o chefão diz: "Um dia, e esse dia pode nunca chegar, gostaria de pedir a você que faça um serviço para mim em troca". Essa frase, que resume a negociação, sugere de forma sutil que um acordo faustiano acabou de ser selado e que o chefão é o diabo.

Os escritores usam o símbolo do diabo de novo mais para o final da história, quando Michael, o novo chefão, comparece ao batizado do sobrinho enquanto seus empregados matam os chefes das cinco famílias criminosas de Nova York. Como parte do batizado, o padre pergunta a Michael: "Você renuncia a Satã?". Michael responde: "Eu renuncio a ele", ao mesmo tempo que está se tornando Satã devido a suas ações. Michael então promete proteger a criança de quem está literalmente tornando-se o padrinho do título da obra em inglês (*The godfather*, "o padrinho", em tradução literal), embora, na posição de chefão, mande matar o pai da criança assim que acaba o batizado.

A cena da batalha é seguida pelo que normalmente seria uma autorrevelação, mas Michael se tornou o diabo, então os escritores o privam de uma autorrevelação e a dão para sua esposa, Kay. Ela observa de outra sala quando os homens de Michael se reúnem ao seu redor para parabenizá-lo por sua nova posição "exaltada" e a porta do novo Rei do Submundo é fechada na cara dela.

Note a sutileza com a qual o símbolo é aplicado na cena de abertura. Ninguém usa a palavra "diabo" aqui – os escritores associam o símbolo ao personagem pela construção engenhosa da cena, em cujo final é dita a palavra "padrinho" (chefão), logo antes da última fala do diálogo, que sugere um acordo faustiano. É graças à sutileza com que o símbolo é aplicado, não apesar dela, que essa técnica tem um impacto tão dramático.

## TEMAS SIMBÓLICOS

Depois de usar esse recurso na história e nos personagens, o próximo passo para criar uma rede de símbolos é sintetizar argumentos morais inteiros em um símbolo. Isso produz a concentração mais intensa de significado de todas as técnicas simbólicas. Por esse motivo, o tema simbólico é uma técnica altamente arriscada. Se usado de um modo óbvio e desastrado, faz a história soar moralizante.

Para fazer um tema simbólico, pense em uma imagem ou objeto que expresse uma *série* de ações que ferem os outros de alguma forma. Será até mais potente caso seja uma imagem ou objeto que expresse duas séries de ações – sequências morais – em conflito mútuo.

• *A letra escarlate*
(Nathaniel Hawthorne, 1850)

Hawthorne é um mestre do tema simbólico. A letra escarlate "A" parece, à primeira vista, representar o simples argumento moral contra o adultério. É só ao longo da história que esse símbolo óbvio passa a representar dois argumentos morais opostos: o argumento absoluto, inflexível e hipócrita que censura Hester em público *versus* a moralidade muito mais fluida e verdadeira que Hester e seu amante viveram em privado.

• *Beau geste*
(romance de Percival Cristopher Wren, roteiro de Robert Carson, 1939)

A história de três irmãos que se uniram à Legião Estrangeira Francesa mostra uma característica crucial da técnica de tema simbólico: ela funciona melhor quando feita *ao longo da trama*. No começo da história, os três irmãos são crianças brincando de "rei Artur". Enquanto o mais velho está escondido numa armadura, escuta uma conversa sobre uma safira da família conhecida como "água azul". Anos mais tarde, já adulto, rouba a joia e se junta à Legião Estrangeira Francesa para defender o nome da tia e a reputação da família. Aquela armadura de cavaleiro passa a simbolizar um ato de bravura e autossacrifício, o "belo gesto", que é o tema central da história. Ao embutir esse símbolo na trama, o escritor permite que a conexão entre símbolo e tema evolua e cresça ao longo da história.

• *O grande Gatsby*
(romance de F. Scott Fitzgerald, 1925)

*O grande Gatsby* mostra um escritor com uma enorme habilidade em associar símbolo a tema. Fitzgerald usa uma rede de três grandes símbolos para cristalizar uma *sequência temática*. Esses símbolos são a luz verde, o *outdoor* do oculista em frente ao vale de cinzas e o grande seio verde do novo mundo. A sequência temática funciona da seguinte maneira:

1. A luz verde representa os Estados Unidos atuais, onde o Sonho Americano original foi deturpado na busca por riqueza material e a garota perfeita é desejável apenas porque está envolta em uma bela embalagem.
2. O *outdoor* do oculista em frente ao vale de cinzas representa os Estados Unidos por baixo da superfície material, que está totalmente desgastado, e os refugos mecânicos criados por esse país material. A máquina devorou o jardim.
3. O grande seio verde do novo mundo simboliza os Estados Unidos como mundo natural, recém-descoberto e cheio de

potencial para um novo estilo de vida, uma segunda chance de viver no Jardim do Éden.

Note que a sequência simbólica está fora de ordem, mas é a ordem *estrutural* correta. Fitzgerald introduz o grande seio verde do mundo na última página. Esta é uma escolha genial porque a natureza exuberante e o enorme potencial do novo mundo tornam-se chocantemente reais em virtude do contraste nítido com o que foi feito de fato àquele novo mundo – e esse contraste chega bem no finalzinho da história, depois da autorrevelação de Nick. Então, do ponto de vista estrutural, esse símbolo e o que ele representa explodem na mente do público como uma revelação temática deslumbrante. É um uso magistral da técnica e faz parte da criação de uma obra de arte.

## SÍMBOLO PARA O MUNDO FICCIONAL

No Capítulo 6, abordei muitas técnicas usadas para criar o mundo da história. Algumas delas, como a miniatura, também são técnicas simbólicas. Na verdade, uma das funções mais importantes do símbolo é sintetizar um mundo todo, ou conjunto de forças, em uma única imagem compreensível.

Mundos naturais como ilha, montanha, floresta e oceano têm um poder simbólico inerente, mas você pode associar símbolos adicionais a eles para aumentar ou mudar o significado que o público atribui a eles. Um jeito de fazer isso é impregnar esses lugares de poderes mágicos. Essa técnica é encontrada na ilha de Prospero (*A tempestade*), na ilha de Circe (*Odisseia)*, na floresta em *Sonho de uma noite de verão*, na floresta de Arden em *Do jeito que você gosta*, na Floresta Proibida nas histórias de Harry Potter e na floresta de Lothlórien em *O senhor dos anéis*. Estritamente falando, a magia não é um símbolo específico, mas um conjunto de forças diferente por meio do qual o mundo opera. Mas tornar um lugar mágico tem o mesmo efeito que aplicar um símbolo: concentra significado e carrega o mundo com um campo de força que conquista a imaginação do público.

Você pode criar símbolos que transmitam esse conjunto sobrenatural de forças. Um exemplo excelente é *Feitiço da lua*.

• *Feitiço da lua*
(John Patrick Shanley, 1987)
John Patrick Shanley usa a lua para dar uma manifestação física à ideia de destino. Isso é especialmente útil em uma história de amor, pois o que está realmente em jogo não são tanto os personagens individuais quanto o amor entre eles. O público deve sentir que este é um grande amor e que seria uma tragédia se não crescesse e perdurasse. Um jeito de transmitir isso é mostrar que o amor é necessário, tendo sido predestinado por poderes muito maiores que esses dois reles humanos. Shanley conecta os dois personagens principais – Loretta e Ronny – à lua ao estabelecer desde o começo que Loretta é infeliz no amor. Isso cria uma impressão de que forças maiores estão agindo. A avó de Loretta conta a um grupo de velhos que a lua leva a mulher até o homem. Em um jantar, o tio de Loretta, Raymond, conta a história de como o pai dela, Cosmo, cortejou a mãe, Rose: uma noite, Raymond acordou e viu uma enorme lua e, quando olhou pela janela, viu Cosmo na rua abaixo olhando para o quarto de Rose.

Shanley, então, usa a técnica de cenas alternadas para colocar a família inteira sob o poder da lua e conectar esse símbolo com o amor. Em rápida sucessão, Rose olha para a enorme lua cheia; Loretta e Ronny, depois de fazerem amor pela primeira vez, ficam em pé diante da janela e a observam; e Raymond acorda e conta à esposa que a lua de Cosmo está de volta. Esses dois idosos, casados há muito tempo, se inspiram a fazer amor. A sequência termina com o avô e sua matilha de cães uivando para a grande lua sobre a cidade. A lua se torna a grande geradora de amor, banhando a cidade inteira em luz e pó mágico.

Talvez você queira criar um símbolo quando escreve uma história na qual um mundo evolui de um estágio social a outro, como de vilarejo à cidade. Forças sociais são altamente complexas, então um único símbolo pode ser valioso para torná-las reais, coesas e compreensíveis.

• *Legião invencível*
(histórias de James Warner Bellah, roteiro de Frank S. Nugent
e Laurence Stallings, 1949)

Essa história acompanha os últimos dias antes da aposenta-
doria de um capitão da cavalaria dos Estados Unidos em um posto
avançado do Oeste em 1876. Como um paralelo ao fim da vida profissional do capitão, temos o fim da fronteira (o mundo de vilarejos)
e dos valores guerreiros que ela representa. Para destacar e enfatizar essa mudança para o público, os escritores Frank S. Nugent
e Laurence Stallings usam o búfalo como símbolo. Um sargento
grande e fanfarrão, aposentado apenas dias antes, comemora com
uma bebida no bar do posto. Ele diz ao bartender: "Os velhos dias
se foram para sempre... Ouviu que os búfalos estão voltando? Ma-
nadas inteiras". Mas o público sabe que eles não vão sobreviver por
muito tempo e que homens como o capitão e o sargento também não.

• *Era uma vez no Oeste*
(história de Dario Argento, Bernardo Bertolucci e Sergio Leone, roteiro de Sergio Leone e Sergio Donati, 1968)

Esse faroeste enorme e operístico começa com o assassinato de
um homem e de seus filhos na casa distante em que moravam. A
noiva por correspondência do homem chega à casa e descobre que
já é viúva e dona de uma propriedade aparentemente sem valor no
meio do deserto estadunidense. Enquanto vasculha as posses do
falecido marido, descobre uma cidade de brinquedo. Essa cidade
é tanto uma miniatura como um símbolo do futuro, um modelo da
cidade que o morto imaginara que surgiria quando a nova ferrovia
enfim chegasse à sua porta.

• *Cinema Paradiso*
(história de Giuseppe Tornatore, roteiro de Giuseppe Tornatore
e Vanna Paoli, 1988)

O cinema do título é tanto o símbolo da história como o símbolo
do mundo. É um casulo onde as pessoas se reúnem para experimentar a mágica dos filmes e, no processo, criar a própria comunidade.
Mas, à medida que a cidade pequena cresce, o cinema declina,

entrando em decadência até ser substituído por um estacionamento. A utopia morre e a comunidade se fragmenta e também morre. Esse cinema mostra a capacidade de um símbolo em concentrar significado e levar os espectadores às lágrimas.

• *Matrix*
(Lilly Wachowski e Lana Wachowski, 1999)
• *Rede de intrigas*
(Paddy Chayevsky, 1976)

Quando você situa sua história em algo tão grande e complexo quanto uma sociedade ou instituição, um símbolo é quase necessário se quiser atingir o público. Tanto *Matrix* como *Rede de intrigas* devem muito de seu sucesso ao símbolo que representa a história e ao mundo social no qual ocorrem. Os termos "matriz" e "rede" sugerem uma unidade que é também uma teia de fios escravizantes. Esses símbolos informam, logo de cara, que os espectadores estão entrando em um mundo complexo de muitas forças, algumas delas ocultas. Isso não só atua como um alerta para que não tentem entender tudo imediatamente, mas também promete que revelações divertidas estão por vir.

## AÇÕES SIMBÓLICAS

Uma única ação costuma ser parte de uma sequência maior de ações que constituem a trama. Cada ação é um tipo de vagão no longo trem composto por herói e oponente competindo pela meta. Quando você torna uma ação simbólica, conecta-a a outra ação ou objeto, carregando-a de significado. Note que tornar a ação simbólica a faz se destacar da sequência da trama; ela chama a atenção para si como se dissesse: "Esta ação é especialmente importante e expressa o tema ou personagem da história em miniatura". Então tome cuidado ao usá-la.

• *O morro dos ventos uivantes*
(romance de Emily Brontë, roteiro de Charles MacArthur e Ben Hecht, 1939)

Quando Heathcliff finge lutar contra o cavaleiro preto por Cathy no "castelo" deles nos morros, está expressando o mundo de romance e faz de conta deles e a determinação de Cathy em viver num mundo de riquezas e nobreza. Heathcliff também está encenando, em miniatura, a história geral de como combaterá o aristocrático Linton por Cathy.

• *A testemunha*
(Earl. W. Wallace e William Kelley, história de William Kelley, 1985)
Ao ajudar a construir um celeiro com outros homens enquanto troca olhares com Rachel, John está sinalizando sua disposição de deixar o mundo violento da polícia e construir uma relação amorosa em uma comunidade de paz.

• *Um conto de duas cidades*
(Charles Dickens, 1859)
Como Cristo na cruz, Sydney Carton sacrifica voluntariamente a vida na guilhotina para que outros possam viver: "Faço algo muito, muito melhor do que jamais fiz; vou a um descanso muito, muito melhor do que já conheci".

• *Gunga Din*
(poema de Rudyard Kipling, história de Ben Hecht e Charles MacArthur, roteiro de Joel Sayre e Fred Guiol, 1939)
O trabalhador indiano Gunga Din quer, mais do que tudo, ser um soldado no regimento como os três soldados britânicos que reverencia. Na batalha final, com os colegas gravemente feridos e capturados, Din soa o alarme com seu clarim, expondo-se à morte certa e evitando que o regimento caia numa armadilha.

## OBJETOS SIMBÓLICOS

Objetos simbólicos quase nunca existem sozinhos em uma história porque isolados têm pouquíssima capacidade de remeter a outra coisa. Já uma rede de objetos, ligados por algum tipo de princípio orientador, pode formar um padrão profundo e complexo de significado, geralmente apoiando o tema.

Para criar uma rede de objetos simbólicos, comece voltando ao princípio narrativo da história. Ele é a cola que transforma uma coleção de objetos isolados em um aglomerado, de modo que cada objeto então não se refira apenas a outro objeto, mas também se conecte a outros objetos simbólicos na história.

Você pode criar uma rede de objetos simbólicos em qualquer história, mas eles são mais fáceis de ver em algumas formas, em especial mito, terror e faroeste. Esses gêneros foram escritos tantas vezes que a forma se aperfeiçoou. Assim, certos objetos foram usados com tanta frequência que se tornaram metáforas reconhecíveis: são símbolos pré-fabricados cujo significado o público entende de imediato em algum nível consciente.

Vamos examinar a rede de objetos simbólicos e algumas histórias que melhor representam esses gêneros altamente metafóricos.

## Rede de símbolos em mitos

O mito é a mais antiga e, até hoje, a mais popular de todas as formas ficcionais. Os mitos gregos antigos, um dos pilares do pensamento ocidental, são alegóricos e metafóricos, e você deve entender como funcionam se deseja usá-los como base para sua história.

Essas histórias sempre apresentam pelo menos dois níveis de seres: deuses e humanos. Não cometa o erro comum de pensar que essa era necessariamente a visão dos gregos antigos sobre como o mundo funcionava de verdade. Os dois níveis nessas histórias não expressam a crença de que os deuses governam os seres humanos. Em vez disso, são aquele aspecto do ser pelo qual o humano pode atingir a excelência ou a iluminação. Os "deuses" são um modelo psicológico engenhoso no qual uma rede de personagens representa características e modos de agir que você deseja obter ou evitar.

Além desse conjunto muito simbólico de personagens, os mitos usam um conjunto claramente prescrito de objetos simbólicos. Quando essas histórias eram contadas originalmente, o público sabia que esses símbolos sempre representavam outra coisa e sabia exatamente o quê. Os contadores de histórias atingiam o efeito desejado justapondo esses símbolos-chave ao longo da história.

O aspecto mais importante a ser entendido sobre esses símbolos metafóricos é que também representam algo *dentro do herói*. A seguir, vamos ver alguns símbolos-chave nos mitos e o que eles provavelmente significavam para o público da antiguidade. É claro que até mesmo com esses símbolos bastante metafóricos, não há um significado fixo; são sempre ambíguos em certo grau.

- Jornada: o caminho da vida.
- Labirinto: confusão ou encontrar o caminho para a iluminação.
- Jardim: união com a lei natural, harmonia dentro de si e com os outros.
- Árvore: árvore da vida.
- Animais (cavalo, pássaro, cobra): modelos no caminho para a iluminação ou para o inferno.
- Escada: estágios para a iluminação.
- Subterrâneo: a região inexplorada do eu e do reino dos mortos.
- Talismãs (espada, arco, escudo, capa): ação correta.

- *Odisseia*
(Homero)

Acredito que *Odisseia* seja o mito grego mais artístico e influente na trajetória da contação de histórias. Seu uso de objetos simbólicos é um dos motivos para isso. Para ver as técnicas simbólicas, devemos começar, como sempre, pelos personagens.

A primeira coisa que você nota sobre eles é que Homero passou do guerreiro poderoso que luta até a morte (em *Ilíada*) para o guerreiro astucioso que deseja voltar para casa e vive. Odisseu é um ótimo guerreiro, mas é muito mais um investigador, um pensador (maquinador) e um amante.

Essa mudança nos personagens também dita uma mudança no tema simbólico, que passa do matriarcado para o patriarcado. Em vez de uma história em que o rei deve morrer e a mãe permanece, Odisseu volta para retomar seu trono. Como na maioria das grandes histórias, ele passa por uma mudança de caráter. Volta para casa como o mesmo homem, mas uma pessoa mais elevada. Vemos isso devido a sua principal decisão moral: ao voltar para casa, escolhe a mortalidade ao invés da imortalidade.

Nas histórias, uma das oposições centrais do personagem simbólico é homem *versus* mulher. Ao contrário de Odisseu, que aprende ao iniciar uma jornada, Penélope fica no mesmo lugar e aprende por meio de sonhos, tomando decisões baseada neles.

Homero constrói a rede de objetos simbólicos na *Odisseia* com base nos personagens e no tema, e por isso ela é fundamentada em objetos masculinos: machado, mastro, cajado, remos e arco. Para os personagens, todos esses objetos representam alguma versão de direcionalidade e ação correta. Em contraste com esses símbolos está a árvore que sustenta a cama de casal de Odisseu e Penélope. Essa é a árvore da vida e representa a ideia de que o casamento é orgânico – e, portanto, cresce ou apodrece. Quando o homem vaga longe demais ou por tempo demais em sua busca por glória (o valor guerreiro por excelência), o casamento e a própria vida morrem.

## Rede de símbolos no terror

O gênero do terror aborda o medo do inumano entrando na comunidade humana. Trata-se de ultrapassar os limites da vida civilizada – entre vivos e mortos, racional e irracional, moral e imoral – com a destruição como resultado inevitável. Como o terror faz a pergunta mais fundamental – o que é humano e o que é inumano? –, a forma assumiu uma mentalidade religiosa. Nas histórias americanas e europeias, essa mentalidade religiosa é a cristã. Como resultado, a rede de personagens e a rede de símbolos nessas histórias são quase inteiramente determinadas pela cosmologia cristã.

Na maioria das histórias de terror, o herói é reativo e o principal oponente, que impulsiona a ação, é o diabo ou algum de seus servos. O diabo é a encarnação do mal, o pai maligno que conduzirá os humanos para a danação eterna se não for impedido. O argumento moral nessas histórias está sempre expresso em simples termos binários: a batalha do bem contra o mal.

A rede de símbolos também começa com uma oposição binária, e a expressão simbólica e visual de bem *versus* mal é luz *versus* escuridão. O símbolo primário do lado da luz é, claro, a cruz, que tem o poder de rechaçar até o próprio Satã. Os símbolos da escuridão são muitas vezes animais. Em mitos pré-cristãos, animais como cavalo, veado, touro, carneiro e serpente eram símbolos de ideais que levavam a pessoa para a ação correta e para uma versão elevada de si. No simbolismo cristão, esses animais representam uma ação maligna – é por isso que o diabo tem chifres. Animais como lobo, macaco, morcego e serpente representam a suspensão de sanções, o sucesso da paixão e do corpo e o caminho para o inferno, e esses símbolos exercem seu maior poder na escuridão.

• *Drácula*
(romance de Bram Stoker, peça de Hamilton Deane e John L. Balderston, roteiro de Garrett Fort, 1931)

O vampiro Drácula, um dos "mortos-vivos", é a criatura da noite por excelência. Ele sobrevive com o sangue dos humanos que mata ou infecta para escravizar, dorme em um caixão e morrerá queimado se for exposto à luz do sol.

Vampiros são extremamente sensuais. Eles olham com luxúria para o pescoço nu da vítima e são dominados pelo desejo de morder a pessoa e chupar seu sangue. Em histórias de vampiro como *Drácula*, sexo equivale a morte e o limite tênue entre vida e morte leva a uma sina muito pior que morrer, que é viver em um purgatório eterno vagando pelo mundo na calada da noite.

Drácula tem o poder de se transformar em um morcego ou em um lobo e costuma viver em ruínas infestadas de ratos. Ele é um personagem especificamente europeu, dado que é um conde. O conde Drácula é membro de uma aristocracia envelhecida e corrupta que se alimenta das pessoas comuns como um parasita.

Drácula é extremamente poderoso à noite, mas pode ser detido por quem souber seu segredo: ele recua à visão do crucifixo e queima quando borrifado com água benta.

Outras clássicas histórias de terror que brincam com esse conjunto de símbolos são *O exorcista* e *A profecia*. *Carrie: a estranha* usa o mesmo conjunto, mas inverte seu significado. Aqui os símbolos cristãos são associados com preconceito e intolerância, e Carrie mata a mãe evangélica teletransportando um crucifixo para o coração dela.

## Rede de símbolos no faroeste

O faroeste é o último grande mito de criação, porque o Oeste estadunidense era a última fronteira habitável na Terra. Essa forma de história é o mito nacional dos Estados Unidos e foi escrita e reescrita milhares de vezes. Assim, tem uma rede de símbolos altamente metafórica. O faroeste é a história de milhares de indivíduos viajando para o Oeste, domesticando áreas selvagens e construindo um lar, liderados por um herói guerreiro solitário capaz de derrotar bárbaros e tornar a região segura para que os pioneiros construam um vilarejo. Como Moisés, esse guerreiro é capaz de liderar seu povo para a terra prometida, mas não de entrar nela. Ele está fadado a permanecer solteiro e solitário, viajando para sempre pelo deserto até que ele e o cenário desapareçam.

O auge do gênero faroeste ocorreu mais ou menos entre 1880 e 1960. Assim, essa forma ficcional sempre tratou de uma época e um lugar que já tinham acabado, mesmo quando se tornou popular. No entanto, é importante lembrar que, como um mito de criação, o faroeste sempre foi uma visão do *futuro*, de um estágio nacional de desenvolvimento que os estadunidenses decidiram coletivamente que queriam atingir, embora se passasse no passado e não pudesse existir de verdade.

A meta no faroeste é conquistar a terra, matar ou transformar as raças "mais baixas" e "bárbaras", espalhar o cristianismo e a civilização, transformar a natureza em riqueza e construir a nação estadunidense. O princípio narrativo dessa forma ficcional é que o processo inteiro da história humana está se repetindo do zero nas regiões ermas dos Estados Unidos, de modo que o país é a última chance de o mundo recuperar o paraíso.

Qualquer história nacional torna-se uma história religiosa, dependendo de sua definição de certos rituais e valores e da intensidade com que as pessoas acreditam nela. Não surpreende, portanto, que uma história tão nacional e religiosa produza uma rede de símbolos altamente metafórica.

A rede de símbolos do faroeste começa com o cavaleiro. Ele é tanto caçador como superguerreiro, e é a expressão máxima da cultura guerreira. Também assume algumas características do mito nacional do rei Artur: ele é o cavaleiro natural, um homem comum com um caráter puro e nobre que vive de acordo com um código moral de cavalaria e ação correta (conhecido como o Código do Oeste).

O herói do faroeste não veste armadura, mas porta o segundo grande símbolo dessa rede: o revólver de seis tiros. O revólver representa a força mecanizada, a "espada" da justiça cuja potência é muito ampliada. Graças a esse código e aos valores da cultura guerreira, o caubói nunca saca primeiro e deve sempre impor a justiça em um confronto na rua, onde todos podem ver.

Assim como o terror, o faroeste sempre expressa valores binários de bem e mal, que são sinalizados pelo terceiro grande símbolo da rede: o chapéu. O herói do faroeste usa um chapéu branco; o homem mau usa um preto.

O quarto símbolo dessa forma é o distintivo, que tem a forma de outro símbolo, a estrela. O herói do faroeste sempre faz cumprir o que é certo, muitas vezes à própria custa, já que sua violência o torna um pária. Ele pode *temporariamente* unir-se à comunidade de um jeito oficial ao tornar-se xerife, impondo a lei não só sobre as regiões ermas, mas também sobre tudo o que há de selvagem e acalorado em cada pessoa.

O último grande símbolo da rede do faroeste é a cerca. Sempre de madeira, é fina e frágil e representa o controle superficial que a nova civilização tem sobre a selvageria da natureza e da natureza humana.

A rede de símbolos do faroeste é usada de modo muito efetivo em histórias como O *homem de Virgínia*, *No tempo das diligências*, *Paixão dos fortes* e no faroeste mais esquemático e metafórico de todos, *Os brutos também amam*.

• *Os brutos também amam*
(romance de Jack Schaefer, roteiro de A. B. Guthrie Jr. e Jack Sher, 1953)
A qualidade esquemática do filme torna fácil reconhecer os símbolos do faroeste, mas chama tanta atenção para esses símbolos que

o público sempre tem a sensação de que está vendo um faroeste clássico. Esse é o grande risco de usar símbolos altamente metafóricos.

Dito isso, *Os brutos também amam* leva a forma mítica do faroeste a seu extremo lógico. A história acompanha um estranho misterioso que, quando visto pela primeira vez, já está em uma jornada. Ele desce a montanha, faz uma parada e então retorna à montanha. O filme é um subgênero que chamo de "história de anjo viajante", encontrado não só no faroeste, mas também em histórias policiais (os romances de Hercule Poirot), comédias (*Crocodilo Dundee*, *O fabuloso destino de Amélie Poulain*, *Chocolate* e *Bom dia, Vietnã*) e musicais (*Mary Poppins* e *Vendedor de ilusões*). Na história de anjo viajante, o herói entra numa comunidade que está passando por problemas, ajuda os habitantes a consertar as coisas e depois parte para ajudar a comunidade seguinte. Aqui, em sua versão faroeste, Shane é o anjo guerreiro viajante que combate outros guerreiros (criadores de gado) para tornar a região segura para os fazendeiros se assentarem num vilarejo.

O filme também traz uma rede de personagens altamente simbólica: há o herói-anjo *versus* o pistoleiro satânico; o fazendeiro, um homem de família chamado José *versus* o criador de gado grisalho, implacável e solteiro; a mulher e mãe ideal (chamada Marian) e a criança, um garoto que idolatra o homem bom com uma arma. Esses personagens abstratos são apresentados quase sem detalhes individuais. Por exemplo, Shane tem algum fantasma no passado envolvendo o uso de armas, mas isso nunca é explicado. Como resultado, os personagens são apenas metáforas apelativas.

Todos os símbolos padrão do faroeste estão presentes em sua forma mais pura. A arma é crucial a qualquer faroeste, mas, em *Os brutos também amam*, é colocada no centro do tema. O filme faz uma pergunta pela qual todo homem nessa história é julgado: você tem coragem de usar uma arma? Os criadores de gado odeiam os fazendeiros porque eles constroem cercas. Os fazendeiros enfrentam os criadores de gado para poder construir uma cidade real, com leis e uma igreja. Shane usa uma camurça leve; o pistoleiro do mal se veste de preto. Os fazendeiros compram, em um empório, suprimentos com os quais podem construir seus lares, mas a loja tem uma porta que abre para o bar, onde os criadores de gado bebem e lutam e matam. Quando está no empório, Shane tenta construir uma vida nova voltada para o lar e para a família, mas não consegue evitar ser atraído para o bar, de volta à antiga vida de guerreiro solitário e habilidoso com uma arma.

Com isso, não quero dizer que *Os brutos também amam* é uma história mal contada. O filme tem certo poder justamente porque sua rede de símbolos é tão nítida e bem definida. Não há enrolação aqui. Mas, por esse motivo, também parece uma história esquemática, com um argumento moral que é praticamente uma filosofia moral, como quase todas as histórias religiosas.

## Técnica narrativa: invertendo a rede de símbolos

A grande desvantagem de usar uma rede de símbolos pré-fabricada e metafórica é que ela é tão autoconsciente e previsível que a história se torna um esquema, não um corpo vivente. Porém, nessa desvantagem há uma enorme oportunidade: pode-se usar o conhecimento que o público possui a respeito da forma e da rede de símbolos para invertê-los. Nessa técnica, você usa todos os símbolos na rede, mas muda alguma coisa para que seu significado seja diferente do que aquilo que o público espera. Isso força as pessoas a repensarem todas as expectativas que tinham. Pode-se fazer isso em qualquer história, com símbolos bem conhecidos. Quando estiver trabalhando em um gênero específico como mito, terror ou faroeste, essa técnica é conhecida como "minar o gênero".

• *Onde os homens são homens*
(romance de Edmund Naughton, roteiro de Robert Altman e Brian McKay, 1971)
Esse é um ótimo filme, com um roteiro genial. Boa parte da genialidade dele se deve à estratégia de inverter os símbolos clássicos do faroeste. Essa inversão de símbolos é uma extrapolação do tema tradicional de faroestes: em vez de os personagens levarem a civilização para o deserto, *Onde os homens são homens* mostra

um empreendedor que constrói uma cidade no deserto e é destruído por grandes empresas.

O simbolismo inverso começa com o protagonista. McCabe é um jogador e dândi e faz sua fortuna abrindo um bordel. Ele cria uma comunidade na fronteira selvagem do Oeste, por meio do capitalismo do sexo. O segundo personagem principal, o amor da vida de McCabe, é uma madame que fuma ópio.

Os submundos visuais também invertem os símbolos clássicos. A cidade não é a grade racional de prédios com fachada de ripas na planície seca do sudoeste, mas um conjunto improvisado de madeira e tendas na floresta exuberante e chuvosa do noroeste. Em vez de uma comunidade agitada sob o olhar benevolente do delegado, essa cidade é fragmentada e inacabada, com indivíduos apáticos e isolados que veem com desconfiança qualquer forasteiro.

A ação simbólica chave do faroeste é o confronto, que também é invertido aqui. O confronto clássico acontece no meio da rua principal, onde toda a cidade pode ver. O herói-caubói espera o vilão sacar primeiro, vence mesmo assim e reafirma a ação correta e a lei e a ordem para a comunidade em construção. Em *Onde os homens são homens*, o herói, que é tudo menos um homem da lei, é perseguido pela cidade por três assassinos durante uma nevasca ofuscante. Ninguém vê e nem se importa com a ação correta de McCabe, ou se o líder da cidade vive ou morre – as pessoas estão ocupadas apagando as chamas de uma igreja que ninguém frequenta.

O filme também inverte os objetos simbólicos dos faroestes clássicos. A lei não existe. A igreja está sempre vazia. No confronto, um dos matadores se esconde atrás de um prédio e atira em McCabe com uma espingarda. McCabe, aparentemente morto, atira no meio dos olhos do matador usando uma pistola de cano curto escondida (em faroestes clássicos, a arma das mulheres!). Em vez das perneiras e do chapéu branco de aba larga do caubói, McCabe usa um terno oriental e um chapéu-coco.

*Onde os homens são homens*, com sua estratégia de minar um gênero, nos apresenta algumas das melhores técnicas para renovar antigos símbolos metafóricos. É uma aula sobre como contar grandes histórias e um marco no cinema estadunidense.

## Exemplos de rede de símbolos

O melhor jeito de aprender as técnicas da rede de símbolos é vê-las em uso. À medida que examinarmos diferentes histórias, você vai notar que essas técnicas se aplicam igualmente em uma vasta gama de formas.

• *Excalibur: a espada do poder*
(romance *A morte de Arthur,* de Thomas Malory, roteiro de Rospo Pallenberg e John Boorman, 1981)

Se o faroeste é o mito nacional dos Estados Unidos, podemos dizer que a história do rei Artur é o mito nacional da Inglaterra. Seu poder e apelo são tão vastos que essa única lenda inspirou milhares de histórias no Ocidente. Por esse motivo, os escritores modernos devem entender como seus símbolos cruciais funcionam. Como sempre, começaremos com os símbolos ligados aos personagens.

O rei Artur não é só um homem e não é só um rei. Ele é o centauro moderno, o cavaleiro de metal. Como tal, é o primeiro super-homem, o Homem de Aço, o macho levado ao extremo e a personificação máxima da cultura guerreira. Ele representa coragem, força, ação correta, imposição da justiça por combate na frente dos outros. Ironicamente, ao representar a masculinidade levada ao extremo, ele vive segundo um código de cavalaria que coloca as mulheres em um pedestal de pureza absoluta. Isso transforma o gênero feminino inteiro em um símbolo segundo os opostos binários cristãos da Madona e da puta.

O rei Artur também simboliza o líder moderno em conflito. Ele cria uma comunidade perfeita em Camelot baseada na pureza de caráter e depois a perde quando sua esposa se apaixona por seu melhor e mais puro cavaleiro. O conflito entre dever e amor é uma das grandes oposições morais em histórias, e o rei Artur é um dos personagens que mais o personificam.

O aliado de Artur é Merlin, o mentor-mago por excelência. Ele é um personagem que remete à visão de mundo pré-cristã de magia, então representa o conhecimento das forças naturais mais ocultas. É o supremo artesão-artista da natureza e da natureza humana, e de como a segunda é consequência da primeira. Seus feitiços e conselhos sempre começam com um entendimento profundo das necessidades e desejos da pessoa única à sua frente.

Os oponentes de Artur possuem uma qualidade simbólica que centenas de escritores tomaram emprestada ao longo dos anos. Seu filho é Mordred, a criança maligna cujo próprio nome representa a morte. A aliada de Mordred é sua mãe, Morgana (também conhecida como Morgan Le Fay), uma feiticeira do mal.

Os cavaleiros são super-homens como Artur. Eles são superiores aos homens comuns não só por suas habilidades como guerreiros, mas também por sua pureza e grandeza de caráter. Devem seguir o código da cavalaria e buscam o Cálice Sagrado, com o qual poderão entrar no Reino dos Céus. Em suas jornadas, os cavaleiros agem como o bom samaritano, ajudando todos os necessitados e, por meio de suas ações corretas, confirmam a pureza do próprio coração.

*Excalibur: a espada do poder* e outras versões da história do rei Artur estão cheias de mundos e objetos simbólicos. O principal lugar simbólico é Camelot, a comunidade utópica cujos membros suprimem seu desejo humano por glória individual em prol da tranquilidade e da felicidade de todos. Esse lugar é simbolizado ainda mais pela távola redonda. Essa mesa é a república dos grandes, onde todos os cavaleiros ficam em pé de igualdade com seu rei.

O filme recebe o nome de outro importante objeto simbólico da história do rei Artur: a espada. Excalibur é o símbolo masculino da ação correta, e só o rei de direito, cujo coração é puro, pode removê-la da pedra e empunhá-la para formar a comunidade ideal.

Os símbolos do rei Artur estão impregnados em nossa cultura e são encontrados em histórias como *Star Wars*, *O senhor dos anéis*, *Esperança e glória*, *Um ianque na corte do rei Artur*, *O pescador de ilusões* e milhares de faroestes. Se quiser usar os símbolos arturianos, certifique-se de mudar o significado deles de alguma forma para que sejam originais à sua história.

• *Os suspeitos*

(Christopher McQuarrie, 1995)

*Os suspeitos* conta uma história única na qual o protagonista cria seu próprio personagem simbólico usando as técnicas que estamos discutindo enquanto a história está acontecendo. Apropriadamente chamado de Verbal, ele aparenta ser um golpista amador e aliado, mas na verdade é, ao mesmo tempo, o herói, um mestre do crime (o principal oponente) e um contador de histórias. Ao dizer ao interrogador da alfândega o que aconteceu, constrói um personagem aterrorizante e implacável chamado Keyser Soze e associa esse personagem ao símbolo do diabo, de modo que Keyser Soze ganha tal poder mítico que apenas a menção de seu nome já incute terror. No final da história, o público descobre que Verbal *é* Keyser Soze e é mestre do crime em parte *por ser* um mestre na contação de histórias. *Os suspeitos* é uma ótima narrativa e um exemplo de criação de símbolos do mais alto nível.

• *Star Wars*

(George Lucas, 1977)

Um dos principais motivos para *Star Wars* ser tão popular é ser fundado na técnica do tema simbólico. Essa história de aventura aparentemente simples tem um forte tema concentrado no símbolo do sabre de luz. Nesse mundo de tecnologia avançada e no qual as pessoas viajam na velocidade da luz, tanto heróis como oponentes lutam com sabres. É claro que isso não é realista. Mas é realista o bastante *nesse* mundo para ser um objeto que pode incorporar poder temático. O sabre de luz simboliza o código samurai de treinamento e conduta, que pode ser usado para o bem ou para o mal. É impossível superestimar a importância desse objeto simbólico e do tema que representa no sucesso mundial de *Star Wars*.

• *Forrest Gump: o contador de histórias*

(romance de Winston Groom, roteiro de Eric Roth, 1994)

*Forrest Gump: o contador de histórias* usa dois objetos para representar temas: a pena e a caixa de chocolates. É possível criticar a técnica dos escritores de associar símbolo a tema por ser um tanto forçada. Nesse mundo cotidiano, uma pena simplesmente desce flutuando do céu e pousa aos pés de Forrest. É óbvio que a pena representa o espírito livre e honesto de Forrest, seu modo de vida despreocupado. A caixa de chocolates é ainda mais óbvia. Forrest afirma: "Minha mãe sempre dizia: a vida é uma caixa de chocolates. Você nunca sabe o que vai encontrar". Essa é uma afirmação temática direta sobre o jeito correto de viver, conectada a uma metáfora.

Mas esses símbolos associados a temas funcionam muito melhor do que seria de imaginar e os motivos para isso são instrutivos. Primeiro, *Forrest Gump: o contador de histórias* é uma forma mítica conectada a um drama, e a história abrange cerca de quarenta anos. Então, como a pena, ela também serpenteia pelo espaço-tempo sem direção aparente exceto pela linha geral da história. Em segundo lugar, o herói é um homem simplório que pensa em chavões fáceis de recordar. Um personagem "normal" declarando abertamente que a vida é uma caixa de chocolates é moralizante, mas o simples Forrest fica satisfeito com esse bordão encantador, aprendido com sua amada mãe, assim como a maior parte do público.

• *Ulysses*
(James Joyce, 1922)
Joyce leva a ideia do contador de histórias como mago criador de símbolos e de quebra-cabeças mais longe do que qualquer outro escritor. Isso tem suas vantagens, mas também custos, em especial ao evocar no público uma resposta intelectual em vez de emocional. Quando você apresenta literalmente milhares de símbolos sutis e até obscuros de milhares de jeitos engenhosos, força o leitor a se tornar um cientista narrativo ou detetive literário, determinado a recuar o máximo possível para ver como foi construído esse quebra-cabeça. Como *Cidadão Kane* (embora por motivos diferentes), *Ulysses* é uma história que pode ser muito admirada pelas técnicas, mas que é muito difícil de ser amada. Então vamos analisar suas técnicas simbólicas.

## Símbolo da história e personagens simbólicos

Joyce estabelece uma rede de personagens simbólicos sobrepondo primariamente, em sua história, os personagens da *Odisseia*, da história de Cristo e de *Hamlet*. Ele suplementa suas referências a essas grandes redes de personagens com referências a pessoas reais e personagens emblemáticos do passado da Irlanda. Essa estratégia traz uma série de vantagens. Primeiro, conecta personagens ao tema: Joyce está tentando criar uma religião natural, ou humanística, a partir das ações de seus personagens. Personagens cotidianos, como Bloom, Stephen e Molly, assumem qualidades heroicas, e até divinas, não pelo que fazem, mas por suas referências constantes a outros personagens, como Odisseu, Jesus e Hamlet.

Essa técnica também situa os personagens de *Ulysses* em uma grande tradição cultural ao mesmo tempo que os mostra se rebelando contra essa tradição e emergindo como indivíduos únicos. Essa é exatamente a trajetória de desenvolvimento pela qual passa Stephen ao longo da história. Oprimido por sua criação católica e pela dominação inglesa da Irlanda, mas não querendo se livrar de toda espiritualidade, Stephen busca um jeito de ser ele mesmo e um artista real.

Outra vantagem de associar seus personagens aos de outras histórias é que Joyce pode criar uma rede de sinalizações que se estende ao longo do livro, o que é extremamente útil quando se está escrevendo uma história tão longa e complexa quanto *Ulysses*. Além de ser um princípio narrativo, essas sinalizações permitem a Joyce avaliar como seus protagonistas mudam ao longo da história, referindo-se de jeitos diferentes àqueles mesmos personagens simbólicos – Odisseu, Jesus, Hamlet.

## Ações e objetos simbólicos

Joyce aplica essas mesmas técnicas de personagens simbólicos às ações e aos objetos da história: constantemente compara as ações de Bloom, Stephen e Molly às de Odisseu, Telêmaco e Penélope, e o efeito que isso tem no leitor é tanto heroico como irônico. Bloom derrota seu Ciclope e escapa da caverna escura de um bar.

Stephen é assombrado pela mãe morta, assim como Odisseu encontra sua mãe no Hades e Hamlet é visitado pelo fantasma do pai assassinado. Molly fica em casa como Penélope, mas, ao contrário da fiel Penélope, torna-se famosa por sua infidelidade.

Os objetos simbólicos de *Ulysses* formam uma rede vasta de coisas "sagradas" na "religião" naturalista e cotidiana de Joyce. Tanto Stephen como Bloom saem de casa sem as chaves. Stephen quebrou os óculos no dia anterior e, embora sua visão literal seja limitada, ele tem a chance de se tornar um visionário, ganhando uma visão artística ao longo da jornada de um dia. Um anúncio para a "carne enlatada Plumtree" – "um lar não é um lar sem ela" – refere-se à falta do ato sagrado do sexo entre Bloom e sua esposa e ao dano que isso causou ao lar. Stephen empunha sua bengala como uma espada contra o lustre no bordel e se liberta do passado que o constringe como uma prisão. Bloom acredita que a comunhão católica é um pirulito para crentes, mas ele e Stephen experimentam uma comunhão real quando compartilham um café e então um chocolate na casa de Bloom.

## CRIANDO SÍMBOLOS
### *Exercício de escrita 6*

• SÍMBOLO DA HISTÓRIA: há um único símbolo que expresse a premissa, as reviravoltas-chave, o tema central ou a estrutura geral de sua história? Examine de novo a premissa, o tema e a descrição do mundo ficcional, então escreva uma frase que resuma os principais símbolos em sua história.

• PERSONAGENS SIMBÓLICOS: determine os símbolos para seu herói e para outros personagens. Use os passos a seguir:

1. Examine toda a rede de personagens antes de criar um símbolo para um deles.

2. Comece com a oposição entre herói e oponente principal.

3. Pense em um único aspecto do personagem ou em uma única emoção que deseja que ele evoque no público.

4. Considere aplicar uma oposição simbólica no personagem.

5. Repita o símbolo, associado ao personagem, muitas vezes ao longo da história.

6. Toda vez que repetir o símbolo, varie os detalhes de alguma forma.

• TIPO DE PERSONAGEM: Considere conectar um ou mais de seus personagens a algum tipo de personagem, especialmente deuses, animais e máquinas.

• MUDANÇA DE CARÁTER SIMBÓLICA: há um símbolo que você possa conectar à mudança de caráter do herói? Se sim, examine as cenas em que expressa a fraqueza/necessidade do herói no começo da história e a autorrevelação no final.

• TEMA SIMBÓLICO: procure um símbolo que possa sintetizar o tema principal de sua história. Para que um símbolo expresse o tema, deve representar uma série de ações e efeitos morais. Um símbolo temático mais avançado representa duas séries de ações morais em conflito.

• MUNDO SIMBÓLICO: determine quais símbolos você deseja associar aos vários elementos do mundo ficcional, incluindo cenários naturais, espaços fabricados, tecnologia e tempo.

• AÇÕES SIMBÓLICAS: há uma ou mais ações específicas que merecem um tratamento simbólico? Pense num símbolo que você pode associar a cada uma dessas ações para dar destaque a elas.

• OBJETOS SIMBÓLICOS: crie uma rede de objetos simbólicos. Comece revisando o princípio narrativo de sua história e certifique-se de que cada objeto simbólico se adeque a esse princípio narrativo. Depois, escolha os objetos aos quais deseja dar significado extra.

• DESENVOLVIMENTO SIMBÓLICO: acompanhe como cada símbolo muda ao longo da história.

Para ver algumas dessas técnicas na prática, vamos analisar *O senhor dos anéis*.

• *O senhor dos anéis*

(J. R. R. Tolkien, 1954-1955)

*O senhor dos anéis* não é nada menos do que uma cosmologia e mitologia modernas da Inglaterra. Ele une as formas do mito, da lenda e do "alto romance", junto com referências simbólicas à mitologia grega e nórdica, ao cristianismo, a contos de fadas, à história do rei Artur e a outros contos de cavaleiro errante. *O senhor dos anéis* é alegórico no sentido, como disse Tolkien, de que é muito "aplicável" ao mundo e à época modernos. Alegórico significa, entre muitas outras coisas, que os personagens, mundos, ações e objetos são, por necessidade, altamente metafóricos. Não significa que não sejam únicos ou criados pelo escritor, apenas que os símbolos têm referências que ecoam outros símbolos anteriores, muitas vezes profundamente enraizados na imaginação do público.

### SÍMBOLO DA HISTÓRIA

O símbolo da história, é claro, está bem no título. O anel é o objeto de poder ilimitado que todos desejam. Quem o possuir se tornará um senhor com poderes divinos, mas será inevitavelmente destrutivo. O anel é a grande tentação que afasta alguém de uma vida moral e feliz, e sua atração nunca se esgota.

### PERSONAGENS SIMBÓLICOS

A força dessa história altamente texturizada é a rica rede de personagens simbólicos que não se resume a pessoa *versus* pessoa, pessoa *versus* animal ou pessoa *versus* máquina. Esses personagens são definidos e distinguidos por bem *versus* mal, por níveis de poder – deus, mago, homem, hobbit – e por espécie – ser humano, elfo, anão, Orc (goblin), Ent e fantasma. O mito funciona com base nos tipos de personagem, um dos motivos para ter um escopo épico, mas pouca sutileza em seu retrato de seres humanos. Ao estabelecer uma rede de tipos de personagens tão complexa e texturizada, Tolkien e seu público têm o melhor dos dois mundos. Essa é uma lição importante para qualquer escritor que use personagens simbólicos, especialmente se estiver escrevendo uma história baseada em mitos.

Nas oposições de personagem de Tolkien, o bem é simbolizado pelos que se sacrificam, Gandalf e Sam, pelo rei-guerreiro Aragorn, que pode curar assim como matar, e por aqueles que estão em comunhão com a natureza e atingiram o domínio de si em vez do domínio sobre outros, como Galadriel e Tom Bombadil. O herói de Tolkien não é o grande guerreiro, mas o "homem" pequeno, o hobbit Frodo Baggins, cuja grandeza de coração lhe permite ser o mais heroico de todos. Como Leopold Bloom em *Ulysses*, Frodo é um novo tipo de herói mítico, definido não pela força física, mas por sua profunda humanidade.

Os oponentes também possuem enorme poder simbólico. Morgoth é o personagem maligno original anterior à trilogia e que faz parte do passado que Tolkien criou para *O senhor dos anéis*. Como Mordred do rei Artur, Maugrim de *As crônicas de Nárnia* e Voldemort das histórias de Harry Potter (escritores ingleses adoram dar ao vilão um nome com "mor", talvez porque "mor" soe como a palavra francesa para "morte"), Morgoth evoca na mente do público o primeiro antideus, Satã, sendo associado, em nome e ação, com a morte. Sauron é o principal oponente em *O senhor dos anéis*; é maligno tanto porque busca o poder absoluto como porque o usará para causar a destruição total da Terra Média. Saruman é um tipo de personagem que se torna mau, começando como um mago enviado para combater Sauron, mas sendo envenenado pelo gosto do poder absoluto. Outros oponentes – Gollum, os Nazgûl, os Orcs, a aranha Laracna e o Balrog – são expressões simbólicas de inveja, ódio, brutalidade e destruição.

TEMA SIMBÓLICO

Como sempre em uma boa história (e em especial na alegoria), todos os elementos nascem do tema e das oposições. Para Tolkien, isso significa uma estrutura temática cristã que enfatiza o bem *versus* o mal. O mal é definido aqui como o amor pelo poder e seu uso. O bem vem de cuidar de coisas vivas, e o bem mais elevado é o sacrifício, especialmente da própria vida, em prol de outra pessoa.

Os submundos visuais de *O senhor dos anéis* são tão ricos em nuances e tão simbólicos quanto a rede de personagens. Esses mundos também são altamente naturais e sobrenaturais. Mesmo os espaços fabricados estendem-se do ambiente natural, fundindo--se com ele. Como os personagens, esses submundos simbólicos são colocados em oposição. No mundo da floresta, há a bela e harmô- nica Lothlórien e a floresta dos Ents, seres como árvores, *versus* a maligna Floresta das Trevas. Os mundos de floresta bons tam- bém são colocados em oposição ao mundo montanhoso, que é onde vivem as forças do mal. Sauron governa de seu lar montanhoso de Mordor, por trás do enorme portão Morannon ("mor" novamente). As Montanhas de Névoa são o local das minas subterrâneas de Mo- ria, onde os heróis visitam o "submundo". Frodo passa pelos Pânta- nos Mortos, um cemitério para aqueles que morreram em batalha.

As comunidades "humanas" expressam esse mesmo simbolis- mo natural. Como Lothlórien, que é uma utopia construída com base nas árvores, Valfenda é uma utopia construída com base em água e plantas. O Condado, lar dos Hobbits, é um vilarejo enraizado em um mundo domesticado e agricultor. Essas comunidades contrastam com fortalezas de montanha como Mordor, Isengard e o Abismo de Helm, fundadas sobre o poder físico.

*O senhor dos anéis* fundamenta-se na busca e posse de obje- tos simbólicos, a maioria dos quais foi desenterrada ou forjada no fogo. O mais importante, é claro, é o Um Anel que Sauron forjou no vulcão no Monte da Perdição. Ele simboliza o desejo de falsos va- lores e poder absoluto, e quem quer que o possua inevitavelmente se tornará mau e corrupto. Outro símbolo circular do mal é o Olho de Sauron, que vê tudo do topo da Torre Negra e ajuda Sauron em sua busca pelo anel.

Como a Excalibur do rei Artur, Andúril, que significa Chama do Ocidente, é a espada da ação correta e pode ser empunhada ape- nas pelo herdeiro de direito do trono. Se Excalibur estava presa na rocha, Andúril foi quebrada e precisa ser reforjada para que Aragorn possa derrotar as forças do mal e recuperar seu trono. Ele é um rei-guerreiro único em seu uso da planta athelas, que tem o poder de cura. Como Aquiles, é um lutador de grande habilidade, mas também está em comunhão com a natureza e é um agente da vida.

É claro, esses são apenas alguns dos símbolos que Tolkien usa no épico. Estude-o com atenção para dominar muitas técnicas da criação de símbolos.

# 8

# TRAMA

A trama é a mais subestimada de todas as habilidades principais de escrita. A maioria dos escritores conhece a importância de
personagens e diálogos, mesmo se não os escrever bem. Quando se
trata da trama, no entanto, pensam simplesmente em improvisar
quando chegar a hora. O que, é claro, nunca acontece.

Como a trama envolve a tecedura elaborada de personagens
e ações ao longo de toda a história, é inerentemente complexa.
Deve ser detalhada ao extremo, mas também se sustentar como
um todo. Muitas vezes, o fracasso de um único evento pode levar
ao fracasso da história inteira.

Assim, não surpreende que técnicas como a "estrutura de três
atos", que não levam em conta a história inteira nem as tramas detalhadas, fracassem miseravelmente. Escritores que usam essa
estrutura estão sempre reclamando de problemas no segundo ato.
Isso acontece porque as técnicas que eles usam para criar a trama
são fundamentalmente falhas. As técnicas mecânicas e simplistas
de uma estrutura em três atos não fornecem um mapa preciso para
tecer uma ótima trama ao longo do difícil meio da história.

Um motivo para os escritores subestimarem a trama é que têm
muitas ideias equivocadas sobre o que ela é. Muitas vezes, pensam
que trama é o mesmo que história, ou que a trama simplesmente
acompanha as ações de um herói perseguindo sua meta, ou que trama é o modo como a história é contada.

A história é muito maior que a trama, sendo composta por todos os subsistemas de seu corpo trabalhando juntos: premissa,
personagens, argumento moral, mundo, símbolos, trama, cenas
e diálogos. É "um complexo multifacetado de forma e sentido, no

qual a linha de narrativa (trama) é apenas um entre muitos outros aspectos".[1]

A trama é a tecedura subterrânea de várias linhas de ação ou conjuntos de eventos, e faz a história crescer de modo constante partindo do começo, passando pelo meio e indo até o fim. Mais especificamente, a trama acompanha a dança intricada entre o herói e *todos os seus oponentes* à medida que se enfrentam pela mesma meta. É uma combinação do que acontece e de como esses eventos são revelados ao público.

\*

> *PONTO-CHAVE*: Sua trama depende de como você oculta e revela informações. Tramar envolve "o gerenciamento magistral de suspense e mistério, conduzindo o leitor habilidosamente por um espaço [...] elaborado que é sempre cheio de sinais a serem lidos, mas ameaçado até o final com uma interpretação equivocada".[2]

\*

## TRAMA ORGÂNICA

A trama é qualquer descrição de uma sequência de eventos: isto aconteceu, depois isto aconteceu e então isto aconteceu. Mas uma simples sequência de eventos não constitui uma boa trama: não existe propósito e nem qualquer princípio narrativo que mostre a você quais eventos contar e em qual ordem. Uma boa trama é sempre orgânica, e isso significa muitas coisas:

• Uma trama orgânica mostra as ações que levam à mudança de caráter do herói ou explicam por que essa mudança é impossível.

---

1 BROOK, Peter. *The empty space*. Nova York: Atheneum, 1978, p. 91.

2 BROOKS, Peter. *Reading for the plot*. Cambridge: Harvard University Press, 1992, p. 168.

• Cada um dos eventos é conectado de modo causal.

• Cada evento é essencial.

• Cada ação é proporcional em extensão e ritmo.

• A quantidade de trama parece surgir naturalmente do protagonista, em vez de ser imposta pelo autor sobre os personagens. Uma trama imposta parece mecânica, deixando à mostra as rodas e engrenagens da máquina narrativa. E, de fato, essa trama "robusta" drena a plenitude e a humanidade dos personagens, fazendo-os parecer marionetes ou peões. Uma trama que emerge naturalmente do herói não é apenas inventada por ele, mas apropriada ao desejo e à habilidade dele de planejar e agir.

• A sequência de eventos tem uma unidade e totalidade de efeito. Como Edgar Allan Poe disse, a trama é "aquilo do qual nenhuma parte pode ser removida sem que faça o todo desmoronar".[3]


## TIPOS DE TRAMA

Uma trama orgânica é muito difícil de entender, que dirá criar. Isso ocorre em parte porque a trama sempre envolve uma contradição. Ela é algo que você projeta, criando ações e eventos do nada e então conectando-os em alguma ordem; no entanto, os eventos da trama devem parecer estágios necessários que se desenvolvem por vontade própria.

Tradicionalmente, a trama costumava enfatizar ações, mas passou a priorizar informações, que são as duas "pernas" nas quais se move a história. As antigas tramas, usando a forma mítica, mostravam um personagem realizando uma série de ações heroicas, que o público era inspirado a imitar. As tramas mais modernas, usando uma versão ampla da forma policial, mostram um herói e um público

---

3 Em crítica de Edgar Allan Poe sobre a obra *Night and Morning*, de Edward Bulwer Lytton. *Graham's Magazine*, abr. 1841, pp. 197-202.

ignorantes ou confusos sobre o que está acontecendo, cuja tarefa é determinar a verdade sobre os eventos e personagens.

Vamos examinar alguns dos principais tipos de trama para ver os diferentes modos de planejar a sequência de eventos e criar uma trama orgânica.

## A trama de jornada

A primeira grande estratégia de trama vem dos contadores de mitos, e sua técnica principal era a jornada. Nesse tipo de trama, o herói parte em uma jornada na qual encontra uma série de oponentes em sucessão. Ele derrota todos e volta para casa. A jornada deveria ser orgânica porque: 1) uma pessoa está determinando a linha única e 2) a jornada fornece uma manifestação física da mudança de caráter do herói. Toda vez que ele derrota um oponente, *pode* experimentar uma minimudança. Ele experimenta a maior mudança (a autorrevelação) quando volta para casa e descobre o que já existia bem fundo dentro de si, percebendo suas capacidades mais profundas.

O problema com a trama de jornada é que não costuma atingir seu potencial orgânico. Primeiro, porque o herói quase nunca passa por uma mudança de caráter, mesmo a mais leve, ao derrotar os oponentes – apenas vence e segue em frente. Então cada luta com um oponente estranho se torna uma repetição do mesmo *beat* e dá ao público uma sensação episódica, não orgânica.

Um segundo motivo para a trama de jornada raramente se tornar orgânica é que o herói cobre grande espaço e tempo em uma viagem. Em uma história tão vasta e sinuosa, o contador tem grande dificuldade em trazer de volta, de um jeito natural e plausível, personagens que o herói encontra na parte inicial.

Ao longo dos anos, os escritores foram adquirindo muita consciência sobre os problemas inerentes à trama de jornada e testaram várias técnicas para solucioná-los. Por exemplo, em *Tom Jones,* que usa uma jornada cômica, o escritor Henry Fielding se apoia em duas grandes muletas estruturais. Primeiro, oculta a verdadeira identidade do herói e de alguns outros personagens no começo da história, o que lhe permite retomar personagens familiares e explorá-los de modo mais aprofundado. Fielding aplica a técnica da revelação à trama de jornada.

Em segundo lugar, ao longo da jornada de Tom, Fielding traz de volta muitos personagens do início que partiram em jornadas próprias, todos com o mesmo destino de Tom. Isso cria um efeito de funil e permite que Tom tenha várias interações com o mesmo personagem no decorrer da história.

A dificuldade de criar uma trama orgânica com a forma da jornada fica nítida em *As aventuras de Huckleberry Finn*, de Mark Twain. O autor tem a ideia genial de usar a jangada, uma ilha flutuante em miniatura na qual pode colocar Huckleberry e um segundo personagem contínuo, Jim. Mas o veículo é pequeno demais, então Huck e Jim não têm oponentes contínuos e encontram uma sucessão de estranhos na "estrada". Além disso, com seu protagonista encalhado no Mississippi, Twain não faz ideia de como conduzir a trama a um final natural, então arbitrariamente interrompe a jornada e usa um *deus ex machina* para salvar o dia. Não há nenhum motivo para Tom Sawyer reaparecer, exceto levar a trama de volta a suas raízes cômicas, passar um verniz brilhante e dizer: fim. Nem Mark Twain consegue se safar com essa.

## A trama de três unidades

A segunda grande estratégia para criar uma trama orgânica foi criada pelos dramaturgos gregos, como Ésquilo, Sófocles e Eurípides. Sua técnica central era o que Aristóteles chamava de unidades de tempo, lugar e ação. Nessa técnica, a história deve se passar ao longo de vinte e quatro horas, em um único lugar, e deve seguir uma ação ou linha da história. A trama é orgânica porque todas as ações são feitas pelo herói em um tempo de desenvolvimento muito curto. Note que essa técnica resolve o grande problema da trama de jornada ao ter oponentes que o herói conhece e que estão presentes ao longo da história.

O problema com a trama de três unidades é que, embora seja orgânica, não é suficiente. Ter um período tão curto limita muito a quantidade e potência das revelações, que são a parte de aprendizado da trama (oposta à parte das ações) e apresentam a chave para sua complexidade. O curto período dessas histórias significa que o herói conhece os oponentes bem demais. Eles podem ter bolado uma trama antes do começo da história, mas, uma vez que ela começa, há um limite em relação a quanto de si podem ocultar.

Como resultado, na trama de três unidades, costumamos ter tempo, oponentes e complexidade de ação para apenas uma grande revelação. Por exemplo, Édipo (na primeira história policial do mundo) descobre que matou o pai e dormiu com a mãe. Essa é uma grande revelação, sem dúvida. Mas, se você quer uma trama complexa, precisa ter revelações polvilhadas ao longo da história.

## A *trama de revelações*

O terceiro grande tipo de trama é o que podemos chamar de trama de revelações. Nessa técnica, o herói geralmente começa em um lugar, embora não seja uma área tão estreita quanto a exigida pela "unidade de local". Por exemplo, a história pode se passar em uma cidade pequena ou grande. Além disso, a trama de revelações quase sempre abrange um período maior do que permite a "unidade de tempo", por vezes até anos. (Quando a história cobre décadas, você provavelmente está escrevendo uma saga, que tende mais à trama de jornada.)

A técnica-chave da trama de revelações é que o herói conhece seus oponentes, mas muito a respeito deles está oculto do herói e do público. Além disso, esses oponentes são muito habilidosos em conspirar, ou maquinar, para conseguir o que querem. Essa combinação produz uma trama repleta de revelações, ou surpresas, tanto para o herói como para o público.

Note a diferença básica entre a trama de jornada e a de revelações: na de jornada, as surpresas são limitadas porque o herói despacha um grande número de oponentes rapidamente. Já a trama de revelações tem poucos oponentes e esconde o máximo que pode sobre eles. As revelações ampliam a trama ao revelar o que está oculto por trás dela.

Quando feita de forma correta, a trama de revelações é orgânica porque o oponente é o personagem mais capaz de atacar as fraquezas do herói e as surpresas decorrem dos momentos em que o herói e o público descobrem como esses ataques ocorreram. O herói deve superar sua fraqueza e mudar... ou ser destruído.

A trama de revelações é muito popular porque maximiza a surpresa, que é o que encanta o público em qualquer história. Outro termo para ela é "grande trama", não só porque há tantas surpresas, mas também porque elas tendem a ser chocantes. Embora ainda tenha imensa popularidade (especialmente em histórias policiais e thrillers), o auge da trama de revelações foi o século 19, com escritores como Dumas (*O conde de Monte Cristo*, *Os três mosqueteiros*) e Dickens. Não surpreende que essa época também tenha sido o auge de histórias como *Retrato de uma senhora*, nas quais vilões extremamente poderosos usam tramas negativas para vencer.

Dickens era o mestre da trama de revelações, talvez inigualável até hoje, mas sua reputação como um dos maiores contadores de histórias de todos os tempos vem em parte do fato de que ele muitas vezes expandia a trama de revelações, combinando-a com a de jornada. É desnecessário dizer que isso exigia uma enorme habilidade, já que essas duas abordagens são opostas de muitas formas. Na trama de jornada, o herói conhece um vasto leque da sociedade, mas logo deixa cada personagem para trás. Na trama de revelações, o herói conhece poucas pessoas e passa a conhecê-las cada vez mais.

## Antitrama

Se o século 19 foi o auge da supertrama, no século 20 as histórias, pelo menos na literatura "séria", tinham uma antitrama. Em histórias tão absurdamente diferentes como *Ulysses*, *O ano passado em Marienbad*, *A aventura*, *Esperando Godot*, *O jardim das cerejeiras* e *O apanhador no campo de centeio* vemos quase um desdém pela trama, como se ela fosse o truque de mágica que o escritor precisava mostrar ao público para poder focar um trabalho mais importante com os personagens. Como diz Northrop Frye, "Podemos continuar lendo um romance ou assistindo a uma peça 'para ver como termina', mas, uma vez que sabemos o final e o feitiço não nos prende mais, tendemos a esquecer a continuidade, o elemento na peça ou o romance que nos permitiu participar dela".[4]

Se você fosse resumir a trama de algumas dessas histórias, poderia dizer algo como: *O apanhador no campo de centeio* trata de um adolescente andando em Nova York por alguns dias. Em *O jardim das cerejeiras*, uma família chega a sua antiga propriedade, espera ela ser vendida em leilão e vai embora. *A aventura* é uma história policial na qual pode não ter ocorrido nenhum crime e na qual nenhum é solucionado.

Suspeito que muitos escritores do século 20 não estivessem se rebelando contra a trama em si, mas contra a grande trama, cujas revelações sensacionais chocavam o leitor a tal ponto que derrubavam tudo o mais no caminho. O que estou chamando de antitrama, então, é uma gama ampla de técnicas que esses escritores usaram para tornar a trama orgânica ao expressar nela as *sutilezas* do personagem. Ponto de vista, troca de narradores, estrutura de história ramificada e tempo não cronológico são técnicas que brincam com a trama ao mudar como a história é contada, com a meta fundamental de apresentar uma visão mais complexa do caráter humano.

Essas técnicas podem fazer as histórias *parecerem* fragmentadas, mas não são necessariamente inorgânicas. Múltiplos pontos de vista podem expressar colagem, montagem e deslocamento de personagem, mas também passam uma impressão de vitalidade e uma enxurrada de sensações. Se essas experiências contribuem para o desenvolvimento do personagem e para o senso de quem ele é, são orgânicas e, portanto, satisfatórias.

Digressões de trama – comuns na antitrama – são uma forma de ação simultânea e às vezes retroativa. São orgânicas só se emergirem de quem é o personagem. Por exemplo, *Tristram Shandy*, o maior romance antitrama, já foi muito criticado por suas digressões infindáveis. Mas o que os leitores não percebem é que *Tristram Shandy* não é uma história com trama principal

4 FRYE, Northrop. "The road of excess". *In*: FRYE, Northrop; KNIGHTS, L. C. *et al. Myth and symbol:* critic approaches and applications. Lincoln: University of Nebraska Press, 1963, p. 7.

interrompida por digressões; é uma história de digressões interrompida pelo que parece ser a trama principal. O protagonista, Tristram, é essencialmente um homem que faz digressões, então o jeito como se conta a história é uma expressão orgânica perfeita de quem ele é.

Uma versão de antitrama é a história retroativa, como *Traição*, de Harold Pinter, na qual as cenas são expostas em ordem cronológica inversa. A história retroativa na verdade acentua o desdobramento orgânico ao enfatizar a linha causal entre as cenas. Essa linha muitas vezes fica escondida e uma cena parece seguir naturalmente a seguinte, mas, quando faz o caminho contrário, o público é quase que forçado a entender a linha conectora entre as cenas, podendo ver que o que aconteceu *tinha* que evoluir do evento que veio antes e dos antecessores desse evento.

## Trama de gênero

Ao mesmo tempo que os escritores sérios estavam reduzindo a trama, suas contrapartes populares, especialmente em filmes e romances, aumentavam-na por meio do gênero. Gêneros são tipos de histórias com personagens, temas, mundos, símbolos e tramas predeterminados. Tramas de gênero costumam ser grandes, enfatizando revelações tão formidáveis que às vezes viram a história de ponta-cabeça. É claro que essas grandes tramas perdem parte de seu poder pelo fato de serem predeterminadas. O público costuma saber o que vai acontecer em qualquer história de gênero, de modo que só os detalhes são surpreendentes.

As várias tramas de gênero parecem ter uma conexão orgânica com seus protagonistas, principalmente porque foram escritas tantas vezes. Não há enrolação. É claro, essas tramas não possuem um requisito enorme de uma trama orgânica: não são exclusivas de seu protagonista específico, mas literalmente genéricas, o que significa mecânicas. Em certos gêneros, como farsa e histórias de assalto, esse caráter mecânico é levado a tal extremo que as tramas têm a complexidade e a sincronia de um relógio suíço, mas nada de personagem.

## Trama de múltiplos fios

A estratégia de trama mais recente é a de múltiplos fios, originalmente pensada por romancistas e roteiristas, mas que floresceu nos dramas televisivos, começando com a série seminal *High Street Blues*. Nela, cada história ou episódio semanal é composto de três a cinco fios de trama principais. Cada um é conduzido por um personagem dentro de um único grupo, em geral uma organização, como uma delegacia de polícia, hospital ou escritório de advocacia. O contador da história alterna os fios de trama. Quando essa estratégia é mal executada, os fios não se relacionam uns com os outros e essa mudança é usada apenas para manter a atenção do público e aumentar o ritmo. Quando é bem executada, cada fio é a variação de um tema, e a alternância entre fios cria um choque de reconhecimento no momento em que duas cenas são sobrepostas.

A trama de múltiplos fios é claramente uma forma de história muito mais simultânea, enfatizando o grupo ou minissociedade e como os personagens se comparam uns aos outros. Mas isso não significa que essa estratégia nunca possa ser orgânica – essa abordagem apenas muda a unidade de desenvolvimento do herói único para aquela do grupo. Quando os muitos fios são variações de um tema, o público experimenta mais prontamente quem somos enquanto seres humanos, o que pode ser tão revelador e tocante quanto assistir ao crescimento de uma única pessoa.

## CRIANDO UMA TRAMA ORGÂNICA

Agora que você está armado com o conhecimento das principais estratégias de trama, surge a grande pergunta: como criar uma trama orgânica para seus personagens específicos? Veja a sequência para fazer isso:

> 1. Examine seu princípio narrativo mais uma vez. Ele é a semente orgânica de sua história. A trama deve ser a fruição detalhada desse princípio.
> 2. Refamiliarize-se com a linha temática. Ela é o argumento moral que você quer defender reduzido a uma única

frase. A trama deve ser uma manifestação detalhada dessa linha.

3. Se você criou uma linha simbólica para a história, a trama deve representá-la também. Assim, é preciso encontrar um jeito de sequenciar os símbolos por meio das ações do herói e do oponente (a trama).

4. Decida se quer usar um narrador. Isso pode ter um grande efeito no modo como você conta ao público o que acontece e, portanto, como você projeta a trama.

5. Pense na estrutura em detalhes usando os 22 passos da estrutura de toda grande história (que discutiremos em breve). Eles fornecerão a maior parte de seus *beats* (grandes ações ou eventos) e vão garantir – no mesmo tanto que qualquer técnica pode garantir – que sua trama seja orgânica.

6. Decida se quer usar um ou mais gêneros. Se quiser, deve acrescentar os *beats* típicos desses gêneros aos locais apropriados, mudando-os de alguma forma para que a trama não seja previsível.

Embora você deva decidir se quer um narrador antes de usar os 22 pilares para encontrar sua trama, vou explicar essas ferramentas poderosas e sofisticadas em cronologia reversa, já que é o jeito mais fácil de entendê-las.

## OS 22 PASSOS DA ESTRUTURA DA HISTÓRIA

Os 22 pilares de toda grande história são os eventos – ou estágios – cruciais de estrutura no desdobramento de uma trama orgânica. Já falamos sobre os sete passos-chave de estrutura (veja o Capítulo 3), mas eles aparecem no começo e no final da história. Os quinze passos adicionais são encontrados principalmente no meio da história, onde a maioria delas fracassa.

Os 22 passos são a técnica de contação de história mais útil devido a sua amplitude e a seu detalhamento. Eles mostram como criar uma trama orgânica, independentemente da extensão ou do gênero da história. Também são um conjunto-chave de ferramentas para a reescrita. Um motivo para os 22 passos serem tão eficazes é que eles nunca contam *o que* escrever, como fazem fórmulas ou gêneros, e sim mostram *o jeito mais dramático* de contar uma história. Eles fornecem um mapa extremamente preciso da trama inteira, permitindo que você construa a história de modo constante do início ao fim, evitando o meio fragmentado e morto que cria problemas para tantos escritores. Os 22 passos são:

1. Autorrevelação, necessidade e desejo.
2. Fantasma e mundo ficcional.
3. Fraqueza/necessidade.
4. Evento incitante.
5. Desejo.
6. Aliado(s).
7. Oponente/mistério.
8. Oponente/falso aliado.
9. Primeira revelação e decisão: mudança de desejo e de motivo.
10. Plano.
11. Plano do oponente e principal contra-ataque.
12. Ofensiva.
13. Ataque do aliado.
14. Derrota aparente.
15. Segunda revelação e decisão: ofensiva obsessiva, mudança de desejo e de motivo.
16. Revelação ao público.
17. Terceira revelação e decisão.
18. Portão, corredor, visita à morte.
19. Batalha.
20. Autorrevelação.
21. Decisão moral.
22. Novo equilíbrio.

À primeira vista, pode parecer que os 22 passos vão restringir a criatividade e resultar em uma história mecânica e não orgânica. Isso decorre de um medo mais profundo que muitos escritores têm, o medo de planejar demais; como resultado, tentam inventar a história de forma espontânea e acabam com uma bagunça. Usar os 22 passos evita esses dois extremos e, na verdade, aumenta a criatividade do escritor. Esses passos não são uma fórmula para a escrita – eles fornecem os andaimes de que você precisa para fazer algo realmente criativo e saber que vai funcionar dentro do desdobramento orgânico da história.

Da mesma forma, não fique obcecado com o número 22. Uma história pode ter mais ou menos que 22 passos, dependendo do tipo e extensão. Pense na história como um acordeão: ela é limitada só em relação a quanto pode contrair. No entanto, não deve ter menos que sete passos, porque esse é o número mínimo em uma história orgânica. Mesmo uma propaganda de trinta segundos, se bem-feita, apresenta os sete passos.

Quanto mais tempo durar uma história, mais passos de estrutura terá. Por exemplo, um conto ou *sitcom*, no tempo limitado à sua disposição, só consegue atingir os sete passos principais. Um filme, um romance curto ou um drama televisivo de uma hora geralmente terão pelo menos 22 passos (a não ser que o drama seja de múltiplos fios, cada um atingindo os sete passos). Um romance mais longo, com suas reviravoltas e surpresas extras, tem bem mais que 22 passos de estrutura. Por exemplo, *David Copperfield* tem mais de sessenta revelações.

Se você fosse estudar os 22 passos em profundidade, veria que eles são, na verdade, uma combinação de muitos sistemas do corpo da história entrelaçados em uma linha única de trama. Eles combinam a rede de personagens, o argumento moral, o mundo ficcional e a série de eventos que constituem a trama. Os 22 passos representam uma coreografia do herói *versus* o oponente à medida que o herói tenta atingir uma meta e resolver um problema de vida muito mais profundo. Na verdade, os 22 passos garantem que seu personagem principal conduza a trama.

Veja a seguir uma tabela dos 22 passos divididos em quatro principais linhas ou subsistemas da história. Tenha em mente que cada passo pode ser uma expressão de mais do que um subsistema. Por exemplo, a ofensiva, que é o conjunto de ações que o herói executa para atingir sua meta, é principalmente um passo de trama.

Mas é também um passo no qual o herói pode cometer uma ação imoral para vencer, o que faz parte do argumento moral.

| Passo | Personagem | Trama | Mundo ficcional | Argumento moral |
|---|---|---|---|---|
| 1 | Autorrevelação, necessidade e desejo | | | |
| 2 | Fantasma | | Mundo ficcional | |
| 3 | Necessidade/desejo | | | |
| 4 | | Evento incitante | | |
| 5 | Desejo | | | |
| 6 | Aliado(s) | | | |
| 7 | Oponente | Mistério | | |
| 8 | Oponente/falso aliado | | | |
| 9 | Mudança de desejo e motivo | Primeira revelação e decisão | | |
| 10 | | Plano | | |
| 11 | | Plano do oponente e principal contra-ataque | | |
| 12 | | Ofensiva | | |
| 13 | | | | Ataque do aliado |
| 14 | | Derrota aparente | | |
| 15 | Ofensiva obsessiva, mudança de desejo e de motivo | Segunda revelação e decisão | | |
| 16 | | Revelação ao público | | |
| 17 | | Terceira revelação e decisão | | |
| 18 | | Portão, corredor, visita à morte | | |
| 19 | | Batalha | | |
| 20 | Autorrevelação | | | |
| 21 | | | | Decisão moral |
| 22 | Novo equilíbrio | | | |

A seguinte descrição dos 22 passos mostrará a você como usá-los para criar uma trama. Depois que explicar um passo, vou mostrar um exemplo dele em dois filmes: *Casablanca* e *Tootsie*. Esses filmes representam dois gêneros diferentes – história de amor e comédia – e foram escritos com quarenta anos de diferença, mas ambos executam os 22 passos à medida que constroem tramas orgânicas constantemente do início ao fim.

Sempre mantenha em mente que esses passos são uma ferramenta potente na escrita, mas não são leis imutáveis. Seja flexível ao aplicá-los. Toda boa história passa pelos 22 passos em uma ordem um pouco diferente, e você deve encontrar aquela que funciona melhor para sua trama e personagens específicos.

## Passo 1. Autorrevelação, necessidade, desejo

Autorrevelação, necessidade e desejo representam a gama geral de mudança do herói na história. Uma combinação dos passos 20, 3 e 5, essa moldura fornece a "jornada" estrutural que o herói vai empreender. Você deve lembrar que, no Capítulo 4, começamos o desenvolvimento do herói pelo ponto sem volta, descobrindo a autorrevelação. Depois voltamos ao começo para descobrir sua fraqueza e necessidade e seu desejo. Devemos usar o mesmo processo para determinar a trama.

Ao começar com o enquadramento da história – de autorrevelação para fraqueza, necessidade e desejo –, estabelecemos o ponto sem volta da trama. Então cada passo vai nos conduzir diretamente aonde queremos ir.

Ao olhar para o passo de enquadramento da trama, pergunte-se, e seja muito específico em suas respostas:

• O que o herói aprende no final?
• O que ele sabe no começo? Nenhum personagem é uma página em branco no começo da história. Ele acredita em certas coisas.
• Sobre o que o herói está *errado* no começo? Ele não pode aprender algo no final da história se não estiver errado sobre algo no começo.

• *Casablanca*

AUTORREVELAÇÃO: Rick percebe que não pode se retirar da luta pela liberdade só porque foi magoado no amor.

NECESSIDADE PSICOLÓGICA: superar sua amargura em relação a Ilsa, encontrar outro motivo para viver e renovar a fé em seus ideais.

NECESSIDADE MORAL: parar de cuidar só de si em detrimento dos outros.

DESEJO: recuperar Ilsa.

ERRO INICIAL: Rick pensa em si como um homem morto, que só está passando o tempo, e que os problemas do mundo não são seus.

• *Tootsie*

AUTORREVELAÇÃO: Michael percebe que vem tratando as mulheres como objetos sexuais e, por causa disso, tem sido um homem pior.

NECESSIDADE PSICOLÓGICA: superar sua arrogância no relacionamento com as mulheres e aprender a dar e receber amor honestamente.

NECESSIDADE MORAL: parar de mentir e de usar as mulheres para conseguir o que quer.

DESEJO: ele quer Julie, uma atriz na novela.

ERRO INICIAL: Michael pensa que é uma pessoa decente em seus relacionamentos com mulheres e que não é errado mentir para elas.

## Passo 2. Fantasma e mundo ficcional

O passo um estabelece o enquadramento da história. A partir daqui, vamos analisar os passos da estrutura na ordem em que aparecem em grande parte das histórias. Lembre-se, porém, de que o número e a sequência dos passos podem apresentar diferenças, dependendo da história única que você deseja contar.

### Fantasma

Você provavelmente conhece o termo "história pregressa". A história pregressa é tudo o que aconteceu ao herói antes que a história que você vai contar comece. Raramente uso esse termo porque é amplo demais para ser útil. O público não está interessado em tudo o que aconteceu com o herói, só no essencial. É por isso que o termo "fantasma" é muito melhor.

Há dois tipos de fantasma em uma história. O primeiro e mais comum é um evento do passado que ainda assombra o herói no presente. O fantasma é uma ferida aberta que muitas vezes origina a fraqueza psicológica e moral do herói. Também é um recurso que lhe permite estender o desenvolvimento orgânico do herói para trás, para antes do começo da narrativa, então é uma parte importante da fundação da história.

Você também pode pensar nesse tipo de fantasma como o *oponente interno* do herói, o grande medo que o impede de agir. Estruturalmente, o fantasma age como um contradesejo. O desejo do herói o impele adiante; o fantasma o contém. Henrik Ibsen, cujas peças colocam uma grande ênfase no fantasma, descreveu esse passo de estrutura como "Navegamos com um cadáver no porão de carga".[5]

• *Hamlet*
(William Shakespeare, cerca de 1601)
Shakespeare era um escritor que conhecia o valor de um fantasma. Antes da primeira página, o tio de Hamlet assassinou seu pai, o rei, depois se casou com a mãe de Hamlet. Como se isso não fosse fantasma suficiente, Shakespeare introduz nas primeiras páginas o fantasma real do rei morto, que exige que Hamlet se vingue. Hamlet diz: "O mundo está fora dos eixos. Oh! Maldita sorte! Por que nasci para colocá-lo em ordem!".[6]

• *A felicidade não se compra*
(conto "The Greatest Gift", de Philip Van Doren Stern, roteiro de Frances Goodrich, Albert Hackett e Frank Capra, 1946)

---

5 IBSEN, Henrik. "A letter in rhyme". *In: Det nittende Aarhundrede.* Abr.-set. 1875.

6 SHAKESPEARE, William. *Hamlet*: príncipe da Dinamarca. Tradução F. Carlos de Almeida Cunha Medeiros e Oscar Mendes. São Paulo: Abril Cultural, 1981. [N. E.]

O desejo de George Bailey é conhecer o mundo e construir coisas. Mas seu fantasma – o medo do que o tirano Potter fará com seus amigos e familiares se ele partir – o impede de agir.

Um segundo tipo de fantasma, embora incomum, é aquele que não é possível porque o herói vive em um mundo paradisíaco. Em vez de começar a história escravizado – em parte devido ao fantasma –, o herói começa livre, mas um ataque logo mudará essa situação. *Agora seremos felizes* e *O franco-atirador* são exemplos.

Cabe um alerta neste ponto: não exagere na exposição no começo da sua história. Muitos escritores tentam contar ao público tudo sobre o herói desde a primeira página, incluindo os comos e os porquês do fantasma. Essa enxurrada de informações, na verdade, afasta o público. Em vez disso, tente *ocultar* muitos fatos sobre o herói, incluindo os detalhes do fantasma. O público vai perceber que você está escondendo algo e literalmente virá em direção à história, pensando: "Há algo acontecendo aqui e vou descobrir o que é".

Às vezes, o evento do fantasma ocorre nas primeiras cenas, mas é muito mais comum que outro personagem explique o fantasma do herói em algum lugar no primeiro terço da história. (Em casos raros, o fantasma é exposto na autorrevelação, perto do final da história, mas isso geralmente é uma má ideia porque o fantasma – o poder do passado – domina a história e puxa tudo para trás.)

## Mundo ficcional

Assim como o fantasma, o mundo ficcional está presente desde o começo da história. É aqui que o herói vive. Composto por arena, cenários naturais, tempo atmosférico, espaços fabricados, tecnologia e tempo, o mundo é um dos principais modos de definir o herói e os outros personagens. Esses personagens e os valores deles, por sua vez, definem o mundo (ver Capítulo 6).

*

*PONTO-CHAVE:* O mundo deve ser uma expressão do herói. Ele demonstra as fraquezas, necessidades, desejos e obstáculos desse personagem.

*

*PONTO-CHAVE:* Se o herói começar a história escravizado de alguma forma, o mundo também será escravizante e deverá enfatizar ou exacerbar a maior fraqueza do herói.

*

Você deve situar o herói em um mundo ficcional desde a primeira página, mas lembre-se de que muitos dos 22 passos terão um submundo próprio.

Note que o senso comum determina que, na escrita de roteiros, a não ser que você esteja escrevendo fantasia ou ficção científica, deve esboçar o mundo da história rapidamente para chegar ao desejo do herói. Nada poderia estar mais longe da verdade. Não importa que tipo de história esteja escrevendo, você deve criar um mundo único e detalhado. O público adora estar em um mundo ficcional especial. Se você o fornecer, o público não vai querer abandoná-lo e retornará a ele várias vezes.

• *Casablanca*

FANTASMA: Rick lutou contra os fascistas na Espanha e vendeu armas para os etíopes que lutavam contra os italianos. Seu motivo para deixar os Estados Unidos é um mistério. Rick é assombrado pela lembrança do abandono de Ilsa em Paris.

MUNDO FICCIONAL: no começo, *Casablanca* passa um bom tempo detalhando um mundo ficcional muito complexo. Usando *voice-over* e um mapa (uma miniatura), um narrador explica que massas de refugiados fogem da Europa ocupada pelos nazistas até o distante posto desértico de Casablanca, no norte da África. Em vez de revelar rapidamente o que o personagem principal deseja, o filme

319

mostra uma série de refugiados querendo vistos para deixar Casablanca e chegar à liberdade de Portugal e dos Estados Unidos. Esta é uma comunidade de cidadãos do mundo, todos presos como animais em um curral.

Os escritores continuam detalhando o mundo ficcional com uma cena do major nazista Strasser sendo encontrado no aeroporto pelo chefe de polícia francês, o capitão Renault. Casablanca é uma mistura confusa de poder político, um mundo no limbo: a França de Vichy supostamente está no comando, mas o poder real é exercido pelos invasores nazistas.

Na arena de Casablanca, Rick criou uma ilhazinha de poder em seu grande bar e cassino, o Rick's Café Americain. Ele é retratado como o rei em sua corte. Nesse mundo, todos os personagens secundários interpretam papéis definidos com clareza. Na verdade, parte do prazer do público é ver como os personagens estão confortáveis na hierarquia. Ironicamente, esse filme sobre membros da resistência é, nesse sentido, muito antidemocrático.

O bar também é um lugar venal, uma representação perfeita do cinismo e do egoísmo de Rick.

- *Tootsie*

FANTASMA: não há nenhum evento claro no passado de Michael que o assombra agora, mas ele tem um histórico de ser intratável, que é o motivo para não conseguir mais trabalho como ator.

MUNDO FICCIONAL: desde os créditos de abertura, Michael está imerso no mundo de atuação e do entretenimento em Nova York. Esse é um mundo que valoriza aparência, fama e dinheiro. O sistema é extremamente hierárquico, com algumas estrelas no topo que conseguem trabalho e uma massa de desconhecidos aspirantes na base que não encontram papéis e precisam trabalhar em restaurantes para pagar o aluguel. A vida de Michael consiste em ensinar a arte da atuação, participar de infinitas audições e brigar com diretores sobre o jeito certo de interpretar os papéis.

Uma vez que Michael-como-Dorothy consegue o papel na novela, a história se transfere para o mundo da televisão diurna. Esse é um teatro totalmente dominado pelo comércio, então os atores interpretam cenas bobas e melodramáticas em velocidade máxima e passam depressa para o próximo cenário. Também é um mundo muito machista, dominado por um diretor arrogante que trata todas as mulheres no *set* com condescendência.

Os espaços fabricados do mundo de Michael são os apartamentos minúsculos dos atores aspirantes e o estúdio de televisão no qual a novela é gravada. O estúdio é um lugar de faz de conta e simulação, perfeito para um homem fingindo ser uma mulher. As ferramentas desse mundo são as do ofício do ator: voz, corpo, cabelo, maquiagem e figurino. Os escritores criam um paralelo inteligente entre a maquiagem que Michael usa para interpretar um papel no teatro e a maquiagem que usa para interpretar uma mulher na frente e atrás das câmeras.

O mundo de faz de conta machista da novela expressa e exacerba as grandes fraquezas de Michael: ele é um machista disposto a mentir e trair a confiança de outros para conseguir um papel.

## Passo 3. Fraqueza e necessidade

FRAQUEZA: o herói tem um ou mais defeitos de caráter tão sérios que estão arruinando sua vida. As fraquezas vêm em duas formas: psicológica e moral. Não são mutuamente exclusivas; um personagem pode ter ambas.

Todas as fraquezas são psicológicas, pois danificam a pessoa interior de alguma forma. Uma fraqueza também é moral se causar dano a outra pessoa. Um personagem com uma fraqueza moral sempre exerce um efeito negativo direto em outra pessoa.

\*

PONTO-CHAVE: Muitos escritores pensam que deram a seu herói uma fraqueza moral, mas ela só é psicológica. O teste para saber se uma fraqueza é moral é verificar se o herói está claramente ferindo pelo menos uma outra pessoa no começo da história.

\*

NECESSIDADE: é o que o herói deve satisfazer a fim de ter uma vida melhor. Quase sempre, exige que ele supere suas fraquezas até o fim da história.

PROBLEMA: é a dificuldade ou crise que o herói enfrenta bem no começo da história. Ele está ciente da crise, mas não sabe como resolvê-la. O problema costuma ser uma consequência da fraqueza do herói e mostra rapidamente essa fraqueza ao público. Embora deva estar presente no começo da história, é bem menos importante do que a fraqueza e a necessidade.

• *Casablanca*

Rick parece não querer nem precisar de nada, mas só está escondendo sua necessidade. Demonstra ser mais forte que as outras pessoas, autocontido. Embora seu cinismo revele um homem profundamente perturbado, ele é o mestre de seu mundo e administra o bar como um tipo de ditador benevolente. Também é um homem que controla mulheres e um homem de extremas contradições: embora seja cínico, amargo e muitas vezes imoral, lutava por várias causas nobres no passado não tão distante.

O que é único nesta história é que o personagem principal, embora ocupe uma posição de bastante controle, começa como observador e reativo. Rick é um homem de grande poder e com um passado conturbado, mas escolheu se retirar de seu domínio de direito e se enfurnar em seu bar em um dos cantos perdidos do mundo, Casablanca. Também recuou para dentro de si. É um leão em uma jaula que ele mesmo construiu.

FRAQUEZAS: Rick é cínico, desiludido, reativo e egoísta.

NECESSIDADE PSICOLÓGICA: superar sua amargura em relação a Ilsa, encontrar outro motivo para viver e renovar a fé em seus ideais.

NECESSIDADE MORAL: parar de cuidar só de si em detrimento dos outros.

PROBLEMA: Rick está preso em Casablanca e em seu próprio mundo amargo.

• *Tootsie*

FRAQUEZAS: Michael é egoísta, arrogante e mentiroso.

NECESSIDADE PSICOLÓGICA: superar sua arrogância no relacionamento com as mulheres e aprender a dar e a receber amor honestamente.

NECESSIDADE MORAL: parar de mentir e de usar mulheres para conseguir o que quer.

PROBLEMA: está desesperado para encontrar trabalho como ator.

## Aberturas

Fantasma, mundo ficcional, necessidade e problema constituem a abertura crucial da história. Há três tipos de aberturas estruturais nas quais esses elementos são estabelecidos.

*O começo comunitário*: o protagonista vive em um mundo paradisíaco onde a terra, as pessoas e a tecnologia estão em perfeita harmonia. Como resultado, o herói não tem fantasma. Ele é feliz, tem só problemas mínimos, se é que os tem, mas também está vulnerável a ataques. E um ataque virá logo, de dentro ou de fora. *Agora seremos felizes* e *O franco-atirador* trazem essa abertura calorosa e comunal.

*O começo dinâmico*: essa clássica abertura, que tem o objetivo de cativar o leitor nas primeiras dez páginas, na verdade consiste em uma série de elementos estruturais. O herói tem um fantasma forte, vive em um mundo de escravidão, tem muitas fraquezas sérias, uma necessidade tanto psicológica como moral, e enfrenta um ou mais problemas. A maioria das boas histórias usa essa abertura.

*O começo lento*: esse não é apenas um começo no qual o escritor simplesmente deixa de incluir todos os passos de estrutura do começo dinâmico. Em vez disso, envolve histórias com um herói sem propósito.

É claro que pessoas sem propósito existem, mas histórias sobre elas são letárgicas ao extremo. Como a autorrevelação do herói é descobrir seu verdadeiro desejo (e, portanto, ganhar um propósito), os primeiros três quartos da história não apresentam uma meta, e não há um impulso narrativo. Pouquíssimas histórias são capazes de superar essa enorme falha estrutural, mas duas que o fizeram são *Sindicato de ladrões* e *Juventude transviada*.

## Passo 4. Evento incitante

Este é um incidente externo que leva o herói a adquirir uma meta e realizar uma ação.

O evento incitante é um passo pequeno, exceto por um detalhe: ele conecta necessidade e desejo. No começo da história – durante a demonstração da fraqueza e necessidade –, o herói geralmente está paralisado de uma forma ou de outra. Você precisa de algum tipo de evento para tirá-lo dessa paralisia e forçá-lo a agir.

\*

*PONTO-CHAVE:* Para encontrar o melhor evento incitante para a história, mantenha em mente o bordão "de mal a pior".

\*

Em outras palavras, o melhor evento incitante é aquele que faz seu herói pensar que acabou de superar a crise enfrentada desde o começo da história. Na verdade, devido ao incidente, o herói acabou de se meter no pior problema de sua vida.

Por exemplo, em *Crepúsculo dos deuses*, Joe é um roteirista desempregado. Dois homens chegam para tomar seu carro e ele foge. De repente, seus pneus estouram (evento incitante). Joe entra na garagem de Norma Desmond e pensa que se safou. Na verdade, acabou de cair em uma armadilha da qual jamais vai escapar.

### • *Casablanca*

Ilsa e Laszlo entram no café de Rick. Eles são forasteiros que vão abalar Rick, tirando-o de sua posição firme e dominante, mas infeliz.

### • *Tootsie*

O agente de Michael, George, conta a ele que ninguém quer contratá-lo por causa de sua terrível personalidade. Isso leva Michael a vestir-se como mulher e participar de uma audição para uma novela.

## Passo 5. Desejo

O desejo é a meta específica do herói e fornece a espinha na qual toda a trama se apoia. Na nossa discussão dos sete passos (ver Capítulo 3), mencionei que uma boa história geralmente tem uma meta específica, que se estende ao longo da maior parte da narrativa. A esses elementos devemos acrescentar mais um: comece com a meta em um nível baixo.

Um dos jeitos de construir uma história é aumentando a *importância* do desejo conforme a história progride. Se você começar com o desejo em um nível alto demais, ele não vai poder crescer, e a trama parecerá monótona e repetitiva. Comece por um desejo baixo para ter aonde ir.

À medida que construir o desejo ao longo da história, não crie outro inteiramente novo. Em vez disso, aumente a intensidade e os riscos do desejo que já existia no início.

### • *Casablanca*

Rick quer Ilsa. No entanto, como é uma história de amor, esse desejo é frustrado porque Ilsa também é a primeira oponente de Rick. No começo, amargurado por ela o ter abandonado em Paris, ele quer magoá-la.

Com o desejo de Rick por Ilsa frustrado, o foco da história passa para o de outra pessoa: o desejo de Laszlo de arranjar vistos de saída para si e para a esposa. Mas os escritores tornam o desejo de Rick evidente desde o começo, o que aplaca a impaciência dos espectadores durante as ações de Laszlo, porque sabem que o desejo de Rick vai assumir o controle em breve. A espera faz o desejo transbordar e ferver.

Perto do final da história, Rick tem um segundo desejo conflitante, que é ajudar Ilsa e Laszlo a escapar. Ter um desejo tão conflitante cedo demais daria duas espinhas à história, mas, quando o desejo conflitante surge perto do fim e permanece oculto até o último momento, torna-se tanto uma revelação como parte da autorrevelação de Rick.

• *Tootsie*

A princípio, Michael quer arranjar um trabalho como ator, mas realiza isso bem cedo na história. A meta que serve de fato como espinha do filme é o desejo de Michael por Julie, uma das atrizes na novela.

## Técnica de trama: níveis de desejo

Parte do sucesso da história depende do *nível* do desejo que você dá ao herói. Um desejo que permanece baixo ao longo da história diminui seu herói e torna qualquer complexidade de trama praticamente impossível. Por exemplo, o desejo mais baixo é a sobrevivência: o herói está sob ataque e deseja escapar. Note que isso reduz o herói ao nível de um animal. Em histórias de fuga, a trama apenas repete o mesmo *beat*.

Aqui vão alguns desejos clássicos, do nível mais baixo ao mais alto:

1. Sobrevivência (fuga).
2. Vingar-se de alguém.
3. Vencer a batalha.
4. Realizar alguma ambição.
5. Explorar o mundo.
6. Prender um criminoso.
7. Encontrar a verdade.
8. Encontrar o amor.
9. Trazer justiça e liberdade.
10. Salvar a república.
11. Salvar o mundo.

## Passo 6. Aliado(s)

Uma vez que o herói tem um desejo, geralmente vai ganhar um ou mais aliados para ajudá-lo a superar o oponente e atingir a meta. Um aliado não é apenas alguém que vai exprimir as opiniões do herói (embora isso seja valioso, em especial no teatro, no cinema e na televisão), mas uma figura-chave na rede de personagens e um dos principais jeitos de definir o herói.

*PONTO-CHAVE:* Considere atribuir ao aliado um desejo próprio. Você tem relativamente pouco tempo para definir esse personagem; o jeito mais rápido de fazer o público pensar que está vendo uma pessoa completa é dar uma meta a ele. Por exemplo, o Espantalho, em *O mágico de Oz*, quer um cérebro.

*

*PONTO-CHAVE*: Nunca faça com que o aliado seja mais interessante do que o herói. Lembre-se da regra da premissa: sempre escreva a história sobre seu personagem mais interessante. Se seu aliado for mais interessante que o herói, repense a história de modo que ele seja o herói.

*

• *Casablanca*

Os aliados de Rick são os vários personagens que povoam o bar: Carl, o professor que virou garçom; Sascha, o bartender russo; Emil, o crupiê; Abdul, o segurança; e o pianista parceiro de Rick, Sam.

• *Tootsie*

O colega de casa de Michael, Jeff, está escrevendo uma peça chamada *Retorno ao canal do amor*, que Michael quer produzir para interpretar o protagonista.

## Técnica de trama: subtrama

No Capítulo 4, falamos que a subtrama tem uma definição e uma função muito precisas em uma história: uma subtrama é usada para comparar como o herói e outro personagem abordam a mesma situação.

Lembre-se de duas regras-chave sobre subtrama:

1. A subtrama deve afetar a trama principal do herói ou não deve existir. Se a subtrama não servir à trama principal, você tem duas histórias simultâneas que podem ser clinicamente interessantes, mas farão a trama principal parecer longa demais. Para conectar a subtrama à trama principal, certifique-se de que elas se entrelacem, o que costuma ser feito perto do fim. Por exemplo, em *Hamlet*, o personagem da subtrama, Laertes, se alia ao principal oponente de Hamlet, Cláudio, e duela contra o protagonista na cena de batalha.
2. O personagem de subtrama geralmente não é o aliado. Ele e o aliado têm duas funções separadas na história. O aliado auxilia o herói na trama principal; o personagem de subtrama conduz uma trama diferente, mas relacionada, que você compara com a principal.

A maioria dos filmes hollywoodianos atuais tem múltiplos gêneros, mas raramente tem subtramas verdadeiras. Uma subtrama estende a história, e a maior parte desses filmes está interessada demais na velocidade para permitir que isso aconteça. Vemos verdadeiras subtramas com mais frequência nas histórias de amor, uma forma que tende a ter uma trama principal rala. Um exemplo é *Feitiço da lua*, que tem duas subtramas, uma envolvendo o pai da heroína e outra, a mãe dela. Tanto a trama principal como as subtramas discutem o problema da fidelidade no casamento.

A subtrama não é um dos 22 passos, porque não costuma estar presente e porque é uma trama própria com estrutura própria, mas é uma ótima técnica. Ela aprimora personagens, temas e a textura da história. Por outro lado, reduz a velocidade da linha do desejo – o impulso narrativo –, então você precisa decidir o que é mais importante.

Se for usar uma subtrama, só terá tempo para realizar os sete passos-chave. Mas tenha em mente que, se não conseguir cobrir os sete, não será uma história completa e parecerá forçada. Devido ao limite de tempo, é melhor introduzir sua subtrama o mais cedo possível, assim que for naturalmente apropriado.

## Passo 7. Oponente e/ou mistério

O oponente é o personagem que quer impedir o herói de atingir a meta. O relacionamento entre esse personagem e o herói é o mais importante da história. Se você estabelecer essa oposição de forma adequada, a trama vai se desdobrar apropriadamente. Se não estiver estabelecida, você pode reescrever quantas vezes quiser que não fará diferença.

O melhor oponente é o *necessário*: a pessoa mais capaz de atacar a grande fraqueza do herói. O protagonista será forçado a superar essa fraqueza e crescer, senão será destruído. Releia o Capítulo 4 para lembrar todos os elementos necessários a um grande oponente.

Há dois principais motivos para o mistério estar conectado ao oponente:

1. Um oponente misterioso é mais difícil de derrotar. Em histórias medianas, a única tarefa do herói é derrotar o oponente. Em boas histórias, o herói tem duas tarefas: encontrar o oponente e depois derrotá-lo. Isso torna o trabalho do herói duplamente difícil, e seu sucesso, uma realização muito maior. Por exemplo, Hamlet não sabe que o rei de fato matou seu pai porque ouviu isso de um fantasma. Otelo não sabe que Iago quer destruí-lo. Lear não sabe qual filha o ama de verdade.

2. Em certos tipos de história, como policiais e thrillers, deve haver um mistério para compensar a falta de um oponente. Como histórias policiais ocultam o oponente de propósito até o fim, o público precisa de algo que substitua um conflito contínuo entre o herói e o oponente. Nesse tipo de história, deve-se introduzir um mistério no momento em que geralmente se introduziria o oponente principal.

Antes de apresentar o oponente principal, pergunte-se:

• Quem quer impedir o herói de conseguir o que ele quer e por quê?

• O que o oponente quer? Lembre-se de que ele deve competir pela mesma meta que o herói.

• Quais são os valores do oponente e como eles diferem dos valores do herói? A maioria dos escritores nunca se faz essa terceira pergunta, o que é um grande erro. Uma história sem conflito de valores, além do conflito entre personagens, não tem possibilidades de crescer.

• *Casablanca*

Como *Casablanca* é essencialmente uma história de amor, o primeiro oponente de Rick é sua amante, Ilsa Lund. Essa mulher misteriosa não contou a Rick que foi, e ainda é, casada com Victor Laszlo.

O segundo oponente de Rick é o pretendente rival de Ilsa, Laszlo, o grande homem que impressionou meio mundo. Embora ambos odeiem os nazistas, Rick e Laszlo representam duas versões muito diferentes de um grande homem. Laszlo é grande no nível político e social; Rick, no nível pessoal.

O major Strasser e os nazistas fornecem a oposição externa e os perigos, que elevam muito mais os riscos da história de amor. Strasser não é misterioso de forma alguma, porque não precisa ser; em Casablanca, ele detém todo o poder.

• *Tootsie*

Como *Tootsie* utiliza a forma da farsa (junto com a comédia romântica) como estrutura, não usa a técnica do oponente misterioso. A farsa traz mais oponentes do que qualquer outra forma e funciona colocando muitos deles para atacar o herói num ritmo cada vez mais rápido. Os principais oponentes que atacam as fraquezas de Michael são:

1. Julie o obriga a confrontar como maltratou e tirou vantagem de mulheres.
2. Ron, o diretor arrogante, não quer Dorothy (Michael) para o papel e permanece hostil em relação a "ela".
3. Les, o pai de Julie, acidentalmente revela a Michael os efeitos de sua desonestidade quando se sente atraído por Dorothy.
4. John, outro ator na novela, faz investidas indesejadas contra Dorothy.

## Técnica de trama: o oponente iceberg

Tornar o oponente misterioso é de extrema importância, não importa qual tipo de história você esteja escrevendo. Pense no oponente como um iceberg – parte dele está visível acima da água, mas a maior parte está escondida sob a superfície, e é essa a parte mais perigosa. Há quatro técnicas que podem ajudá-lo a tornar a oposição na sua história a mais perigosa possível.

1. Crie uma *hierarquia* de oponentes com uma série de alianças. Todos eles estão relacionados entre si e trabalhando juntos para derrotar o herói. O principal oponente localiza-se no topo dessa pirâmide, com os outros abaixo dele no poder (veja a oposição de quatro cantos no Capítulo 4. Um exemplo dessa técnica em *O poderoso chefão* é encontrado no final deste capítulo).

2. Esconda a hierarquia do herói e do público e esconda os objetivos reais de cada oponente (o desejo real deles).

3. Revele todas essas informações em partes e em um ritmo cada vez maior ao longo da história. Isso significa que você terá mais revelações perto do final. Como veremos, o modo como você revela as informações ao seu herói e ao público é que o determina o sucesso da sua trama.

4. Considere fazer seu herói combater um oponente óbvio cedo na história. À medida que o conflito se intensifica, faça o herói descobrir ataques de uma oposição oculta mais forte ou ataques daquela parte do oponente que estava escondida.

## Passo 8. Oponente/falso aliado

O oponente/falso aliado é um personagem que parece ser um aliado do herói, mas na verdade é um oponente ou trabalha para o oponente principal.

A trama decorre das revelações, que por sua vez decorrem dos passos que o herói toma para descobrir o verdadeiro poder da oposição. Toda vez que um herói descobre algo novo sobre um oponente

– isto é, uma revelação –, ocorre uma "guinada" e o público fica encantado. O oponente/falso aliado aumenta o poder do oponente porque sua oposição costuma estar oculta. Esse personagem é um dos jeitos de forçar o herói e o público a espiar embaixo da ponta do iceberg e descobrir o que o herói está de fato enfrentando.

O oponente/falso aliado também é valioso porque é inerentemente complexo. Esse personagem muitas vezes passa por uma mudança fascinante ao longo da história. Ao fingir ser um aliado do herói, o oponente/falso aliado começa a se *sentir* um aliado. Então, fica dilacerado por um dilema: ele trabalha para o oponente, mas quer que o herói vença.

Geralmente você apresenta esse personagem depois do oponente principal, mas não sempre. Se o oponente bolou um plano para derrotar o herói antes de a história sequer começar, você pode apresentar o oponente/falso aliado primeiro.

### • *Casablanca*

Embora sempre charmoso e simpático com Rick, o capitão Renault se protege trabalhando para os nazistas. Renault é muito mais aberto em sua oposição do que a maioria dos oponentes/falsos aliados, que agem em segredo. Bem no final, ele muda de lado para se tornar um verdadeiro aliado de Rick. Essa é uma das maiores recompensas da história, e um ótimo exemplo do poder de fazer um personagem passar de aliado a oponente ou de oponente a aliado.

### • *Tootsie*

Sandy também não é a oponente/falsa aliada comum, que engana o herói e o público desde o começo. Ela começa como uma amiga de Michael e torna-se uma oponente/falsa aliada quando ele se veste de mulher para tentar conseguir um papel que Sandy também quer. Quando ela o flagra experimentando as roupas dela, ele precisa levar a mentira ainda mais longe, fingindo estar apaixonado por ela.

## Passo 9. Primeira revelação e decisão – mudança de desejo e de motivo

Neste ponto na história, o herói tem uma revelação, que é uma *nova informação* surpreendente. Essa informação o obriga a tomar uma *decisão* e se mover em uma nova direção. Também o faz ajustar seu *desejo* e *motivo*. O motivo é *por que* o herói quer essa meta. Esses quatro eventos – revelação, decisão, mudança de desejo e mudança de motivo – devem ocorrer ao mesmo tempo.

As revelações são a chave para a trama e não costumam constar de histórias medianas. De muitas formas, a qualidade da trama resume-se à qualidade das revelações. Tenha em mente as seguintes técnicas:

1. As melhores revelações são aquelas em que o herói descobre uma informação sobre o *oponente*. Esse tipo de informação intensifica o conflito e tem o maior efeito no resultado da trama.
2. O desejo alterado deve ser uma *alteração* do original, não uma quebra com ele. Pense na mudança de desejo como um rio que muda de curso. Você não quer dar a seu herói um desejo inteiramente novo nesse ponto, senão começará uma nova história. Tente ajustar, intensificar e construir em cima do desejo original.
3. Cada revelação deve ser explosiva e *progressivamente mais forte que aquela que a antecedeu*. A informação deve ser importante ou não vai impactar a história. Cada revelação também deve crescer com base naquela que veio antes. Quando falamos sobre "engrossar" a trama, é isso que está acontecendo. Pense nas revelações como as engrenagens de um carro. A cada uma o carro (história) acelera, até que na última está zunindo. O público não sabe como acabou se movendo tão rápido, mas com certeza está se divertindo.

Se suas revelações não aumentarem de intensidade, a trama vai ficar parada ou mais lenta. Isso é mortal; evite a qualquer custo.

Note que Hollywood se tornou mais atenta à trama nos últimos anos, o que torna a dependência de muitos roteiristas da "estrutura de três atos" ainda mais perigosa. A estrutura de três atos, você deve se lembrar, exige que a história tenha dois ou três eventos de trama (revelações). Esse conselho não é só simplesmente errado, mas resulta em uma trama pobre, sem chance de competir no mundo real de roteiristas profissionais. Hoje, um filme de sucesso em Hollywood tem, em média, cerca de sete a dez grandes revelações. Alguns tipos de história, incluindo policiais e thrillers, têm até mais. Quanto antes você largar a estrutura de três atos e aprender as técnicas avançadas de trama, melhor.

• *Casablanca*
REVELAÇÃO: Ilsa aparece no bar de Rick naquela noite.
DECISÃO: Rick decide magoá-la o máximo possível.
MUDANÇA DE DESEJO: até Ilsa chegar, Rick queria apenas administrar seu bar, ganhar dinheiro e ficar sozinho. Agora quer que ela se sinta tão mal quanto ele.
MUDANÇA DE MOTIVO: ela merece isso por ter partido o coração dele em Paris.

• *Tootsie*
REVELAÇÃO: Michael percebe que tem poder real quando "Dorothy" faz um escândalo na audição da novela e diz a Ron, o diretor, exatamente o que pensa.
DECISÃO: Michael, como Dorothy, decide comportar-se como uma mulher poderosa que não aceita desaforos.
MUDANÇA DE DESEJO: não há mudança. Michael ainda quer o emprego.
MUDANÇA DE MOTIVO: agora ele vê como pode conseguir o emprego nos *seus* termos.

## Técnica dos 22 passos: revelações extras

Quanto mais revelações você tiver, mais rica e complexa será a trama. Toda vez que o herói ou o público aprenderem uma nova informação será uma revelação.

*

PONTO-CHAVE: Cada revelação deve ser importante o suficiente para fazer o herói tomar uma decisão e mudar seu plano de ação.

*

• *Tootsie*
REVELAÇÃO: Michael percebe que se sente atraído por Julie, uma das atrizes na novela.
DECISÃO: Michael decide ficar amigo de Julie.
MUDANÇA DE DESEJO: Michael quer Julie.
MUDANÇA DE MOTIVO: ele está se apaixonando por ela.

## Passo 10. Plano

O plano é o conjunto de diretrizes e estratégias que o herói vai usar para superar o oponente e atingir a meta.

*

PONTO-CHAVE: Não faça o herói só realizar o plano. Isso resulta em uma trama previsível e em um herói superficial. Nas boas histórias, o plano inicial do herói quase sempre falha pois o oponente é forte demais nesse momento. O herói precisa pensar muito para bolar uma estratégia melhor, que leve em consideração o poder e as armas à disposição do oponente.

*

• *Casablanca*
O plano inicial de Rick para recuperar Ilsa é tanto arrogante como passivo: ele sabe que ela virá até ele e diz isso a ela. Seu plano principal, que cria relativamente tarde na história, é usar os vistos de saída de Ugarte para ajudar Ilsa e Laszlo a escapar dos nazistas. A vantagem de ter um plano tão tardio é que as reviravoltas (revelações) perto do final são rápidas e de tirar o fôlego.

• *Tootsie*

O plano de Michael é manter seu disfarce como mulher ao mesmo tempo que convence Julie a largar o namorado, Ron. Ele também tem que desviar das investidas de Les e John sem que eles descubram que Dorothy é um homem, assim como precisa mentir para Sandy sobre seu interesse nela e seu papel na novela.

## Técnica de trama: treinamento

A maioria dos heróis já é treinada para fazer o que precisa para vencer. Seu fracasso na parte inicial da trama ocorre porque não olharam para dentro, não confrontaram suas fraquezas.

Mas o treinamento é importante em certos gêneros e, nessas histórias, muitas vezes é a parte mais popular da trama. O treinamento é mais comum em histórias de esporte, guerra – incluindo missões suicidas (como em *Os doze condenados*) – e de assalto (como em *Onze homens e um segredo*). Se for incluir um treinamento em sua história, é provável que ele venha logo depois do plano e antes que as linhas de ação e conflito principais ganhem força.

## Passo 11. *Plano do oponente e principal contra-ataque*

Assim como o herói tem um plano e executa passos para vencer, o oponente faz o mesmo. Ele bola uma estratégia para atingir a meta e começa a realizar ataques contra o herói. Não consigo nem enfatizar direito como esse passo é importante – no entanto, a maioria dos escritores não sabe disso.

Como já mencionei, a trama é resultado, em grande parte, das revelações. Para ter revelações, você precisa esconder os modos como o(s) oponente(s) ataca(m) o herói. Para isso, tem que criar um plano detalhado para o oponente, com o máximo de ataques ocultos. Cada um desses ataques, quando lançados sobre o herói, é outra revelação.

*

*PONTO-CHAVE*: Quanto mais intricado for o plano do oponente, e quanto melhor você o esconder, melhor será a trama.

*

### • *Casablanca*

PLANO DO OPONENTE: Ilsa tenta convencer Rick de que ela o deixou na estação por bons motivos e que Laszlo precisa fugir de Casablanca. O plano do major Strasser é pressionar o capitão Renault para segurar Laszlo em Casablanca e intimidar qualquer um, incluindo Rick, que possa ajudá-lo a escapar.

PRINCIPAL CONTRA-ATAQUE: depois que Rick recusa a oferta de Laszlo de comprar as cartas, Ilsa vai até ele e o ameaça com uma arma. O principal ataque de Strasser ocorre depois que Laszlo inspira os franceses no bar fazendo a banda tocar a Marselhesa. Strasser ordena que o bar seja fechado e diz a Ilsa que ela e Laszlo devem voltar para a França ocupada pelos nazistas, senão Laszlo será preso ou executado. Mais tarde naquela noite, ele manda o capitão Renault prender Laszlo.

### • *Tootsie*

Como uma comédia romântica e uma farsa, cada um dos oponentes de Michael-Dorothy tem um plano baseado em quem eles pensam que o personagem é.

A trama é construída de forma engenhosa usando uma série de ataques crescentes desses oponentes: Dorothy tem que dividir um quarto e uma casa com Julie, Dorothy tem que cuidar da bebê chorona de Julie, Julie pensa erroneamente que Dorothy é lésbica, Les pede Dorothy em casamento, John tenta abusar de Dorothy e Sandy fica furiosa com Michael por mentir para ela.

Esse efeito ciclone é um dos prazeres da forma da farsa, e *Tootsie* lhe dá um impacto emocional forte que não existe na maioria dessas histórias. A mudança de gênero de Michael brinca com os sentimentos dos outros personagens, emaranhando-os de modo cada vez mais rápido e complicado. É um ótimo roteiro.

## Passo 12. Ofensiva

A ofensiva é a série de ações que o herói executa para derrotar o oponente e vencer. Consistindo geralmente na maior seção da trama, essas ações começam com o plano do herói (passo 10) e continuam até sua derrota aparente (passo 14).

Durante a ofensiva, o oponente costuma ser forte demais, então o herói sofre derrotas. Como resultado, fica desesperado e muitas vezes começa a dar passos imorais para vencer. (Essas ações imorais são parte do argumento moral da história; veja o Capítulo 5).

*

PONTO-CHAVE: Durante a ofensiva, você deve querer desenvolver a trama, não a repetir. Em outras palavras, mude a ação do herói de um jeito fundamental. Não continue executando o mesmo *beat* (ação ou evento).

*

Por exemplo, em uma história de amor, dois personagens que estão se apaixonando podem ir à praia, depois ao cinema, depois passear no parque e aí jantar. Essas podem ser quatro ações diferentes, mas são o mesmo *beat*. Isso é repetição, não desenvolvimento.

Para a trama se desenvolver, você deve fazer o herói reagir a novas informações sobre o oponente (de novo temos revelações) e ajustar sua estratégia e ação de acordo com o que aprendeu.

### • Casablanca

A característica mais peculiar da ofensiva de Rick é que ela é *adiada*. Isso não é um sinal de má escrita, mas decorre do personagem de Rick – de sua fraqueza e de seu desejo. Rick está paralisado devido à amargura e à crença de que nada no mundo tem valor. Ele quer Ilsa, mas ela é sua oponente e está com outro homem. Então, no início e no meio da história, Rick fala com Ilsa mas não tenta ativamente reconquistá-la. Na verdade, começa a rechaçá-la.

O adiamento do desejo, embora exigido pelo personagem de Rick, tem um custo: resulta em períodos de calmaria definitivos nos quais o interesse do público murcha. As cenas de Laszlo procurando vistos de saída de Ferrari, Laszlo na delegacia de polícia, Laszlo pedindo vistos de saída a Rick, Laszlo com Ilsa e Laszlo escapando da reunião ilegal são todas deflexões da ofensiva do herói.

Mas adiar a ofensiva também traz duas grandes vantagens. Primeiro que os roteiristas usam as ações de Laszlo para construir o lado épico e político da história. Embora essas ações não estejam relacionadas à ofensiva do herói, são necessárias nesta história em particular porque dão à revelação e à decisão finais de Rick uma importância global.

Segundo que, ao esperar tanto tempo para mostrar Rick perseguindo sua meta, o filme ganha a vantagem de ter clímax e revelações ocorrendo rapidamente um depois do outro.

Quando Ilsa vai ao quarto de Rick e declara seu amor, Rick enfim entra em ação e a história pega fogo. É claro que a grande ironia desse arroubo súbito de Rick é que as ações dele, na verdade, garantem que *não fique* com Ilsa. A mudança no motivo e na meta do protagonista – de querer Ilsa para ajudá-la a fugir com Laszlo – acontece logo depois que Rick vai atrás de Ilsa. De fato, boa parte da emoção no último quarto do filme resulta da incerteza sobre qual das duas metas Rick está de fato perseguindo.

\*

*PONTO-CHAVE:* Essa incerteza entre as duas metas só funciona porque dura pouco tempo e porque faz parte da grande revelação na batalha final.

\*

• Passos da ofensiva em *Casablanca*:

1. Rick lembra de seu tempo com Ilsa em Paris.
2. Rick acusa Ilsa de ser uma prostituta quando ela volta ao café.
3. Rick tenta fazer as pazes com Ilsa no mercado, mas ela o rejeita.
4. Rick recusa-se a entregar as cartas de salvo-conduto a Renault.

5. Depois de ver Ilsa, Rick ajuda o casal búlgaro a ganhar dinheiro o suficiente para pagar Renault.

6. Rick recusa as ofertas de Laszlo pelas cartas e diz a ele que pergunte o motivo a Ilsa.

7. Rick recusa o pedido de Ilsa pelas cartas e ela confessa que ainda o ama.

8. Rick diz a Ilsa que vai ajudar Laszlo a escapar sozinho.

9. Rick faz Carl tirar Ilsa sorrateiramente do clube enquanto fala com Laszlo, que então é preso.

• Passos da ofensiva em *Tootsie*:

1. Michael compra roupas femininas e diz a Jeff que é difícil ser mulher.

2. Mente para Sandy sobre sua nova fonte de dinheiro.

3. Faz a própria maquiagem e arruma o cabelo sozinho.

4. Dá um jeito de não ter que beijar um homem.

5. É simpático com Julie.

6. Mente para Sandy sobre estar doente.

7. Marca outro encontro com Sandy.

8. Ajuda April a ensaiar.

9. Ajuda Julie com suas falas e pergunta por que ela tolera Ron.

10. Mente para Sandy quando chega atrasado para o encontro deles.

11. Improvisa novas falas para tornar Dorothy uma mulher mais durona.

12. Improvisa falas com Julie.

13. Pede a George que o ajude a conseguir papéis mais interessantes, agora que aprendeu tanto como mulher.

14. Michael, como homem, passa uma cantada em Julie, mas ela o rejeita.

15. Enquanto vestido de Dorothy, pede a Ron que não o chame de "tootsie"[7].

16. Mente para evitar Sandy e poder ir para a fazenda com Julie.

---

7 Uma forma condescendente de se referir a uma mulher em inglês. [N. T.]

17. Apaixona-se por Julie na fazenda.

18. A produtora conta a Michael que eles querem renovar o contrato de Dorothy.

## Passo 13. Ataque do aliado

Durante a ofensiva, o herói está perdendo para o oponente e ficando desesperado. Quando começa a executar passos imorais para vencer, o aliado o confronta.

Nesse momento, o aliado torna-se a consciência do herói, dizendo efetivamente "Estou tentando ajudá-lo a atingir sua meta, mas o jeito como você está fazendo isso é errado". Na maioria das vezes, o herói tenta defender suas ações e não aceita a crítica do aliado (veja o Capítulo 10 para mais detalhes sobre como escrever diálogos morais).

O ataque do aliado fornece à história um segundo nível de conflito (herói *versus* oposição é o primeiro). Esse ataque aumenta a pressão sobre o protagonista e o obriga a questionar seus valores e modo de agir.

### • Casablanca

CRÍTICA DO ALIADO: Rick é criticado não por um de seus aliados, mas por sua primeira oponente, Ilsa. No mercado, ela o acusa de não ser o homem que ela conheceu em Paris. Quando Rick a corteja abertamente, ela conta que já era casada com Laszlo quando o conheceu.

JUSTIFICATIVA DO HERÓI: Rick não oferece justificativa, exceto dizer que estava bêbado na noite anterior.

### • Tootsie

CRÍTICA DO ALIADO: quando Michael finge estar doente para dar o bolo em Sandy e ir à fazenda com Julie, Jeff pergunta por quanto tempo ele pretende continuar mentindo para as pessoas.

JUSTIFICATIVA DO HERÓI: Michael diz que mentir para uma mulher é melhor que magoá-la com a verdade.

## Passo 14. Derrota aparente

Durante a ofensiva, o herói está perdendo para o oponente. Mais ou menos após dois terços ou três quartos da história, o herói sofre uma derrota aparente. Ele acredita que perdeu a meta e que o oponente venceu. Esse é o ponto mais baixo do herói.

A derrota aparente fornece uma pontuação importante à estrutura geral de qualquer história, porque é o momento em que o herói atinge o fundo do poço. Também aumenta o drama ao forçá-lo a se recuperar da derrota para enfim vencer. Assim como qualquer evento esportivo é mais empolgante quando o time da casa vira o jogo, uma história é mais emocionante quando o herói que o público ama vence após o que parece uma derrota certa.

*

> *PONTO-CHAVE*: A derrota aparente não é um contratempo pequeno ou temporário, mas um momento explosivo e devastador para o herói. O público deve sentir que o herói está acabado.

*

> *PONTO-CHAVE*: Tenha apenas uma derrota aparente. Embora o herói possa e deva enfrentar muitos contratempos, deve ter apenas um momento em que claramente parece ser o fim para ele. Caso contrário, a história perde forma e potência dramática. Para entender a diferença, pense em um carro descendo uma colina a toda velocidade e sofrendo dois ou três trancos ou batendo em um muro de tijolos.

*

• *Casablanca*

A derrota aparente de Rick ocorre bem cedo na ofensiva, quando Ilsa o visita à noite, depois que o bar fecha. Bêbado, ele lembra do romance que tiveram em Paris e do final terrível, quando ela não apareceu para embarcar no trem. Quando ela tenta explicar o que aconteceu, ele a ataca amargamente e a afugenta.

- *Tootsie*

George conta a Michael que não há jeito de quebrar seu contrato com a novela. Ele deve continuar vivendo aquele pesadelo como mulher.

## Vitória aparente

Se o herói for terminar a história em um estado de escravidão maior ou morte, esse passo é uma vitória aparente. O herói atinge o auge do sucesso ou poder, mas tudo vai ladeira abaixo a partir dali. Com frequência, também é o momento em que o herói entra em um submundo de liberdade temporária (veja o Capítulo 6). Um exemplo de história com a vitória aparente é *Os bons companheiros*, quando os personagens conseguem realizar o roubo da Lufthansa. Eles pensam que conquistaram a maior bolada da vida. Na verdade, esse sucesso engatilha um processo que vai acabar em morte e destruição para todos.

## Passo 15. Segunda revelação e decisão – ofensiva obsessiva, mudança de desejo e de motivo

Logo após a derrota aparente, o herói quase sempre tem outra grande revelação. Se não tiver, a derrota aparente é real e a história acabou. Nesse ponto, o herói obtém uma nova informação que lhe mostra que a vitória ainda é possível, por isso decide voltar para o jogo e retomar sua busca pela meta.

Essa grande revelação tem um efeito galvanizante. Se antes o herói queria a meta (desejo e ofensiva), agora está obcecado por ela e fará tudo para vencer.

Em resumo, nesse ponto da trama, o herói se torna tirânico em sua gana de vencer. Note que, embora ele esteja fortalecido pela nova informação, também está continuando o declínio moral que começou na ofensiva. (Este é outro passo no argumento moral da história.)

Essa segunda revelação também muda o desejo e o motivo do herói. A história segue em uma nova direção mais uma vez. Certifique-se de inserir todos os cinco elementos – revelação, decisão, ofensiva obsessiva, mudança de desejo e mudança de motivo –, senão esse momento vai murchar e a trama vai enfraquecer.

• *Casablanca*

REVELAÇÃO: Ilsa diz a Rick que era casada com Laszlo quando o conheceu e que esse é o motivo para tê-lo abandonado em Paris.

DECISÃO: Rick não toma uma decisão clara, mas diz a Renault que, se alguém for usar as cartas, será ele.

MUDANÇA DE DESEJO: Rick não quer mais magoar Ilsa.

OFENSIVA OBSESSIVA: a primeira ofensiva obsessiva ocorre quando Ilsa aparece no bar e Rick tenta magoá-la desesperadamente devido à dor que ela lhe causou. Esse é outro elemento único em *Casablanca*: Rick começa em um nível muito mais alto de paixão e obsessão do que os heróis na maioria das histórias. Ao mesmo tempo, esse nível alto de desejo tem onde ser colocado porque Rick termina a história indo embora para ajudar a salvar o mundo.

Note também que Rick só *parece* se tornar mais imoral à medida que a história progride. Na verdade, ele decidiu ajudar Ilsa e Laszlo a fugir juntos e está determinado a fazer isso acontecer.

MUDANÇA DE MOTIVO: Rick perdoou Ilsa pelo que fez.

• *Tootsie*

REVELAÇÃO: a produtora da novela conta a Dorothy que eles querem renovar o contrato dela por mais um ano.

DECISÃO: Michael decide pedir a George que rompa o contrato.

MUDANÇA DE DESEJO: Michael quer escapar do transtorno da farsa e se aproximar de Julie.

OFENSIVA OBSESSIVA: Michael está determinado a escapar de Dorothy.

MUDANÇA DE MOTIVO: Michael se sente cada vez mais culpado pelo jeito decente como Julie e Les o trataram.

## Revelação extra

REVELAÇÃO: Les pede Dorothy em casamento.

DECISÃO: Dorothy deixa Les no bar.

MUDANÇA DE DESEJO: Michael quer parar de dar a impressão errada a Les.

MUDANÇA DE MOTIVO: não há mudança; Michael ainda se sente culpado por suas ações.

Note que o declínio moral de Michael aumenta aqui, embora ele se sinta culpado e esteja tentando escapar do apuro em que se meteu. Quanto mais tempo mantiver a farsa, mais dor infligirá às pessoas ao seu redor.

## Passo 16. Revelação ao público

Este é o momento em que o público – *mas não o herói* – recebe uma informação nova importante. Muitas vezes é quando o público descobre a verdadeira identidade do oponente/falso aliado e o fato de que o personagem que pensaram ser amigo do herói é, na verdade, seu inimigo.

Não importa o que o público descubra aqui, essa revelação é um momento valioso por uma série de motivos.

1. Cria uma explosão em uma seção da trama que poderia ser lenta.
2. Mostra ao público o verdadeiro poder da oposição.
3. Permite ao público entender certos elementos ocultos da trama de modo dramático e visual.

Note que a revelação ao público marca uma guinada importante no relacionamento entre herói e público. Até este momento, na maioria das histórias (a farsa sendo uma exceção notável), o público descobre informações ao mesmo tempo que o herói. Isso cria uma conexão um a um – uma identidade – entre herói e público.

Mas, com uma revelação ao público, pela primeira vez as pessoas descobrem algo *antes* do herói. Isso cria distância e deixa o espectador em uma posição *superior* à do herói. Há muitos motivos para isso ser valioso, mas o mais importante é que permite ao público recuar e ver o processo de mudança geral do herói (que culmina na autorrevelação).

• *Casablanca*

Rick força Renault, sob a mira de uma arma, a ligar para a torre do aeroporto, mas o público vê que o capitão, na verdade, ligou para o major Strasser.

• *Tootsie*

Esse passo não ocorre em *Tootsie* primariamente porque Michael está enganando os outros personagens. Dessa forma, é ele quem está no controle, e o público descobre as coisas ao mesmo tempo que Michael.

## Passo 17. Terceira revelação e decisão

Essa revelação é outro passo para o herói aprender o que é necessário saber para vencer o oponente. Se a história tem um oponente/falso aliado, esse é o momento, muitas vezes, em que o herói descobre a identidade real de tal personagem (que o público descobriu no passo 16).

À medida que o herói descobre cada vez mais sobre o poder real da oposição, seria de imaginar que ele gostaria de fugir do conflito. Pelo contrário: essa informação deixa o herói mais forte e determinado a vencer porque agora ele sabe o que está enfrentando.

• *Casablanca*

REVELAÇÃO: Ilsa pede as cartas a Rick e confessa que ainda o ama.

DECISÃO: Rick decide dar a Ilsa e Laszlo as cartas de salvo-conduto, mas esconde de Ilsa e do público essa decisão.

MUDANÇA DE DESEJO: Rick quer salvar Laszlo e Ilsa dos nazistas.

MUDANÇA DE MOTIVO: Rick sabe que Ilsa deve ir com Laszlo e ajudá-lo com sua causa.

• *Tootsie*

REVELAÇÃO: quando Michael dá a Sandy os chocolates que Les deu a Dorothy, ela o chama de mentiroso e falso.

DECISÃO: Michael decide falar com George e encontrar uma saída de seu contrato.

MUDANÇA DE DESEJO: não há mudança; Michael quer sair da novela.

MUDANÇA DE MOTIVO: não há mudança; ele não pode continuar mentindo para tanta gente.

### Revelação extra

REVELAÇÃO: quando Dorothy dá um presente a Julie, Julie diz a Dorothy que não pode continuar sendo sua amiga porque encorajaria o interesse dela.

DECISÃO: Michael decide contar a verdade sobre seu disfarce.

MUDANÇA DE DESEJO: não há mudança; Michael quer Julie.

MUDANÇA DE MOTIVO: Michael ama Julie e percebe que não pode ficar com ela enquanto interpretar Dorothy.

## Passo 18. Portão, corredor, visita à morte

Perto do final da história, o conflito entre herói e oponente se intensifica de tal modo que a pressão sobre o herói fica quase insuportável. Ele tem cada vez menos opções, e com frequência o espaço pelo qual passa se torna literalmente mais estreito. Enfim, o herói deve passar por um portão apertado ou viajar por um longo corredor (enquanto está sendo atacado de todos os lados).

Esse também é o momento em que o herói visita a "morte". Nas histórias míticas, ele desce ao submundo e prevê o próprio futuro no reino dos mortos.

Em histórias mais modernas, a visita à morte é psicológica. O herói tem uma percepção súbita de sua própria mortalidade; vê que a vida é finita e pode acabar muito em breve. Poderíamos pensar que essa percepção o faria fugir do conflito, já que pode causar sua morte. Em vez disso, ela o incentiva a lutar. O herói conclui: "Para minha vida ter significado, devo lutar pelo que acredito. Vou me posicionar aqui e agora". Assim, a visita à morte é um momento de teste que muitas vezes leva à batalha.

O portão, o corredor e a visita à morte são um dos passos mais móveis dos 22, muitas vezes encontrado em outras partes da trama. Por exemplo, o herói pode visitar a morte durante a derrota aparente dele. Pode passar pelo corredor durante a batalha final, como na luta de trincheira em *Star Wars* ou a torre em *Um corpo que cai*, ou depois da batalha, como Terry Malloy no final de *Sindicato de ladrões*.

• *Casablanca*
Esse momento ocorre durante os esforços de Rick para alcançar o aeroporto com Ilsa, Laszlo e Renault, e a tentativa do major Strasser de alcançá-los.

• *Tootsie*
Michael passa por um corredor de pesadelos crescentes quando deve cuidar da filha de Julie, Amy, que não para de chorar; lidar com a rejeição de Julie quando tenta beijá-la; dançar com Les, que se apaixonou por Dorothy; livrar-se de John, o ator da novela que também quer Dorothy; e refutar as acusações de Sandy quando lhe oferece os chocolates que Les deu de presente a ele.

## Passo 19. Batalha

A batalha é o conflito final. Ela determina quem – e *se* alguém – atinge a meta. Um conflito grande e violento, embora comum, é a forma menos interessante de batalha. Uma batalha violenta tem muitos momentos explosivos, mas não muito significado. A batalha deve apresentar ao público a expressão mais clara do motivo pelo qual os dois lados estão se enfrentando. A ênfase deve estar não em quem tem a força superior, mas em quais ideias e valores sairão vitoriosos.

A batalha é a ponta do funil da história para a qual tudo converge. Ela une todos os personagens e as diversas linhas de ação e ocorre no menor espaço possível, o que aumenta a sensação de conflito e pressão insuportáveis.

A batalha é onde o herói geralmente (mas não sempre) satisfaz sua necessidade e conquista seu desejo. Também é onde fica mais parecido com o oponente principal, mas, nessa similaridade, as diferenças cruciais entre eles se tornam ainda mais claras.

Por fim, a batalha é onde o tema explode pela primeira vez na mente do público. No conflito de valores, o público vê com clareza qual jeito de agir e viver é melhor.

• *Casablanca*

No aeroporto, Rick aponta uma arma contra Renault e diz a Ilsa que ela deve partir com Laszlo. Rick conta a Laszlo que Ilsa foi infiel. Laszlo e Ilsa embarcam no avião. O major Strasser chega e tenta impedir a decolagem, mas Rick atira nele.

• *Tootsie*

Durante uma transmissão ao vivo da novela, Michael improvisa uma trama complicada para explicar que seu personagem na verdade é um homem e remove seu disfarce, chocando ao mesmo tempo a audiência e os outros atores da novela. Quando ele termina, Julie lhe dá um soco e vai embora.

O conflito final entre Michael e Julie é relativamente brando (o ataque de Julie). O grande conflito é substituído pela grande revelação, quando Michael tira o disfarce na frente do elenco, da equipe e de uma audiência nacional de tevê.

Um dos toques brilhantes do roteiro é que a história complexa que Michael improvisa para sua personagem acompanha o mesmo processo de libertação feminina pelo qual ele passou ao agir como mulher.

## Passo 20. Autorrevelação

Ao passar pela provação da batalha, o herói geralmente sofre uma mudança: pela primeira vez, descobre quem realmente é. Ele arranca a fachada sob a qual se escondeu e enxerga, de um jeito chocante, seu verdadeiro eu. Encarar a verdade sobre si o destrói – como em *Édipo rei, Um corpo que cai* e *A conversação* – ou o torna mais forte.

Se a autorrevelação for moral além de psicológica, o herói também aprende o jeito correto de agir em relação aos outros. Uma ótima autorrevelação deve ser *súbita*, para um maior efeito dramático; uma experiência *devastadora* para o herói, positiva ou negativa; e uma *nova* informação – algo que o herói não sabia sobre si até aquele momento.

Grande parte da qualidade da história depende da qualidade da autorrevelação. Tudo conduz a esse ponto. Você precisa fazê-lo funcionar. Para isso, precisa atentar para não cair em duas armadilhas:

1. Certifique-se de que o que o herói descobre sobre si seja significativo de verdade, não palavras bonitas ou chavões sobre a vida.

2. Não deixe que o herói declare abertamente ao público o que aprendeu. Isso é um sinal de escrita medíocre. (Entenda como usar o diálogo para expressar a autorrevelação sem fazer um sermão no Capítulo 10.)

## Técnica de trama: reversão dupla

Uma opção no passo da autorrevelação é usar a técnica da reversão dupla. Nela, você dá uma autorrevelação não só ao herói, mas também ao oponente. Cada um aprende com o outro e o público vê duas conclusões sobre como agir e viver no mundo em vez de apenas uma.

Para criar uma reversão dupla:

1. Dê tanto ao herói como ao oponente principal uma fraqueza e uma necessidade.

2. Torne o oponente humano. Isso significa, entre outras coisas, que ele deve ser capaz de aprender e mudar.

3. Durante ou logo após a batalha, dê ao oponente, bem como ao herói, uma autorrevelação.

4. Conecte as duas autorrevelações. O herói deve aprender algo com o oponente e o oponente deve aprender algo com o herói.

5. A visão moral do autor é a melhor parte do que ambos os personagens aprendem.

• *Casablanca*

AUTORREVELAÇÃO PSICOLÓGICA: Rick recupera seu idealismo e uma noção clara de quem realmente é.

AUTORREVELAÇÃO MORAL: Rick percebe que deve se sacrificar para salvar Ilsa e Laszlo e retomar a luta pela liberdade.

REVELAÇÃO E REVERSÃO DUPLA: Renault anuncia que vai se tornar um patriota e se juntar a Rick nesse caminho.

- *Tootsie*

AUTORREVELAÇÃO PSICOLÓGICA: Michael percebe que nunca amou de verdade porque jamais olhou para além dos atributos físicos de uma mulher.

AUTORREVELAÇÃO MORAL: ele vê como sua própria arrogância e desdém pelas mulheres feriu ele e as mulheres que conheceu. Diz a Julie que aprendeu mais sobre ser um homem vivendo como mulher do que vivendo como homem.

## Passo 21. Decisão moral

Uma vez que o herói descobre o jeito correto de agir na autorrevelação, deve tomar uma decisão. A decisão moral é o momento em que ele escolhe entre dois planos de ação, cada um dos quais representando um conjunto de valores e um modo de vida que afeta as outras pessoas.

A decisão moral é a prova do que o herói aprendeu na autorrevelação. Ao realizá-la, ele mostra ao público o que se tornou.

- *Casablanca*

Rick dá as cartas a Laszlo, obriga Ilsa a partir com ele e diz a Laszlo que Ilsa o ama, então vai embora para arriscar a vida combatendo os nazistas.

- *Tootsie*

Michael sacrifica seu emprego e se desculpa com Julie e Les por mentir.

## Técnica de trama: revelação temática

No Capítulo 5, falei sobre a revelação temática como sendo *não do herói, mas do público*. O público vê como as pessoas em geral devem agir e viver no mundo. Isso permite que a história cresça para além desses personagens em particular e afete a vida do público.

Muitos escritores evitam essa técnica sofisticada porque não querem soar moralizantes em seu último momento com o público. No entanto, se feita corretamente, a revelação temática pode ser deslumbrante.

*PONTO-CHAVE:* O truque está em como você extrai o abstrato e o geral do real e do específico de seus personagens. Tente encontrar um gesto ou ação que possa ter um impacto simbólico no público.

*

• *Um lugar no coração*
(Robert Benton, 1984)

Um exemplo de revelação temática genial é encontrado no final de *Um lugar no coração*, a história de uma mulher, interpretada por Sally Field, que vive no Meio-Oeste nos anos 1930 e cujo marido é um xerife morto acidentalmente por um garoto negro bêbado. Membros da Ku Klux Klan lincham o garoto e mais tarde expulsam um homem negro que estava ajudando a viúva a cultivar a propriedade dela. Em uma subtrama, um homem tem um caso com a melhor amiga da esposa.

A cena final do filme se passa em uma igreja. Enquanto o padre fala sobre o poder do amor, a esposa do adúltero toma a mão dele pela primeira vez desde que o caso dele quase destruiu o casamento dos dois, e ele sente o poder arrasador do perdão. A bandeja da comunhão é passada de fileira em fileira. À medida que cada pessoa bebe o vinho, ele diz "Sangue de Deus". Todo personagem que já vimos na história bebe o vinho da comunhão e, aos poucos, uma revelação temática incrível ocorre ao público. O banqueiro, que era um dos oponentes do herói, bebe. O homem negro que foi expulso – e sumiu da história muito tempo antes – também bebe. A personagem de Sally Field bebe. Sentado ao lado dela está o marido morto, que bebe. E, ao lado dele, o garoto negro que o matou e morreu por isso, e que bebe também. "Sangue de Deus."

De um retrato realista dos personagens, a cena gradualmente evolui para um momento de perdão universal que o público compartilha. O impacto é profundo. Não evite essa técnica magnífica por medo de soar pretensioso. Arrisque. Use-a do jeito certo. Conte uma grande história.

## Passo 22. Novo equilíbrio

Uma vez que o desejo e a necessidade foram satisfeitos (ou permaneceram tragicamente insatisfeitos), tudo volta ao normal. Mas há uma grande diferença: devido à autorrevelação, o herói está agora em uma posição elevada ou rebaixada.

• *Casablanca*
Rick recuperou seu idealismo e sacrificou seu amor em prol da liberdade de outros e de uma causa maior.

• *Tootsie*
Michael aprendeu a ser honesto e menos egoísta em relação a si e a sua carreira. Ao contar a verdade, pôde se reconciliar com Julie e começar um romance de verdade.

Os 22 passos consistem em uma ferramenta poderosa que dá ao autor possibilidades quase ilimitadas de criar uma trama detalhada e orgânica. Use-os, mas perceba que são uma ferramenta que exige muito treino para dominar. Então os aplique a tudo o que escrever e tudo o que ler. Ao fazer isso, mantenha duas coisas em mente:

1. Seja flexível. Os 22 passos não são uma sequência imutável, nem uma fórmula por meio da qual você obriga uma história a caber em um molde. Eles são uma ordem geral pela qual os seres humanos tentam resolver problemas de vida, mas cada problema e cada história são diferentes. Use os 22 passos como uma estrutura para descobrir o desdobramento orgânico de personagens específicos resolvendo problemas específicos.

2. Cuidado ao quebrar a ordem. Esse segundo alerta é o oposto do primeiro e, mais uma vez, baseado no fato de que esses passos são como as pessoas tendem a resolver problemas de vida. Os 22 passos representam uma ordem orgânica, o desenvolvimento de uma unidade. Então, se você tentar mudar a ordem de forma drástica para ser original ou surpreendente, a história acabará parecendo falsa ou forçada.

# SEQUÊNCIA DE REVELAÇÕES

Bons escritores sabem que revelações são a chave da trama. Por isso é tão importante reservar um tempo para separar as revelações do resto da trama e observá-las como uma unidade. Traçar a sequência de revelações é uma das técnicas mais valiosas ao contar histórias.

A chave para a sequência de revelações é ver se elas crescem de forma adequada. Isso significa que:

1. A sequência de revelações deve ser lógica. Elas precisam ocorrer na ordem em que o herói provavelmente obteria as informações.

2. Elas devem crescer em intensidade. O ideal é que cada revelação seja mais forte do que a anterior. Isso nem sempre é possível, especialmente em histórias mais longas (pois desafia a lógica), mas você deve buscar um crescimento geral para que o drama se intensifique.

3. As revelações devem acontecer em um ritmo cada vez mais acelerado. Isso também aumenta o drama porque o público é atingido com uma *densidade* maior de surpresas.

A mais potente de todas as revelações é conhecida como *reversão*. Essa é uma revelação que vira de ponta-cabeça todo o entendimento que o público tem da história. De repente, as pessoas veem cada elemento da trama sob uma nova luz, e toda a realidade muda.

Uma revelação de reversão é mais comum, previsivelmente, em histórias policiais e thrillers. Em *O sexto sentido*, a revelação de reversão surge quando o público descobre que o personagem de Bruce Willis estava morto durante a maior parte do filme; em *Os suspeitos*, ocorre quando o público descobre que o tímido Verbal inventou a história inteira e que é o terrível oponente Keyser Soze.

Note que, nesses dois filmes, a grande revelação de reversão acontece bem no final da história. Isso traz a vantagem de fazer o público sofrer um nocaute antes de sair do cinema, e é o maior motivo para esses filmes terem sido grandes sucessos.

Mas você deve tomar cuidado com essa técnica – ela pode fazer com que a história seja um veículo para a trama, e poucas histórias conseguem sustentar tal dominação. O. Henry ficou muito famoso usando a técnica da reversão em seus contos (como "O presente dos magos"), mas eles também foram criticados por serem forçados, mecânicos e dependentes de surpresas.

Vamos examinar como as sequências de revelações ocorrem em histórias além de *Casablanca* e *Tootsie*.

• *Alien: o oitavo passageiro*
(história de Dan O'Bannon e Ronald Shusett, roteiro de Dan O'Bannon, 1979)

REVELAÇÃO 1: a tripulação percebe que o Alien está usando a tubulação de ventilação para se mover pela nave.

DECISÃO: eles decidem atrair o Alien até a eclusa de ar e o expelir para o espaço.

MUDANÇA DE DESEJO: Ripley e os outros querem matar o Alien.

MUDANÇA DE MOTIVO: eles precisam fazer isso senão vão morrer.

REVELAÇÃO 2: Ripley descobre com o computador, Mãe, que a tripulação é descartável em nome da ciência.

DECISÃO: Ripley decide desafiar as ações de Ash.

MUDANÇA DE DESEJO: ela quer saber por que esconderam isso da tripulação.

MUDANÇA DE MOTIVO: ela suspeita que Ash não está do lado da tripulação.

REVELAÇÃO 3: Ripley descobre que Ash é um robô que a matará, se necessário, para proteger o Alien.

DECISÃO: com ajuda de Parker, Ripley ataca e destrói Ash.

MUDANÇA DE DESEJO: ela quer impedir o traidor que está entre eles e sair da nave.

OFENSIVA OBSESSIVA: ela vai se opor e destruir qualquer coisa e pessoa que auxiliar o Alien.

MUDANÇA DE MOTIVO: seu motivo continua sendo a autopreservação.

REVELAÇÃO 4: depois que sua cabeça robótica é restaurada, Ash conta a Ripley que o Alien é um organismo perfeito, uma máquina mortífera amoral.

DECISÃO: Ripley manda Parker e Lambert prepararem uma evacuação imediata e a destruição da nave.

MUDANÇA DE DESEJO: Ripley ainda quer matar o Alien, mas agora isso significa destruir a nave.

MUDANÇA DE MOTIVO: não há mudança.

REVELAÇÃO AO PÚBLICO: o Alien permanece uma força desconhecida e aterrorizante ao longo do filme, então o público obtém as informações mais ou menos junto com Ripley e a tripulação, evitando que tenham um senso de superioridade em relação aos personagens e aumentando o medo deles.

REVELAÇÃO 5: Ripley descobre que o Alien bloqueou o acesso à nave auxiliar.

DECISÃO: ela volta correndo para abortar a sequência de autodestruição.

MUDANÇA DE DESEJO: Ripley não quer explodir com a nave.

MUDANÇA DE MOTIVO: não há mudança.

REVELAÇÃO 6: Ripley descobre que o Alien está se escondendo na nave auxiliar.

DECISÃO: ela veste uma roupa espacial e abre a nave para o vácuo do espaço.

MUDANÇA DE DESEJO: Ripley ainda quer matar o Alien.

MUDANÇA DE MOTIVO: não há mudança.

Note que a revelação final é a clássica do horror: o lugar para o qual você escapa é na verdade o mais mortal de todos.

• *Instinto selvagem*
(Joe Eszterhas, 1992)

REVELAÇÃO 1: Nick descobre que um professor foi morto enquanto Catherine estudava em Berkeley.

DECISÃO: Nick decide seguir Catherine.

MUDANÇA DE DESEJO: Nick quer resolver o assassinato e derrubar Catherine de seu trono.

MUDANÇA DE MOTIVO: Nick e a polícia pensavam que Catherine tinha sido inocentada, mas mudaram de ideia.

REVELAÇÃO 2: Nick descobre que a amiga de Catherine, Hazel, é uma assassina e que Catherine conhecia o professor que foi morto.

DECISÃO: ele decide continuar seguindo Catherine.

MUDANÇA DE DESEJO: não há mudança.

MUDANÇA DE MOTIVO: não há mudança.

REVELAÇÃO 3: Nick descobre que os pais de Catherine morreram em uma explosão.

DECISÃO: ele decide que Catherine é a assassina e vai atrás dela.

MUDANÇA DE DESEJO: não há mudança.

OFENSIVA OBSESSIVA: ele quer derrotar essa assassina brilhante mesmo que seja a última coisa que faça (e pode muito bem ser).

MUDANÇA DE MOTIVO: não há mudança.

REVELAÇÃO 4: o colega de Nick, Gus, conta a ele que um policial da corregedoria chamado Nilsen morreu com uma grande soma de dinheiro no banco, como se tivesse sido subornado por alguém.

DECISÃO: Nick não toma nenhuma decisão clara com base nessa informação, mas decide encontrar a fonte do dinheiro.

MUDANÇA DE DESEJO: Nick quer descobrir por que Nilsen tinha todo esse dinheiro.

MUDANÇA DE MOTIVO: não há mudança.

REVELAÇÃO 5: Nick descobre que sua ex-namorada Beth mudou de nome, que Nilsen tinha o arquivo dela e que o marido de Beth foi morto por tiros disparados de um carro.

DECISÃO: Nick decide tentar provar que na verdade Beth é a assassina.

MUDANÇA DE DESEJO: ele quer saber se Beth está cometendo esses assassinatos e culpando Catherine.

MUDANÇA DE MOTIVO: ele ainda quer resolver o assassinato.

REVELAÇÃO 6: Gus conta a Nick que Beth era a colega de quarto e amante de Catherine.

DECISÃO: Nick decide ir confrontar Beth com Gus.

MUDANÇA DE DESEJO: Nick ainda quer resolver os assassinatos, mas agora tem certeza de que Beth é a assassina.

MUDANÇA DE MOTIVO: não há mudança.

Note que, com o thriller policial, as revelações ficam cada vez maiores e mais pessoais.

• "Tema do traidor e do herói"
(conto de Jorge Luis Borges, 1956)

Borges é um raro exemplo de escritor que traz grandes revelações, mesmo em contos, que não dominam a história em detrimento de personagem, símbolos, mundo ou tema. Inerente à filosofia de Borges é sua ênfase no aprendizado ou na exploração como saída de um labirinto tanto pessoal como cósmico. O resultado é que as revelações feitas pelo autor têm enorme poder temático.

"Tema do traidor e do herói" é um conto composto quase inteiramente de revelações. Nele, o narrador anônimo explica que está formulando uma história cujos detalhes ainda não foram revelados a ele. Seu narrador, Ryan, é o bisneto de Kilpatrick, um dos maiores heróis irlandeses, que foi assassinado em um teatro na véspera de uma revolta vitoriosa.

REVELAÇÃO 1: enquanto escreve uma biografia de Kilpatrick, Ryan descobre uma série de detalhes perturbadores sobre a investigação policial, como uma carta que Kilpatrick recebeu alertando-o a não comparecer à peça, semelhante à carta que Júlio César recebeu avisando-o de seu assassinato.

REVELAÇÃO 2: Ryan pressente que o tempo possui uma forma secreta na qual eventos e diálogos são repetidos ao longo da história.

REVELAÇÃO 3: Ryan descobre que as palavras que um mendigo falou a Kilpatrick foram ditas também em *Macbeth*, de Shakespeare.

REVELAÇÃO 4: Ryan descobre que o melhor amigo de Kilpatrick, Nolan, traduziu as peças de Shakespeare para o gaélico.

REVELAÇÃO 5: Ryan descobre que Kilpatrick ordenou a execução de um traidor – de identidade desconhecida – poucos dias antes da própria morte, mas essa ordem não combina com a natureza misericordiosa de Kilpatrick.

REVELAÇÃO 6: Kilpatrick tinha previamente dado ao amigo Nolan a tarefa de encontrar o traidor entre eles, e Nolan tinha descoberto que o traidor era o próprio Kilpatrick.

REVELAÇÃO 7: Nolan bolou um esquema no qual Kilpatrick seria assassinado de um jeito dramático para que pudesse morrer como herói e incitar uma revolta. Kilpatrick concordou em interpretar seu papel.

REVELAÇÃO 8: com tão pouco tempo para executar o plano, Nolan precisou roubar elementos das peças de Shakespeare para completar o esquema e torná-lo dramaticamente convincente às pessoas.

REVELAÇÃO 9: como os elementos shakespearianos são os menos dramáticos no esquema, Ryan percebe que Nolan os usou para que a verdade do esquema, e da identidade de Kilpatrick, fosse um dia descoberta. Ryan, o narrador, é parte da trama de Nolan.

REVELAÇÃO AO PÚBLICO: Ryan mantém sua descoberta final em segredo e, em vez de revelá-la, publica um livro glorificando Kilpatrick.

## O NARRADOR

Usar um narrador ou não, eis a questão. E é uma das decisões mais importantes que você deve tomar no processo de escrita. Estou falando sobre o assunto nesta seção porque o narrador pode causar mudanças radicais no modo como você estrutura a trama. E, se estiver escrevendo uma história orgânica, um narrador tem um efeito igualmente grande em seu retrato dos personagens.

Eis aí a dificuldade (para levar a metáfora de *Hamlet* um pouco além). O narrador é uma das técnicas usadas de forma mais incorreta, porque a maioria dos escritores não conhece as implicações nem o valor real dele.

A maioria das histórias populares no cinema, na literatura e no teatro não usa um narrador reconhecível. São extremamente lineares e contadas por um narrador onisciente. Alguém está contando a história, mas o público não sabe quem ele é e não se importa com isso. Essas histórias são quase sempre velozes, com uma linha única de desejo e uma trama grande.

Um narrador é alguém que reconta as ações de um personagem, seja na primeira pessoa – falando sobre si –, seja na terceira pessoa – falando sobre outro personagem. Usar um narrador reconhecível permite maior complexidade e sutileza. Em termos simples, um narrador permite apresentar as ações do herói junto com o comentário de alguém sobre essas ações.

Assim que você especifica quem está contando a história, o público se pergunta: por que essa pessoa está contando a história? E por que essa história específica precisa de um narrador e precisa ser narrada aqui mesmo diante dos meus olhos? Note que um narrador chama a atenção para si e, pelo menos a princípio, pode afastar o público da história. Isso dá a você o benefício do distanciamento.

Um narrador também permite que o público ouça a voz do personagem que está contando a história. As pessoas usam o termo "voz" o tempo todo, como se fosse alguma chave de ouro para contar ótimas histórias. Quando falamos em deixar o público ouvir a voz do personagem, estamos falando em inserir o público na *mente* do personagem enquanto ele fala. É uma mente expressada do jeito mais preciso e único possível, que é sobre o que o personagem fala e como ele fala. Estar na mente do personagem implica que ele é uma pessoa real, com preconceitos, pontos cegos e mentiras, mesmo se não estiver ciente disso. Esse personagem pode ou não estar tentando contar a verdade ao público, mas qualquer verdade que emergir será subjetiva ao extremo. Esta não é a voz de Deus nem de um narrador onisciente. Levado a seu extremo lógico, o narrador borra, ou até destrói, a linha entre realidade e ilusão.

Outra implicação importante de um narrador é que ele está recontando o que aconteceu no passado, e isso imediatamente levanta a questão da memória. Assim que o público descobre que uma história está sendo *lembrada*, tem uma sensação de perda, tristeza e possibilidades desperdiçadas. Também sente que a história está completa e que o narrador, com a perspectiva que advém da experiência, está prestes a falar com um toque a mais de sabedoria.

Alguns escritores usam essa combinação – alguém falando pessoalmente com o público e contando a história de memória – para enganá-lo e fazê-lo pensar que o que está prestes a ouvir é mais verdadeiro, e não menos. O narrador essencialmente diz: "Eu estava lá e vou contar o que aconteceu de verdade, confie em mim". Esse é um convite tácito ao público para *não* confiar e para explorar a questão da verdade à medida que a história se desdobra.

Além de enfatizar a questão da verdade, o narrador apresenta algumas vantagens únicas e poderosas, como ajudar o autor a estabelecer uma conexão íntima entre personagem e público. Isso pode tornar a caracterização mais sutil e ajudar a distinguir um personagem de outro. Ademais, o uso de um narrador muitas vezes assinala uma passagem de um herói que age (em geral um guerreiro) para um herói que cria (um artista). O ato de contar a história se torna o foco principal, então o caminho para a "imortalidade" passa de um herói executando uma ação gloriosa para um narrador que conta sobre isso.

Ter um narrador é extremamente libertador na hora de construir a trama. Como as ações da trama são emolduradas pelas recordações de alguém, você pode abandonar a cronologia e sequenciar as ações do jeito que fizer o maior sentido estrutural. Um narrador também ajuda você a unir ações e eventos que abarcam grandes extensões de tempo e espaço ou quando o herói parte em uma jornada. Como discutimos, essas tramas muitas vezes parecem fragmentadas – mas, quando emolduradas por um narrador que está recordando o passado, as ações e os eventos de repente ganham uma unidade maior, e as enormes lacunas entre os eventos parecem desaparecer.

Antes de discutirmos as melhores técnicas para usar um narrador, vejamos o que evitar. Não o use apenas como uma moldura. A história começa com ele dizendo essencialmente "Eu quero contar uma história a você", e então reconta os eventos da trama em ordem cronológica e termina dizendo: "Foi isso o que aconteceu. Foi uma história incrível".

Esse tipo de recurso de enquadramento é muito comum e completamente inútil. Não só chama a atenção para o narrador sem motivo, como é incapaz de tirar vantagem de quaisquer implicações e forças dessa técnica. O narrador parece existir apenas para informar ao público que a história deve ser apreciada, pois foi contada de um jeito "artístico".

No entanto, há uma série de técnicas que permitem tirar vantagem total de um narrador. O motivo de essas técnicas serem tão potentes é que são inerentes à estrutura de *uma pessoa que precisa contar uma história* e de *uma história que precisa ser contada*. Mas não pense que deve usar todas de uma vez. Cada história é única, portanto, escolha as técnicas certas para você.

## 1. Perceba que seu narrador é provavelmente seu personagem principal

Quando você usa a narração em primeira ou terceira pessoa, nove a cada dez vezes o narrador é o verdadeiro herói. O motivo é estrutural. O ato de contar a história equivale a dividir em dois o passo da autorrevelação. No começo, o narrador está recordando para tentar entender o impacto que suas ações ou as de outra pessoa tiveram sobre ele. Ao recontar essas ações – de outra pessoa ou de si mesmo em uma época longínqua –, o narrador vê um modelo externo de ação e adquire uma revelação profunda que muda a vida dele no presente.

## 2. Introduza o narrador em uma situação dramática

Por exemplo, uma briga acabou de acontecer ou uma decisão importante deve ser tomada. Isso coloca o narrador *dentro* da história, criando suspense sobre ele e dando à história um começo dinâmico.

- *Crepúsculo dos deuses*: o narrador, o morto Joe Gillis, acabou de levar um tiro da amante, Norma Desmond.
- *Corpo e alma*: o narrador está prestes a entrar no ringue, onde vai perder de propósito a final do campeonato.
- *Os suspeitos*: o narrador pode ser o único sobrevivente de um massacre e está sendo interrogado pelos policiais.

### 3. Encontre um bom gatilho para levar o narrador a contar a história

Em vez de dizer "Vou contar uma história para vocês", o narrador recebe uma motivação pessoal por um problema no presente. E esse problema, essa motivação, está diretamente conectado ao motivo pelo qual ele conta *esta* história neste momento.

> • *Corpo e alma*: o narrador é um boxeador corrupto. Está prestes a perder a final de propósito e, antes do começo da luta, precisa entender como chegou a esse ponto.
> • *Os suspeitos*: o interrogador ameaça pôr um preço pela cabeça de Verbal se ele não falar.
> • *Como era verde o meu vale*: o herói está devastado por estar sendo expulso de seu amado vale e, antes de partir, precisa saber por que isso aconteceu.

### 4. O narrador não deve saber de tudo no começo

Um narrador que sabe de tudo não desperta, no presente, interesse dramático. Como já sabe o que aconteceu, torna-se uma moldura morta.

Em vez disso, deve ter *uma grande fraqueza que será resolvida ao contar a história*, e examinar e relatar o passado deve exigir um grande esforço. Assim, o narrador é, no presente, um personagem que desperta interesse por motivos dramáticos e pessoais, e o ato de contar a história é heroico por si só.

> • *Cinema Paradiso*: o herói Salvatore é rico e famoso, mas também triste e desesperado. Ele conheceu muitas mulheres, mas nunca amou nenhuma. Não visita sua cidade natal na Sicília há 30 anos, mas, quando descobre que seu velho amigo Alfredo morreu, lembra-se de como foi crescer em um lugar ao qual jurou nunca retornar.
> • *Um sonho de liberdade*: "Red" Redding, que cumpre uma sentença perpétua por assassinato, teve sua liberdade condicional negada outra vez. Ele é um homem sem esperança

e acredita que precisa dos muros da prisão para sobreviver. Um dia, Andy passa pelo corredor entre fileiras de prisioneiros zombeteiros, pelo qual todos os novos detentos devem caminhar. Red aposta que Andy será o primeiro detento novo a chorar naquela noite, mas Andy não dá um pio.

• *Coração das trevas*: essa é a história policial por excelência, na qual o "crime" – o "horror" do que Kurtz pode ter feito e dito – nunca é revelado nem resolvido. Parte do mistério é o motivo real para Marlow contar e recontar essa história. Uma dica podem ser suas palavras finais à "noiva" de Kurtz, quando ela pergunta a última coisa que Kurtz disse antes de morrer. Em vez das palavras reais – "O horror! O horror!" –, Marlow mente e diz: "A última palavra que ele disse foi o seu nome". Marlow mente para ela, contando uma história que promete uma resposta simples e uma falsa emoção, e acha isso repreensível. Então está fadado, impelido, a contar a história repetidamente até encontrar o jeito certo de fazer isso, embora a experiência de Kurtz – e o coração das trevas em si – seja incognoscível.

## 5. Tente encontrar uma estrutura única para contar a história em vez de uma cronologia simples

O modo como você conta a história (por meio do narrador) deve ser excepcional. Caso contrário, ele é só uma moldura da qual não precisamos. Um jeito único de contar a história justifica a presença do narrador e afirma: essa história é tão única que só um narrador especial poderia fazer jus a ela.

• *A felicidade não se compra*: dois anjos contam a um terceiro os eventos que fizeram um homem estar prestes a cometer suicídio. O terceiro anjo então mostra ao homem um presente alternativo: como seria o mundo se ele nunca tivesse vivido.

• *Os suspeitos*: vários homens são assassinados em um navio atracado. Kujan, oficial da alfândega, interroga um aleijado chamado Verbal, que conta como tudo começou seis semanas antes, quando os policiais interrogaram cinco homens sobre um roubo. A história se intercala entre Kujan interrogando Verbal e os eventos que Verbal descreve. Depois que solta Verbal, Kujan olha para o mural na sala de interrogação e vê todos os nomes que Verbal usou em sua confissão. Verbal inventou, no presente, todos os eventos "passados". Ele é tanto o assassino como o narrador.

## 6. O narrador deve testar diferentes modos de contar a história à medida que luta para encontrar e expressar a verdade

Mais uma vez, a história não é uma coisa fixa, conhecida desde o começo, e sim uma discussão dramática que o escritor está tendo com o público. O ato de contar a história e o ato de ouvi-la – e silenciosamente questioná-la – deve, em partes, determinar como ela acaba.

O narrador cria esse intercâmbio deixando lacunas onde tem dificuldades em contar a história e permitindo que o público as preencha. Por meio de seus esforços, passa a entender o significado mais profundo dos eventos e, ao atrair as pessoas e pedir sua participação, leva-as também a encontrar o significado mais profundo da narrativa de vida do próprio público.

> • *Coração das trevas*: essa é a história "antinarrador", que usa três narradores para mostrar, por meio da estrutura, que a história "real" é terrivelmente ambígua e jamais poderá ser contada. Um marinheiro fala sobre um narrador (Marlow) que está contando aos outros marujos um conto que ouviu de um homem (Kurtz) cujas palavras finais, "O horror! O horror!", nunca são explicadas. Então, literalmente temos um mistério envolto em um enigma, uma regressão infinita de significado tão obscura quanto "o horror" em si. Além disso, Marlow contou essa história muitas vezes, como se tentasse se aproximar da verdade a cada recontagem, sempre falhando. Ele explica que subiu o rio para descobrir a verdade sobre Kurtz, mas, quanto mais próximo chegava dele, mais obscuras se tornavam as coisas.

• *Tristram Shandy*: trezentos anos à frente de seu tempo, *Tristram Shandy* usa essa mesma técnica na comédia. Por exemplo, o narrador em primeira pessoa conta uma história que vem e volta no tempo. Ele fala com a leitora diretamente e a censura por não ler direito, até reclamando quando precisa explicar algo que, segundo ele, deveria vir depois.

## 7. Não feche a moldura da narrativa no final da história, mas na marca aproximada dos três quartos

Se fechar a moldura da narrativa no fim da história, o ato de lembrar e contar os eventos não terá um impacto dramático ou estrutural no presente. É preciso deixar espaço para que o ato da recontagem mude o próprio narrador.

• *A felicidade não se compra*: Clarence, o anjo, ouve a história de vida de George até o momento em que George vai cometer suicídio. Essa recontagem de eventos passados conclui-se com cerca de um terço da história faltando. No último terço, Clarence mostra a George uma alternativa e o ajuda a mudar.
• *Cinema Paradiso*: o herói Salvatore descobre que seu amigo Alfredo morreu. Ele se lembra da infância, que passou em grande parte no Cinema Paradiso, onde Alfredo era o projecionista. A lembrança termina quando Salvatore parte de sua cidade natal como um jovem para fazer seu nome em Roma. De volta ao presente, ele retorna à cidade natal para o enterro e vê como o Cinema Paradiso se tornou uma ruína trancada. Mas Alfredo lhe deixou um presente: um rolo com todas as grandes cenas de beijo que o padre mandou que cortassem quando Salvatore era só um garoto.

## 8. O ato de contar a história deve conduzir o narrador a uma autorrevelação

Ao relembrar o passado, o narrador chega a uma grande conclusão sobre si no presente. Mais uma vez, o processo de contar a história é um grande passo estrutural de autorrevelação para o narrador. Então, contar a história é o jeito como o herói-narrador satisfaz essa necessidade.

> • *O grande Gatsby*: Nick diz no final: "É esse o meu Meio-Oeste [...]. Sou parte disso, e um tanto cerimonioso com a lembrança daqueles longos invernos [...]. Após a morte de Gatsby, o Leste me pareceu assim amaldiçoado [...]. Assim, quando a névoa azulada das folhas secas subiu ao ar e o vento castigou as roupas endurecidas no varal, decidi que era hora de voltar para casa".[8]
>
> • *Um sonho de liberdade*: Red aprende a ter esperança e viver em liberdade depois de ser inspirado por seu amigo Andy.
>
> • *Os bons companheiros*: como uma comédia sombria, o filme usa o narrador em primeira pessoa para acentuar o fato irônico de que o herói *não passa* por uma autorrevelação no final, embora devesse claramente ter passado.

## 9. Considere fazer o narrador explorar como o ato de contar a história pode ser imoral ou destrutivo para si ou para os outros

Isso torna a própria contação de histórias um problema moral que, no presente, desperta interesse dramático.

> • *Copenhagen*: o filme é, na verdade, uma competição de narradores. Três personagens contam versões diferentes do que aconteceu quando se encontraram durante a Segunda Guerra para discutir a construção de uma bomba nuclear. Cada história representa uma visão diferente de moralidade, e cada personagem usa sua versão para atacar a moralidade de outro.

---

8 FITZGERALD, F. Scott. *O grande Gatsby*. Tradução Vanessa Barbara. São Paulo: Companhia das Letras, 2011. [N. E.]

## 10. O ato de contar a história deve causar um evento dramático final

Esse evento é frequentemente a decisão moral do herói.

Contar a história deve ter um efeito, e o mais dramático é forçar o herói narrador a tomar uma nova decisão moral com base em sua autorrevelação.

> • *O grande Gatsby*: Nick decide deixar a decadência moral de Nova York e retornar ao Meio-Oeste.
> • *A felicidade não se compra*: George decide não cometer suicídio e, em vez disso, voltar para junto da família e enfrentar as dificuldades.
> • *Corpo e alma*: o herói-narrador, depois de suas recordações, decide não perder a luta.
> • *Um sonho de liberdade*: Red decide não desistir ao sair da prisão como seu amigo Brooks fez. Em vez disso, resolve viver e se junta a Andy, que está começando uma vida nova no México.

## 11. Não promova a falácia de que a morte de um personagem permite que a história inteira e real seja contada

Nesse gatilho comum para a história, o narrador afirma que a morte do personagem enfim permite contar a verdade sobre ele. A cena do leito de morte e as últimas palavras fornecem a chave final para que a verdade seja revelada.

Essa é uma técnica falsa. Não é a morte real que permite a um personagem entender a própria vida, porque finalmente pode vê-la por completo; o que cria significado e motiva o personagem a fazer escolhas é quando ele age *como se* fosse morrer. Encontrar sentido é um processo contínuo na vida.

De modo semelhante, o narrador pode usar a morte do personagem (de outra pessoa ou a sua própria) para criar a *ilusão* de que agora a história inteira pode ser contada e entendida, mas o sentido vem do ato de narrar, de recordar repetidamente, e, toda vez, a história "real" é diferente. Como o Princípio da Incerteza de Heisenberg, o narrador pode conhecer *um* sentido de cada vez, mas nunca *o* sentido.

> • *Cidadão Kane*: o sentido da palavra final de Kane, "Rosebud", não é o fato de que essa palavra resume toda a vida de Kane, mas sim o de que ela é incapaz de fazer isso.
>
> • *Coração das trevas*: as palavras finais de Kurtz – "O horror! O horror!" – não tornam o enigma de sua vida mais claro. São o mistério final em um mistério maior sobre o coração das trevas que habita em todos os seres humanos, incluindo o narrador Marlow, que conta a história repetidamente em uma tentativa vã de enfim chegar à verdade.

## 12. O tema mais profundo deve se relacionar à verdade e beleza da criatividade, não à ação heroica

Ao colocar todas as ações dentro de uma moldura e enfatizar a importância e dificuldades do narrador que as reconta, você torna a narração a ação primária e uma grande realização.

> • *Os suspeitos*: Verbal é um mestre do crime que derrotou ou matou todos os que passaram por seu caminho. Mas seu maior feito, e o motivo real para ser um criminoso bem-sucedido, é a história de que ele improvisa na hora e faz todos pensarem que é um homem fraco e patético.
>
> • *Gilgamesh*: Gilgamesh é um grande guerreiro, mas, quando seu amigo morre, busca em vão a imortalidade. No fim, resta-lhe apenas a imortalidade decorrente de ter sua história contada.
>
> • *Um sonho de liberdade*: o grande presente de Andy a seu amigo Red (o narrador) e aos outros prisioneiros é mostrar a eles como viver com esperança, estilo e liberdade, mesmo na prisão.

## 13. Cuidado com o excesso de narradores

Apesar do poder dessa ferramenta, usar um narrador tem seus custos. O maior deles é que coloca uma moldura entre a história e o público, e isso *geralmente* tira parte da emoção. Quanto mais narradores houver, mais você arrisca distanciar o público e levá-los a analisar a história de um modo frio e clínico.

Histórias que merecem atenção pelo uso que fazem do narrador são *Crepúsculo dos deuses*, *O conformista*, *Beleza americana*, *Os suspeitos*, *Os bons companheiros*, *Um sonho de liberdade*, *Forrest Gump*, *Acima de qualquer suspeita*, *Soberba*, *Coração das trevas*, *Tristram Shandy*, *Copenhagen*, *Madame Bovary*, *Cidadão Kane*, *Como era verde o meu vale*, *Cinema Paradiso*, *Gilgamesh*, *O grande Gatsby*, *A felicidade não se compra* e *Corpo e alma*.


## GÊNEROS

O próximo grande elemento estrutural que afeta a trama é o gênero. Um gênero é uma forma ou um tipo particular de história. A maioria das histórias de filmes, romances e até peças é fundamentada em pelo menos um gênero e, geralmente, na combinação de dois ou três. Por isso, é importante saber qual forma de história você está usando, se é que está usando alguma. Cada gênero tem *beats* predeterminados que você deve incluir para não decepcionar o público.

Na verdade, os gêneros são subsistemas da história. Cada gênero executa os passos universais da estrutura, os sete e os 22, de um jeito diferente. Você pode contar uma ótima história sem usar um gênero, mas, se usar algum, deve dominar como executar esses passos, além de aprender como lidar com personagens, tema, mundo ficcional e símbolos. Em seguida, deve escrever esses elementos de um jeito original, de modo que sua história não seja como todas as outras desse gênero, ainda que seja igual, sob muitos aspectos. O público de histórias de gênero quer tudo: ver os ossos familiares da forma, mas com uma pele nova que faça a sua história parecer original.

Os detalhes dos vários gêneros estão além do escopo deste livro e eu já escrevi extensivamente sobre eles em outros lugares. Saiba apenas que são muito complexos e exigem que você se comprometa com um ou dois deles para ter alguma chance de dominá-los. A boa notícia é que, com prática, como todos os escritores de sucesso sabem, eles podem ser aprendidos.

# CRIANDO SUA TRAMA
## *Exercício de escrita 7*

• PRINCÍPIO NARRATIVO E TRAMA: revise o princípio narrativo e o tema da história. Certifique-se de que a trama acompanhe essas linhas.

• SÍMBOLO PARA A TRAMA: se estiver usando um símbolo, certifique-se de que a trama seja uma expressão dele.

• NARRADOR: considere se quer usar um narrador e, se sim, de que tipo. Tenha em mente as técnicas estruturais que lhe permitirão tirar o máximo dele.

• 22 PASSOS: descreva em detalhes os passos da história. Certifique-se de começar pelo primeiro passo, o enquadramento da trama, de modo que todos os outros se encaixem naturalmente.

• SEQUÊNCIA DE REVELAÇÕES: foque a sequência de revelações, listando-as em um lugar separado do resto dos 22 passos. Procure os seguintes elementos para tornar cada revelação o mais dramática possível:

1. Garanta que a sequência seja lógica.

2. Tente tornar cada revelação mais intensa que a anterior.

3. Verifique se todas causam alguma mudança no desejo original do herói.

4. Faça as revelações surgirem em um ritmo mais acelerado à medida que o final da história se aproxima.

Vamos analisar os 22 passos de *O poderoso chefão* para ver como eles acrescentam detalhes cruciais aos sete passos de estrutura que já vimos.

• *O poderoso chefão*
(romance de Mario Puzo, roteiro de Mario Puzo e Francis Ford Coppola, 1972)
HERÓI: Michael Corleone.

## Passo 1: autorrevelação, necessidade e desejo

AUTORREVELAÇÃO: Michael não tem uma autorrevelação. Ele se tornou um assassino implacável, mas só a esposa Kay viu seu declínio moral.

NECESSIDADE: evitar tornar-se um assassino implacável.

DESEJO: vingar-se dos homens que mataram seu pai.

ERRO INICIAL: Michael acredita que é diferente da família e que está acima de suas atividades criminosas.

## Passo 2: fantasma e mundo ficcional

FANTASMA: o fantasma de Michael não é um único evento do passado, mas um legado familiar de crime e matança que ele despreza.

MUNDO FICCIONAL: é o sistema mafioso da família dele, extremamente hierárquico e comandado como o exército, com regras rígidas. O chefão é o governante absoluto, que distribui justiça como julga conveniente, e a família usa assassinato para conseguir o que quer. O funcionamento desse mundo é exposto no casamento da irmã de Michael, para o qual todos os personagens na história foram convidados, incluindo o oponente oculto, Barzini.

O alcance nacional do poder da família é demonstrado quando um produtor hollywoodiano não faz o que o chefão pediu: o homem acorda ao lado da cabeça decepada de seu cavalo preferido.

## Passo 3: fraqueza e necessidade

FRAQUEZAS: Michael é jovem, inexperiente e superconfiante.

NECESSIDADE PSICOLÓGICA: superar seu senso de superioridade moral.

NECESSIDADE MORAL: evitar tornar-se implacável como os outros chefes da máfia, ao mesmo tempo que protege sua família.

PROBLEMA: membros de uma gangue rival atiram no pai de Michael, o chefe da família.

## Passo 4: evento incitante

A distância que Michael mantém da família é estilhaçada quando ele lê que atiraram no pai.

## Passo 5: desejo

Vingar-se dos homens que atiraram no pai protegendo sua família no processo.

## Passo 6: aliado(s)

Michael tem uma vasta gama de aliados na família. Incluem seu pai (Dom Corleone), seus irmãos Sonny e Fredo, Tom, Clemenza e sua esposa Kay.

## Passo 7: oponente e/ou mistério

O primeiro oponente de Michael é Sollozzo. No entanto, o principal é o mais poderoso Barzini, que é o poder oculto por trás de Sollozzo e que deseja derrubar toda a família Corleone. Michael e Barzini competem pela sobrevivência da família Corleone e pelo controle do crime em Nova York.

## Passo 8: oponente/falso aliado

Michael tem uma quantidade incomumente grande de oponentes/falsos aliados, o que deixa a trama muito mais encorpada. Eles incluem o motorista que guiava o carro quando atiraram em seu pai; seu guarda-costas siciliano Fabrizio, que tenta matá-lo mas acaba explodindo a esposa dele; o genro Carlo, que atrai Sonny para a morte; e Tessio, que passa para o lado de Barzini.

## Passo 9: primeira revelação e decisão – mudança de desejo e motivo

REVELAÇÃO: o hospital no qual o pai está se recuperando não tem guardas e está praticamente vazio. Michael percebe que homens estão vindo matar o pai.

DECISÃO: ele decide proteger o pai, levando a cama dele para outra sala e mantendo guarda do lado de fora.

MUDANÇA DE DESEJO: em vez de ficar separado da família, Michael agora deseja salvá-los e proteger o pai.

MUDANÇA DE MOTIVO: ele ama a família profundamente, e sua vontade de competir e ganhar não permite que perca.

## Passo 10: plano

O primeiro plano de Michael é matar Sollozzo e seu protetor, o chefe de polícia. O segundo plano é matar os chefes das outras famílias em um único golpe.

## Passo 11: plano do oponente e principal contra-ataque

O principal oponente é Barzini, cujo plano é se esconder atrás de Sollozzo para matar Dom Corleone. Uma vez que Dom Corleone está incapacitado, ele paga Carlo para atrair Sonny a uma armadilha, e paga o guarda-costas de Michael na Sicília para matá-lo.

## Passo 12: ofensiva

SEQUÊNCIA DE OFENSIVA:

1. Clemenza mostra a Michael como matar Sollozzo e McCluskey.
2. No restaurante, Michael atira em Sollozzo e McCluskey.
3. Há uma montagem rápida de artigos de jornal.
4. Sonny e Tom discutem porque Sonny quer matar o velho Tattaglia.

5. Na Sicília, Michael vê uma garota bonita na estrada e diz ao pai dela que quer conhecê-la.

6. Michael conhece Apollonia.

7. Sonny encontra Connie com um olho roxo e espanca o marido de Connie, Carlo, na rua.

8. Michael e Apollonia se casam.

9. Tom não aceita a carta de Kay para Michael.

10. Michael ensina Apollonia a dirigir e descobre que Sonny está morto.

REVELAÇÃO EXTRA: Michael vê uma linda mulher na estrada na Sicília.

DECISÃO: ele decide conhecê-la.

MUDANÇA DE DESEJO: ele a quer.

MUDANÇA DE MOTIVO: ele está se apaixonando.

## Passo 13: ataque do aliado

CRÍTICA DO ALIADO: quando Michael retorna da Sicília, Kay o critica por trabalhar para o pai. Ela diz que ele não é assim.

JUSTIFICATIVA DO HERÓI: ele promete a ela que os negócios da família serão legítimos em cinco anos.

## Passo 14: derrota aparente

A derrota aparente de Michael é um golpe duplo: ele descobre que o irmão Sonny foi assassinado e, logo em seguida, vê a esposa ser explodida por uma bomba plantada para ele.

## Passo 15: segunda revelação e decisão: ofensiva obsessiva, mudança de desejo e motivo

REVELAÇÃO: Michael percebe que uma bomba foi plantada em seu carro e que a esposa está prestes a ligar o motor.

DECISÃO: ele tenta impedi-la, mas não consegue a tempo.

MUDANÇA DE DESEJO: ele quer voltar para casa e para sua família.

OFENSIVA OBSESSIVA: ele está determinado a se vingar dos homens que mataram sua esposa e seu irmão.

MUDANÇA DE MOTIVO: eles devem pagar por matar pessoas que ele ama.

### Passo 16: revelação ao público

O público vê Luca Brasi, o aliado mais perigoso de Dom Corleone, ser assassinado quando se encontra com Tattaglia e Sollozzo.

### Passo 17: terceira revelação e decisão

REVELAÇÃO: Michael percebe que Tessio passou para o outro lado e que Barzini planeja matá-lo.

DECISÃO: ele decide atacar primeiro.

MUDANÇA DE DESEJO: ele quer matar todos os seus inimigos de uma vez só.

MUDANÇA DE MOTIVO: ele quer vencer a guerra de uma vez por todas.

### Passo 18: portão, corredor, visita à morte

Como Michael é um guerreiro superior, que engana até o público, não passa por um portão ou corredor antes da batalha final. Sua visita à morte ocorre quando vê a esposa explodida por uma bomba plantada para ele.

### Passo 19: batalha

A batalha final alterna entre a atuação de Michael no batismo do sobrinho e o assassinato dos chefes de cinco famílias mafiosas. No batismo, Michael diz que acredita em Deus. Clemenza atira em alguns homens que saem de um elevador. Moe Green leva um tiro no olho. Michael, seguindo a liturgia do batismo, renuncia a Satanás. Outro atirador mata um dos chefes de família em uma porta giratória. Barzini é morto. Tom envia Tessio para ser assassinado. Michael faz Carlo ser estrangulado.

### Passo 20: autorrevelação

AUTORREVELAÇÃO PSICOLÓGICA: nenhuma. Michael ainda acredita que seu senso de superioridade moral é justificado.

AUTORREVELAÇÃO MORAL: nenhuma. Michael se tornou um assassino implacável. Os escritores usam uma técnica de estrutura avançada ao atribuir a autorrevelação moral à esposa do herói, Kay, que vê o que ele se tornou quando a porta bate em sua cara.

## Passo 21: decisão moral

A grande decisão moral de Michael ocorre logo antes da batalha, quando ele decide matar todos os seus rivais, assim como o cunhado, depois de se tornar padrinho do filho do homem.

## Passo 22: novo equilíbrio

Michael matou seus inimigos e ascendeu à posição de chefão. Mas, moralmente, caiu e se tornou o diabo. O homem que não queria ter nada a ver com a violência e o crime da família é agora seu líder e vai matar qualquer pessoa que o trair ou que estiver em seu caminho.

# 9

# TRANÇADO DE CENAS

Por que Jane Austen e Charles Dickens são contadores de histórias tão bons, que ainda encantam leitores mesmo neste mundo de alta tecnologia e alta velocidade? Um motivo é o fato de serem dois dos melhores trançadores de cenas de todos os tempos.

Uma cena é geralmente uma ação que acontece em determinada hora e em determinado lugar. É a unidade básica do que de fato acontece na história e é vivida, em tempo real, pelo público. O trançado de cenas é a sequência dessas unidades. Para ser um grande contador de histórias, você deve criar um trançado como uma tapeçaria fina, apanhando cada fio por um momento antes de deixá-lo desaparecer sob a superfície e reaparecer de novo um pouco mais tarde.

O trançado de cenas (mais conhecido como lista de cenas, escaleta de cenas ou resumo de cenas) é o passo final antes de escrever uma história ou um roteiro completo. É uma lista de todas as cenas que você acredita que estarão na história final, junto com uma etiqueta para cada cena em que ocorre um passo da estrutura.

O trançado de cenas é um passo extremamente valioso no processo de escrita. Como os sete passos, a rede de personagens e a sequência de revelações, esse é um modo de ver como a história se encaixa sob a superfície.

O trançado de cenas é, na verdade, uma extensão da trama – é a trama nos mínimos detalhes. O objetivo dessa ferramenta é permitir ao autor uma última olhada na arquitetura geral da história antes de escrevê-la. Portanto, *não* entre em detalhes excessivos porque isso vai esconder a estrutura. Tente descrever cada cena em uma frase. Por exemplo, uma descrição de quatro cenas de *O poderoso chefão* poderia ser:

• Michael salva o Dom de ser assassinado no hospital.
• Michael acusa o chefe de polícia McCluskey de trabalhar com Sollozzo, e o chefe dá um soco nele.
• Michael sugere matar o chefe e Sollozzo.
• Clemenza mostra a Michael como executar Sollozzo e o chefe.

Note que apenas uma ação essencial de cada cena foi listada. Se você se ativer a descrições de duas ou três frases, conseguirá listar o trançado de cenas de sua história em poucas páginas. Depois de descrever a cena, liste o passo de estrutura (como desejo, plano ou derrota aparente) que é realizado durante ela. Algumas cenas terão essas etiquetas de estrutura, mas muitas, não.

\*

PONTO-CHAVE: Esteja preparado para mudar o trançado de cenas quando começar a escrever cada uma delas.

\*

Quando for escrever uma cena de fato, talvez você descubra que a ação básica ocorrendo nela não é o que você pensava – só vai ter certeza quando "entrar" na cena e a escrever. Então, seja flexível. O que importa neste momento do processo é ter uma visão geral do que você pensa ser a principal ação de cada cena.

Tenha em mente que a maioria dos filmes de Hollywood traz de quarenta a setenta cenas. Um romance pode ter o dobro disso e, dependendo da duração e do gênero, possivelmente bem mais.

Sua história pode ter subtramas – ou subseções – que, quando trançadas, criam a trama. Se houver mais de uma subtrama ou subseção, etiquete cada cena com um número de linha de trama ou subseção. Assim, você vai conseguir ver as cenas de cada subtrama como uma unidade separada e garantir que cada subtrama tenha um desenvolvimento apropriado.

Quando tiver o trançado de cenas completo, veja se precisa realizar as seguintes mudanças:

• *Reordene as cenas.* Primeiro, concentre-se em arrumar a sequência geral da história e depois examine as justaposições entre as cenas individuais.

• *Combine cenas.* Muitas vezes, os escritores criam uma cena por nenhum motivo além de inserir uma boa fala. Sempre que possível, combine cenas para que todas elas tenham conteúdo, mas certifique-se de que todas também realizem essencialmente uma ação.

• *Corte ou acrescente cenas.* Sempre elimine o excesso. Lembre-se: o ritmo da história está relacionado não só à duração de uma cena, mas também à necessidade de ela existir. Uma vez que tenha eliminado todo o excesso, você pode encontrar lacunas no trançado que vão exigir cenas novas. Nesse caso, acrescente-as à lista no ponto adequado.

\*

*PONTO-CHAVE*: Ordene as cenas por estrutura,
não por cronologia.

\*

A maioria dos escritores escolhe a ordem das cenas de acordo com a cronologia das ações (cenas). O resultado é uma história cheia de enrolação, com muitas cenas inúteis. Em vez disso, escolha uma cena baseando-se em quanto ela faz o desenvolvimento do herói avançar. Se esse desenvolvimento não avançar, ou se ele não for estabelecido de um jeito crucial, elimine a cena.

Essa técnica garante que toda cena na história seja essencial e esteja na ordem correta. Em geral, você acaba com uma sequência de cenas em ordem cronológica, mas nem sempre.

\*

*PONTO-CHAVE*: Preste atenção especial à *justaposição* de cenas.

\*

Especialmente no cinema e na televisão, em que a mudança de cena ou linha de trama é instantânea, a justaposição entre duas cenas pode ser mais significativa do que os eventos das cenas individuais. Nessas justaposições, é importante olhar primeiro para o contraste de *conteúdo*. De qual forma, se é que isso ocorre, uma cena comenta a cena anterior?

Então, examine o contraste de proporção e ritmo. A cena ou seção seguinte tem a importância e duração corretas, comparada à cena ou seção anterior?

Uma boa regra básica é: encontre a linha e a mantenha.

Há algumas cenas – como as de subtrama – que só preparam o terreno para o impulso narrativo. Insira-as, mas nunca se afaste demais da linha narrativa, senão sua história vai literalmente desmoronar.

Há várias formas de criar justaposições potentes. Uma das melhores, em especial no cinema e na televisão, é a justaposição entre visão e som. Nessa técnica, você divide essas duas faixas de comunicação para criar um terceiro significado.

• *M: o vampiro de Dusseldorf*
(Thea von Harbou e Fritz Lang, 1931)

Um exemplo clássico dessa técnica ocorre no grande filme alemão *M: o vampiro de Dusseldorf*. Nele, um assassino de crianças compra uma bexiga para uma garotinha. Na cena seguinte, uma mulher prepara o jantar e chama sua filha: "Elsie". Enquanto ela continua chamando a garota, a faixa visual se separa da faixa de som e o público vê uma escada vazia, um bloco de apartamentos, a cadeira vazia de Elsie, seu prato e colher na mesa da cozinha, enquanto são ouvidos os gritos cada vez mais desesperados da mãe chamando "Elsie". A linha visual termina com a visão de uma bexiga que fica presa em cabos elétricos e então flutua para longe. Esse contraste entre a faixa de som e a visual produz um dos momentos mais dolorosos da história do cinema.

Talvez a técnica mais comum de justaposição no trançado seja a alternância de cenas. Nela, você pula entre duas ou mais linhas de ação. Essa técnica tem dois efeitos principais:

1. Cria suspense, especialmente quando você alterna em um ritmo crescente, como quando alguém está correndo para salvar uma vítima em perigo.

2. Compara duas linhas de ação, dois blocos de conteúdo, e as torna iguais. Isso expande o padrão temático. Toda vez que você pula entre duas linhas de ação, passa de um desenvolvimento linear simples (que costuma ser de um único personagem) para mostrar um padrão mais profundo, presente na sociedade como um todo.

Um exemplo da alternância de conteúdo é uma sequência em *M: o vampiro de Dusseldorf* na qual a história vai e volta entre um grupo de policiais e um grupo de criminosos. Cada um está tentando descobrir o assassino de crianças, então a alternância mostra ao público como dois tipos de pessoa, geralmente considerados opostos, são, de muitas formas, idênticos.

• *O poderoso chefão*
(romance de Mario Puzo, roteiro de Mario Puzo e Francis Ford Coppola, 1972)
Um exemplo ainda melhor de alternância de conteúdo ocorre na cena da batalha de *O poderoso chefão*. O desafio é criar uma cena que expresse o caráter de Michael, o que ele se tornou como o novo chefão. Ao mostrar os empregados de Michael assassinando os chefes das cinco famílias criminosas, os escritores não só fornecem uma série densa de golpes como também expressam a posição de Michael como um tipo de chefe corporativo do crime. Ele não mata esses homens pessoalmente em um ataque passional, e sim contrata em sua empresa homens que são especialistas em matar.

A isso, os escritores acrescentam outra alternância: entre os assassinatos em massa e a renúncia de Michael a Satã enquanto se torna padrinho de uma criança cujo pai está prestes a assassinar. Por meio dessa alternância, o público vê Michael se tornar Satã no mesmo momento em que ele atinge o auge de seu poder como chefão.

Eu gostaria de comparar o trançado de cenas de uma versão anterior do filme com a versão final. Podemos ver como a justaposição correta das cenas – e, nesse caso, de seções inteiras – pode fazer uma diferença enorme na qualidade da história. A diferença-chave entre esses trançados de cenas surge logo depois que Michael atirou em Sollozzo e no chefe de polícia McCluskey no restaurante. Note que, na versão anterior, os escritores listam todas as cenas relacionadas à morte de Sonny e ao fim da guerra entre as famílias (em sublinhado). Então listam as cenas de Michael na Sicília, acabando com o assassinato de sua esposa (em itálico).

- Versão inicial de *O poderoso chefão*

  1. No restaurante, eles conversam; Michael pega a arma e atira neles.
  2. Montagem de artigos de jornal.
  3. Sonny transa com uma garota e vai à casa da irmã, Connie.
  4. Sonny encontra Connie com um olho roxo.
  5. Sonny espanca o marido de Connie, Carlo, na rua.
  6. Tom não aceita a carta de Kay para Michael.
  7. Dom Corleone é levado do hospital para casa.
  8. Tom conta a Dom Corleone o que aconteceu; o Dom fica triste.
  9. Sonny e Tom discutem porque Sonny quer matar o velho Tattaglia.
  10. Há uma briga feia entre Connie e Carlo; Connie liga para casa; Sonny fica furioso.
  11. Sonny é morto no pedágio.
  12. Tom conta a Dom Corleone que Sonny está morto – Dom Corleone ordena que se faça a paz.
  13. Dom Corleone e Tom levam o corpo de Sonny para o agente funerário Bonasera.
  14. Dom Corleone faz as pazes com os chefes das famílias.
  15. Dom Corleone fica sabendo que Barzini é o líder deles.
  16. *Na Sicília, Michael vê uma garota linda na estrada e diz ao pai dela que quer conhecê-la.*
  17. *Michael conhece Apollonia.*
  18. *Michael e Apollonia se casam.*
  19. *Noite de núpcias.*

20. *Michael ensina Apollonia a dirigir; descobre que Sonny está morto.*
21. *O carro de Michael explode com Apollonia dentro.*

Essa sequência de cenas tem uma série de problemas. Ela mostra primeiro as cenas mais cheias de conteúdo e dramáticas (a morte de Sonny e a revelação de Barzini) e depois a trama decepciona quando se transfere para a Sicília. Além disso, Michael-na-Sicília é uma sequência longa e relativamente lenta, de modo que a história em geral sofre uma freada brusca, e os escritores têm uma dificuldade tremenda para fazer o "trem" partir de novo depois que essa seção se conclui. Colocar todas as cenas com Apollonia de uma vez também acentua o caráter súbito e um tanto implausível do casamento de Michael com uma camponesa siciliana. O diálogo tenta suavizar esse fato dizendo que Michael se apaixonou à primeira vista, mas, quando vemos essas cenas de uma vez, a explicação não é convincente.

- Versão final de *O poderoso chefão*

No roteiro final, os escritores superam essa falha potencialmente fatal no trançado de cenas alternando a linha de Sonny e a linha de Michael.

1. No restaurante, eles conversam; Michael pega a arma e atira neles.
2. Montagem de artigos de jornal.
3. Dom Corleone é levado do hospital para casa.
4. Tom conta a Dom Corleone o que aconteceu; o Dom fica triste.
5. <u>Sonny e Tom discutem porque Sonny quer matar o velho Tattaglia.</u>
6. *Na Sicília, Michael vê uma garota linda na estrada e diz ao pai dela que quer conhecê-la.*
7. *Michael conhece Apollonia.*
8. <u>Sonny transa com uma garota e vai à casa da irmã Connie.</u>
9. <u>Sonny encontra Connie com um olho roxo.</u>
10. <u>Sonny espanca o marido de Connie, Carlo, na rua.</u>
11. *Casamento de Michael e Apollonia.*

12. *Noite de núpcias.*

13. Tom não aceita a carta de Kay para Michael.

14. Há uma briga feia entre Connie e Carlo; Connie liga para casa; Sonny fica furioso.

15. Sonny é morto no pedágio.

16. Tom conta a Dom Corleone que Sonny está morto – Dom Corleone ordena que se faça a paz.

17. Dom Corleone e Tom levam o corpo de Sonny para o agente funerário Bonasera.

18. *Michael ensina Apollonia a dirigir; descobre que Sonny está morto.*

19. *O carro de Michael explode com Apollonia dentro.*

20. Dom Corleone faz as pazes com os chefes das famílias.

21. Dom Corleone fica sabendo que Barzini é o líder deles.

Ao alternar entre essas duas linhas, a siciliana, mais lenta, nunca é mostrada por tempo suficiente para matar o impulso narrativo da história. Além disso, ambas as linhas se afunilam para um único ponto, que é a derrota aparente do herói, o ponto mais baixo dele na história (veja o Capítulo 8), quando o assassinato de Sonny é quase imediatamente seguido pelo de Apollonia. Esse golpe duplo é então coroado pela grande revelação de que Barzini estava por trás de tudo. Essa revelação de que Barzini é o verdadeiro oponente impele o resto da trama para sua conclusão espetacular.

O trançado de cenas é uma técnica que se compreende melhor usando uma abordagem de estudo de caso. Vamos começar por um exemplo da série *ER: Plantão médico* porque o drama televisivo é muito focado em trançar uma tapeçaria rica na qual múltiplas tramas são justapostas.

## TRANÇADO DE CENAS – TRAMA DE MÚLTIPLOS FIOS

A trama televisiva de múltiplos fios alterna cenas entre três e cinco tramas principais, cada uma com seu próprio herói. Contar tantas histórias em cerca de quarenta e cinco minutos (sessenta minutos menos o tempo dos comerciais) significa que nenhuma das linhas pode se aprofundar demais em um único episódio. Os escritores esperam compensar isso ao longo da temporada e nas muitas temporadas que a série permanece no ar.

*

*PONTO-CHAVE:* Em um trançado de múltiplos fios, a qualidade da história em geral decorrerá primariamente da justaposição das tramas. É feita uma comparação entre o que várias pessoas em uma minissociedade estão enfrentando ao mesmo tempo, e o público pode ver em forma comprimida como os protagonistas usam diferentes soluções para tentar resolver, essencialmente, o mesmo problema.

*

*PONTO-CHAVE:* Trabalhando com três a cinco tramas é impossível cobrir os 22 passos em cada linha, mas cada uma deve conter os sete passos de estrutura principais. Se tiver menos que os sete passos, a linha não é uma história completa e o público vai sentir que é desnecessária e irritante.

*

*PONTO-CHAVE:* Com múltiplos protagonistas e tantas linhas, você dá forma à história em geral e mantém o impulso narrativo *fazendo com que o herói de uma linha seja o oponente de outra.* Isso evita que a história se torne cada vez mais expansiva com, por exemplo, cinco heróis, cinco oponentes, uma miríade de personagens secundários e por aí em diante.

*

Um dos motivos para *ER: Plantão médico* e outros dramas televisivos usarem a alternância de múltiplos fios é que isso fornece ao episódio uma densidade dramática. Não há momentos de calma nessas histórias. O público vê apenas as cenas mais dramáticas de cada trama. No caso de *ER: Plantão médico*, o criador Michael Crichton – o maior escritor de premissas de Hollywood – descobriu como combinar, em uma série, as vantagens do drama médico e do gênero de ação. A essa mistura, Crichton acrescentou uma rede de personagens que cobre uma gama ampla de classe, raça, origem étnica, nacionalidade e gênero. É uma combinação muito potente e popular.

- *ER: Plantão médico* – "The dance we do" [A dança que fazemos]
(Jack Orman, 2000)

O episódio específico que vamos analisar tem cinco tramas, cada uma estendendo-se e crescendo com base em diversos episódios anteriores:

> Trama 1: a mãe de Abby, Maggie, veio visitá-la. Ela é bipolar e tem um histórico de interromper o tratamento, ter crises e desaparecer por longos períodos.
> Trama 2: a dra. Elizabeth Corday está sendo processada e deve dar um depoimento. O advogado da oposição alega que ela cometeu um erro em uma cirurgia, que deixou o cliente dele paralisado.
> Trama 3: membros de uma gangue mataram o sobrinho do dr. Peter Benton em um episódio anterior. A namorada do garoto, Kynesha, aparece no hospital após ter sido espancada.
> Trama 4: Mark Greene vem mantendo um segredo de sua namorada, Elizabeth (dra. Corday), e dos outros médicos. Hoje ele descobre se seu tumor cerebral é fatal.
> Trama 5: por causa de um vício em drogas, o dr. Carter precisa passar por testes regulares se quiser continuar trabalhando no hospital.

A primeira coisa que se nota sobre esse episódio é que as tramas têm uma unidade subjacente: elas são todas variações do mesmo problema, de modo que as justaposições compensam. No nível superficial, muitas delas lidam com personagens com um vício em drogas. No entanto, o mais importante é que todas as cinco mostram os diferentes efeitos de mentir e de contar a verdade.

O poder do trançado em "The dance we do" vem de dois princípios narrativos: como cada trama é uma variação do tema "contar a verdade ou mentir" e como as cinco histórias se *afunilam* para a revelação ou autorrevelação mais potente da qual o personagem principal e aquela trama são capazes.

**Teaser**

1. A mãe bipolar de Abby, Maggie, encontra Abby contando seus comprimidos. Abby quer que a mãe faça um exame de sangue para certificar-se de que ela está tomando a medicação. TRAMA 1: FRAQUEZA E NECESSIDADE, OPONENTE

(Comercial)

**Ato 1**

2. O dr. Greene tranquiliza sua namorada, a dra. Elizabeth Corday, dizendo que ela não foi negligente e que o depoimento será tranquilo. Ela recomenda que ele não trombe em outras placas na rua. TRAMA 2: FRAQUEZA E NECESSIDADE; TRAMA 4: PROBLEMA E NECESSIDADE

3. No hospital, Maggie implora a Abby para não fazer o exame de sangue porque isso só fará as duas se sentirem mal. Relutante, Abby concorda. TRAMA 1: DESEJO, OPONENTE

4. Uma mulher chamada Stephanie está procurando o dr. Malucci. Maggie entra correndo dizendo que uma garota foi jogada de um carro. TRAMA 3: FRAQUEZA E NECESSIDADE

5. A dra. Cleo Finch, Abby e Maggie ajudam a garota ferida, Kynesha. Abby manda a mãe embora. TRAMA 3: FRAQUEZA E NECESSIDADE

6. O advogado da oposição, Bruce Resnick, é excessivamente simpático quando encontra Elizabeth no depoimento. TRAMA 2: OPONENTE

7. Cleo diz ao dr. Peter Benton que ele não deveria aceitar essa paciente porque ela é namorada de seu falecido sobrinho. Ele assume o caso. TRAMA 3: FANTASMA, DESEJO

8. Greene descobre com seu médico que tem um tumor inoperável. TRAMA 4: REVELAÇÃO

(Comercial)

**Ato 2**

9. Carter corrige o diagnóstico incorreto de Greene. Greene lembra Carter que eles precisam fazer um exame de sangue e urina nele por causa do vício de Carter. TRAMA 5: FRAQUEZA E NECESSIDADE, OPONENTE; TRAMA 4: DESEJO

*Se examinar esse trançado de cenas com atenção, verá que cada trama contém os sete passos, então cada história é forte por si só. Com essa fundação, o escritor poderá, então, brincar com a justaposição de cenas individuais em diferentes tramas.*

10. Peter, Cleo e Abby verificam se Kynesha foi estuprada. Ela insiste que só foi espancada por um grupo de garotas. TRAMA 3: OPONENTE

*Na cena 10 (trama 3), Kynesha chega ao hospital espancada e possivelmente estuprada. Ela namorava o sobrinho que morreu há algum tempo. Na cena seguinte (11, trama 2), o advogado pergunta à dra. Corday se ela estava chateada pela morte do garoto quando operou seu cliente. Então a cena 10 (trama 3) é um momento posterior da mesma trama mencionada na cena 11 (trama 2).*

11. No depoimento, Elizabeth diz que primeiro precisou operar o sobrinho de seu antigo amante, Peter (dr. Benton). Ela estava chateada pela morte do menino quando operou o cliente do advogado. TRAMA 2: OFENSIVA, OPONENTE

12. Carter faz piadas enquanto Abby tira seu sangue. Greene não vê graça. Abby descobre que a mãe teve problemas em uma loja de roupas. TRAMA 5: OPONENTE; TRAMA 1: REVELAÇÃO

13. Kynesha se recusa a contar a Peter quem a espancou. Ele conta a ela que o motivo de seu sobrinho ter levado um tiro foi porque a estava visitando. Ela diz que a gangue o matou porque ele tentou afastá-la deles. TRAMA 3: REVELAÇÃO

14. Abby precisa ajudar a mãe a evitar uma acusação de roubo. TRAMA 1: OPONENTE

15. Greene diz que Carter não está tomando seus remédios e que isso está em seu contrato. Carter diz que estava farto daquilo. Greene tem uma convulsão e desaba. TRAMAS 4 E 5: COMBINANDO HISTÓRIAS PESSOAIS POR MEIO DA OPOSIÇÃO ENTRE MÉDICOS

(Comercial)

**Ato 3**

16. Greene acorda e nega o pedido de Carter para que ele faça uma tomografia. TRAMA 4: OFENSIVA

*Cena 16 (trama 4), 17 (trama 2) e 18 (trama 1): cada uma mostra um personagem – Greene, Elizabeth e Maggie – mentindo para outros e negando a extensão do problema até para si mesmos.*

17. O advogado da oposição, Resnick, alega que Elizabeth realizou a cirurgia no cliente dele rápido demais, pois estava com pressa para chegar a um compromisso pessoal. TRAMA 2: OPONENTE

18. Maggie insiste que estava certa. Abby diz para a mãe que ela precisa de pontos. TRAMA 1: OPONENTE

19. Os policiais dizem que precisam ouvir Kynesha contar quem atirou no sobrinho de Peter ou não podem prender ninguém. Kynesha se recusa a falar. TRAMA 3: OPONENTE

20. Greene conta a Carter que tem um tumor cerebral e que provavelmente não poderá trabalhar depois deste dia. TRAMA 5: REVELAÇÃO

*Na cena 20 (trama 5), Greene enfim conta a alguém a verdade sobre si. Essa cena é imediatamente seguida pela 21 (trama 2), na qual sua namorada Elizabeth escuta do advogado que deve esconder a verdade.*

21. O advogado de Elizabeth diz a ela para responder apenas sim ou não para limitar as informações. Ela diz que fazer isso é esconder a verdade. TRAMA 2: OPONENTE

22. Maggie flerta com o namorado de Abby, o dr. Kovac, enquanto ele dá os pontos. Ela está chapada. Abby pede desculpas. A mãe a ataca e depois foge. Kovac carrega de volta Maggie, que está gritando e implorando pela ajuda de Abby. TRAMA 1: OPONENTE

*Na cena final e no funil dramático do ato 3, a cena 22 (trama 1) mostra o terrível resultado de mentir, de fazer "a nossa dança". Em seu local de trabalho, Abby experimenta uma intensa humilhação pública quando a mãe faz um escândalo.*

(Comercial)

**Ato 4**

23. Elizabeth entra para a seção final de seu depoimento e encontra seu ex-paciente paralisado em uma cadeira de rodas. O advogado dela lhe diz para não deixar isso perturbá-la. TRAMA 2: REVELAÇÃO, OFENSIVA

*Na cena 23 (trama 2), o começo do ato final, Elizabeth precisa confrontar os efeitos de seu trabalho negligente quando o paciente que a está processando aparece no depoimento em uma cadeira de rodas.*

24. O psicólogo do hospital conta a Abby que pode admitir a mãe, se ela quiser, mas Abby não se importa e vai embora. TRAMA 1: OFENSIVA

25. Peter coloca Kynesha em um táxi com um último conselho sobre cuidar de seus ferimentos. Ela mostra o dedo do meio para ele. TRAMA 3: OPONENTE

26. O advogado da oposição diz que o anestesiologista contou a Elizabeth que poderia haver vazamento de fluido espinal. Ela mente, insistindo que fez uma inspeção completa. TRAMA 2: BATALHA, REVELAÇÃO AO PÚBLICO

*Nesse ponto mais tardio da história, as batalhas e autorrevelações surgem velozes e furiosas, que é uma das grandes vantagens da técnica de múltiplos fios. Na cena de batalha da trama 2 (cena 26), no depoimento, Elizabeth toma sua grande decisão moral e mente. Então Abby, da trama 1, explica a Carter, que vem mentindo sobre o próprio consumo de drogas na trama 5, como ela e a mãe fazem uma dança infindável de drogas e mentiras e de ferir uma à outra.*

27. Carter conta a Abby que a mãe dela foi embora. Abby diz que ela desaparece por quatro meses e depois volta; é a "nossa dança". Tramas 5 e 1: combinando histórias pessoais à medida que um viciado em drogas escuta sobre outro. TRAMA 1: AUTORREVELAÇÃO

28. Kynesha conta a Peter que os policiais foram à casa dela e que agora a gangue vai matá-la. Peter a coloca no carro. TRAMA 3: OPONENTE

29. Elizabeth conta a Greene que o depoimento foi mal e que ela mentiu. Ela apressou a cirurgia. Greene diz que Deus lhes deve uma. Ele conta a ela que suas dores de cabeça não eram do hockey e eles se abraçam. TRAMA 2: AUTORREVELAÇÃO E REVELAÇÃO

*Na penúltima cena do episódio, Greene e Elizabeth ajudam um ao outro a confrontar uma verdade negativa.*

30. Abby sai da cama que compartilha com Kovac, deixa correr a água da banheira e chora. TRAMA 1: ANTIGO EQUILÍBRIO

*A cena final é uma reviravolta dramática brilhante dada à primeira trama. Ao começar e terminar com uma cena da trama 1, o escritor enquadra o episódio inteiro e ajuda a unificar todas as tramas. Abby se levanta no meio da noite e liga a torneira da banheira para poder chorar sem acordar o namorado. Para essas pessoas, que fazem a dança, as coisas sempre serão as mesmas. É um antigo equilíbrio, não um novo. Para Abby, essa percepção sobre si e a mãe é trágica. O público entende de repente que a vida não é uma história em cujo final as pessoas sempre mudam e crescem – e isso dói. É um lindo trançado de cenas.*

393

# TRANÇADO DE CENAS
## *Exercício de escrita 8*

• LISTA DE CENAS: liste todas as cenas da história. Tente descrever cada uma em uma frase.

• ETIQUETAS DOS 22 PASSOS: classifique qualquer cena que inclua um dos 22 passos de estrutura. Se a história tiver mais que uma trama ou subseção, classifique cada cena com a trama apropriada.

• ORDENANDO CENAS: estude a ordem das cenas. Certifique-se de que a sequência seja construída com base na estrutura, não na cronologia.

1. Veja se pode cortar cenas.

2. Procure oportunidades de combinar duas cenas em uma.

3. Acrescente uma cena sempre que houver lacunas no desenvolvimento da história.

Como o trançado de cenas é mais bem entendido na prática, gostaria de mudar nosso padrão usual de terminar o capítulo com um único exemplo e, em vez disso, examinar o trançado de cenas de três histórias. É claro, cada trançado é único a sua história e suas exigências, mas, à medida que for analisar cada exemplo, note como os diferentes gêneros apresentam vários desafios de trançado de cena que os escritores devem resolver.

# TRANÇADO DE CENAS - HISTÓRIA POLICIAL

• *Los Angeles: cidade proibida*
(romance de James Ellroy, roteiro de Brian Helgeland e Curtis Hanson, 1997)

*Los Angeles: cidade proibida* tem um dos melhores e mais sofisticados trançados de cena dos últimos anos. Tem a forma de um enorme funil, começando com três heróis policiais no mundo corrupto da polícia de Los Angeles. Ao longo da história, os escritores entrelaçam essas três linhas distintas para formar uma só e mantêm o impulso narrativo ao fazer com que os heróis sejam oponentes entre si à medida que, no final do funil, todos buscam o assassino.

Isso permite que os escritores comparem, por meio da alternância de cenas, os três heróis e suas abordagens diferentes quanto à resolução de crimes e à justiça. Também permite criar um conjunto denso de revelações à medida que o funil se estreita até um único ponto.

No trançado de cenas a seguir, Bud White é o herói 1, Jack Vincennes é o herói 2, Ed Exley é o herói 3 e o chefe de polícia Smith é o oponente principal, embora pareça ser um aliado.

1. Como escritor da revista de fofocas *Hush Hush*, Sid Hudgens faz uma montagem de vídeo sobre Los Angeles como um paraíso, mas diz que é apenas uma fachada. Sob a superfície, o gângster Mickey Cohen comanda o crime organizado. Cohen foi preso e agora o vácuo criminal deve ser preenchido. MUNDO FICCIONAL

2. O policial Bud White prende um violador da liberdade condicional por espancar a esposa. HERÓI 1

3. Sid concorda em pagar o sargento Jack Vincennes, conselheiro técnico na série televisiva *Distintivo de honra*, para prender um ator por posse de maconha para que Sid tire fotos. HERÓI 2: NECESSIDADE, OPONENTE/FALSO ALIADO

4. O sargento Ed Exley responde às perguntas de um repórter sobre ser um policial promissor. O chefe Dudley Smith sugere que Ed não tem estômago para o trabalho de detetive porque Ed se recusa a quebrar a lei para pegar um criminoso. Ed insiste em ser um tenente de detetives. HERÓI 3: DESEJO, PRINCIPAL OPONENTE, OPONENTE/FALSO ALIADO

5. Bud está comprando bebida para a festa de Natal do escritório quando conhece Lynn Bracken, uma sósia de Veronica Lake. HERÓI 1: DESEJO

6. Do lado de fora, Bud bate em Leland Meeks, um ex-policial que é motorista de Pierce Patchett. Uma mulher com curativos que parece com Rita Hayworth diz a Bud que está bem. O parceiro de Bud, Dick Stensland, diz que reconhece Meeks, mas que não sabe quem ele é. HERÓI 1: OPONENTE, MUNDO FICCIONAL, ALIADO

7. Jack prende o ator Matt Reynolds e uma garota enquanto Sid os fotografa para a revista *Hush Hush*.

8. Enquanto está coletando evidências de maconha no apartamento de Matt, Jack encontra um cartão que diz "Fleur de Lis". Sid narra a reportagem e o paga. HERÓI 2: REVELAÇÃO

*Na cena de abertura, uma narração em* voice-over *estabelece o mundo da história – Los Angeles nos anos 1950 – e a oposição temática fundamental na qual o mundo é baseado: uma aparente utopia que é corrupta sob a superfície.*

*As cenas seguintes apresentam os três heróis e o chefe de polícia, que é um oponente/falso aliado:*

- *Bud é um policial durão que protege as mulheres (cenas 2, 5 e 6). Durante uma de suas primeiras cenas (cena 6), os escritores discretamente apresentam o segundo grande oponente, Patchett, mas ele ainda não está agindo como oponente.*
- *Jack é o policial espertalhão e corrupto que atua como conselheiro técnico em uma série policial e prende pessoas para ganhar dinheiro por fora (cenas 3, 7 e 8).*
- *Ed é a estrela em ascensão que insiste em agir na legalidade e manter-se moralmente puro (cena 4).*

9. Stensland conta a alguns outros policiais na delegacia que estão atrasados porque Bud teve que ajudar uma donzela em perigo.

10. Quando Jack traz Matt e a garota, entrega a Ed dez dólares por ser comandante de turno. Ed recusa. HERÓI 2 *VERSUS* HERÓI 3: OPONENTE

11. Os policiais trazem à delegacia alguns mexicanos que espancaram dois policiais mais cedo. Bêbados, os policiais, liderados por Stensland, passam por Ed e espancam os mexicanos. Bud e Jack se juntam a eles. HERÓIS 1 E 2: OPONENTE

12. Bud recusa-se a depor sobre os outros policiais na briga e é suspenso.

13. Ed concorda em depor e sugere que o superintendente da polícia que prenda Stensland e Bud. O superintendente promove Ed a tenente. Ed conta a eles como podem forçar Jack a dar um testemunho corroborante. HERÓI 3: OFENSIVA, MUNDO FICCIONAL

14. O superintendente ameaça tirar Jack da série se ele não depuser e Jack concorda.

15. Antes do depoimento, Jack pergunta a Ed como ele foi subornado. Ele avisa Ed para que tome cuidado com os outros policiais, especialmente com Bud. HERÓI 2 *VERSUS* HERÓI 3: OPONENTE

16. O chefe devolve o distintivo e a arma de Bud e pede a ele que assuma uma missão especial, um "trabalho braçal", para desvendar um homicídio. HERÓI 1: DESEJO

17. Dois gângsteres de Cohen são assassinados no próprio carro. PLANO DO OPONENTE

18. O tenente de narcóticos de Cohen é morto em casa. PLANO DO OPONENTE

19. No isolado Motel Victory, Bud espanca um gângster e o chefe conta ao homem que é hora de sair da cidade. HERÓI 1: OFENSIVA

20. Em sua nova posição com os crimes de ordem pública, Jack repara na placa "Fleur de Lis" em revistas pornográficas que circulam pela cidade. HERÓI 2: REVELAÇÃO

*Essas primeiras cenas levam a um evento divisor de águas que define os três heróis e o mundo corrupto da polícia. Todos os policiais, exceto Ed, espancam alguns prisioneiros mexicanos (cena 11). Nessa e nas próximas cenas, Ed se torna um oponente tanto de Bud como de Jack (cenas 10 a 15).*

*Das cenas 16 a 23, a história se fragmenta em três linhas que se alternam: Bud ganha uma nova posição como "capanga" do chefe, o oponente oculto mata vários gângsteres e Jack encontra uma pista que por fim o levará a um dos dois oponentes principais.*

21. Jack tenta descobrir mais sobre uma organização chamada Fleur de Lis, mas não chega a lugar nenhum. Sid não sabe nada a respeito. HERÓI 2: OFENSIVA

22. Stensland entrega seu distintivo e arma, se despede dos colegas e derruba uma caixa das mãos de Ed quando vai embora.

23. Stensland diz a Bud que tem um encontro secreto naquela noite, mas que beberá com ele no final da semana. HERÓI 3: OPONENTE

24. Sozinho na delegacia, Ed atende a uma chamada de homicídio no café Night Owl. HERÓI 3: EVENTO INCITANTE

25. Ed investiga a cena do crime e encontra uma pilha de corpos no banheiro masculino. HERÓI 3: DESEJO

26. O chefe assume o caso e torna Ed seu segundo em comando. Uma das vítimas é Stensland. HERÓI 3: REVELAÇÃO

27. Bud vê o corpo de Stensland no necrotério. Ed conta a ele o que parece ter acontecido.

28. Uma mulher tem dificuldade em identificar o corpo da filha porque a garota mudou muito. Bud a reconhece como Susan Lefferts, a mulher que parecia Rita Hayworth no carro. HERÓI 1: REVELAÇÃO

29. O chefe conta a seus homens que três jovens negros foram vistos atirando com espingardas e dirigindo um carro bordô na região dos assassinatos. O superintendente diz a eles para usarem quaisquer meios necessários. PLANO DO OPONENTE/FALSO ALIADO, HERÓIS 1, 2, 3: OFENSIVA

30. Bud vai investigar algo sozinho. Ed aceita ajudar Jack a perseguir uma intuição. HERÓIS 1, 2 E 3: OFENSIVA

31. Bud pede ao dono da loja de bebidas o endereço de Susan. HERÓI 1: OFENSIVA

*Agora vem o evento incitante, o caso no qual várias pessoas são assassinadas no café Night Owl, incluindo o ex-parceiro de Bud (cenas 24 a 26). Esse é o começo do efeito funil que fará as três linhas serem por fim entrelaçadas. Cada herói vai atrás dos suspeitos que, mais uma vez, fazem parte de minorias.*

*As próximas cenas representam uma ofensiva falsa na qual os três heróis, guiados pelo oponente/falso aliado (o chefe) vão atrás dos caras errados (cenas 29, 30 e 34 a 38). De novo, os policiais são corruptos. Jack e Ed pegam os suspeitos e Ed brilha ao comandar o interrogatório. Mas seu oponente policial, Bud, entra correndo, assume o controle da lei e assassina o suspeito principal em nome da justiça (cenas 37 e 38).*

32. Patchett conta a Bud que a garota morta parecia ferida naquela noite porque tinha feito uma cirurgia plástica para ficar parecida com Rita Hayworth. Susan era parte de seu grupo de sósias de estrelas de cinema para aluguel. HERÓI 1: REVELAÇÃO

33. Bud diz a um cliente de Lynn, que é vereador, para ir embora. Lynn explica seu acordo com Patchett. Bud pede para vê-la de novo e depois muda de ideia. HERÓI 1: DESEJO

34. Um boxeador negro com um irmão na cadeia conta a Jack e Ed onde podem encontrar um cara que dirige um carro bordô. HERÓIS 2 E 3: REVELAÇÃO

35. Jack e Ed encontram dois detetives já no carro bordô. Quando vão fazer a prisão, Ed impede que os outros dois policiais atirem nos três homens negros.

36. O chefe conta a Ed que os cartuchos das espingardas no banco traseiro do carro bordô são idênticos àqueles encontrados na cena do crime. Enquanto conduz a interrogação, Ed usa o sistema de som para passar informações de um lado para o outro entre os três suspeitos, para obrigá-los a confessar. HERÓI 3: REVELAÇÃO

37. Ed faz um dos homens admitir que feriu uma garota, e Bud entra e ameaça matar o cara para conseguir o endereço. HERÓIS 1 E 3: REVELAÇÃO

38. Bud entra na casa primeiro e encontra uma garota amarrada na cama; ele atira no peito de um homem negro e planta uma arma para fazer parecer que o homem atirou nele primeiro. HERÓI 1: OFENSIVA

39. Ed conta a Bud que não acredita que o homem nu tinha uma arma. Bud responde que o homem teve o que merecia e então tenta socar Ed. Eles recebem a notícia de que os suspeitos do Night Owl escaparam. HERÓI 1 *VERSUS* HERÓI 3: OPOSIÇÃO

40. Ed verifica a transcrição para descobrir onde os três homens negros arranjaram as drogas e pede a um dos homens do chefe para ajudá-lo. HERÓI 3: REVELAÇÃO

*Nessa seção do roteiro, os escritores evitam fragmentar a história, focando a oposição entre os heróis Bud e Ed (cena 39). Ed rastreia os suspeitos fugidos. No tiroteio, todos morrem exceto ele (cenas 40 e 41). Uma grande seção da história termina com a ofensiva aparentemente concluída (cenas 42 a 44).*

41. No tiroteio, todos morrem exceto Ed. HE-RÓI 3: OFENSIVA

42. O chefe e os outros policiais parabenizam Ed por seu bom trabalho e o chamam de Ed Espingarda.

43. Ed ganha uma medalha por heroísmo.

44. Jack recebe boas-vindas calorosas no retorno ao set de *Distintivo de honra*.

45. Lynn vê Bud observando-a do carro.

46. O vereador conta a um homem que não vai votar pelo projeto de Patchett. O homem mostra ao vereador fotos dele na cama com Lynn. PLANO DO OPONENTE

*Os escritores agora trazem o oponente Patchett do fundo para o primeiro plano em uma série de cenas mostrando o alcance dele na cidade (cenas 46 a 49).*

47. O vereador anuncia que vai votar a favor do projeto.

48. Patchett está na abertura da construção para a nova autoestrada de Santa Monica.

49. Patchett sorri enquanto Lynn flerta com um cliente em uma de suas festas.

50. Bud fica enojado quando o chefe faz outro gângster ser espancado no Motel Victory. O chefe observa Bud se afastar no carro.

51. Bud bate na porta de Lynn e ela o deixa entrar. Eles se beijam na cama. HERÓI 1: OFENSIVA (SEGUNDA)

52. Sid paga cinquenta dólares a Jack para pegar o promotor em um encontro com o jovem ator Matt Reynolds mais tarde naquela noite. Matt pergunta a Jack se eles se conheceram na festa "Fleur de Lis". Sid e Jack prometem a Matt um papel na série se ele transar com o promotor. HERÓI 2: OFENSIVA

53. Bud e Lynn assistem a um filme juntos.

54. Jack está enojado consigo mesmo e deixa no bar os cinquenta dólares que Sid lhe pagou. HERÓI 2: AUTORREVELAÇÃO, DECISÃO MORAL

55. Jack encontra Matt já morto no motel. HERÓI 2: REVELAÇÃO

*A história volta para as linhas de ação simultâneas, alternando novamente entre os três heróis. O elemento unificador nas três é que cada personagem está ficando desiludido com seu desejo costumeiro:*

- *Bud se sente enojado por ser o capanga do chefe e se apaixona pela prostituta Lynn, que também tem conexões com o oponente Patchett (cenas 50, 51, 53 e 57).*
- *Jack faz um jovem ator ser morto ao ajudar Sid a armar um encontro sexual entre o ator e o promotor público (cenas 52, 54 e 55).*
- *Ed percebe que matou o cara errado no caso do Night Owl (cenas 56 e 60).*

56. A vítima de estupro conta a Ed que mentiu sobre quando os três homens negros a deixaram naquela noite. HERÓI 3: REVELAÇÃO

57. Na cama, Lynn conta a Bud que vai para a cidade natal dela abrir uma loja de vestidos dali a alguns anos. Ele lhe conta que conseguiu sua cicatriz tentando salvar a própria mãe, mas que o pai a espancou até a morte. Bud quer deixar o serviço braçal e trabalhar em homicídios. Ele suspeita que há algo de errado com o caso do Night Owl. Lynn diz que ele é inteligente o bastante para isso. HERÓI 1: FANTASMA, DESEJO (NOVO)

58. Bud verifica as fotos de evidência do Night Owl. Ele lembra que tanto Stensland como Susan foram mortos lá. HERÓI 1: REVELAÇÃO

*A partir desse ponto, a história ganha foco e impulso narrativo à medida que os heróis perseguem o verdadeiro assassino. Primeiro, cada um procura separadamente, usando as próprias técnicas e com o próprio motivo de redenção (cenas 58 a 62).*

59. A mãe de Susan identifica Stensland como o namorado da filha. Bud investiga um cheiro ruim e encontra o cadáver de Meeks embaixo da casa. HERÓI 1: REVELAÇÃO

60. Ed está perturbado com o caso do Night Owl e descobre que Bud estava perguntando sobre ele de manhã. HERÓI 3: REVELAÇÃO

61. Ed descobre com a mãe de Susan que Bud já verificou embaixo da casa. HERÓI 3: REVELAÇÃO

62. Ed leva o corpo ao necrotério e pede para que se comuniquem apenas com ele.

63. Ed pede a Jack que rastreie Bud porque não consegue confiar em nenhum outro policial em homicídios. Ele explica que "Rolo Tomasi" foi o nome que deu ao homem que matou seu pai policial e que saiu impune. É por isso que Ed se tornou policial, mas que perdeu a justiça de vista. Jack diz que não se lembra por que se tornou policial e concorda em ajudar Ed com o caso Night Owl se Ed o ajudar a solucionar o assassinato de Matt. HERÓIS 2 E 3: FANTASMA, DESEJO, AUTORREVELAÇÃO E DECISÃO MORAL

*O efeito funil ganha velocidade quando Ed e Jack juntam forças (cena 63). Essa seção inclui o momento em que Ed transa com a namorada de Bud, Lynn (cena 72). A oposição entre os dois homens se intensifica.*

64. O gângster Johnny Stompanato conta a Bud que Meeks supostamente tinha um grande suprimento de heroína, mas foi embora. Jack os observa. HERÓI 1: REVELAÇÃO

65. Jack e Ed veem Bud beijando Lynn em seu apartamento. HERÓIS 2 E 3: REVELAÇÃO

66. Jack conta a Ed que todos os fios estão conectados a "Fleur de Lis".

67. Ed tenta interrogar Stompanato. Ele acha que a Lana Turner real é uma sósia prostituta. HERÓIS 2 E 3: OFENSIVA

68. Jack e Ed questionam Patchett sobre Matt e perguntam por que Bud está saindo com Lynn, mas ele não diz nada.

69. Quando Ed e Jack vão embora, Patchett liga para Sid. PLANO DO OPONENTE

70. O médico-legista conta a Jack que o corpo era de Meeks. HERÓI 2: REVELAÇÃO

71. Jack pede para ver os registros de prisão de Meeks quando ele trabalhava na seção de crimes de ordem pública.

72. Lynn conta a Ed que gosta de Bud porque ele não é como Ed, um animal político que vai se ferrar para sair na frente. Ed começa a beijá-la. Ela se move para que Sid consiga boas fotos deles transando. HERÓI 3: DESEJO (SEGUNDO)

73. Jack vai para a casa do chefe. Ele percebeu que alguns anos antes o chefe supervisionou um caso no qual Stensland e Meeks investigaram Patchett. O chefe atira em Jack. As últimas palavras de Jack são "Rolo Tomasi". ATAQUE DE OPONENTE/FALSO ALIADO, HERÓI 2: REVELAÇÃO

74. O chefe manda o esquadrão caçar sem misericórdia o assassino de Jack e pergunta a Ed sobre um parceiro de Jack, Rolo Tomasi. PLANO DO OPONENTE/FALSO ALIADO, HERÓI 3: REVELAÇÃO

75. O chefe quer que Bud se junte a ele no Motel Victory para ajudar a quebrar o homem que pode ter matado Jack.

76. O médico-legista diz a Ed que contou a Jack que o corpo era de um ex-policial, Meeks. HERÓI 3: REVELAÇÃO

*Após estabelecer meticulosamente o mundo e criar três linhas que parecem distintas no começo, os escritores agora podem atingir o público com uma série de revelações. O trabalho de equipe entre Ed e Jack termina com a maior revelação de todas, uma estupenda revelação ao público: o chefe mata Jack (cena 73).*

77. O chefe questiona Sid sobre Jack e Patchett enquanto Bud o espanca. Quando Sid diz que fotografou Lynn transando com um policial, Bud fica furioso, pega as fotos e vai embora. ATAQUE DO OPONENTE/FALSO ALIADO, HERÓI 1: REVELAÇÃO

78. O chefe vai dar o golpe final quando Sid alega que ele, Patchett e o chefe são uma equipe. REVELAÇÃO AO PÚBLICO

79. Ed pede a um funcionário que encontre os registros diários, que terão a lista de quem Meeks prendeu quando era um policial.

80. Lynn conta a Bud que pensou que o estava ajudando quando dormiu com Ed. Bud dá um soco nela. HERÓI 1: OPONENTE

81. Ed vê nos registros que Meeks e Stensland respondiam ao chefe. Bud espanca Ed. Ed saca uma arma e diz a ele que o chefe matou Jack e quer que Bud o mate. Bud pensa que Stensland matou Meeks por causa de heroína. Ed explica que os policiais de Dudley devem ter armado para os três homens negros e, de alguma forma, está tudo conectado a Patchett. HERÓI 3: REVELAÇÃO, HERÓI 1 VERSUS HERÓI 3: OPOSIÇÃO

*Bud e Ed continuam suas buscas separados por mais um tempo até terem uma minibatalha, depois da qual concordam em trabalhar juntos (cena 81). Esse time conduz o resto da história.*

82. Ed conta ao promotor que quer que investiguem o chefe e Patchett. Quando o promotor recusa, Bud enfia a cabeça dele na privada e o pendura da janela. O promotor confessa que o chefe e Patchett estão assumindo o controle dos negócios de Cohen, mas que não conseguiu processá-los porque eles tinham fotos incriminadoras dele. OPONENTE, HERÓIS 1 E 3: REVELAÇÃO

83. Ed e Bud encontram Patchett morto ao lado de uma carta de suicídio falsa. HERÓIS 1 E 3: REVELAÇÃO

84. Ed faz policiais locais levarem Lynn à delegacia sob um nome falso para protegê-la do chefe.

85. Lynn conta a Ed que não sabe de nada sobre o chefe.

86. Bud encontra Sid morto no próprio escritório. Ele recebe um recado de Ed para encontrá-lo no Motel Victory. HERÓI 1: REVELAÇÃO

87. Quando Bud chega, ele e Ed percebem que alguém armou para eles. Em um tiroteio, Bud e Ed matam vários homens do chefe. Bud se joga sob as tábuas da casa. Ed é atingido. Dois homens vêm matá-lo, mas Bud se levanta e os mata. O chefe atira duas vezes em Bud. Ed chama o chefe de Rolo Tomasi, o cara que sai impune. Bud apunhala a perna do chefe. O chefe atira em Bud de novo, mas Ed aponta uma espingarda contra ele. O chefe promete a Ed que ele será o chefe dos detetives se o prender, e não o matar. Sirenes se aproximam. Ed atira nas costas do chefe. HERÓIS 1 E 3: REVELAÇÃO, BATALHA, HERÓI 3: AUTORREVELAÇÃO, DECISÃO MORAL

*Mais revelações afunilam a trama de modo que os dois personagens principais entram em uma batalha com o chefe e seus homens, que termina com Ed atirando nas costas do chefe (cena 87).*

88. No interrogatório, Ed explica que o chefe estava por trás dos assassinatos de Susan, Patchett, Sid e Jack e estava assumindo o controle do crime em Los Angeles. Fora da sala, o promotor conta ao superintendente que eles podem salvar a reputação do departamento transformando o chefe em um herói. Ed diz a eles que vão precisar de mais do que um herói para que isso funcione. MUNDO FICCIONAL

89. O superintendente dá outra medalha a Ed. Lynn observa dos fundos.

*Sempre político, Ed transforma o assassinato em outra medalha para si (cena 89). Ele se despede de seu oposto, Bud, o cara simples que vai morar em uma cidadezinha com Lynn (cena 90).*

90. Ed agradece a Bud, que está inteiro enfaixado no banco traseiro do carro de Lynn, e se despede dela. Ela dirige para sua cidade natal. NOVO EQUILÍBRIO, HERÓIS 1 E 3

# TRANÇADO DE CENAS ALTERNADAS

• *O Império contra-ataca*
(história de George Lucas, roteiro de Leigh Brackett e Lawrence Kasdan, 1980)

*O Império contra-ataca* é um exemplo perfeito do trançado de cenas alternadas. Para entender por que escritores empregariam essa abordagem em uma parte tão grande da trama (cenas 25 a 58), precisamos examinar as exigências estruturais da história. Em primeiro lugar, *O Império contra-ataca* é o episódio do meio de uma trilogia que começa com *Uma nova esperança* e termina com *O retorno de Jedi*, então não possui o foco de abertura do primeiro episódio, no qual o protagonista é apresentado, nem o foco de fechamento do terceiro, no qual tudo converge para a batalha final. A estratégia de cenas alternadas permite aos escritores usarem a história do meio para expandir a trilogia para o maior escopo possível – nesse caso, o universo. Mas ainda precisam manter o impulso narrativo, o que é até mesmo mais difícil pelo fato de ser um episódio do meio de uma trilogia que deveria, de alguma forma, se sustentar sozinho.

A habilidade mais profunda da alternância de cenas é comparar conteúdos ao justapor personagens ou linhas de ação. Isso não acontece aqui, mas o filme se aproveita das capacidades de *trama* da alternância, que são: aumentar o suspense, criar ganchos e abarrotar com ação o tempo limitado de um filme.

Nesse filme, o motivo mais importante pelo qual os escritores usam o trançado com alternância de cenas tem a ver com o desenvolvimento do herói – como sempre deveria ser. Em *O Império contra-ataca*, Luke deve passar por um longo treinamento na Força para se tornar um Cavaleiro Jedi e derrotar o Império, mas isso representa um grande problema para os escritores. O treinamento é só um passo de estrutura, e nem é um dos 22 passos cruciais. Portanto, fazer uma longa sequência de treinamento ser parte de um trançado de cenas linear – que só acompanha Luke – faria com que a trama tivesse uma freada brusca. Ao alternar o treinamento de Luke (listado aqui em itálico) com grandes cenas de ação de Han Solo, da princesa Leia e de Chewbacca escapando da tropa de Darth Vader (listadas aqui em sublinhado), os escritores dão ao treinamento e ao desenvolvimento de Luke o tempo de que precisam sem que a trama pare completamente.

1. Luke e Han patrulham o planeta gelado de Hoth. Uma fera do gelo derruba Luke de seu tauntaun e o arrasta para longe. PROBLEMA

2. Han volta à base rebelde. Chewbacca conserta a *Falcon*. ALIADOS

3. Han pede uma dispensa para pagar uma enorme dívida a Jabba, o Hutt. Han se despede de Leia. ALIADOS

4. Han e Leia discutem sobre os sentimentos imaginados e verdadeiros que um tem em relação ao outro.

5. C-3PO e R2-D2 informam que Luke ainda está desaparecido. Han pede um relatório ao oficial da base. ALIADOS

6. Apesar dos avisos do oficial quanto aos níveis de congelamento fatais, Han promete procurar Luke.

7. Luke escapa do covil da fera do gelo.

8. Na base rebelde, C-3PO e R2-D2 se preocupam com Luke.

9. Luke se esforça para permanecer vivo no frio congelante. Han procura por ele. VISITA À MORTE

10. Leia concorda, relutante, em fechar as portas da base, que não seriam abertas até o dia seguinte. Chewbacca e os droides temem por Han e Luke.

11. Obi-Wan Kenobi instrui Luke a procurar treinamento com Yoda. Han chega para salvar Luke. EVENTO INCITANTE

12. Pequenos caças rebeldes procuram por Luke e Han e os encontram.

13. Luke agradece a Han por salvar sua vida. Han e Leia continuam as briguinhas românticas.

14. O general relata que um sinal estranho está sendo captado de uma nova sonda no planeta e Han decide investigar.

15. Han e Chewbacca destroem o droide-sonda imperial. O general decide evacuar o planeta. REVELAÇÃO

16. Darth Vader recebe o relatório sobre Hoth e ordena uma invasão. OPONENTE

17. Han e Chewbacca consertam a *Falcon* e Luke se despede deles.

18. O general rebelde recebe a notícia de que forças imperiais se aproximam e emprega um escudo de energia para proteção.

19. Vader mata um almirante hesitante e ordena um ataque terrestre contra Hoth. PLANO E ATAQUE DO OPONENTE

20. Forças imperiais atacam a base rebelde. Luke e seu time de pilotos resistem. BATALHA

21. Han e Chewbacca discutem enquanto consertam a *Falcon*. C-3PO se despede de R2-D2, que vai acompanhar Luke.

22. Luke bate seu caça e escapa do andador imperial logo antes que este destrua sua nave. BATALHA

23. Han ordena que Leia embarque na última nave de transporte que está partindo. Forças imperiais entram na base.

24. Luke explode um andador imperial enquanto outro destrói o gerador de energia principal.

25. Han, Leia e C-3PO ficam isolados da nave de transporte e correm para a *Falcon*.

26. Vader e as forças imperiais entram na base rebelde. A *Falcon* escapa.

27. *Luke e R2-D2 escapam de Hoth. Luke informa R2-D2 que eles irão para Dagobah.* DESEJO

28. Com os caças TIE em perseguição, Han tenta, em vão, ligar o hiperdrive e vira a *Falcon* para um campo de asteroides.

29. *Luke pousa em um pântano fétido e desolado em Dagobah.* PLANO

30. Vader ordena que a frota imperial siga a *Falcon* para dentro do campo de asteroides.

31. C-3PO trabalha no hiperdrive. Han e Leia continuam suas discussões românticas.

32. *Yoda encontra Luke, mas oculta a própria identidade. Yoda promete levar Luke até Yoda.* ALIADO

33. C-3PO descobre o defeito no hiperdrive. Han e Leia finalmente se beijam.

34. O imperador anuncia que Luke Skywalker é o novo inimigo deles. Vader promete trazer Luke para o lado sombrio. PLANO DO OPONENTE

35. *Yoda se revela a Luke como o mestre Jedi. Yoda se preocupa com a impaciência e o comprometimento de Luke.* REVELAÇÃO

36. Caças TIE procuram pela *Falcon* no campo de asteroides.

37. Han, Leia e Chewbacca procuram por vida fora da *Falcon*. Han leva a *Falcon* para fora de uma serpente gigante. REVELAÇÃO, OPONENTE

38. *Luke treina com Yoda no pântano e depois o deixa para enfrentar um desafio estranho da Força.* NECESSIDADE, OFENSIVA

39. *Luke entra em uma caverna e luta contra o espectro de Darth Vader. Ele corta a cabeça do espectro e vê seu próprio rosto.* NECESSIDADE, REVELAÇÃO

40. Vader instrui caçadores de recompensa a procurar a *Falcon*. O almirante anuncia que a nave foi encontrada.

41. Caças TIE perseguem a *Falcon* para fora de um campo de asteroides. Han leva a *Falcon* diretamente para o cruzador.

42. O almirante observa a *Falcon* voar em direção ao cruzador. O homem no radar perde a *Falcon* de vista.

43. *Luke continua seu treinamento. Ele não consegue erguer seu X-wing do pântano enquanto Yoda o levanta sem dificuldade.* DERROTA APARENTE

44. Vader mata mais um almirante por seu erro e promove outro oficial.

45. A *Falcon* escapa junto com o lixo do cruzador. Han decide fazer reparos na colônia de mineração de Lando Calrissian.

46. *Luke prevê que Han e Leia sofrerão em uma cidade nas nuvens e quer salvá-los.* REVELAÇÃO

47. Han tem dificuldade em pousar na colônia de Lando. Leia se preocupa com o passado conturbado de Han e Lando.

48. Lando cumprimenta Han e os outros e eles discutem sobre o seu passado conturbado. Um stormtrooper oculto explode C-3PO. OPONENTE/FALSO ALIADO

49. *Yoda e Kenobi imploram a Luke que não interrompa seu treinamento. Luke promete voltar após salvar seus amigos.* ATAQUE DO ALIADO

50. A *Falcon* está quase consertada. Leia se preocupa com o desaparecimento de C-3PO.

51. Chewbacca encontra C-3PO no lixo. Lando flerta com Leia.

52. Lando explica suas operações a Han e Leia e depois leva a dupla desavisada até Darth Vader.

53. *Luke se aproxima da colônia de mineração.* OFENSIVA

54. Em uma cela, Chewbacca conserta C-3PO.

55. Vader promete dar o corpo de Han ao caçador de recompensas. Lando reclama sobre as mudanças no acordo deles. PLANO E ATAQUE DO OPONENTE

56. Lando explica o arranjo a Han e Leia. Han o ataca e Lando diz que fez o melhor que pôde.

57. Vader inspeciona uma câmara de congelamento em carbono destinada a Luke e promete testá-la primeiro em Han. PLANO DO OPONENTE

58. *Luke se aproxima da colônia.*

59. Vader se prepara para congelar Han. Leia diz a Han que o ama. Han sobrevive ao processo de congelamento. ATAQUE DO OPONENTE

60. Luke luta contra os stormtroopers. Leia avisa Luke sobre a armadilha. Luke explora uma passagem.

61. Luke encontra Vader na câmara de congelamento em carbono e eles duelam com sabres de luz. BATALHA

62. Os homens de Lando libertam Leia, Chewbacca e C-3PO. Lando tenta explicar o apuro em que estivera e eles correm para salvar Han.

63. O caçador de recompensas leva o corpo de Han para sua nave e vai embora. Os rebeldes lutam contra os soldados imperiais.

64. Luke e Vader continuam o duelo. Luke escapa da câmara de congelamento. O ar pressurizado puxa Luke para a tubulação de ar. BATALHA

65. Lando e os outros se dirigem à *Falcon*. Ele ordena uma evacuação da cidade. Eles escapam na *Falcon*.

66. Luke luta contra Vader na passarela da tubulação de ar. Vader revela sua identidade a Luke. Luke rejeita o lado sombrio e cai. BATALHA E AUTORREVELAÇÃO

67. Leia sente o grito de socorro de Luke. Chewbacca pilota a *Falcon* de volta à colônia para resgatar Luke. Caças TIE se aproximam.

68. O almirante confirma que desativou o hiperdrive da *Falcon*. Vader se prepara para interceptá-la.

69. Luke se pergunta por que Kenobi nunca lhe contou sobre seu pai. R2-D2 conserta o hiperdrive e a *Falcon* escapa.

70. Vader observa a *Falcon* desaparecer.

71. Lando e Chewbacca prometem salvar Han de Jabba, o Hutt. Luke, Leia e os droides os observam partir. NOVO EQUILÍBRIO

# TRANÇADO DE CENAS – HISTÓRIA DE AMOR

• *Orgulho e preconceito*
(romance de Jane Austen, roteiro de Aldous Huxley e Jane Murfin, 1940)

1. Escrito na tela: "Isto aconteceu na Inglaterra antiga, no vilarejo de Meryton". MUNDO FICCIONAL

2. Enquanto fazem compras, uma mãe e duas de suas filhas, Lizzy e Jane, descobrem que os recém-chegados na cidade são o rico sr. Bingley e sua irmã, junto com o ainda mais rico sr. Darcy. EVENTO INCITANTE, DESEJO, OPONENTE PRINCIPAL

3. A mãe diz às garotas que precisam voltar correndo para casa e mandar o pai visitar os Bingley antes que outros pais os visitem primeiro.

4. A mãe reúne as outras filhas: a estudiosa Mary, Lydia e Kitty, que estão com dois oficiais, um dos quais é o sr. Wickham. ALIADOS, SUBTRAMAS 2, 3 E 4

5. A carruagem da mãe e das garotas passa pela carruagem da sra. Lucas e as duas mães correm para divulgar a disponibilidade de suas filhas. OPONENTE SECUNDÁRIO

6. A mãe insiste que o pai, sr. Bennet, visite o sr. Bingley imediatamente para que possa apresentar as filhas. O pai a lembra de que sua propriedade deve ser repassada para um herdeiro homem, o primo, sr. Collins. Ele também diz que conheceu o sr. Bingley na semana anterior e já o convidara para o baile que aconteceria em breve. MUNDO FICCIONAL

*Na primeira cena após o título, os escritores apresentam imediatamente a linha de desejo: encontrar um marido. Isso dá à história uma linha na qual os escritores poderão, então, descrever o mundo (cenas 3 a 6).*

7. No baile, Wickham flerta com Lizzy. OPONENTE/FALSO ALIADO

*Então, no baile (cenas 7 a 11), voltamos a estabelecer a espinha principal da história de amor entre a heroína Lizzy e Darcy. Mas, ao dar cinco filhas à família, os escritores também entrelaçam cinco subtramas (das quatro filhas e de Charlotte), para comparar mulheres e como elas encontram um marido. Uma técnica parecida é usada em Núpcias de escândalo, filme em que uma mulher deve escolher entre três pretendentes. As cinco subtramas dão à história uma imensa densidade e textura, sem prejuízo do divertimento. Na verdade, as subtramas são uma grande parte do que deleita o público no filme. Os espectadores gostam de ter pequenos momentos para cada um dos personagens secundários que refletem o mesmo problema enfrentado pelos protagonistas.*

8. Quando Darcy, Bingley e a srta. Bingley chegam, Lizzy chama Darcy de arrogante. Enquanto dançam, Bingley fica impressionado com a gentileza de Jane. SUBTRAMA 1, DESEJO

9. Enquanto Lydia e Kitty bebem com Wickham e outro oficial, a srta. Bingley conta a Jane seu medo de ser deixada naquele fim de mundo. SEGUNDA OPONENTE

10. Lizzy e sua melhor amiga, Charlotte Lucas, ouvem Darcy falando sobre como as garotas locais são de classe baixa e como Bingley apegara-se à única bonita. Darcy não quer lidar com a inteligência provinciana de Lizzy nem com a mãe insuportável dela. REVELAÇÃO, SUBTRAMA 5

*Há outra grande vantagem nesse trançado de cenas: estabelecer o mundo, a linha da heroína e as cinco subtramas propicia mais tarde uma sucessão densa de revelações. Essa quantidade de revelações é rara e bem-vinda em uma história de amor, que muitas vezes sofre pela falta de trama. O melhor de tudo (para o público) é que o uso das cinco filhas e a subtrama de cada uma permite aos escritores terminar essa história de amor cômica com não apenas um casamento, mas vários, incluindo um que não dá certo.*

11. Lizzy recusa a oferta de Darcy para dançar e, em vez disso, dança com Wickham, com quem Darcy não se dá bem. OPONENTE

12. Todos estão animados porque Jane irá almoçar com Bingley em Netherfield Park. A mãe a aconselha sobre como agir.

13. A mãe faz Jane trocar de roupa e ir a cavalo, de modo que, caso chova, ela tenha que passar a noite lá. SUBTRAMA 1, OFENSIVA

14. Jane cavalga na chuva torrencial.

*Assim que estabelecem o mundo, os escritores explicam a lógica na qual esse sistema se baseia: a propriedade passa para um herdeiro homem, então as mulheres precisam ter um bom casamento. Essa lógica determina todas as linhas, então os escritores criam uma série de personagens diferentes para compará--los. Com a srta. Bingley e Charlotte, a oponente e aliada da heroína, comparam-se as mulheres; com o sr. Wickham e o sr. Collins, os pretendentes. Note que as comparações começam na primeira festa (cenas 7 a 11).*

15. Jane e Bingley ficam encantados quando o médico diz que seu resfriado a obrigará a ficar na casa dos Bingley por uma semana. A srta. Bingley fica chocada que Lizzy tenha ido sozinha e a pé até a casa, mas Darcy discorda.

16. Lydia e Kitty querem ir ao vilarejo, enquanto a mãe treina canto e o pai brinca que vai mandar todas as garotas para a casa dos Bingley.

17. Darcy e a srta. Bingley acham que a maioria das mulheres não é prendada, mas Lizzy discorda. A srta. Bingley sugere que ela e Lizzy caminhem pela sala e Darcy faz um comentário espirituoso explicando por que não se juntará a elas. OPONENTE

*A festa também é o momento em que os escritores apresentam uma forte oposição inicial entre os futuros amantes, Lizzy e Darcy (cenas 8, 10 e 11). Mas, em vez de desenvolvê-la, interrompem essa linha e desenvolvem a subtrama 1, entre a irmã Jane e o sr. Bingley (cenas 12 a 15). Ao focarem a subtrama, permitem que Lizzy tenha mais tempo para conhecer Darcy, mas ainda mantêm a oposição entre os dois (cena 17).*

18. O enfadonho sr. Collins conta à mãe que sua protetora, Lady Catherine de Bourgh, o aconselhou a se casar. Quando ele sugere Jane, a mãe diz que ela está praticamente noiva, então o sr. Collins volta sua atenção para Lizzy. TERCEIRO OPONENTE, SEGUNDO PRETENDENTE

*Então, entra a linha do segundo pretendente competidor, o sr. Collins, que é também um oponente de toda a família, já que vai herdar a propriedade deles (cena 18). Ele é um tolo enfadonho, o que acentua o conflito central de Lizzy e das outras mulheres nesse mundo, que é a necessidade de se casar bem (mesmo se o homem for entediante) versus o desejo de se casar por amor.*

19. Chega um convite de Bingley para uma festa ao ar livre em Netherfield Park.

20. Na festa, Collins persegue Lizzy. A pedido de Lizzy, Darcy o manda na direção errada. TERCEIRO OPONENTE

*A segunda festa (cenas 20 a 23) permite que os escritores fechem em um nó apertado uma série de linhas: Darcy com os pretendentes rivais, Wickham e sr. Collins, uma discussão moral entre Lizzy e Darcy, a subtrama 1 com Jane e Bingley, a oponente feminina (srta. Bingley) e as subtramas com as irmãs de Lizzy, que se tornam uma oposição à medida que elas a envergonham diante de Darcy. Essa é uma cena importantíssima, na qual a comunidade e todos os personagens estão juntos*

21. Darcy dá a Lizzy uma aula de arco e flecha e descobre que ela é muito melhor do que ele. Referindo-se a Wickham, Lizzy pergunta a Darcy o que pensaria se um homem rico e bem-apessoado se recusasse a ser apresentado por um homem pobre. Darcy diz que um cavalheiro não deveria ter de explicar suas ações. OPONENTE

22. De volta à sua casa, Lizzy encontra Mary cantando mal na frente de todos. A srta. Bingley parabeniza sarcasticamente Lizzy por sua família. REVELAÇÃO, SEGUNDA OPONENTE

23. Darcy encontra Lizzy chorando na varanda e admira sua lealdade para com Wickham. Mas, quando ela e Darcy ouvem a sra. Bennet dizer que Jane certamente se casará com Bingley, Darcy vai embora e Lizzy o chama de condescendente por falhar com ela no primeiro teste de lealdade. REVELAÇÃO DO OPONENTE

24. O sr. Collins pede Lizzy em casamento. Ela recusa, mas ele acha que ela aceitou. REVELAÇÃO

25. A mãe quer que o pai convença Lizzy a se casar com o sr. Collins, mas ele não quer que ela se case com o homem.

26. A mãe abre a carta de Bingley a Jane e fica arrasada ao descobrir que Bingley e Darcy foram para Londres. Jane chora. REVELAÇÃO

27. Wickham conta a Lizzy que estava prometido para a igreja, mas que Darcy ignorou a vontade do próprio pai e impediu Wickham de ter acesso a sua herança. FALSA REVELAÇÃO

28. Lizzy encontra Jane chorando porque uma carta da srta. Bingley diz que Bingley visitará outra mulher. REVELAÇÃO

29. Quando a sra. Lucas e Charlotte chegam com a notícia de que Charlotte vai se casar com o sr. Collins, a sra. Bennet fica brava porque Charlotte se tornará dona de sua casa. SUBTRAMA 5: REVELAÇÃO

30. Lizzy implora a Charlotte que adie o casamento por um tempo, mas Charlotte recusa.

31. Depois que Charlotte e o sr. Collins se casam, Lizzy vai visitá-los. Lady Catherine chega. ALIADA/FALSA OPONENTE

32. Lady Catherine dá ordens a Collins. Ela é muito ríspida e Charlotte tem medo dela.

33. Darcy aparece para o jantar. Lady Catherine fica chocada com a criação de Lizzy e de suas irmãs.

34. Enquanto Lizzy toca piano, lady Catherine sugere a Darcy que ele está destinado a se casar com sua filha, Anne.

35. Lizzy conta furiosamente a Charlotte que Bingley abandonou Jane porque Darcy queria salvá-lo de um casamento impossível.

*O rompimento na subtrama 1 entre Bingley e Jane (cenas 26 e 28) é seguido por outra derrota aparente para Lizzy (cena 29): o casamento entre sua melhor amiga e aliada, Charlotte, e seu segundo pretendente, o tolo sr. Collins (subtrama 5).*

36. Darcy pede Lizzy em casamento, embora sua família não seja adequada. Lizzy recusa devido ao jeito arrogante de Darcy, ao tratamento que ele dispensou a Wickham e ao fato de ter destruído a felicidade de sua irmã. REVELAÇÃO, ROMPIMENTO

37. Lizzy retorna e descobre por Jane que Lydia fugiu com Wickham e eles não estão casados. O pai vai a Londres procurá-los. Darcy chega. REVELAÇÃO, SUBTRAMA 2

38. Darcy conta a Lizzy que Wickham fez a mesma coisa com sua irmã. Ele oferece ajuda, mas ela diz que tudo está sendo providenciado e ele vai embora. Lizzy conta a Jane que percebeu que ama Darcy. REVELAÇÃO, AUTORREVELAÇÃO PARCIAL

39. A srta. Bingley lê alegremente uma carta dizendo que Lydia não foi encontrada e que o sr. Bennet abandonou as buscas. Bingley fica chateado com a notícia.

40. A família se prepara para se mudar. O pai recebe a notícia de que o tio encontrou Lydia e de que Wickham pediu uma quantia surpreendentemente pequena para casar-se com ela. REVELAÇÃO

41. Lydia e Wickham chegam e anunciam que estão casados. Wickham diz que sua nova fortuna se deve à morte do tio. REVELAÇÃO

42. Lizzy se recusa a prometer a lady Catherine que não vai se casar com Darcy e não se importa se lady Catherine privar Darcy de sua herança. Lady Catherine informa a Lizzy o que Darcy fez pela irmã dela, Lydia. REVELAÇÃO

43. Lá fora, Lady Catherine conta a Darcy sobre os comentários de Lizzy. Ela concorda que Lizzy é a parceira certa para ele porque ele precisa de alguém que o enfrente. Darcy fica contente. REVELAÇÃO AO PÚBLICO

44. Darcy entra na casa com notícias de Bingley.

*Em seguida vem a revelação surpreendente: Darcy expressa seu amor por Lizzy e a pede em casamento (cena 36). Isso é seguido por um rompimento (embora o relacionamento jamais tivesse começado) porque ambos ainda sofrem de suas fraquezas psicológicas e morais de orgulho e preconceito. O trançado conclui uma densa série de revelações começando pela revelação ao público de que Wickham é, na verdade, um oponente (cena 37), que Darcy é bom (cena 38), a revelação da heroína de que ama Darcy (cena 38), o casamento da subtrama entre Wickham e a irmã Lydia (cena 41), o "casamento" da subtrama 1 entre Jane e Bingley (cena 45), o "casamento" da heroína com Darcy (cena 45) e a promessa de casamento para as filhas das subtramas 3 e 4 (cena 47). Essa é a série ciclônica de revelações que mencionei quando falei da trama em* Tootsie. *Esse tipo de densidade de trama é rara em histórias de amor, e é um grande diferencial.*

45. No jardim, Darcy e Lizzy veem Bingley beijando a mão de Jane. Lizzy percebe como julgou Darcy erroneamente, mas ele rebate que é ele quem devia ter vergonha de sua arrogância. Ele a pede em casamento de novo e eles se beijam. SUBTRAMA 1: AUTORREVELAÇÃO, DUPLA REVERSÃO

46. Na janela, a mãe mostra ao pai que Lizzy e Darcy estão se beijando e imagina as dez mil libras por ano de Lizzy enquanto a pobre Jane terá que viver com apenas cinco mil. NOVO EQUILÍBRIO

47. Na sala ao lado, Kitty flerta com um homem enquanto Mary canta, acompanhada por um homem tocando flauta. A mãe está animada porque suas três filhas estão casadas e duas estão quase noivas. SUBTRAMAS 3 E 4: CASAMENTOS, NOVO EQUILÍBRIO

# TRANÇADO DE CENAS – FANTASIA SOCIAL

• *A felicidade não se compra*
(conto "The Greatest Gift", de Philip Van Doren Stern, roteiro de Frances Goodrich, Albert Hackett e Frank Capra, 1946)

1. A cidade toda reza. Dois anjos convocam um anjo de baixo escalão, Clarence, para ajudar George. Se ele for bem-sucedido, ganhará suas próprias asas. FANTASMA, MUNDO FICCIONAL, FRAQUEZA/NECESSIDADE

*Os escritores começam com um narrador (um anjo) no céu falando sobre um momento de crise para o herói (cena 1). Isso lhes permite apresentar toda a arena da história – a cidade – e começar com intensidade dramática. Também lhes dá permissão para voltar e explicar o passado do herói, porque prometeram aos espectadores que serão recompensados com um grande drama mais tarde (o suicídio). Mais importante do que tudo, isso prepara o terreno para a recompensa fantasiosa no final da história, quando George pode ver como seria a cidade se nunca tivesse vivido.*

2. Ainda garoto, em 1919, George impede que seu irmão mais novo, Harry, caia no gelo. MUNDO FICCIONAL

3. O jovem George trabalha na farmácia de Gower. Violet e Mary estão lá. George lê que o filho de Gower morreu. Gower diz a George para trazer comprimidos, mas George vê que eles são veneno. MUNDO FICCIONAL

4. George tentar pedir um conselho ao pai, mas ele está ocupado pedindo mais tempo a Potter para que as pessoas paguem suas hipotecas. George discute com Potter. PRINCIPAL OPONENTE

5. Gower bate em George, mas George explica o erro de Gower.

*A abertura guarda-chuva – que abarca uma cidade inteira – é seguida por uma série de cenas do herói quando criança (cenas 2 a 5). Elas não apenas definem o caráter essencial do herói, mas também dos habitantes principais da cidade. As cenas de infância também estabelecem uma rede complexa de conexões, tanto de personagens como de ação, que serão importantes na parte final da história.*

6. 1928: George, já adulto, ganha uma mala grátis de Gower para a viagem. DESEJO

7. Na rua, George cumprimenta o policial Bert, o motorista de táxi Ernie e Violet. ALIADOS

8. George e Harry se divertem antes do jantar. George diz ao pai que não quer trabalhar na sociedade de empréstimo. FANTASMA, MUNDO FICCIONAL

9. No baile de formatura de Harry, George vê Sam e encontra uma Mary crescida e muito bonita. Eles dançam e caem na piscina. DESEJO (SEGUNDO)

10. George e Mary voltam para casa juntos, cantam e jogam pedras em uma casa antiga na avenida Sycamore. George está prestes a beijar Mary quando ela perde o roupão e tem que se esconder nua nos arbustos. George descobre que o pai teve um derrame. DESEJO 1 E 2, PLANO

11. Em uma reunião da diretoria, Potter quer fechar a sociedade de empréstimo. George a defende e descobre que a empresa pode continuar se ele estiver no comando. OPONENTE, REVELAÇÃO, DESEJO E PLANO 1 FRUSTRADOS

12. George e tio Billy encontram Harry na estação de trem. Harry aparece com uma esposa e oferta de emprego. REVELAÇÃO

13. Na varanda, George senta-se com tio Billy. A mãe sugere que ele visite Mary.

14. Na rua, George encontra Violet, mas ela não quer caminhar no bosque.

15. George entra na casa de Mary relutantemente e eles discutem. Sam liga. George sugere que ele construa sua fábrica em Bedford Falls. George beija Mary. REVELAÇÃO

16. George e Mary se casam.

*O trançado de cenas então pula para o herói adulto, claramente afirmando seu desejo de deixar a cidade e conhecer o mundo (cena 6). Muitos personagens secundários aparecem como adultos agora (cenas 7 a 9), e o público vê como essas pessoas são essencialmente as mesmas que eram quando crianças.*

*Em seguida, vem uma sequência na qual cada cena possui o mesmo padrão: 1) O herói expressa seu desejo de partir. 2) A frustração o mantém na cidade. 3) Um segundo desejo conflitante o prende ainda mais à cidade. Por exemplo:*

- *George quer partir, mas seu pai morre e ele tem que administrar a sociedade de empréstimo (cenas 10 e 11).*

- *Ele está prestes a partir, mas o irmão Harry volta para casa casado e com uma ótima oferta de emprego em outra cidade (cenas 12 e 13).*

- *George se apaixona por Mary, ajuda a cidade a superar a Depressão, enfrenta Potter, constrói o Bailey Park e tem filhos (cenas 15 a 25).*

17. Em um táxi a caminho da lua de mel, eles veem um roubo a banco. Na sociedade de empréstimo, tio Billy diz que o banco pediu o empréstimo deles de volta. Potter oferece aos clientes de George um desconto de cinquenta por cento. George implora que as pessoas não aceitem a oferta de Potter. Cada uma pega um pouco do dinheiro pessoal de George em vez disso. REVELAÇÃO, OFENSIVA

18. George e os outros comemoram os dois dólares que sobraram no final do dia. Ele recebe uma ligação de Mary, que quer encontrá-lo na Sycamore.

19. Bert e Ernie estão colando pôsteres na antiga casa. Mary reformou o lugar. REVELAÇÃO

20. George ajuda a família Martini a sair da favela de Potter e se mudar para uma nova casa em Bailey Park. PLANO 2

21. O coletor de impostos diz a Potter que ele está perdendo negócios para George.

22. George e Mary cumprimentam o rico Sam e sua esposa.

23. Potter oferece a George um emprego por vinte mil dólares. George, a princípio encantado, recusa. REVELAÇÃO

24. George pensa na oferta de Potter e em seus sonhos. Mary diz que está grávida. REVELAÇÃO

25. Montagem mostrando mais bebês, a reforma da casa, George desencorajado, guerra, homens lutando. Harry é um herói e salva um avião. George é responsável pelo alerta de ataques aéreos. OFENSIVA (PERDENDO)

26. Pela manhã, George entrega jornais que mostram Harry ganhando uma medalha de honra e conversa no telefone com Harry em Washington. O examinador do banco chega para conferir os registros.

27. No banco, tio Billy está depositando oito mil dólares quando provoca Potter. Tio Billy acidentalmente entrega o dinheiro a Potter. REVELAÇÃO AO PÚBLICO

28. Na sociedade, George ajuda Violet com o dinheiro. Tio Billy diz que perdeu os oito mil. REVELAÇÃO, OPONENTE/FALSO ALIADO

29. George e tio Billy procuram o dinheiro na rua.

30. Na casa do tio Billy, George está desesperado. Diz que um deles vai para a prisão e que não será ele.

31. Em casa, George é ríspido com as crianças, descobre que a filha Zuzu está doente, vai falar com ela, repreende a professora dela no telefone, depois repreende o marido da professora. George quebra coisas e vai embora. Mary liga para o tio Billy. ATAQUE DO ALIADO

32. George implora ajuda a Potter. Potter sugere que ele peça a seus amigos. George não tem nenhuma garantia exceto seu seguro de vida. OFENSIVA

33. No bar de Martini, o marido da professora dá um soco em George depois que ele reza por ajuda.

34. George bate o carro em uma árvore e vai até uma ponte. Ele está prestes a cometer suicídio quando um homem pula no rio. George mergulha e o salva. DERROTA APARENTE, REVELAÇÃO

*Agora o trançado faz algo único: após uma sequência de cenas cobrindo quase três décadas, os escritores passam por cenas que cobrem um dia (cenas 26 a 34). Esses são os eventos que conduzem à crise mencionada na cena de abertura, o suicídio de George. Eles se concluem no momento em que o voice-over do anjo começou, quando os escritores entregam a emoção prometida na abertura (cena 34).*

35. Na casa do cobrador de pedágio, Clarence diz que é um anjo que salvou George. Clarence vai ganhar suas asas se o ajudar e percebe que pode mostrar a George como a cidade seria se ele não tivesse nascido. George nota que seu lábio não está sangrando, seu ouvido ruim está funcionando bem e suas roupas estão secas. REVELAÇÃO

36. George não encontra o carro ao lado da árvore. CORREDOR, REVELAÇÃO

37. O bar de Martini agora é de Nick. Nick está prestes a expulsar George e Clarence. George vê um mendigo – é o sr. Gower, que passou vinte anos na prisão por envenenar uma criança. Nick os joga na neve. CORREDOR, REVELAÇÃO

38. Lá fora, George diz que Clarence é maluco e vai atrás de Mary.

39. George corre através da feia Pottersville. Violet é uma prostituta, Ernie é um motorista de táxi amargurado. A casa de George na Sycamore é uma casa fantasma. George luta com Bert, o policial, e foge. CORREDOR, REVELAÇÃO

40. A mãe de George é velha e desconfia dele. Ela diz que o tio Billy é louco. CORREDOR, REVELAÇÃO

41. George visita o Bailey Park, que é agora um cemitério. Ele vê o túmulo de Harry. VISITA À MORTE

42. Na biblioteca, George tenta falar com Mary, que está solteira, mas ela foge aterrorizada. George foge quando Bert atira. BATALHA

*Em seguida vem a sequência de cenas-chave da história: Clarence vai mostrar a George um presente alternativo e uma cidade alternativa que existiria se George nunca tivesse vivido (cenas 35 a 42). É aqui que compensa ter investido tempo para estabelecer o mundo ficcional – a conexão de George com os habitantes da cidade.*

*Os escritores apresentam uma série de revelações rapidamente quando George vê todos os personagens secundários em sua forma mais negativa (cenas 37, 39, 40 e 42). Ele e o público também veem a importante rede de conexões que George formou.*

43. De volta à ponte, George começa a viver de novo. Bert chega e o reconhece como George, o que deixa o protagonista maravilhado. Ele ainda tem a flor de Zuzu. AUTORREVELAÇÃO

44. George corre alegremente por Bedford Falls. REVELAÇÃO

45. Em casa, o xerife está esperando. George abraça Mary e as crianças. Amigos chegam com uma cesta de dinheiro. Harry aparece. Uma campainha toca e George parabeniza Clarence por ganhar suas asas. NOVO EQUILÍBRIO E NOVA COMUNIDADE

*A história termina com George de volta ao presente, mas feliz, apesar do fato de que ainda perdeu todo aquele dinheiro. A rede de conexões de George o recompensa novamente quando a cidade oferece ajuda (cenas 43 a 45).*

*Esse trançado de cenas aproveita ao máximo os grandes contrastes sociais nos quais a fantasia social se baseia. A sequência geral é densa e a justaposição de cenas é excelente.*

# 10

# CONSTRUÇÃO DE CENAS E DIÁLOGOS SINFÔNICOS

As cenas são onde se encontra a ação. Literalmente. Por meio de descrição e diálogo, você traduz todos os elementos da premissa, estrutura, personagens, argumento moral, mundo ficcional, símbolos, trama e trançado de cenas na narrativa que o público experimenta de fato. É aqui que a história ganha vida.

Uma cena é definida como uma ação em um tempo e lugar, mas do que ela é feita? Como ela funciona?

Uma cena é uma mini-história, o que significa que uma boa cena contém os sete passos da estrutura, com a exceção da autorrevelação, já que isso é reservado para o herói perto do final da história. Nas cenas, o passo de autorrevelação é geralmente substituído por alguma reviravolta, surpresa ou revelação.

## CONSTRUINDO A CENA

Para construir qualquer cena, você deve sempre atingir dois objetivos:

- Determinar como ela se encaixa e promove o desenvolvimento geral do herói.
- Fazer dela uma boa mini-história.

Esses dois requisitos determinam tudo – e o arco de desenvolvimento geral do herói é sempre prioridade.

\*

*PONTO-CHAVE:* Pense em uma cena como um triângulo invertido.

\*

O começo da cena deve emoldurar do que trata a cena inteira, a qual deve se afunilar a um único ponto, com a palavra ou fala mais importante por último.

Começo: moldura ampla da cena

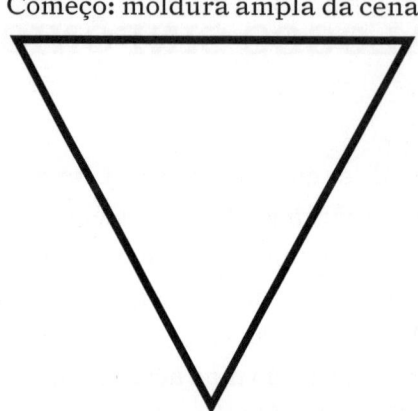

Final: palavra-chave ou fala-chave

Vamos examinar a sequência ideal que deve ser percorrida para se construir uma ótima cena. Pergunte-se o seguinte:

1. Posição no arco de personagem: onde essa cena se encaixa no desenvolvimento do herói (também conhecido como o arco de personagem) e como promove esse desenvolvimento?
2. Problemas: quais problemas devem ser resolvidos na cena ou o que deve ser realizado?
3. Estratégia: que estratégia pode ser usada para resolver os problemas?
4. Desejo: o desejo de qual personagem está impulsionando a cena? (Pode ser o herói ou outro personagem.) O que ele quer? O desejo fornece a espinha da cena.
5. Ponto sem volta: como o desejo do personagem se resolve? Conhecendo o ponto sem volta antecipadamente, você pode guiar a cena inteira em direção a ele.

O ponto sem volta do desejo também coincide com a ponta do triângulo invertido, onde é posicionada a palavra ou fala mais importante da cena. Essa combinação do ponto sem volta do desejo com a palavra ou fala-chave desfere um golpe decisivo que também lança o público na cena seguinte.

6. Oponente: desejo do oponente e ponto de conflito: entenda quem se opõe ao desejo e qual é o objeto de disputa de dois (ou mais) personagens.

7. Plano: o personagem com o desejo cria um plano para atingir a meta. Há dois tipos de plano que um personagem pode usar em uma cena: direto e indireto.

Em um plano direto, o personagem com a meta afirma diretamente o que deseja. Em um plano indireto, ele finge querer uma coisa enquanto, na verdade, quer outra. O personagem da oposição terá uma de duas reações: vai reconhecer a tramoia e fingir aceitá-la ou será enganado e acabará dando ao primeiro personagem o que ele quer de verdade.

Uma regra básica para decidir que tipo de plano o personagem deve usar é a seguinte: o plano direto aumenta o conflito e faz os personagens se afastarem. O plano indireto reduz o conflito inicialmente e faz os personagens se tornarem mais próximos, mas pode causar um conflito maior mais tarde, quando a tramoia se tornar clara.

Lembre-se: o plano é a forma como o personagem tenta alcançar uma meta dentro da cena, não na história em geral.

8. Conflito: faça o conflito crescer até um ponto de ruptura ou uma solução.

9. Reviravolta ou revelação: às vezes, os personagens ou o público (ou ambos) são surpreendidos pelo que acontece na cena. Ou um personagem diz a outro o que pensa dele. Esse é um tipo de momento de autorrevelação em uma cena, mas não é final e pode até estar errado.

Note que muitos escritores, em uma tentativa de ser "realistas", começam a cena cedo demais e a constroem lentamente em direção ao conflito principal. Isso não torna a cena realista, mas sim entediante.

*

PONTO-CHAVE: Comece a cena o mais tarde possível sem perder nenhum dos elementos-chave de estrutura que você precisa incluir.

*

## CENAS COMPLEXAS OU DE SUBTEXTO

A definição clássica de uma cena de subtexto é que os personagens não dizem o que querem de verdade. Isso pode até estar correto, mas não explica como escrevê-la.

A primeira coisa que você deve entender sobre o subtexto é que o senso comum está errado: esse nem sempre é o melhor jeito de escrever uma cena. Personagens que falam por subtexto geralmente estão com medo, sentindo dor ou apenas têm vergonha de dizer o que de fato pensam ou querem. Se você quer uma cena com o máximo de conflito, não use subtexto. Por outro lado, se for o melhor para personagens específicos e para a cena, fique à vontade.

Uma cena de subtexto se baseia em dois elementos estruturais: desejo e plano. Para extrair o máximo do subtexto, tente usar as seguintes técnicas:

1. Dê um desejo oculto a *vários* personagens na cena. Esses desejos devem estar em conflito direto uns com os outros. Por exemplo, A está apaixonado secretamente por B, mas B está apaixonado secretamente por C.
2. Faça todos os personagens com desejos ocultos usarem um plano indireto para conseguir o que querem. Eles dizem uma coisa, mas na verdade querem outra. Podem estar tentando enganar os outros ou usando subterfúgios que sabem ser óbvios, mas esperam que o próprio ardil seja encantador o suficiente para obter o que desejam de fato.

# DIÁLOGO

Uma vez que você tenha construído a cena, usará descrições e diálogos para escrevê-la. A fina arte da descrição não cabe no escopo de um livro sobre narrativa, mas o diálogo, sim.

O diálogo está entre as ferramentas narrativas mais incompreendidas. Há uma ideia equivocada sobre a função do diálogo na história: a maioria dos escritores pede ao diálogo que faça o trabalho pesado, o trabalho que a estrutura da história deveria fazer. O resultado são diálogos que soam artificiais, forçados e insinceros.

Mas a ideia incorreta mais perigosa sobre o diálogo é o contrário de esperar que essa ferramenta faça demais – é a crença equivocada de que um bom diálogo é uma conversa real.

\*

> *PONTO-CHAVE:* O diálogo não é uma conversa real,
> mas uma linguagem altamente seletiva que passa a
> *impressão* de ser real.

\*

> *PONTO-CHAVE:* Um bom diálogo é sempre mais inteligente, engraçado, metafórico e bem argumentado
> do que seria na vida real.

\*

Mesmo o personagem menos inteligente ou culto fala no nível mais alto de que é capaz. Mesmo quando um personagem está errado, ele está errado de um modo mais eloquente do que na vida real.

Assim como os símbolos, o diálogo é uma técnica do pequeno. Quando sobreposto em estrutura, personagens, temas, mundo ficcional, símbolos, trama e trançado de cenas, é a ferramenta mais sutil do contador de histórias, mas também tem um impacto enorme.

É mais fácil entender o diálogo como uma forma de música. Como a música, ele consiste em comunicação com ritmo e tom. Também como a música, é melhor quando mistura várias "faixas".

O problema da maioria dos escritores é que escrevem diálogos com apenas uma faixa, a "melodia" – um diálogo que explica o que está acontecendo na história. Um diálogo de uma faixa só é uma marca de escrita medíocre.

Um grande diálogo não é uma melodia, mas uma sinfonia, ocorrendo em três grandes faixas simultâneas: diálogo da história, diálogo moral e palavras-chave ou frases.

## Faixa 1: diálogo da história – melodia

O diálogo da história, como a melodia na música, é a história expressada por meio de falas. É uma conversa sobre o que os personagens estão fazendo. Tendemos a pensar no diálogo como oposto à ação: "ações falam mais alto do que palavras", reza o ditado. Mas a conversa é uma forma de ação. Usamos o diálogo da história quando os personagens conversam sobre a linha principal de ação. E o diálogo pode até carregar a história, pelo menos por períodos curtos.

Você escreve esse tipo de diálogo do mesmo modo que constrói uma cena:

> • O personagem 1, que é o principal da cena (e não necessariamente o herói), afirma seu desejo. Como escritor, você deve conhecer o ponto sem volta desse desejo, porque isso lhe dá a linha que sustentará o diálogo da cena (a espinha).
> • O personagem 2 fala contra o desejo.
> • O personagem 1 responde com um plano direto ou indireto para conseguir o que quer.
> • A conversa entre os dois se torna mais inflamada à medida que a cena prossegue, terminando com palavras de raiva ou resolução.

Uma técnica sofisticada é fazer a cena progredir de um diálogo que trata de agir para um diálogo que trata de ser. Em outras palavras, o diálogo que falava sobre o que os personagens estão fazendo passa a debater quem *são* eles de verdade. Quando a cena atinge seu ponto mais acalorado, um dos personagens de alguma forma diz "Você é..." e dá detalhes do que pensa sobre a outra pessoa, como "Você é um mentiroso", "Você é imprestável" ou "Você é um vencedor".

Note que essa passagem aprofunda a cena imediatamente, porque os personagens de repente estão discutindo sobre como suas ações definem a essência deles enquanto seres humanos. O personagem que alega "Você é..." nem sempre está certo, mas a simples alegação faz o público resumir o que pensa desses personagens até então. Essa técnica é um tipo de autorrevelação dentro da cena e muitas vezes inclui uma conversa sobre valores (ver a faixa 2 sobre diálogo moral). Essa passagem de "agir" para "ser" não está presente na maioria das cenas, mas costuma aparecer nas cenas-chave. Vamos ver um exemplo dessa mudança em uma cena de *O veredicto*.

• *O veredicto*
(romance de Barry C. Reed, roteiro de David Mamet, 1982)
Nessa cena, o sr. Doneghy, cunhado da vítima, aborda o advogado Frank Galvin por recusar a oferta de um acordo sem consultá-lo primeiro. Vamos entrar lá pela metade da cena:

INT. CORREDOR DO TRIBUNAL – DIA

DONEGHY
... Quatro anos... Minha esposa chora toda noite pelo que eles, pelo que eles fizeram com a irmã dela.

GALVIN
Eu *juro* que não teria recusado a oferta se não pensasse que posso ganhar o caso...

DONEGHY
Se não *pensasse*?! O que você *pensa*... Eu sou um homem trabalhador, estou tentando tirar minha esposa da *cidade*, nós *contratamos* você, estamos *pagando* você, eu descobri pelo outro *lado* que eles ofereceram duzentos...

## GALVIN

Eu vou ganhar esse *caso*... senh... sr. Doneghy... Eu vou chegar ao júri com um caso sólido, um médico *famoso* como testemunha *especialista*, e vou conseguir oitocentos mil dólares.

## DONEGHY

Vocês, vocês são todos iguais. Os médicos no *hospital*, você... É sempre "O que eu vou fazer por você", mas quando vocês erram é "Fizemos o melhor possível, sentimos muito...". E pessoas como eu vivem pelo resto da vida com os erros cometidos por vocês.

## Faixa 2: diálogo moral – harmonia

O diálogo moral é uma conversa sobre ações certas e erradas e sobre valores – ou o que faz a vida valer a pena. Seu equivalente na música é a harmonia, uma vez que fornece profundidade, textura e escopo para a melodia. Em outras palavras, o diálogo moral não trata de eventos da história, mas das atitudes dos personagens em relação a esses eventos.

Veja a sequência de um diálogo moral:

• O personagem 1 propõe ou executa uma ação.
• O personagem 2 se opõe a essa ação com base no fato de que está ferindo alguém.
• A cena continua à medida que cada um ataca e se defende, apresentando motivos para apoiar sua posição.

Durante o diálogo moral, os personagens invariavelmente expressam seus valores, aquilo de que gostam e de que não gostam. Lembre-se: os valores de um personagem são, na verdade, expressões de uma visão mais profunda do jeito correto de viver. O diálogo moral permite que, no nível mais alto, você compare não só duas ou mais ações, mas dois ou mais modos de vida.

## Faixa 3: palavras-chave, frases, bordões e sons – repetição, variação e leitmotiv

Palavras-chave, frases, bordões e sons são a terceira faixa do diálogo. Essas são palavras com o potencial de carregar um significado especial, do ponto de vista simbólico ou temático, assim como uma sinfonia usa certos instrumentos, como o triângulo, para enfatizar certos pontos. O truque para construir esse sentido é fazer seus personagens dizerem a palavra muito mais vezes do que o normal. A repetição, especialmente em contextos múltiplos, exerce um efeito cumulativo no público.

Um bordão é uma única fala que você repete muitas vezes ao longo do curso da história. Toda vez que a usa, ela ganha um novo sentido até se tornar um tipo de marca registrada da história. O bordão é, a princípio, uma técnica para expressar o tema. Alguns clássicos são "Reúna os suspeitos de sempre", "Eu não boto minha mão no fogo por ninguém" e "Estou de olho em você, garota" de *Casablanca*. De *Rebeldia indomável*: "O que temos aqui é uma falha de comunicação". De *Star Wars:* "Que a Força esteja com você". De *Campo dos sonhos*: "Se você construir, eles virão". *O poderoso chefão* usa dois bordões: "Eu farei uma oferta que ele não pode recusar" e "Não é pessoal; são negócios".

*Butch Cassidy* traz um exemplo perfeito de como usar um bordão. Quando a fala é dita pela primeira vez, não tem um significado especial. Depois de roubar um trem, Butch e Sundance não conseguem fugir de um destacamento de soldados. Butch olha para os homens a distância e pergunta: "Quem são esses caras?". Algum tempo depois, o grupo está ainda mais perto e Sundance repete a frase, dessa vez com um toque de desespero. À medida que a história segue adiante, torna-se claro que a tarefa principal de Butch e Sundance é descobrir a identidade "desses caras". Esses caras não são só outro destacamento que nossos heróis podem facilmente despistar; são o estágio futuro da sociedade, policiais de elite que vêm de todo canto do Oeste estadunidense, contratados por um chefão corporativo no Leste que Butch, Sundance e os espectadores nunca chegam a conhecer – mas, se Butch e Sundance não descobrirem a identidade deles a tempo, vão morrer.

# CENAS

Vamos examinar como tipos específicos de cenas executam e modificam os princípios básicos de construção de cena e diálogo sinfônico.

## *A abertura*

A cena de abertura é a base de todo personagem e ação na história, e por isso é provavelmente a mais difícil de escrever bem. Como a primeira cena no triângulo invertido que representa a história inteira, ela deve emoldurar o escopo mais amplo da história. Em geral, a primeira cena conta ao público do que se trata a história, mas também deve ser uma mini-história própria, com personagens e ações dramaticamente envolventes que deem à história uma abertura de impacto.

É por isso que é útil pensar na primeira cena como um triângulo invertido dentro do triângulo invertido maior da história.

Primeira cena da história

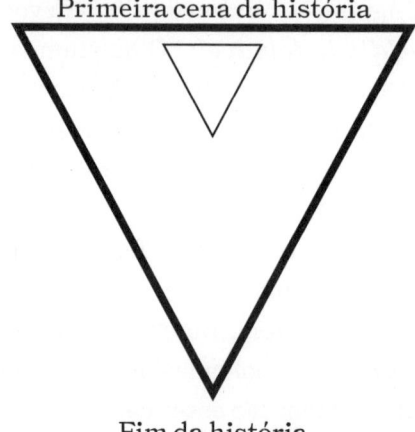

Fim da história

Ao fornecer a moldura maior ao redor da história, a cena de abertura também *sugere* os padrões temáticos – de identidade e oposição – que o autor deseja trançar ao longo dela, mas esses grandes padrões devem sempre estar baseados em personagens específicos, para que a cena não pareça teórica ou moralizante.

O melhor jeito de dominar os princípios da cena de abertura é vê-las em ação. Vamos examinar as primeiras duas cenas de *Butch Cassidy*.

• *Butch Cassidy*
(William Goldman, 1969)

As primeiras duas cenas de *Butch Cassidy* constituem uma das melhores aberturas da história do cinema. A construção de cena e os diálogos do autor William Goldman não só agradam e capturam a atenção do público imediatamente, mas também expõem os padrões e oposições que determinarão a história inteira.

## Cena 1: Butch no banco

Na primeira cena, um homem (o público ainda não sabe sua identidade) espia um banco que está encerrando as atividades do dia e fechando.

POSIÇÃO NO ARCO DE PERSONAGEM: essa é a cena de abertura da história e a primeira visão que temos do protagonista, Butch. Também é o primeiro passo no processo do herói: um ladrão no Velho Oeste que acaba morto.

PROBLEMAS:

1. Apresentar o mundo da história, particularmente os fora da lei do Oeste estadunidense às vias de acabar.
2. Apresentar o personagem principal, que é um de dois parceiros.
3. Sugerir que os heróis, como o próprio Oeste, estão envelhecendo e chegando ao fim.

ESTRATÉGIA:

1. Criar uma experiência prototípica de Butch e Sundance que apresente os padrões temáticos-chave.
2. Indicar, em uma cena, o *processo* básico da história inteira, que é o fechamento de tudo.
3. Torná-la leve e engraçada, mas ao mesmo tempo sugerir um lado oculto e um futuro mais sombrio.
4. Mostrar um cara que deseja roubar um banco, mas que descobre que isso é muito mais difícil do que nos velhos tempos.
5. Enganar o público não contando diretamente quem é o tal homem. Ao forçar os espectadores a descobrir que ele,

na verdade, é um ladrão de bancos sondando o local, o autor deixa a piada final mais engraçada, mas, o que é mais importante, define o herói como um trapaceiro confiante e um homem de palavra.

DESEJO: Butch quer sondar um banco para roubá-lo.

PONTO SEM VOLTA: ele descobre que o banco é muito mais seguro do que pensou e que está fechando pela noite.

OPONENTE: o guarda e o banco em si.

PLANO: Butch usa mentiras, fingindo estar interessado no banco pela sua aparência.

CONFLITO: o banco, como uma coisa viva, está se fechando ao redor de Butch.

REVIRAVOLTA OU REVELAÇÃO: o homem que examina o banco o está sondando a fim de roubá-lo.

ARGUMENTO MORAL E/OU VALORES: estética *versus* praticidade. É claro, a piada vem do fato de que a estética é aplicada a um banco, especialmente por alguém que deseja roubá-lo. Mas essa oposição não é boa só para garantir uma risada no final, e sim pela diferença de valores fundamental na história. Esse mundo ficcional está se tornando mais prático, mas Butch e Sundance são, acima de tudo, homens de estilo, apaixonados por um modo de vida que está desaparecendo depressa.

PALAVRAS-CHAVE E IMAGENS: barras descendo, o tempo acabando, a luz se apagando, o espaço se fechando ao redor de alguém.

O diálogo na cena conduz a uma piada final, com a palavra e a fala-chave da cena por último: "É um preço baixo a se pagar pela beleza". O truque da cena é que essa fala vem no mesmo momento que a revelação sobre o protagonista: esse homem é um trapaceiro (ladrão de bancos) que tem talento com as palavras. A frase tem dois significados opostos: por um lado, o homem não se importa com a beleza do banco, ele quer roubá-lo; por outro, a frase o define profundamente: ele é um homem de estilo e isso o conduzirá à morte.

## Cena 2: Sundance e o jogo de pôquer

Nessa cena, um homem chamado Macon chama outro homem de trapaceiro em um jogo de cartas. Macon diz ao homem para deixar o dinheiro ali e ir embora. O homem é, na verdade, o notório Sundance Kid, e Macon mal escapa com vida.

POSIÇÃO NO ARCO DE PERSONAGEM: essa cena marca a posição de abertura de Sundance no arco de um ladrão que vai acabar morto, além de acrescentar detalhes ao caráter de abertura de Butch.

PROBLEMAS:

1. Apresentar o segundo de dois parceiros e mostrar como ele é diferente de Butch.
2. Mostrar os dois homens como amigos em ação; acima de tudo, é preciso mostrar que eles são um *time.*

ESTRATÉGIA: Goldman cria uma segunda cena prototípica que não tem efeito na trama. O único propósito dela é definir com clareza esses dois homens de forma instantânea.

1. Em contraste com a primeira cena, esta define os personagens por meio de conflito e crise, porque a crise esclarece a essência imediatamente.
2. Essa segunda cena define principalmente Sundance, mas também Butch ao mostrá-lo agindo em contraste extremo com Sundance.
3. Ela mostra os dois homens trabalhando como um time, como grandes músicos. Sundance cria o conflito; Butch tenta suavizá-lo. Sundance é um homem de poucas palavras; Butch é o clássico trapaceiro enganador que fala muito.
4. Para criar uma cena de crise, Goldman começa com um *beat* clássico de faroeste – o jogo de pôquer, com as expectativas implícitas do público –, então dá uma guinada nela. Em vez do embate normal, mostra o jeito desastrado como um cara defende sua honra ao ser chamado de trapaceiro. Então Goldman inverte a cena clássica de novo e cria um herói de faroeste ainda maior: acontece que esse sujeito

437

desastrado é, na verdade, um pistoleiro tão bom quanto o esperado.

5. A estratégia-chave de Goldman para essa cena é enganar os espectadores sobre a identidade de Sundance ao mesmo tempo que Sundance engana seu oponente. Falaremos mais sobre isso em breve.

DESEJO: Macon quer tomar todo o dinheiro de Sundance e o expulsar do bar com o rabo entre as pernas.

PONTO SEM VOLTA: Macon é humilhado, mas vê que fez a escolha inteligente quando Sundance demonstra sua habilidade com uma pistola.

OPONENTE: Sundance, depois Butch.

PLANO: Macon não usa subterfúgios, dizendo diretamente a Sundance para ir embora ou morrer.

CONFLITO: à medida que Macon e Sundance brigam, o conflito cresce a ponto de um tiroteio, no qual um dos homens decerto morreria. Butch então tenta apaziguar os dois negociando um acordo, mas não consegue.

REVIRAVOLTA OU REVELAÇÃO: a chave da cena toda é o modo como Goldman a constrói ao redor das revelações. Note como ele esconde informações para poder surpreender o espectador ao mesmo tempo que surpreende Macon. O autor começa com Sundance em uma posição que parece mais fraca e a exacerba quando, como uma criança, Sundance insiste que não estava trapaceando. Sundance enfraquece ainda mais aos olhos do público quando Butch o recorda de que está envelhecendo e de que pode estar no fim da linha.

Quando o jogo vira, o efeito que Sundance tem sobre o público é enorme. Claro, os espectadores veem que ele é um herói de ação pelo jeito como usa a arma no final da cena, mas o que realmente mostra sua grandeza é a habilidade de enganar o público e sua disposição de dar a impressão de que poderia perder. Ele é excepcional.

ARGUMENTO MORAL E/OU VALORES: essa situação é um exemplo extremo da cultura guerreira: o embate em público, a competição de habilidade física e coragem, o poder do nome e a reputação de um homem. Butch nunca entraria nessa situação; ele está em um estágio social mais avançado do que Sundance e só quer que todos fiquem vivos e se deem bem.

PALAVRAS-CHAVE E IMAGENS: envelhecimento, o tempo se fechando ao redor deles – mas ainda não.

O diálogo no embate é muito conciso, muitas vezes apenas uma única fala para cada personagem, o que aumenta a sensação de que os combatentes estão trocando golpes verbais. Mais importante é que a linguagem é altamente estilizada e espirituosa, com o ritmo e *timing* precisos de uma rotina cômica de *stand up*. Mesmo Sundance, o homem de ação, é o mestre da brevidade verbal. Quando Macon pergunta "Qual é o segredo de seu sucesso?", ele responde apenas: "Reza". A primeira frase de Sundance no filme é uma palavra, e sua insolência estilosa e confiante o define perfeitamente.

Note que a segunda seção da cena passa para um conflito entre Sundance e Butch. Esses parceiros são tão próximos que vão discutir mesmo quando um deles está enfrentando uma situação de vida ou morte. O diálogo de Butch também é conciso e estiloso, mas mostra os valores únicos de Butch como um conciliador junto com o tema mais amplo da história: envelhecer e estar no fim da linha.

O cerne da cena é a solução absurda que tanto Butch como Sundance encontram para esse apuro aparentemente mortal. Embora pareça estar em uma posição fraca, Sundance diz: "Se ele nos convidar pra ficar, nós vamos embora". Incrivelmente, Butch leva essa proposta a Macon, mas tenta suavizar a humilhação dizendo: "O que acha de nos convidar para ficar?" e "Não precisa ser sincero". Além de mostrar a força deles ao virar essa situação de faroeste de ponta-cabeça de um jeito estiloso, Butch e Sundance mostram sua grandeza como um *time* e o fazem sendo um time *cômico*.

Depois dessa longa preparação, Butch dispara o final da piada: "Não posso te ajudar, Sundance". Mais uma vez, repare que Goldman coloca a palavra-chave da fala – "Sundance" – por último. De repente, as posições de poder se invertem, o aterrorizante Macon agora está aterrorizado, e o trabalho de equipe cômico entre Butch e Sundance se move depressa para o ponto final. Macon diz "Por que vocês não ficam?" e Butch, sempre afável e atencioso, responde: "Obrigado, mas temos que ir".

A cena termina com uma deixa óbvia quando Macon pergunta a Sundance quão bom ele é e Sundance responde com uma demonstração espetacular de habilidade física, confirmando com uma ação o que o público já adivinhou por suas palavras. Porém, de novo, note que a fala temática-chave vem por último, formando a ponta do triângulo dessa cena de abertura e sugerindo a ponta do filme inteiro. Butch diz: "É como venho te dizendo – no fim da linha". É claro que esse comentário obviamente sarcástico está errado em vista da demonstração física de Sundance e da demonstração verbal anterior, quando Butch e Sundance enganaram Macon e os espectadores. É só mais tarde, em retrospecto, que o público percebe que esses dois *estão* de fato no fim da linha, mas não sabem disso e, portanto, morrem. A escrita é genial.

## Técnica de escrita de cena: a primeira frase

A abertura da história comprime os princípios da cena de abertura em uma única frase. A primeira frase é a afirmação mais ampla da história e emoldura aquilo de que ela vai tratar. Ao mesmo tempo, deve ter poder dramático, algum tipo de impacto. Vamos examinar três frases de abertura clássicas. Incluí uma série de frases que seguem a de abertura para que você veja como a sentença se encaixa na estratégia geral do autor para a cena e para a história.

• *Orgulho e preconceito*
(Jane Austen, 1813)

POSIÇÃO NO ARCO DE PERSONAGEM: antes de a heroína sequer ser apresentada, há o mundo da história e, especificamente, o mundo de mulheres procurando um marido.

PROBLEMAS:

1. Jane Austen quer informar ao leitor que se trata de uma comédia.
2. Ela tem que sugerir, de alguma forma, como é o mundo dessa história e suas regras de funcionamento.

3. Ela precisa informar o leitor de que essa história será contada do ponto de vista de uma mulher.

ESTRATÉGIA: começar com uma frase de abertura falsamente séria que parece afirmar um fato universal e um ato de altruísmo, mas, na verdade, é uma opinião sobre um ato de interesse próprio. O conteúdo da primeira frase conta ao leitor que a história é sobre casamento, mulheres e suas famílias perseguindo homens e sobre a conexão essencial nesse mundo entre casamento e dinheiro.

Após apresentar a arena geral da história na primeira frase de maneira cômica, a autora passa para uma família específica, que vai encenar o princípio de abertura ao longo da história. Note que não há nenhum excesso nestas frases de abertura.

É uma verdade universalmente conhecida que um homem solteiro, possuidor de uma boa fortuna, deve estar necessitado de uma esposa.

Por pouco que os sentimentos ou opiniões de tal homem sejam conhecidos ao se fixar numa nova localidade, essa verdade se encontra de tal modo impressa nos espíritos das famílias vizinhas que o rapaz é desde logo considerado a propriedade legítima de uma de suas filhas.

– Caro Mr. Bennet – disse-lhe um dia a esposa –, já ouviu dizer que Netherfield Park foi alugado, afinal?

Mr. Bennet respondeu que não sabia.

– Pois foi – assegurou ela. – Mrs. Long acabou de sair daqui e me contou tudo.

Mr. Bennet não respondeu.

– Afinal, não quer saber quem é o locatário? – gritou a mulher, impacientemente.

– Você é quem está querendo me dizer e eu não faço nenhuma objeção a isso.

Esse convite foi suficiente.[1]

----

1 AUSTEN, Jane. *Orgulho e preconceito.* Tradução Lúcio Cardoso. São Paulo: Abril, 2010. [N. E.]

• *David Copperfield*
(Charles Dickens, 1849-1950)

POSIÇÃO NO ARCO DE PERSONAGEM: ao usar um narrador-personagem, o escritor cria um herói que está no fim de seu arco, mas falando sobre o comecinho. Então o herói, na verdade, será muito jovem, mas terá certa sabedoria.

PROBLEMAS:

1. Ao contar a história de vida de um homem, onde começar e onde terminar?
2. Como informar ao público o tipo de história que vai contar?

ESTRATÉGIA: use um narrador em primeira pessoa. Faça-o dizer, no título do capítulo: "Nasço". Uma palavrinha, mas ela tem um enorme impacto. Esse título de capítulo é, na verdade, a frase de abertura do romance. O narrador está plantando a bandeira de sua própria vida. "Eu sou importante e esta será uma ótima história", ele diz. Também está indicando que contará uma história de amadurecimento na forma mítica, começando com o nascimento do herói. Essa história tem grandes ambições

Dickens segue essa frase curta, mas impactante, com: "Se serei o herói de minha própria vida...". De imediato, ele está contando ao público o que seu herói pensa em termos de histórias (é, na verdade, um escritor) e que ele está preocupado em utilizar todo o potencial que tem. Então volta ao momento exato de seu nascimento, o que é extremamente presunçoso, mas faz isso porque há um elemento dramático na situação: ele nasceu no momento em que o relógio anunciava a meia-noite.

Repare em outro resultado dessa estratégia de abertura: o público fica aninhado na história. O autor está dizendo: "Vou levá-los por uma jornada longa, mas fascinante. Então, recostem-se e relaxem e deixem-me conduzi-los por esse mundo e não vão se arrepender".

NASÇO.

Se serei o herói de minha própria vida, ou se essa posição será ocupada por alguma outra pessoa, é o que essas páginas devem mostrar. Para começar minha vida com o começo de minha vida, registro que nasci (conforme me informaram e acreditei) numa sexta-feira, à meia-noite.

Notaram que o relógio começou a bater as horas e comecei a chorar simultaneamente.

Considerando o dia e a hora de meu nascimento, a parteira e algumas mulheres sábias do bairro, que tinham um vivo interesse em mim meses antes de qualquer possibilidade de nos conhecermos pessoalmente, declararam, primeiro, que eu estava destinado a ser infeliz na vida; e, em segundo lugar, que teria o privilégio de enxergar fantasmas e espíritos; ambos os dotes inevitáveis, como elas acreditavam, a toda infeliz criança de qualquer gênero, nascida nas primeiras horas de uma noite de sexta-feira.[2]

• *O apanhador no campo de centeio*
(J. D. Salinger, 1951)

POSIÇÃO NO ARCO DE PERSONAGEM: Holden Caulfield está em um sanatório lembrando o que aconteceu consigo no ano anterior. Então se encontra bem no fim de seu desenvolvimento, mas sem as revelações finais que ocorrerão a ele ao revisar e contar a própria história.

PROBLEMAS:

1. Ele tem que decidir onde começar a história sobre si mesmo e o que incluir nela.
2. Ele quer contar ao leitor quem realmente é *pelo jeito* como conta sua história, não só pelo que diz sobre si.
3. Expressar o tema básico e o valor que vai guiar a história e o personagem.

ESTRATÉGIA:

1. Usar a primeira pessoa, o que coloca o leitor na mente do herói e o informa que esta é uma história de amadurecimento. Mas, como o herói está falando de um sanatório e usando o vernáculo de um "bad boy", o público saberá que este é o oposto de uma história de amadurecimento normal.

---

2 DICKENS, Charles. *David Copperfield*. Tradução José Rubens Siqueira. São Paulo: Cosac Naify, 2014. [N. E.]

2. Surpreender o leitor tornando o narrador antagonista a ele. Alertar ao leitor, logo de cara, que esta não será a história fofa e falsa de um menino e que ele (Holden) não vai puxar o saco do leitor para conseguir sua simpatia. A implicação é que esse narrador será brutalmente honesto. Em outras palavras, contar a verdade como a entende é um imperativo moral para ele.

3. Tornar a primeira frase longa e divagadora, de modo que sua forma expresse quem é o herói e como será a trama.

4. Referir-se imediatamente e com desdém a *David Copperfield,* a história de amadurecimento por excelência do século 19. Isso informará ao leitor que tudo o que o narrador conta será oposto a *David Copperfield*: em vez da grande trama e da grande jornada, esta será uma trama pequena, talvez até uma antitrama, e uma pequena jornada. Também indica ambição: o autor sugere que vai escrever uma história de amadurecimento para o século 20 que será tão boa quanto a melhor do século 19. Mais importante, o leitor vai saber que o valor orientador para o herói e para a forma como ele conta a história é "nada falso". Prepare-se para personagens reais, emoções reais e mudança real, se é que ela vai acontecer.

Se você quer mesmo ouvir a história toda, a primeira coisa que você deve querer saber é onde eu nasci, e como que foi a porcaria da minha infância, e o que os meus pais faziam antes de eu nascer e tal, e essa merda toda meio David Copperfield, mas eu não estou a fim de entrar nessa, se você quer saber a verdade. [...] Só vou te contar essa coisa demente que me aconteceu lá perto do Natal do ano passado logo antes de eu ficar na pior e ter que vir pra cá pra relaxar um tiquinho.[3]

3 SALINGER, J. D. *O apanhador no campo de centeio.* Tradução Caetano Galindo. São Paulo: Todavia, 2019. [N. E.]

## Valores em conflito

Um ótimo drama não é o resultado de dois indivíduos se enfrentando, mas da batalha entre os valores e ideais desses indivíduos. Tanto o conflito de valores como o argumento moral são formas de diálogo moral (faixa 2). O conflito de valores põe em oposição as crenças das pessoas, enquanto o argumento moral opõe ações certas e erradas.

Na maioria das vezes, os valores entram em conflito no fundo do diálogo da história (faixa 1), porque isso evita que a conversa seja obviamente temática. Mas, se a história ascende ao nível de uma competição entre dois modos de vida, uma batalha direta de valores no diálogo se torna necessária.

Em uma batalha dessas, a chave é fundamentar o conflito em uma ação específica sobre a qual os personagens podem brigar. Em vez de discutir se determinada ação é certa ou errada (argumento moral), eles brigam primariamente pela questão maior de qual é um jeito bom e digno de se viver.

• *A felicidade não se compra*
(conto "The Greatest Gift", de Philip Van Doren Stern, roteiro de Frances Goodrich, Albert Hackett e Frank Capra, 1946)
*A felicidade não se compra* é um filme esplêndido não só por sua capacidade de mostrar a textura de uma cidade em detalhes magníficos, mas também por sua capacidade de mostrar os valores de dois modos de vida. A cena em que George e Potter discutem sobre o futuro da sociedade de empréstimo é a discussão mais importante do filme. Os escritores fazem com que Potter seja um oponente ainda maior ao lhe permitirem expressar em detalhes os valores e o sistema lógico pelo qual vive – e esses valores estão em oposição direta aos de George.

Como uma fantasia social, esta não é apenas uma discussão entre duas pessoas em um nível pessoal, mas sobre como uma sociedade inteira deveria funcionar. Então esse diálogo também é político. Não de um jeito específico, que logo se torna datado, mas em termos da política humana: como as pessoas vivem sob líderes. O que é mesmo genial aqui é o modo como os escritores tornam extremamente emocional e pessoal essa conversa sobre assuntos gerais. Eles focam uma única ação – fechar a sociedade – e a personalizam com a morte do pai do herói.

Note que, exceto por uma breve interação no meio, a cena é, na verdade, composta por dois monólogos. Ambos são bem longos e desobedecem ao senso comum de Hollywood, que exige trechos curtos de conversa. Isso porque cada personagem precisa de tempo para defender todo um modo de vida. Se os escritores não fundamentassem a discussão em uma briga pessoal entre duas pessoas que se odeiam, pareceria uma filosofia moral tediosa.

POSIÇÃO NO ARCO DE PERSONAGEM: com a morte do pai, George se frustrou pela primeira vez quanto a seu desejo de vida (conhecer o mundo e construir coisas) e realizou seu primeiro ato de autossacrifício pela família e pelos amigos. Agora está prestes a partir para a faculdade para perseguir seus sonhos.

PROBLEMA: os roteiristas devem orquestrar uma briga a respeito dos valores sobre os quais a cidade e o próprio país deveriam ser construídos sem ser moralizadores.

ESTRATÉGIA:

1. Fazer o herói e o oponente principal discutirem sobre o futuro de uma instituição que financia tudo na cidade, a sociedade de empréstimo, assim como sobre o homem que construiu a instituição, mas que já morreu.

2. Focar a discussão filosófica inteira em uma palavra, "rico", na última fala do monólogo do herói.

DESEJO: Potter quer fechar a sociedade de empréstimo.

PONTO SEM VOLTA: ele fracassa porque George o impede.

OPONENTE: George.

PLANO: Potter pede diretamente o fechamento da sociedade e George se opõe diretamente a ele.

CONFLITO: o conflito se intensifica quando Potter para de falar da instituição e começa a falar sobre o pai de George.

REVIRAVOLTA OU REVELAÇÃO: o jovem George está prestes a enfrentar diretamente um homem que intimida todo mundo.

ARGUMENTO MORAL E/OU VALORES: a conversa entre esses homens merece uma inspeção mais minuciosa, porque é um exemplo clássico de valores em conflito. Note como esses dois monólogos são bem sequenciados. Esses homens estão apresentando argumentos muito específicos, representando dois sistemas políticos e filosóficos opostos.

ARGUMENTO E VALORES DE POTTER:

1. Há uma distinção importante entre ser um homem de negócios e um homem de altos ideais.

2. Altos ideais sem bom senso podem arruinar uma cidade inteira. Com isso, os espectadores sabem que a cidade em si é o campo de batalha e que a questão central do filme será: qual modo de vida vai tornar esse campo de batalha, esse mundo, um lugar melhor para se viver?

3. Potter recorre a um exemplo específico, Ernie Bishop, o simpático motorista de táxi, alguém que os espectadores conhecem e de quem gostam. Ernie já mostrou ao público que não é um homem de assumir riscos, mas Potter alega que Ernie conseguiu dinheiro para construir uma casa só por causa de um relacionamento pessoal que tinha com George.

4. A consequência desse tipo de estratégia, diz Potter, é uma ralé preguiçosa e descontente em vez de uma classe trabalhadora frugal. Esta é a implicação sinistra do sistema de valores de Potter: os Estados Unidos são uma sociedade de classes na qual Potter se sente justificado governando as classes mais baixas. Nesse ponto, o diálogo pode ir longe demais: Potter não é só o clássico patriarca, mas o capitalista do mal.

5. Potter termina atacando exatamente aquilo que George representa: o sonhador romântico e o tipo de contato pessoal e comunitário que faz com que uma cidade seja um local em que valha a pena se viver.

\*

*PONTO-CHAVE:* Os escritores preparam o argumento de George fazendo com que o pai dele apresente a mesma defesa a ele algumas cenas antes, quando George apresentou a visão oposta. Isso torna a eloquência de George mais crível e mais tocante.

\*

1. George faz um movimento de abertura genial ao concordar com Potter quanto a uma coisa: seu pai não era um homem de negócios e ele próprio não está atrás de dinheiro com a sociedade de empréstimo.

2. Então passa a falar principalmente sobre o pai. Era um homem altruísta, embora, devido a isso, nem George nem Harry tenham feito faculdade.

3. Ele ataca Potter no terreno de Potter, que são os negócios. Diz que seu pai ajudou outras pessoas a sair da favela de Potter e que isso tornou-as cidadãs e clientes melhores, capazes de aumentar a riqueza e o bem-estar de toda a comunidade.

4. Ele leva o argumento a um nível superior ao defender o heroísmo das pequenas pessoas: aqueles que Potter chamou de "ralé preguiçosa" são quem mais trabalham e pagam e vivem e morrem na comunidade. São, em resumo, a força da comunidade, seu coração e alma. E, para a comunidade ser um lugar onde todos podem ter vidas satisfatórias, ninguém deve ser tratado como membro de uma classe inferior.

5. George conclui com o argumento mais essencial de todos: os direitos inalienáveis do ser humano. Seu pai tratava as pessoas como seres humanos, como fins em si mesmos, enquanto Potter trata as pessoas como gado, animais irracionais que ele pode arrebanhar para onde quiser. Em outras palavras, Potter as trata como meios para um fim – o fim de fazer dinheiro.

*PONTO-CHAVE:* Ao mesmo tempo que os escritores defendem seu argumento mais abrangente – os direitos do homem comum –, também estão focando o nível mais pessoal, deixando a fala-chave e a palavra-chave por último.

Potter está fazendo tudo isso, diz George, porque ele é um "velho deturpado e frustrado". Essa frase é crucial no filme, não só por como descreve Potter, mas porque o elemento de frustração é a característica mais óbvia de George.

Então vem a última frase, o ponto sem volta da cena: "Bem, na minha opinião, [meu pai] morreu um homem muito mais rico do que você jamais será". Uma palavra, "rico", tem dois valores diferentes. O mais óbvio – quanto dinheiro ganha uma pessoa – define Potter, mas o mais profundo, significando uma contribuição pessoal aos outros e dos outros em retorno, define George.

PALAVRA-CHAVE: rico.

## INT. ESCRITÓRIO DA SOCIEDADE DE EMPRÉSTIMO BAILEY – DIA

### POTTER

Peter Bailey não era um homem de negócios. Foi isso que o matou. Ele era o que chamam de homem de altos ideais, mas ideais sem bom senso podem arruinar esta cidade.
(apanhando papéis da mesa)
Agora, veja este empréstimo aqui para Ernie Bishop... Sabe, aquele sujeito que fica sentado o dia inteiro em seu táxi sem pensar. Sabe... por acaso eu sei que o banco recusou esse empréstimo, mas ele vem aqui e nós construímos uma casa para ele no valor de cinco mil dólares. Por quê?

George está na porta do escritório e segura seu casaco e papéis, pronto para sair.

### GEORGE
Bem, eu lidei com isso, sr. Potter. O senhor tem todos os documentos aí. O salário, o seguro dele. Posso atestar pessoalmente pelo caráter dele.

### POTTER
(sarcasticamente)
É amigo seu?

### GEORGE
Sim, senhor.

### POTTER
Viu? Se você for coleguinha de algum funcionário aqui, pode emprestar dinheiro. O que ganhamos com isso? Uma ralé preguiçosa e descontente em vez de uma classe trabalhadora frugal. E tudo porque alguns sonhadores românticos como Peter Bailey os agitam e enchem a cabeça deles com um monte de ideias impossíveis. Agora, para mim...

George abaixa o casaco e contorna a mesa, inflamado pelo que Potter está dizendo sobre seu pai.

### GEORGE
Espere um minuto – espere um minuto. Olha, vá com calma, sr. Potter. O senhor está *certo* quando diz que meu pai não era um homem de *negócios*. Eu sei disso. Por que ele sequer abriu essa sociedade barata, eu *nunca* vou saber. Mas nem o senhor nem ninguém pode falar qualquer coisa contra o caráter dele, porque a vida inteira dele foi... quer dizer, nos vinte e cinco anos desde que ele e tio Billy fundaram essa

coisa, ele nunca pensou em si nem por um momento. Não é verdade, tio Billy? Ele não economizou o suficiente para mandar *Harry* para a escola, que dirá eu. Mas ele *ajudou* algumas pessoas a saírem das suas favelas, sr. Potter. E o que tem de errado nisso... veja, vocês são todos homens de negócios aqui. Isso não torna essas pessoas cidadãs melhores? Não as torna clientes melhores? O senhor... O senhor disse... o que disse um minuto atrás? Que eles tinham que esperar e economizar dinheiro antes de sequer pensar em ter um lar decente? Esperar! Esperar o quê? Até seus filhos crescerem e os deixarem? Até estarem tão velhos e quebrados que eles... sabe quanto tempo leva para um trabalhador economizar cinco mil dólares? Só se lembre, sr. Potter, que essa ralé de quem está falando... são eles que mais trabalham e pagam e vivem e morrem nesta comunidade. Bem, seria demais fazê-los trabalhar e pagar e viver e morrer em um par de cômodos decentes e um banheiro? Enfim, *meu pai* não achava que era. As pessoas eram seres humanos para ele, mas para você, um velho deturpado e frustrado, elas são gado. Bem, na minha opinião ele morreu um homem muito mais rico do que você jamais será!

• *A sombra de uma dúvida*
(história de Gordon McDonell, roteiro de Thornton Wilder, Sally Benson e Alma Reville, 1943)
Este é provavelmente o melhor roteiro de thriller já escrito. É a história do estiloso tio Charlie, que vai morar com a família da irmã em uma pequena cidade nos Estados Unidos. Sua sobrinha, a jovem Charlie, o idolatra, mas passa a crer que ele pode ser o *serial killer* conhecido como o Assassino da Viúva Alegre.

O roteiro de Thornton Wilder mostra como combinar técnicas do drama com o gênero de thriller para transcender a forma. Essa abordagem pode ser vista na famosa cena na qual tio Charlie sugere sua justificativa moral para os assassinatos. Um escritor menor poderia tornar o assassino opaco, um monstro maligno que não precisa de justificativa porque é inerentemente monstruoso, mas isso reduziria a história às crônicas de uma máquina mortífera.

Em vez disso, Wilder dá ao assassino um argumento moral detalhado e *compreensível,* o que o torna ainda mais aterrorizante. O tio Charlie ataca o lado sombrio da vida estadunidense – a busca desesperada por dinheiro e a grande maioria de pessoas que nunca realiza o sonho americano –, que o resto de nós tenta varrer para debaixo do tapete.

POSIÇÃO NO ARCO DE PERSONAGEM: o oponente não tem um arco de personagem na história, mas essa cena ocorre no ponto crucial do desenvolvimento da heroína. A jovem Charlie já tem uma desconfiança profunda do tio que ela antes idolatrava, mas no momento vacila entre sua antiga atração e sua nova repulsão – e está desesperada para entender como e por que isso poderia acontecer.

PROBLEMA: como fazer o oponente sugerir seu motivo para matar sem que ele diga isso abertamente?

ESTRATÉGIA: colocar a família toda ao redor da mesa de jantar, para que a justificativa seja feita no contexto familiar, como parte da vida normal e cotidiana estadunidense. Fazer a irmã de tio Charlie, a sra. Newton, informar a ele que terá que fazer uma apresentação no seu Clube de Mulheres, para que tio Charlie tenha um motivo natural para começar a refletir sobre mulheres mais velhas. Então fazer o horripilante emergir do mundano.

DESEJO: tio Charlie quer justificar seu ódio contra mulheres, em especial as mais velhas, para a sobrinha e assustá-la também.

PONTO SEM VOLTA: ele descobre que foi longe demais.

OPONENTE: sua sobrinha, a jovem Charlie.

PLANO: tio Charlie usa um plano indireto de filosofar sobre mulheres urbanas de modo geral, o que tanto preserva seu disfarce como apresenta a verdade à única pessoa na mesa que ele sabe que vai entender.

CONFLITO: embora a jovem Charlie só contra-ataque uma vez, o conflito tem um crescimento constante enquanto tio Charlie apresenta sua visão cada vez mais odiosa das mulheres.

REVIRAVOLTA OU REVELAÇÃO: o estiloso tio Charlie pensa que a maioria das mulheres mais velhas não é melhor do que animais que devem ser sacrificados.

ARGUMENTO MORAL E/OU VALORES: o argumento moral de tio Charlie tem uma terrível precisão. Ele começa chamando mulheres mais velhas de inúteis e depois as reduz a feras sensuais que devoram dinheiro. Ele termina com o argumento de que, na verdade, é moralmente correto acabar com o sofrimento de animais gordos e velhos. Os valores em oposição são utilidade e seres humanos versus dinheiro, sensualidade, inutilidade e animais.

PALAVRAS-CHAVE: dinheiro, esposas, inúteis, gananciosas, animais.

O diálogo é assustador porque é tanto mundano como homicida. Ele começa com maridos e esposas comuns, mas segue falando até chegar a mulheres-como-animais. Note que a última fala-chave está na forma de uma pergunta. Tio Charlie não diz abertamente que essas mulheres devem ser abatidas, mas pergunta à sobrinha o que deveria ser feito, e a força da lógica terrível dele não permite à jovem chegar a nenhuma outra conclusão.

A genialidade da construção da cena e do diálogo pode ser encontrada até no toque cômico que Wilder acrescenta ao final. A irmã mais velha de tio Charlie, a sra. Newton, ignora alegremente o que o irmão mais novo está dizendo de fato, então volta a cena para sua origem, a palestra de tio Charlie para o Clube de Mulheres, e o público sabe que pedir essa palestra é como deixar a raposa vigiar o galinheiro. E a irmã mais velha maternal de tio Charlie já tem uma viúva gentil escolhida para ele.

INT. SALA DE JANTAR – NOITE

Tio Charlie está servindo o vinho. Ele serve meticulosamente, falando de modo casual.

TIO CHARLIE
Como será o público?

453

SRA. NEWTON

Ah, mulheres como eu. Bem ocupadas com nossos lares, a maioria de nós.

SR. NEWTON

Clubes de mulheres!

ROGER

Por um tempo, foi astrologia.

ANN

Quando organizar meu próximo clube, será de leitura. Vou ser a tesoureira e comprar todos os livros.

Tio Charlie distribui as taças.

CLOSE UP – JOVEM CHARLIE

Recebe sua taça de vinho e abruptamente vira metade dela. Seus olhos se voltam para tio Charlie.

Tio Charlie parece estar taciturno por um momento, então fala a partir de algum ressentimento interior profundo:

TIO CHARLIE

As mulheres se mantêm ocupadas em cidades como esta. Na cidade grande é diferente. A cidade grande é cheia de mulheres... de meia-idade... viúvas... o marido morreu... o marido que passou a vida ganhando milhares... trabalhando... trabalhando... trabalhando... morre e deixa o dinheiro para a esposa... a tola esposa. E o que essa esposa faz? Essas mulheres inúteis? Você as vê em... hotéis, os melhores hotéis, todos os dias aos milhares... comendo o dinheiro, bebendo o dinheiro, perdendo o dinheiro em jogos de cartas... apostando a tarde e a noite inteiras... cheirando a dinheiro... orgulhosas de suas joias... orgulhosas de mais nada... mulheres horríveis, desgastadas, gordas e gananciosas...

A voz da jovem Charlie irrompe de repente no primeiro plano.

### VOZ DA JOVEM CHARLIE
(um grito que explode dela)
Mas elas estão vivas! São seres humanos!

Ele olha para ela como se tivesse despertado.

### TIO CHARLIE
São? São, Charlie? São seres humanos ou animais gordos e ofegantes? E o que acontece com animais quando ficam gordos demais e velhos demais?
(ele se acalma de repente)
(rindo)
Eu pareço estar fazendo um discurso aqui.

Jovem Charlie rapidamente pega seu garfo com os olhos abaixados. Ouvimos a sra. Newton dizer:

### SRA. NEWTON
Bem, pelo amor de Deus, Charles, não fale sobre mulheres desse jeito na frente do meu clube. Você será apedrejado! Que ideia!
(provocando-o)
E a adorável sra. Potter vai estar lá também. Ela estava perguntando sobre você.

## Monólogo

O monólogo é uma técnica valiosa no ofício do escritor. O diálogo permite que você atinja a verdade e a emoção por meio do calvário do conflito entre dois personagens, enquanto o monólogo atinge a verdade e a emoção por meio do calvário de conflito de uma pessoa consigo mesma.

Um monólogo é uma mini-história dentro da mente do personagem – outra forma de miniatura, o resumo de quem é o personagem, de sua luta central e do processo pelo qual ele está passando ao longo da história. Você pode usar essa ferramenta para mostrar ao público os pensamentos de um personagem em profundidade e detalhes ou para mostrar a intensidade da dor que ele está sofrendo.

Para escrever um bom monólogo, você deve primeiro contar uma história completa, o que significa, como sempre, cumprir os sete passos de estrutura e terminar com a palavra ou fala-chave.

• *O veredicto*

David Mamet usa um monólogo para concluir a cena de batalha em *O veredicto*. Como faz parte do argumento final do herói diante do júri, Mamet não tem que justificar a inserção de um monólogo em um meio "realista" como um filme estadunidense *mainstream*. Este monólogo é um trecho de escrita primoroso, primeiro porque conta uma história completa, mas também porque conta *duas* histórias: a trajetória da mulher que Frank está defendendo e a trajetória da própria vida dele.

POSIÇÃO NO ARCO DE PERSONAGEM: Frank já teve sua autorrevelação, mas este é o passo final de seu arco – ele comprova a autorrevelação vencendo o caso no tribunal.

PROBLEMA: como resumir o caso de modo que tenha o maior poder dramático possível?

ESTRATÉGIA: defender seu ponto de vista e convocar o júri para a ação moral, secretamente descrevendo o desenvolvimento pessoal do próprio Frank.

DESEJO: Frank quer convencer o júri a defender o que é justo.

PONTO SEM VOLTA: ele reconhece que cada jurado é um ser humano que quer fazer o que é certo.

OPONENTE: os ricos e poderosos que nos oprimem todos os dias e nos enfraquecem.

PLANO: o plano dele é falar de coração e assim tornar a justiça real.

CONFLITO: o monólogo mostra um homem lutando para entender e fazer o que é certo ao mesmo tempo que pede ao júri que também faça isso.

REVIRAVOLTA OU REVELAÇÃO: o público percebe que Frank não está falando sobre esse caso, mas sobre si.

ARGUMENTO MORAL E/OU VALORES: o argumento moral de Frank em prol de agir por justiça é uma história completa com os sete passos. Ele começa com pessoas que estão perdidas, sentindo-se vítimas impotentes (fraquezas). As pessoas querem ser justas (desejo) a despeito dos ricos e poderosos que as oprimem (oposição). Se pudermos perceber que temos poder (plano), se acreditarmos em nós mesmos (autorrevelação), poderemos agir com justiça (decisão moral, batalha e novo equilíbrio).

PALAVRAS-CHAVE: justiça, acreditar.

Assista a esse filme para ver o que um grande ator consegue fazer com um excelente monólogo.

## Fechamentos

Tchekhov diz que os últimos noventa segundos são os mais importantes de qualquer peça. Isso ocorre porque a cena final é o maior ponto de convergência da história. De vez em quando, a última cena inclui uma guinada final de trama na forma de uma revelação, mas geralmente a trama já foi concluída. Então a última cena se torna, como a cena de abertura, uma miniatura da história inteira. O autor enfatiza os padrões temáticos mais uma vez e o público percebe que essa representação de personagens também simboliza o funcionamento do mundo em geral. Em resumo, o público tem uma revelação temática.

Para escrever uma ótima cena de fechamento, você deve perceber que ela é a ponta do triângulo invertido da história completa e que a cena em si é um triângulo invertido, e a palavra ou fala-chave – da cena e da história inteira – fica por último.

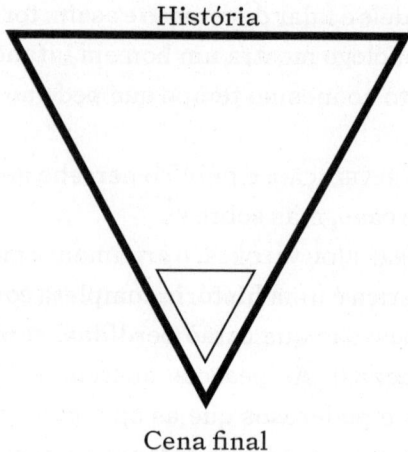

História

Cena final

Se bem-feita, a última cena cria o maior efeito de funil: a palavra ou fala-chave no fim dispara uma explosão enorme no coração e na mente do público e ressoa por muito tempo após o término da história.

Vamos examinar algumas grandes cenas finais para ver como a construção de cena e o diálogo funcionam nesse momento crucial.

• *O sol também se levanta*
(Ernest Hemingway, 1926)

A história acompanha as perambulações de um grupo de amigos pela Europa e de um homem específico que, devido a um ferimento de guerra, não pode ficar com a mulher que ama. Esses personagens têm um grande amor que não pode se concretizar, então espiralam a um ponto em que a vida não é nada exceto uma sucessão de tentativas de agarrar sensações. São pessoas sem propósito, conscientes da armadilha em que se encontram, mas incapazes de encontrar uma saída.

A cena final é prototípica das ações dos personagens nesse romance. Depois do jantar, Jake e lady Brett Ashley estão em um táxi. À medida que a cena se afunila para o ponto sem volta, Brett diz a frase que mais a define: "Oh! Jake, poderíamos ter sido tão felizes juntos!". Essa fala banal, até casual, também simboliza a história inteira deles. O poderia-ter-sido da grande tragédia romântica foi reduzido a ser felizes.

A fala é superada pela frase que mais define Jake: "Sim. É sempre agradável pensar nisso". Amaldiçoado não só por seu ferimento, mas por uma sensibilidade que lhe permite ter uma ilusão e enxergá-la como o que é, Jake está condenado pela eternidade.

• *Os sete samurais*
(Akira Kurosawa, Shinobu Hashimoto e Hideo Oguni, 1954)

Em *Os sete samurais*, o ofício do escritor é levado ao nível refinado da arte mais elevada. Esse é um daqueles grandes roteiros que executa magistralmente quase todas as técnicas descritas neste livro. A cena final deixa o público devastado e, no entanto, inspirado de forma estranha ao ver que é possível existir tanta percepção sobre os seres humanos.

Nessa história, os sete samurais se uniram por altruísmo e por um amor de seu ofício guerreiro para proteger um vilarejo contra bandidos vagantes. Katsushiro, um jovem samurai que é apenas aprendiz, apaixonou-se por Shino, uma campesina. Agora a luta acabou; os samurais e os camponeses venceram. Mas quatro dos grandes guerreiros jazem em túmulos na colina e Shino deu as costas ao jovem guerreiro e se juntou aos outros fazendeiros para plantar a colheita da próxima estação.

Com Shichiroji, o outro samurai sobrevivente, o líder samurai Kanbei testemunha o sofrimento de Katsushiro, os fazendeiros plantando vida nova e os quatro túmulos dos companheiros na colina – e tem uma revelação final. Embora vitoriosos, ele sabe que os samurais perderam e que seu modo de vida acabou. As diferenças profundas entre as pessoas, apagadas por um momento, retornaram, e o heroísmo dos quatro guerreiros mortos é tão duradouro quando uma lufada de vento.

Visto em uma forma tão breve, esse momento poderia parecer uma autorrevelação mal afirmada. Mas, por muitos motivos, isso não ocorre. Primeiro porque vem logo depois de uma luta épica na qual sete samurais derrotam quarenta bandidos só para salvar alguns fazendeiros que eles nem conhecem, então é uma reviravolta emocional enorme. Segundo, é uma enorme revelação e surge no último momento da história, assim como as revelações de reversão chocantes no final de *O sexto sentido* e *Os suspeitos*. Por fim, também é uma revelação temática na qual o herói vê a morte de todo um mundo social que, de muitas formas, era belo.

EXT. VILAREJO – DIA

Kanbei abaixa a cabeça e olha para o chão. Dá alguns passos em direção à câmera, depois para, olhando para trás em direção aos arrozais. Então ele se vira e volta para o lado de Shichiroji.

KANBEI

Perdemos de novo.

Shichiroji está surpreso. Ele olha confuso para Kanbei.

KANBEI

Não, os fazendeiros são os vencedores, não nós.

Kanbei desvia da câmera e olha para cima; Shichiroji faz o mesmo; a câmera sobe pela colina, deixando os dois samurais e focando a silhueta dos túmulos dos quatro samurais contra o céu. A música dos samurais toca sobre a música da plantação enquanto o vento sopra pó entre os túmulos.

• *O grande Gatsby*
(F. Scott Fitzgerald, 1925)

*O grande Gatsby* é merecidamente famoso por seu final. Gatsby está morto. Nick percebeu a falsidade de sua busca por sucesso na cidade grande e decidiu voltar ao Meio-Oeste. A última página mostra Nick observando pela última vez esse enclave rico da Costa Leste.

A sequência final de Fitzgerald merece uma análise cuidadosa. Por meio de Nick, ele diz que as grandes mansões se fecharam pela estação. Esse é um fato específico na história que também simboliza o fim da utopia falsa de festas caras que morreram junto com Gatsby. Então ele retrocede no tempo e aumenta o escopo quando Nick imagina a ilha nos primórdios dos Estados Unidos, quando era um Éden natural, cheio de potencial, "o seio verde e frondoso do novo mundo" e "os sonhos derradeiros e mais ambiciosos dos homens". Isso cria um contraste forte com a mesma ilha na época da história, um lugar onde desejos reais de pessoas reais, como Gatsby, Daisy e Tom, transformaram as florestas exuberantes em ídolos falsos de grandes casas e festas chiques e sem sentido.

Dessa comparação ampla, Fitzgerald foca uma pessoa, Gatsby outra vez, cujo próprio desejo apontava como um laser para a luz verde no fim do cais de Daisy. Gatsby é o sonhador falso que, como o clássico herói mítico, não sabia que já tinha tudo nos "campos escuros" do Meio-Oeste onde começou.

Enquanto Fitzgerald afunila para a ponta do triângulo no final da cena e da história, fala do símbolo daquele desejo falso, a luz verde. Ao contrário de tantas histórias que terminam falsamente com o desejo do herói realizado e tudo acertado de vez, Fitzgerald termina no desejo que nunca cessa, o esforço que redobra à medida que nossa meta humana se afasta. Sua última frase é uma revelação temática que representa a história inteira: "E assim avançamos, botes contra a corrente, impelidos incessantemente de volta ao passado".

• *Butch Cassidy*
(William Goldman, 1969)
Assim como *Butch Cassidy* tem uma das melhores aberturas da história do cinema, também tem um dos melhores finais. E, de muitas formas, a cena final é uma imagem espelhada das primeiras duas cenas.

POSIÇÃO NO ARCO DE PERSONAGEM: a tragédia desses caras imensamente divertidos é que não conseguem mudar e não conseguem aprender. O novo mundo que está chegando depressa é demais para eles e a única opção é morrer.

PROBLEMA: como criar um final que expressa as qualidades essenciais dos heróis e mostra a consequência de não serem capazes de aprender?

ESTRATÉGIA: assim como na primeira cena, os personagens se encontram em um lugar apertado, com tudo se fechando rapidamente ao redor deles. Assim como na segunda cena, os personagens enfrentam uma crise que os define. Primeiro, são definidos pelo jeito como ambos enfrentam a morte com extrema confiança – não têm dúvida de que vão conseguir sair dessa; Butch já está planejando a próxima parada deles. Segundo, a crise mostra suas diferenças: Butch ainda está tendo ideias, enquanto é Sundance que precisa tirá-los dos apuros em que sempre se metem.

De novo, Goldman apresenta a beleza do trabalho de equipe dos dois protagonistas quando Butch corre para pegar munição enquanto Sundance lhe dá cobertura. Se Sundance impressionou ao atirar no cinto de armas de Macon, ele é deslumbrante ao girar e atirar em todos os policiais à vista. Mas o que faz os espectadores *amarem* essa dupla é a forma cômica como eles trabalham juntos. Suas intermináveis discussões, presentes desde o começo, com Butch empolgado e Sundance cético e indiferente, mostram ao público mais uma vez que este é realmente um casamento perfeito.

No entanto, Goldman estabelece mais um contraste na cena, o qual expressa o tema principal e a falta de mudança dos personagens: esses dois caras não conseguem enxergar o mundo que está chegando. O autor alterna as discussões cômicas sobre a ideia mais recente de Butch para desviar do futuro – ir para a Austrália – com a chegada do que parece ser o exército boliviano inteiro. O contraste cada vez maior entre o que os heróis e o público sabem acentua o que já estava lá desde o começo: Butch e Sundance não conseguem enxergar para além de seu mundinho pessoal. Por mais amáveis que sejam, não são tão inteligentes.

Com esse contraste, a última revelação atinge o público: até super-homens devem morrer. E não é doloroso quando isso acontece?

Novamente, a última fala é a chave da cena e da história. Quando Butch pergunta a Sundance se ele viu o inimigo Lefors lá fora e Sundance diz que não, Butch responde: "Ótimo. Por um minuto achei que estávamos com problemas".

# OBRAS-PRIMAS DA CONSTRUÇÃO DE CENA

Por fim, eu gostaria de examinar as técnicas de construção de cena e diálogo estudando dois grandes filmes: *Casablanca* e *O poderoso chefão*. Eles são obras-primas da narrativa, com construção de cena e diálogos geniais. Como grande parte do sucesso ao escrever cenas depende da habilidade do autor em situar uma cena no arco de desenvolvimento do herói, quero explorar cenas do começo e fim desses dois filmes. Para apreciar plenamente a excelência da construção de cenas e do diálogo, dê-se o prazer de assisti-los mais uma vez.

• *Casablanca*
(peça *Everybody Comes to Rick's,* de Murray Burnett e Joan Alison, roteiro de Julius J. Epstein, Philip G. Epstein e Howard Koch, 1942)

## Primeira cena entre Rick e Louis

Nesta cena, ainda bem no início da história, Rick e o chefe de polícia Louis Renault têm uma conversa agradável antes que o major Strasser chegue e Ugarte seja capturado.

POSIÇÃO NO ARCO DE PERSONAGEM: este é o primeiro momento no desenvolvimento da relação entre Rick e Louis, que vai terminar em sua redenção mútua e "casamento" na cena final.

Essa cena exemplifica perfeitamente por que você deve sempre começar a construção de uma cena determinando o lugar dela no arco geral do personagem. Esta não é a primeira cena do filme e, portanto, parece ser só mais um passo no fluxo da história. Só ao começar com o ponto sem volta do arco de Rick – tornar-se um membro da resistência e entrar em um "casamento" de amizade com Louis – é que podemos ver que esse é o passo de abertura crucial desse arco.

PROBLEMAS:

1. Mostrar ao público que Louis é tão espirituoso quanto Rick e que é o parceiro perfeito para ficar com ele no final.

2. Mostrar que Louis tem uma necessidade moral, assim como Rick.

3. Trazer mais informações sobre o fantasma de Rick, especialmente informações que mostrem que esse homem duro e cínico já foi não só bom, mas também heroico.

ESTRATÉGIA:

1. Fazer Louis questionar Rick e apresentar informações sobre seu passado com a desculpa de que impedir Laszlo é parte do trabalho dele. Esse é um modo excelente de expor informações sobre o protagonista sem ser tedioso ou exagerar na dose. Ao mesmo tempo, a insistência de Rick de que foi bem pago por seu trabalho evita que ele pareça sentimental ou idealista demais.

2. Fazer com que Rick e Louis apostem sobre se Laszlo vai escapar. Isso dá aos dois um desejo que fica apenas entre eles e mostra o cinismo e egoísmo mútuos; ambos estão dispostos a transformar a luta de um membro da resistência contra os nazistas em uma competição por dinheiro.

3. Apresentar informações sobre Laszlo e Ilsa para que ambos já entrem no filme com uma grande reputação.

4. Fornecer mais explicações sobre o relacionamento de poder complexo e confuso entre Louis, o chefe de polícia francês, e o major nazista Strasser.

DESEJO: Louis quer saber mais sobre o passado de Rick, depois quer alertar Rick para não ajudar Laszlo a fugir.

PONTO SEM VOLTA: Rick não conta nada a ele e alega que não se importa com a fuga de Laszlo, exceto como motivo de aposta.

OPONENTE: Rick é o oponente de Louis.

PLANO: Louis pergunta diretamente a Rick sobre seu passado e o avisa sem rodeios para não ajudar Laszlo.

CONFLITO: Rick e Louis discordam se Laszlo vai escapar, mas Rick desarma qualquer conflito real ao transformar a discordância em uma aposta.

REVIRAVOLTA OU REVELAÇÃO: o grande membro da resistência, Laszlo, que ainda não conhecemos, está viajando com uma mulher impressionante, e Rick, o cínico durão, também lutou contra os nazistas alguns anos antes.

ARGUMENTO MORAL E VALORES: essa conversa é sobre *não* agir moralmente. Os dois apostam se Laszlo *vai* fugir, não se deve fugir. Em vez disso, Rick insiste que não vai ajudar Laszlo e que não estava agindo por motivos morais quando lutou pelo lado "certo" na Etiópia e na Espanha. Rick também diz que Laszlo vai pegar um visto de saída e deixar sua companheira em Casablanca.

A clara oposição de valores nesta cena é dinheiro e interesse próprio *versus* romance e a luta altruísta pelo que é certo.

PALAVRAS-CHAVE: romântico, sentimentalista.

O diálogo nesta cena é muito estilizado e espirituoso. Louis não só pergunta a Rick sobre o fantasma de seu passado, mas diz: "Surrupiou os fundos da igreja? Fugiu com a esposa do senador? Gostaria de pensar que matou um homem. Sou romântico". Rick não lhe manda cuidar de sua vida, e sim diz que "vim a Casablanca pelas águas". Quando Louis o recorda de que Casablanca fica no deserto, Rick responde: "Fui mal informado".

## Cena de fechamento entre Rick e Louis

A cena final de *Casablanca* é uma das mais famosas da história do cinema. Rick sacrificou seu amor por Ilsa e a mandou embora junto com o marido, Victor Laszlo. Agora ele enfrenta seu antigo oponente, mas igual estilístico, Louis.

POSIÇÃO NO ARCO DE PERSONAGEM:

1. Esse é o ponto sem volta da transformação de Rick em um membro da resistência e patriota comprometido.
2. Estruturalmente, essa cena tem uma reversão dupla, a mudança de dois personagens – Louis, além de Rick.
3. Esse é o ponto sem volta do relacionamento de Rick e Louis, momento no qual os dois entram em um "casamento" de amizade.

PROBLEMAS:

1. Como dar à cena final o maior impacto dramático possível?
2. Como mostrar grandes mudanças, em *dois* personagens, de um jeito crível que não fique entediante?

ESTRATÉGIA:

1. Segurar a revelação da mudança de Louis e a criação de uma nova dupla de parceiros até o final.
2. Usar uma reversão dupla para que Rick e seu igual, ambos, tenham uma revelação, *mas mantenham seu oportunismo teimoso*. O que faz a cena funcionar é a retomada da aposta, que permite a ambos dar cambalhotas morais enormes, mas ainda preservar o caráter de caras durões que têm que evitar um sentimentalismo exagerado.

DESEJO: Louis quer se juntar a Rick na resistência e começar o que parece ser uma grande amizade.

PONTO SEM VOLTA: Rick lhe dá as boas-vindas na jornada.

OPONENTE: parece que Rick e Louis podem ainda ser oponentes, devido à fuga de Rick e à aposta, mas Louis evita essa situação com tato.

PLANO: Louis esconde sua intenção verdadeira, fazendo parecer que ainda vai perturbar Rick por causa do visto ou da aposta.

CONFLITO: os dois negociam a fuga de Rick e o dinheiro que Louis deve a Rick, mas Louis sugere uma solução criativa que termina em amizade.

REVIRAVOLTA OU REVELAÇÃO: Louis não vai prender Rick, mas se juntar a ele. No entanto, isso vai custar a Rick os dez mil francos que ele ganhou.

ARGUMENTO MORAL E VALORES: ambos aceitam a ideia de que é hora de se tornar patriotas, mas não esquecem inteiramente do dinheiro.

PALAVRAS-CHAVE: patriota, amizade.

A última cena se afunila até um único ponto da cena e da história: amizade. Rick pode ter perdido seu verdadeiro amor, mas termina com um grande amigo que é seu igual. A cena é construída para conduzir à grande revelação: o jeito estiloso de Louis de se juntar a Rick em sua nova ação. O diálogo entre os dois é tão espirituoso e sofisticado quanto sempre e o que o torna ainda melhor é que eles nem estão tentando fazer isso.

Há um último aspecto importante sobre o diálogo: embora muito espirituoso, é bastante denso. Os escritores inserem imensas guinadas em poucas falas, o que tem um impacto enorme no público. Rick faz sua ação nobre. Há uma fala de cada um e Louis faz sua ação nobre, jogar fora a água de Vichy. Louis propõe um acordo sobre a fuga de Rick. Três falas curtas. Rick retoma a aposta. Três falas curtas. Louis combina a fuga com a aposta. Uma fala. Rick percebe o que aconteceu. E a última fala é amizade eterna. Essa série de combinações produz um nocaute no finalzinho da última cena do filme. Claramente, esses escritores entendiam como executar a regra de Tchekhov sobre os últimos noventa segundos da história.

• *O poderoso chefão*
(romance de Mario Puzo, roteiro de Mario Puzo e Francis Ford Coppola, 1972)
Para entender como os roteiristas de *O poderoso chefão* podem ter construído as cenas e escrito o diálogo desse grande filme, temos que começar com a história de modo geral. Estes são alguns modos como poderíamos descrever a estratégia ou o processo da história que eles querem mostrar ao longo do filme:

1. A passagem de poder de um rei para o seguinte.
2. Três filhos, cada um com atributos diferentes, tentando ser o rei.
3. Uma família sob ataque que deve resistir para sobreviver e vencer.

Agora vamos examinar alguns dos grandes padrões temáticos que os escritores querem acompanhar ao longo da história. Primeiro há os padrões de identidade. São elementos da história que geralmente consideramos diferentes, mas que esses escritores querem mostrar que são iguais em um nível mais profundo. Os três mais importantes são:

- A família mafiosa como um negócio.
- A família mafiosa como um exército.
- O profano é sagrado, o sagrado é profano: "deus" é o diabo.

Em seguida, precisamos focar os padrões de oposição, os elementos-chave que os escritores vão contrastar e pôr em conflito. Os padrões principais de oposição são:

- Família *versus* a lei.
- Família, justiça pessoal *versus* sistema legal dos Estados Unidos.
- Os Estados Unidos dos imigrantes *versus* os Estados Unidos *mainstream* da elite.
- Homens *versus* mulheres.

Analisando o processo de escrita das cenas, o *último* passo que precisaríamos tomar se estivéssemos escrevendo-as seria esclarecer os valores e símbolos, ou palavras-chave, que entrarão em conflito ao longo da história. Só examinando a história completa é que você pode entender quais objetos ou imagens são centrais e orgânicos a ela, a fim de extraí-los e enfatizá-los por meio de repetição (diálogo da faixa 3). Em *O poderoso chefão*, esses valores e símbolos caem em dois grandes grupos: honra, família, negócios, aparência e crime *versus* liberdade, país e ação moral e legal.

### Cena de abertura

Um escritor médio começaria *O poderoso chefão* com uma cena de trama, para dar um começo dinâmico a essa história grande e violenta. Assim, começaria a cena estritamente com diálogo da história (faixa 1), para dar o pontapé inicial da trama. Mas Mario Puzo e Francis Coppola não são escritores médios. Guiados pelo princípio do triângulo invertido tanto para história como para cena, eles criaram para a abertura uma experiência prototípica que emoldura a história inteira e foca um único ponto no final da cena.

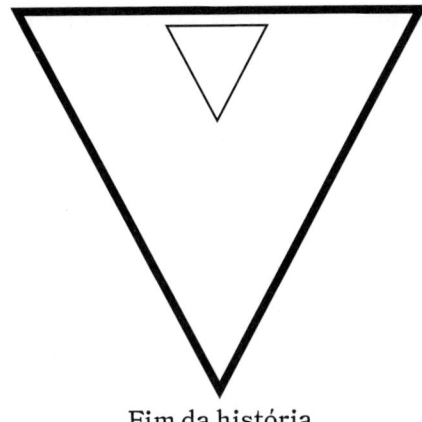

Primeira cena da história

Fim da história

POSIÇÃO NO ARCO DE PERSONAGEM: como essa história acompanha a queda de um rei e a ascensão de outro, a cena de abertura não marca o começo do novo rei (Michael), mas inicia-se com o atual (Dom Corleone) e mostra o que ele e seu sucessor fazem de fato.

PROBLEMAS: Em uma história sobre um "rei" em uma democracia, é preciso fazer muito na cena de abertura:

1. Apresentar o Chefão e explicar o que um Chefão faz.

2. Começar mostrando como funciona o sistema da máfia, incluindo a hierarquia de personagens e as regras pelas quais eles são organizados e operam.

3. Revelar o escopo épico da história de modo que o público capte imediatamente um dos principais aspectos temáticos: o mundo dessa família não é um gueto do qual podem desdenhar, pois representa a nação.

4. Apresentar alguns dos padrões temáticos de identidade e oposição que os escritores querem entrelaçar na história.

ESTRATÉGIA:

1. Começar com a experiência prototípica do Chefão, na qual ele atua como juiz e exerce poder sobre seu domínio único.

2. Situar essa cena essencial do Chefão dentro de um mundo ficcional mais complexo – um casamento – onde todos os personagens que são parte desse sistema estão reunidos e onde o elemento central da família é enfatizado.

DESEJO: Bonasera quer que o Dom mate os garotos que espancaram sua filha. Bonasera é um personagem muito secundário neste mundo, mas ele não tem conhecimento do sistema da família – portanto, é o público. Os escritores o usam para conduzir a cena de modo que os espectadores possam aprender o sistema ao mesmo tempo que ele, e *sentir* como é entrar e se conectar a esse mundo. Inclusive, seu nome completo, Amerigo Bonasera, pode ser traduzido como "Boa noite, América".

PONTO SEM VOLTA: Bonasera cai na armadilha do Dom.

OPONENTE: Dom Corleone.

PLANO: Bonasera usa um plano direto, pedindo ao Dom que assassine os dois garotos e perguntando quanto vai custar. Essa abordagem direta recebe um "não".

Em seus esforços para agregar outra pessoa em sua teia, o Dom usa um plano indireto, fazendo Bonasera se sentir culpado pelo modo como o tratou no passado.

CONFLITO: o Dom, furioso com as várias ofensas que sente que Bonasera cometeu e continua cometendo contra ele, recusa o pedido de Bonasera. Mas o conflito só pode crescer até certo ponto, porque o Dom é todo-poderoso e Bonasera não é idiota.

REVIRAVOLTA OU REVELAÇÃO: o Dom e Bonasera chegam a um acordo, mas o público percebe que Bonasera acabou de fazer um pacto com o diabo.

ARGUMENTO MORAL E VALORES: Bonasera pede ao Dom que mate dois garotos por espancar sua filha. O Dom diz que isso não é justiça. Astutamente, joga o argumento moral contra Bonasera, argumentando que Bonasera o ofendeu e o tratou de modo desrespeitoso.

PALAVRAS-CHAVE: respeito, amigo, justiça, padrinho.

A cena de abertura de *O poderoso chefão* mostra com clareza por que um grande diálogo não é só melódico, mas também sinfônico. Se essa cena fosse composta só de diálogo de história, teria metade da duração e um décimo da qualidade. Em vez disso, os escritores entrelaçaram o diálogo usando três faixas simultaneamente, e a cena é uma obra-prima.

O ponto sem volta da cena é Bonasera dizendo a palavra "padrinho" no momento em que é preso em um acordo faustiano. O começo da cena e a fala que emoldura toda a história é "Eu acredito nos Estados Unidos". Isso representa um valor e conta duas coisas aos espectadores: que estão prestes a presenciar um épico e que a história será sobre modos de atingir sucesso.

A cena se abre com um monólogo feito em um lugar sem quase nenhum detalhe. O monólogo de Bonasera não só conta a história triste da filha, mas está cheio de valores e palavras-chave, como liberdade, honra e justiça. Dom Corleone responde com um leve ataque moral, o que deixa Bonasera na defensiva. Em seguida, Dom Corleone, agindo como um juiz, dá sua sentença.

Há uma rápida discussão enquanto eles discordam sobre o argumento moral, especificamente sobre o que constitui a justiça. Então Bonasera, no papel do público, comete um erro porque não conhece as regras do sistema. Ele não sabe como o pagamento é feito nesse contexto.

Nesse ponto, a cena sofre uma guinada e é conduzida pelo Dom. Ele tem um argumento moral cheio de valores como respeito, amizade e lealdade com a intenção de escravizar o outro. Embora diga que deseja apenas a amizade de Bonasera, este vê a meta real do plano indireto daquele. Bonasera inclina a cabeça e diz a palavra-chave da cena: "padrinho". Ela é seguida pela última e mais importante frase da cena, quando Dom Corleone diz: "Um dia, e esse dia pode nunca chegar, gostaria de pedir que faça um serviço para mim em troca".

Essa frase tem a mesma forma que o pacto que o diabo faz com Fausto. Chefão e diabo se fundem. O "sagrado" se equipara ao profano. Fim de cena. Uau!

## Cena de fechamento

Essa cena, que é o ponto final do triângulo invertido da história completa, é simultaneamente uma coroação e um "julgamento" no qual Connie acusa Michael de assassinato. A última cena combina com a abertura. A experiência típica do Chefão que terminou em um pacto com o diabo é agora o novo diabo coroado rei.

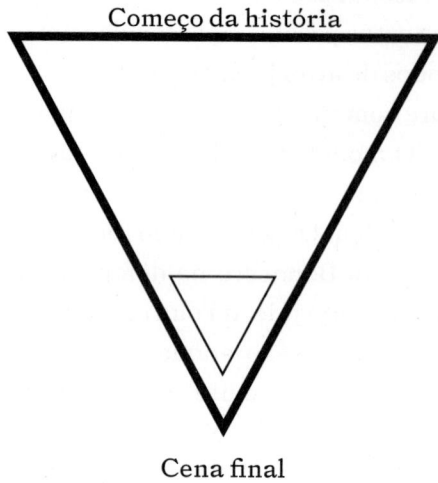

Começo da história

Cena final

POSIÇÃO NO ARCO DE PERSONAGEM: Michael é acusado pela irmã de ser um assassino ao mesmo tempo que realiza sua ascensão final como o novo Chefão. Também atinge um tipo de ponto sem volta em seu casamento com Kay e o destrói sem qualquer chance de reparo.

PROBLEMAS: como defender o argumento moral contra Michael *sem que ele o aceite.*

ESTRATÉGIA:

1. Dar a Connie o argumento, mas fazê-la ser ignorada porque está histérica e é mulher.
2. Negar a autorrevelação a Michael e atribuí-la a Kay, mas não basear isso no que Connie diz e sim no que Kay vê no marido.

DESEJO: Connie quer acusar Michael do assassinato de Carlo.
PONTO SEM VOLTA: a porta se fecha na cara de Kay.
OPONENTES: Michael, Kay.

PLANO: Connie usa um plano direto acusando Michael, na frente de todos, da morte do marido dela.

CONFLITO: o conflito começa em um nível intenso e depois se dissipa no final.

REVIRAVOLTA OU REVELAÇÃO: Michael mente para Kay, mas Kay enxerga o que Michael se tornou.

ARGUMENTO MORAL E VALORES: Connie alega que Michael é um assassino a sangue-frio que não se importa com ela. Michael não diz nada a Connie e refuta as acusações dela, sugerindo que ela está doente ou histérica e que precisa de um médico, então nega as acusações de Connie a Kay.

PALAVRAS-CHAVE: padrinho, imperador, assassino.

## ESCREVENDO CENAS
### *Exercício de escrita 9*

• MUDANÇA DE CARÁTER: antes de escrever qualquer cena, declare a mudança do herói em uma frase.

• CONSTRUÇÃO DE CENA: para construir cada cena, responda:

1. Onde a cena está posicionada no arco do herói e como a cena o leva ao próximo passo em sua linha de desenvolvimento?

2. Quais problemas você deve resolver e o que deve realizar nesta cena?

3. Que estratégia vai usar para isso?

4. Qual é o desejo de quem vai conduzir a cena? Lembre-se, não é necessariamente o desejo do herói da história.

5. Qual é o ponto sem volta da meta do personagem nesta cena?

6. Quem vai se opor a essa meta?

7. Que plano – direto ou indireto – o personagem vai usar para realizar sua meta na cena?

8. A cena vai acabar no auge do conflito ou haverá algum tipo de solução?

9. Haverá uma reviravolta, surpresa ou revelação na cena?

10. Um personagem vai acabar a cena comentando sobre quem outro personagem realmente é, no fundo?

• CENAS SEM DIÁLOGO: primeiro, tente escrever as cenas sem diálogo. Deixe as ações dos personagens contarem a história. Isso lhe dará a "argila" que você poderá moldar e refinar em cada rascunho sucessivo.

• ESCREVENDO DIÁLOGO:

1. Diálogo de história: reescreva cada cena usando apenas o diálogo da história (faixa 1). Lembre-se: esse é o diálogo sobre o que os personagens estão fazendo na trama.

2. Diálogo moral: reescreva cada cena acrescentando o diálogo moral (faixa 2). Essa é a discussão sobre se essas ações são certas ou erradas ou comentários sobre aquilo em que os personagens acreditam (seus valores).

3. Palavras-chave: reescreva cada cena de novo, acentuando palavras-chave, frases, bordões e sons (faixa 3). Esses são os objetos, imagens, valores ou ideias centrais ao tema de sua história. Pense nesse processo para escrever as três faixas do diálogo da mesma forma como desenharia um retrato. Primeiro você rascunharia a forma geral do rosto (diálogo da história), depois acrescentaria as sombras que dariam profundidade (diálogo moral) e só então acrescentaria as linhas mais finas e os detalhes que tornam um indivíduo único (palavras-chave).

• VOZES ÚNICAS: certifique-se de que cada personagem fala de um jeito único.

# 11

# A HISTÓRIA SEM FIM

Uma grande história vive para sempre. Isso não é um clichê ou tautologia. Uma grande história continua afetando o público muito depois de ser contada pela primeira vez. Ela literalmente continua se contando. Como é possível uma grande história ser uma coisa viva que nunca morre?

Não basta criar uma história e esperar que ela seja tão boa que se torne inesquecível. Uma história sem fim só surge se você usar técnicas especiais embutidas na estrutura. Antes de considerarmos algumas dessas técnicas, vamos examinar o contrário de uma história sem fim: uma história cuja vida e poder são abreviados porque ela tem um final falso. Há três finais falsos principais: prematuro, arbitrário e fechado.

O final prematuro pode ter muitas causas. Uma é uma autorrevelação antecipada. Uma vez que seu herói atinge sua grande conclusão sobre si, seu desenvolvimento cessa e tudo o mais é anticlimático. Uma segunda causa é um desejo que o herói realiza rápido demais. Se você criar um novo desejo, criou uma nova história. Uma terceira causa de um final prematuro é qualquer ação que o herói realize e que não seja crível, uma vez que não é orgânica àquela pessoa específica. Quando você força os personagens, em especial o herói, a agir de um jeito implausível, imediatamente expulsa o público da história, porque o "mecanismo" da trama sobe para a superfície. O público percebe que o personagem está agindo de certa forma porque *você* precisa que ele aja dessa forma (mecânica), não porque *ele* precisa (orgânica).

Um final arbitrário ocorre quando a história simplesmente acaba. Isso é quase sempre o resultado de uma trama inorgânica.

A trama não está acompanhando o desenvolvimento de uma entidade, seja ela um protagonista único, seja uma unidade social. Se nada está se desenvolvendo, o público não tem a sensação de que deu certo ou se desenrolou. Um exemplo clássico é o fim de *As aventuras de Huckleberry Finn*. Twain acompanha o desenvolvimento de Huckleberry, mas a trama de jornada que ele usou literalmente deixa o personagem sem saída. Assim, o autor é obrigado a recorrer a coincidências e *deus ex machina* para terminar a história, decepcionando aqueles leitores que acham o resto dela tão genial.

O final falso mais comum é o final fechado. O herói realiza sua meta, ganha uma simples autorrevelação e existe em um novo equilíbrio em que tudo é calmo. Esses três elementos estruturais dão ao público a impressão de que a história está completa e o sistema se fechou. Mas isso não é verdade. O desejo nunca cessa. O equilíbrio é temporário. A autorrevelação nunca é simples e não pode garantir que o herói tenha uma vida satisfatória daquele dia em diante. Como uma grande história é sempre uma coisa viva, seu fim não é mais definitivo e certo do que qualquer outra parte dela.

Como criar essa sensação de uma história viva, pulsante, sempre em movimento, mesmo quando a última palavra foi lida ou a última imagem foi vista? É preciso voltar aonde começamos: a característica essencial de uma história como uma *estrutura no tempo*. Ela é uma unidade orgânica que se desenvolve e *deve continuar se desenvolvendo* mesmo depois que o público deixa de acompanhá-la.

Como uma história é sempre um todo, e o fim orgânico é encontrado no começo, uma grande história sempre começa *sinalizando ao público que ele deve voltar ao começo e experimentá-la de novo*. A história é um ciclo infinito – uma Fita de Möbius – que é sempre diferente porque o público está sempre repensando nela à vista do que acabou de acontecer.

O jeito mais simples de criar uma história sem fim é por meio da trama, terminando a história com uma revelação. Com essa técnica, você cria um equilíbrio *aparente* e logo o estilhaça com mais uma surpresa. Essa reversão faz o público repensar todos os personagens e ações que o levaram até aquele ponto. Como um detetive que observa as mesmas evidências, mas vê uma realidade muito diferente, o público corre de volta mentalmente ao começo da história e redistribui as cartas em uma combinação nova.

Vemos essa técnica executada de forma brilhante em *O sexto sentido* quando o público descobre que o personagem de Bruce Willis esteve morto desde o começo do filme. A técnica é ainda mais deslumbrante em *Os suspeitos*, quando o narrador fracote sai da delegacia e, diante dos nossos olhos, se transforma no temível oponente que ele próprio inventou, Keyser Soze.

A revelação de reversão, embora chocante, é o jeito mais limitado de criar a história sem fim. Ela lhe dá um ciclo a mais com o público. A trama não era o que eles pensaram a princípio, mas agora sabem. Não haverá mais surpresas. Usando essa técnica, você não ganha uma história sem fim, mas uma história contada duas vezes.

Alguns escritores argumentariam que é impossível criar uma história sem fim se a trama for poderosa demais, dominante demais sobre os outros elementos da história. Mesmo uma trama que termina com uma grande reversão passa a sensação de que todas as portas da casa foram fechadas. A chave se vira, o quebra-cabeça está resolvido, o caso está fechado.

Para contar uma história que pareça sempre diferente, você não tem que matar sua trama, mas precisa usar cada sistema do corpo da história. Se tecer uma tapeçaria complexa de personagens, trama, temas, símbolos, cenas e diálogos, não vai limitar quantas vezes o público conta a história. Eles terão que repensar tantos elementos que as permutações se tornarão infinitas e a história nunca morrerá. Aqui vão alguns elementos que você pode incluir para criar uma tapeçaria infinita.

- O herói não atinge seu desejo e os outros personagens arranjam um novo desejo no final da história. Isso evita que a história se feche e mostra ao público que o desejo, mesmo quando tolo ou impossível, nunca morre ("Quero, logo sou").
- Mude o caráter de um oponente ou personagem secundário de forma surpreendente. Essa técnica pode levar o público a repensar na história com aquela pessoa como o verdadeiro herói.

• Insira um número surpreendente de detalhes no mundo ficcional que, ao serem explorados futuramente, passem para o primeiro plano.

• Acrescente nuances – nos personagens, argumento moral, símbolos, trama e mundo ficcional – que fiquem muito mais interessantes depois que o público viu as surpresas da trama e a mudança de caráter do herói.

• Crie um relacionamento entre o narrador e os outros personagens que seja fundamentalmente diferente depois que a pessoa viu a trama pela primeira vez. Usar um narrador não confiável é um dos jeitos – mas não o único – de fazer isso.

• Torne o argumento moral ambíguo ou não mostre o que o herói decide fazer quando confrontado por sua escolha moral final. Assim que ultrapassar o simples argumento moral de bem *versus* mal, obrigará o público a reavaliar o herói, os oponentes e todos os personagens secundários para descobrir qual é a ação correta a ser executada. Ao segurar a escolha final, você forçará o público a questionar as ações do herói mais uma vez e a explorar essa escolha na própria vida.

O problema central que enfrentei neste livro foi como apresentar uma poética prática – o ofício da narrativa que existe em todas as formas ficcionais. Isso envolve mostrar como se cria uma história viva e complexa que cresce na mente do público e nunca morre. Também significa superar o que parece ser uma contradição impossível: contar uma história com um apelo universal que seja totalmente original.

Minha solução foi mostrar o funcionamento secreto do mundo ficcional. A intenção era que você conseguisse descobrir o código dramático – os jeitos como os seres humanos crescem e mudam ao longo da vida – em todo o seu esplendor e complexidade. Muitas das técnicas para expressar esse código de um jeito potente e original estão neste livro. Se for sábio, você nunca vai parar de estudá-las e praticá-las.

Mas dominar a técnica não basta. Vou concluir com uma última revelação: *você* é a história sem fim. Se quiser contar uma grande história, deve, como o herói, enfrentar os sete passos – e deve enfrentá-los toda vez que escrever uma nova história. Tentei fornecer o plano: as estratégias, táticas e técnicas que o ajudarão a atingir sua meta, cumprir suas necessidades e ganhar um suprimento infinito de autorrevelações. Tornar-se um mestre na contação de histórias é uma tarefa difícil, mas, se você aprender o ofício e tornar sua própria vida uma grande história, ficará maravilhado com os contos fabulosos que vai contar.

Se for um bom leitor – e não tenho dúvidas de que é –, você não é a mesma pessoa que era quando começou este livro. Agora que o leu uma vez, deixe-me sugerir... Bem, você sabe o que fazer.

# AGRADECIMENTOS

Este livro não existiria se não fosse por meu agente, Noah Lukeman, e minha editora, Denise Oswald, que, junto com seus colegas, demonstraram-me o tratamento de primeira classe pelo qual a Farrar, Straus e Giroux é famosa.

Muitas pessoas me deram *feedbacks* úteis sobre o texto e o processo de escrita, principalmente Tim Truby, Patty Meyer, Bob Ellis, Alex Kustanovich e Leslie Lehr. Obrigado.

Este livro também se beneficiou imensamente de meus ex--alunos, cujo intenso compromisso com a arte da escrita me levou a buscar uma transposição clara da teoria da história para a prática.

Gostaria de agradecer especialmente a Kaaren Kitchell, Anna Waterhouse, Dawna Kemper e Cassandra Lane, que tiraram um tempo de seus escritos para me dar centenas de sugestões a fim de melhorar este livro. Um escritor precisa de bons leitores acima de tudo, e eles são os melhores.

Finalmente, quero agradecer aos roteiristas, romancistas e dramaturgos cujos contos bem contados me inspiraram a explorar a anatomia da história. Esses autores incríveis e maravilhosos, que nos deram um presente inestimável, são as estrelas deste livro.

# ÍNDICE REMISSIVO

Dados Internacionais de Catalogação na Publicação (CIP)

T865a

Truby, John
Anatomia da história: 22 passos para dominar a arte
de criar histórias / John Truby ; tradução de Isadora
Prospero.

São Paulo : Seiva, 2024. 504 p. ; 16 x 23 cm

Título original: *The Anatomy of Story: 22 Steps to
Becoming a Master Storyteller*

ISBN: 978-65-982443-1-6

1. Cinema – roteiro. 2. Escrita criativa. 3. Narrativas.
I. Prospero, Isadora. II. Título.

CDD: 791.4
CDU: 791.4

**André Felipe de Moraes Queiroz**
**Bibliotecário – CRB-4/2242**

**Coragem para criar**

seiva.com.br
ola@seiva.com.br

Assine nossa newsletter diária sobre
o mundo criativo em seiva.com.br/aurora

Para mais inspirações e referências,
siga @ssseiva no Instagram

Rua Bento Freitas, 306, sala 72
República, São Paulo – SP
CEP 01220-000

Esta edição foi
composta em
**Triptych** e
impressa em Ivory Slim 65g/m²
RETTEC     MAIO     2025